ÉTUDES CRITIQUES AVEC DOCUMENTS

DU NOUVEAU
SUR
J. JOUBERT

CHATEAUBRIAND
FONTANES ET SA FILLE
SAINTE-BEUVE

AVEC

PLUSIEURS PORTRAITS ET FAC-SIMILE

PAR

G. PAILHÈS

PARIS
GARNIER FRÈRES, LIBRAIRES-ÉDITEURS
6, RUE DES SAINTS-PÈRES, 6

en ce moment je suis le sage; mais —
le sage en habit de ville.
je n'ai point vos devoirs en vüe —
mais seulement l'urbanité.

. . . .
. . . .

Maintenant voici mes conseils.
Ces conseils ne sont pas vulgaires; mais —
aussi, vous ne l'êtes pas.

1.

quelque parti que vous preniez, vous ne plairez médiocrement a aucun homme d'un goût vrai.

j'ai bien pesé cette parole, je l'ai dite, et je la maintiens.

et si vous déplaisez aux femmes (vous me permettrez de le croire) ce sera toujours votre faute, et parceque vos apparences n'auront pas assés repondu a toutes vos réalités.

Supprimez cette disparate. evitez cette dissonnance. fuyez ce des-accord facheux.

ne vous faites pas meconnoitre. ne vous calomniez jamais.

= ... Ou vous voudrez être en effet ce que vous pourrez =
= devenir, et alors vous serez parfaite (ce qui sans doute est =
= le meilleur). Ou vous ne voudrez au contraire que demeurer =
= ce que vous êtes, et vous ne serez que charmante. (Ce qui peut =
= sembler suffisant.)

= Quelque parti que vous preniez entre les deux extrémités de cette =
= vaste alternative, qui n'a pas pour vous de milieu, mon étoile est liée =
= à la vôtre, et j'aurai servi vos destins. =

= Si vous faites le premier choix, il falloit d'abord vous connoître ; =
= je vous ai tenu le miroir. Et si vous faites le second, vous — =
= voudrez un peu de parure ; je vais vous montrer vos atours. =

= Oui, malgré ma haute science qui me sépare des mortels, =
= et mon attirail un peu sombre qui semble me rendre inhabile a— =
= toutes les choses humaines, je puis (en ce genre du moins) être =
= utile à votre toilette. Je n'y serai point déplacé. =

= Car j'ai appris de quelques fées, et observé en divers lieux, =
= dans le cours de mon long voyage, ce qui pare un beau naturel =

= Je ne l'ai jamais dit qu'à vous.

enfin, en parcourant ces lignes, qui orneront le bas de ma lettre, vous apprendrez à mieux connaître, et peut-être à aimer un peu, ce personnage indéfini, qui n'a respiré que pour vous, et n'eût que vous pour héroïne. Il est devenu mon héros.

Je finis par des vœux pour lui.

Puisse son ombre vénérable (si toutes-fois il a une ombre) errer avec quelque faveur dans vos spacieuses rêveries, quand vous ne rêverez à rien ! Puisse son nom (s'il a un nom) occuper avec quelque honneur le fonds du petit porte-feuille, où je le crois enseveli !

Puisse une épithète flatteuse, quand vous l'aurez lu tout entier, tomber sur lui de votre bouche et lui tenir lieu d'épitaphe ! Quels qu'ils soient, quels qu'ils puissent être, ses mânes seront satisfaits.

J'ai contrefait l'historien, et même l'orateur funèbre, je vais contrefaire le sage : ce qui n'est pas aussi aisé. Je demande un peu de répit, et à placer, pour intervalle, un repos de vingt-quatre heures, dans l'entracte de ces emplois. On ne peut me le refuser. Lorsqu'un comme même l'exige, et la raison le veut aussi.

Dans une lettre et dans un jour, c'est assez d'une mascarade. N'êtes vous pas de cet avis ?

Je suis toujours

  Mademoiselle.

    Votre très humble et obéissant serviteur.

    Joubert.

P.S. La copie est à l'autre page, parfaitement conforme au texte, trait pour trait et de point en point.

    T. S. V. P.

IV.   1er gbre 1819.

Mademoiselle,

J'ai regret a ce bon Sorcier, qui est mort d'une extinction de voix, et qui parloit si bien de vous. ne vous en souvenez vous point?

Il n'a vécu que quatre pages. mais il en fit un digne usage et méritoit d'aller plus loin.

Il me semble toujours le voir, avec son grand bonnet en tête, son ample robe a larges manches, sa longue baguette a la main, et prêt a dire = je le jure = quand il venoit de vous louer.

Son geste alors étoit fort noble. on voyoit qu'il venoit du coeur, et qu'il étoit fait a propos.

C'étoit un esprit pénétrant, très franc, très ouvert, très sincère, et qui étoit même circonspect. mais entraîné par le plaisir de vous avoir en perspective, et fier de parler plus longtemps qu'il n'y étoit authorisé par son costume et ses fonctions, il eut un tort impardonnable. il voulut sortir de sa sphère; ce qui porte toujours malheur.

Vous sçavez que son mal le prit au commencement d'une phrase qui n'étoit pas faite pour lui (car elle étoit faite pour moi, et je l'ai remise a sa place, vous allez bientôt la revoir). Suffoqué par son imprudence, il voulut se débattre encore et resaisir ses périodes. mais il ne fit que bégayer.

Il expira en se taisant trois ou quatre lignes après. ou plutôt il s'évapora et s'évanouit comme un songe dans mon imagination, a la fin du = votre très humbles = où il s'étoit réfugié. et je devins inconsolable! ne trouvant plus en moi qu'un vuide qui m'a rendu long-temps muet.

J'aimois cet être phantastique, il me [servoit] d'interprète; j'étois habitué à lui. il disoit ce que je pensois, il le disoit mieux que moi-même. je n'osois plus parler tout seul.

Enfin, après vingt jours d'attente, d'étonnement et de recherches, j'ai découvert quelques paroles dignes de vous, Mademoiselle; et c'est à lui que je les dois. Je veux dire à ce bon sorcier. il a laissé un manuscrit.

Comme il étoit né dans ma tête et qu'il logeoit dans mon cerveau, il en avoit mis le brouillon dans un recoin de ma mémoire où je viens de le retrouver; et je l'ai copié pour vous.

Daignez y jetter un coup d'oeil.

Vous y verrez, Mademoiselle, ce qu'il se proposoit de dire quand sa syncope l'éteignit; et ce qu'il avoit médité pour descendre avec bienséance des hauteurs de la prophétie au rang de simple conseiller. Car il voulut être le vôtre, et c'est là ce qui le perdit. Vous ne l'aurez point oublié.

Il eut tort, et je l'ai blâmé, mais il eut du moins pour excuse son grand savoir, sa longue vue, et son ravissement d'esprit. N'a pas ces excuses qui veut.

Vous y reconnoitrez son stile où l'emphase est toujours jouée, et le sentiment toujours vrai. Vous y démêlerez son plan semblable au mien en toutes choses; ce qui m'épargnera la peine d'en fatiguer votre attention.

Vous y lirez son dernier mot, et que sa volonté dernière, ou sa dernière fantaisie, fût de vous léguer son secret, par une préférence unique, dont la tournure m'a touché. Vous y rencontrerez partout (excepté entr'autre dans un passage où il parle de sa durée et de son long pélérinage) un langage et des sentiments tellement conformes aux miens qu'on croiroit qu'il s'est pris pour moi.

Et pourquoi non, Mademoiselle ? il a dit ce que j'ai pensé, j'ai pensé ce qu'il a écrit, vous étiez la petite fille. Je suis peut-être le sorcier.

En ce cas là, je le déclare, (mais en ce cas là seulement) les louanges qu'il a reçues (j'entends celles que j'ai données) étoient une feinte de plus.

A Mademoiselle MARIE ★★★

Voulez-vous bien permettre, Mademoiselle, que j'aie l'honneur de vous dédier ce livre ? Les documents qui en font tout le prix me viennent de votre famille.

Mlle de Fontanes avait à peu près votre âge lorsque Joubert lui adressa ses lettres et ses maximes. Faites-en le sujet de vos méditations ou de « vos rêveries ».

Et puisse la sagesse du moraliste reprendre sourire et charme « dans la fleur de vos plus beaux ans ! »

Soyez aussi aimable, moins romanesque, plus heureuse que la fille du premier grand maître de l'Université.

G. P.

*

DU NOUVEAU

SUR

J. JOUBERT

ÉTUDES CRITIQUES AVEC DOCUMENTS INÉDITS

DU NOUVEAU

SUR

J. JOUBERT

CHATEAUBRIAND
FONTANES ET SA FILLE
SAINTE-BEUVE

AVEC PLUSIEURS PORTRAITS ET FAC-SIMILE

PAR

G. PAILHÈS

PARIS

GARNIER FRÈRES, LIBRAIRES-ÉDITEURS

6, RUE DES SAINTS-PÈRES, 6

1900

PRÉFACE

On ne saurait étudier à fond Chateaubriand, de 1800 à 1814, le Chateaubriand de la période littéraire, sans rencontrer à chaque pas, mêlés à sa vie et à ses œuvres, Fontanes et Joubert. Aussi reviennent-ils souvent, ces deux noms, dans l'ouvrage que j'ai publié sous le titre : Chateaubriand, sa femme et ses amis.

Chateaubriand était le centre et le héros : comme de juste, et selon son habitude, il attirait à soi et absorbait l'attention. Les autres n'étaient envisagés qu'incidemment et dans leurs relations avec lui.

Joubert ici passe au premier plan ; il devient le sujet principal. Non point que Chateaubriand disparaisse tout à fait. Le rayon initial, rayon de gloire tombé et fixé au front du moraliste, émanait de l'illustre écrivain ; et c'est aussi de lui que nous viendront plusieurs traits de lumière révélatrice. Toujours est-il que Chateaubriand ne sera allégué qu'à titre d'autorité et de témoin au cours de ces études — lesquelles, complément ou annexe des précédentes, étaient déjà annoncées dans l'Avant-Propos de l'ouvrage cité. Qu'il me soit permis de restituer ces lignes à la Préface actuelle dont elles sont partie intégrante.

Je me remis à considérer Joubert dans sa correspondance et dans ses pensées. L'œuvre est admirable et de toute originalité. L'homme est plus admirable et plus original encore. Au sujet de ce « plus ancien et meilleur ami » de Fontanes, je me livrai à des observations littéraires qui me plaisaient et me semblaient neuves, à des hypothèses qui me semblaient plausibles, bien que hardies : les unes avaient échappé aux critiques devanciers ; les autres étaient en opposition directe avec leurs affirmations les plus autorisées.

De l'hypothèse à la thèse le chemin est glissant.

Je dressai la thèse. Les arguments se tiraient des situations respectives, des habitudes intellectuelles, des textes surtout. Ma conviction se fit absolue. Plus rien de conjectural ni d'hypothétique dans les conclusions. Donc, disai-je avec conviction, l'auteur des Pensées *et de la* Correspondance *s'est appliqué à d'autres travaux. Il a écrit, lui aussi, pour le public, et publié de son vivant. Donc MM. de Raynal se trompent, eux si bien renseignés, quand ils affirment le contraire.*

Mais comment passer des certitudes théoriques aux preuves de fait ?

Oh ! si je pouvais découvrir ce Joubert anonyme, inconnu, nié par les siens, deux fois inédit, pour ainsi parler ! ce Joubert amoureux de la perfection irréalisable, et qui, cependant, à certaines heures d'aimable abandon, avait jugé que telle et telle de ses productions n'étaient pas indignes de venir au jour !

A propos de ces pages qu'il avait produites en se cachant, les questions se déroulaient en longue kyrielle. Quels en pouvaient bien être le sujet et le genre ? articles de journaux ? de revues ? minuscules plaquettes ou livres opulents? avant ou après la Révolution? et dans quel esprit?

Car Joubert le pieux, l'orthodoxe, le pacifique, l'ami de la tradition, avait bu tout jeune à la coupe empoisonnée. Un moment disciple de Diderot!

Si ferme était ma conviction, je résolus de faire pratiquer des fouilles (n'est-ce pas le mot?) à la Bibliothèque nationale. Sur mes indications, M. de *** voulut bien se charger de ce soin. En s'y prêtant, avait-il espoir, le moindre espoir? Il s'agissait de déterrer un article dont Chateaubriand avait cité avec mystère quelques lignes. Cet article retrouvé, il faudrait profiter des moindres indices, soit littéraires, soit historiques, soit matériels, pour se porter aux trouvailles décisives.

Sur cette unique donnée positive, et encore était-elle infirmée par les éditeurs de Joubert, comment arriver à découvrir, dans l'immense accumulation d'écrits de toute sorte, un article anonyme dont quelques lignes seules étaient connues, et qu'on pût avec certitude attribuer à Joubert?

Retrouvât-on, par le plus grand des hasards, l'article auquel Chateaubriand avait fait un rapide emprunt, resterait à établir par des preuves intrinsèques qu'il était bien de Joubert. La parole de Chateaubriand ne suffirait pas, puisque, nonobstant le passage cité par lui, on avait nié que Joubert eût publié, si peu que ce fût.

Huit jours de recherche, et quinze, et vingt. Pas le moindre résultat. On avait suivi le Mercure, ancien et nouveau, la Gazette de France, l'Esprit des journaux, le Journal des Débats, et combien d'autres périodiques. Rien. J'insistai... J'étais sûr... Le cercle nécessairement se rétrécissait... suspendre les recherches au moment de trouver!

Je réussis à communiquer quelque chose de mon ardeur et de mon espoir.

On me répondit : « *Vos nouvelles indications sont aussi précises que le permet l'obscurité même de la nuit où nous cherchons notre route.* »

Enfin un billet m'arriva qui me fit battre le cœur; je demande la permission d'en transcrire le texte : « *A la dernière heure, et dans des conditions bien inattendues, je mets la main sur le* Boscobel. *La fermeture de la Bibliothèque m'empêche d'en dire plus aujourd'hui, je n'ai que le temps de vous annoncer que la pièce tant cherchée se trouve dans le volume intitulé :* Précis historique sur Crumwel (sic) *suivi d'un extrait de l'*Eikôn Basilikè, *ou portrait du roi, et du* Boscobel *ou récit de la fuite de Charles II, par M.****** de l'Académie de Marseille.*

Joubert était-il assez caché — *l'original et le sage!* — *sous le voile trois fois épaissi de l'anonyme ou plutôt du pseudonyme; mieux que cela : l'indication conduisait au nom d'un contemporain et d'un ami. En dépit des dictionnaires biographiques et bibliographiques, le livre n'est pas de celui auquel on l'attribue. Il est bel et bien de Joubert. Je suis en mesure de le prouver à l'aide d'un criterium infaillible. Ce petit secret de critique littéraire, ce n'est pas ici le lieu de le produire : il sera livré en meilleure place.*

Quant à Fontanes, il est uni de telle sorte à Joubert qu'on les peut appeler les deux inséparables. Parfois même ils en viennent à se confondre et à ne plus faire qu'un. On verra le sens qu'il est permis d'attribuer à ce mot, d'apparence un peu étrange.

Mlle *de Fontanes fut, comme son père, la correspondante et l'amie de Joubert.*

Une place lui est due et lui est faite à côté du conseiller qui la dirigea dans les voies de la sagesse et dont elle conserva les lettres avec affection et piété.

Sainte-Beuve a dit sur Chateaubriand et son groupe tout ce qu'il savait. Il s'en faut qu'il ait tout dit.

Si curieuse, appliquée et pénétrante que fût son attention, il y a là des secrets qu'il n'a point surpris, secrets d'amitié, secrets littéraires, même certain secret de style ; il y a de l'inédit et du nouveau qui pourrait n'être pas à dédaigner dans une histoire un peu détaillée de la littérature française au XIXe *siècle.*

Le grand critique a consacré à Joubert un de ses Portraits *et deux* Causeries. *Il l'a cité maintes fois en déclarant qu'il* « ne se lassait pas » *de le faire ; et chaque fois qu'il lui emprunte un mot, une pensée, une série de maximes, c'est avec une nouvelle expression de faveur et d'éloge. Il l'appelle* « le plus délicat des amis et des juges », « le consultant le plus fin, le plus exquis et le plus sûr », « un critique éminent » « et très fin ». *Il dit encore :* « Un critique de nos jours, que j'aime à citer comme le plus fin et le plus délicat des esprits ». « ... que j'aime à citer souvent parce qu'en bien des cas, il a rendu des jugements définitifs, sous une forme qu'on ne retrouverait plus. » — « C'est quand il revient à parler des mœurs et des arts, de l'antiquité et du siècle, de la poésie et de la critique, du style et du goût, c'est sur tous ces sujets qu'il nous plaît et nous charme, qu'il nous paraît avoir ajouté une part notable et neuve au trésor de ses devanciers les plus excellents. » — « Il est un critique essentiellement moderne »... « Il s'élève souvent aux plus hautes idées, mais ce n'est jamais en suivant les grandes routes : il a des sentiers qui échappent ; » — « un de nos premiers moralistes, tout proche de Vauvenargues et de La Bruyère, avec le cachet de notre temps, ce qui est un mérite, selon moi, et une originalité ; » — « sa pensée a la forme comme le fond ; elle fait image et apophtegme ; » — « c'est un Grec, un Athénien, touché de la grâce socratique ; » — « un humoriste en sourire, » — « poète lui-même plus qu'il ne croit, qui embellit et aplanit ce qu'il touche ; » — « qui était tout rayon, tout parfum, toute rosée. » — « Que n'a-t-il rencontré André Chénier, ce jeune Grec contemporain ? Comme ils se seraient vite entendus dans un même culte, dans le sentiment de la forme chérie ! mais M. Joubert était bien autrement Platonicien de tendance et idéaliste. » — « Le cercle classique accompli, j'ai donné M. Joubert à mes jeunes gens pour dessert, en quelque sorte, pour récréation et pour petite débauche finale, une débauche digne de Pythagore. » — « Par l'attitude de sa pensée, il me fait l'effet d'une colonne antique, solitaire, jetée dans le moderne et qui n'a jamais eu son temple. »

Combien il faut déplorer que Chateaubriand et son groupe ne s'en tienne pas à la critique purement littéraire, et offre un tel mélange de bouts de lettres, de conversations et de mémoires plus ou moins autorisés, plus ou moins avouables !

Quels commérages dans le Chateaubriand ! Et de vrais « nids de vipère » dans les notes, au bas de presque chaque page ! Tout l'esprit et tout le venin du livre sont concentrés dans cette définition, plus d'une fois reprise et soulignée : « Qu'était-ce après tout que Fontanes et même Chateaubriand? Des Epicuriens qui avaient l'imagination catholique. » A cette formule, qui est fausse, j'en opposerais une plus exacte, et réduite aussi à l'état d'essence. Mieux que « la rancune », mieux que « la jalousie », mieux que la « haine » dont on a parlé, elle expliquerait le long et passionné réquisitoire; elle aurait même toute la portée d'une réfutation. — « Qu'était-ce après tout que Sainte-Beuve, discourant sur l'auteur du Génie du Christianisme? Un « libertin » passé à Port-Royal, et qui rendait des arrêts jansénistes. »

En dépit de tant d'additions malheureuses au texte primitif de 1849, un sentiment se retrouve et se dégage à la fin du « cours », et ce sentiment fait plaisir : je ne saurais le qualifier avec précision. C'est comme un composé supérieur et subtil d'admiration, d'estime et de sympathie; — comme un regret d'avoir à quitter une société de choix longtemps fréquentée ; — comme un ressouvenir qui se réveille avec charme et fait battre le cœur ; — comme une voix tremblée dans l'émotion d'un adieu.

Je m'empare de ce morceau final et je l'insère en tête de mon livre. Qu'il en soit la préface, ou, plus humblement, l'épigraphe :

« Se figure-t-on bien les conversations intarissables, les discussions et les querelles charmantes qui devaient jaillir de tels sujets, ainsi agités entre lui (Joubert), Chateaubriand, Fontanes, M. Molé jeune, tous quatre se promenant aux Tuileries, dans l'allée solitaire du Sanglier?

« Groupe poétique et sage, alors jeune et plein d'avenir, qui avait de l'extraordinaire et du tempéré, en qui l'esprit même d'aventure aimait à se rattacher à l'esprit de tradition, où l'audace n'excluait jamais la grâce, où la critique gardait ses droits jusque dans une admiration légitime, groupe aimable et regretté, dont j'aurais voulu faire revivre ici la mémoire; car moi aussi, à force d'y penser, j'y ai vécu! Heureux qui rencontre ainsi le groupe ami, la famille d'élite dont il est membre, la bella scuola, comme Dante l'appelle...

« Et pour finir avec l'abeille même, pour revenir à M. Joubert en particulier, je dirai: « C'est presque un malheur que d'avoir connu dans sa vie de tels hommes.

« Les esprits communs peuvent se donner la consolation de les trouver précieux; mais ceux qui les ont une fois goûtés sont tentés bien plutôt de le rendre à tous ces prétendus gens d'esprit et de les trouver communs à leur tour. En avoir connu un, de ces esprits divins, qui semblent nés pour définir le mot du poète: divinæ particulam auræ, c'est être dégoûté à jamais de tout ce qui n'est pas fin, délicat, délicieux, de tout ce qui n'est pas le parfum et la pure essence; c'est se préparer assurément bien des ennuis et bien des malheurs. »

Mai 1900.

LIVRE PREMIER

LE CORRESPONDANT

I. Charme mais imperfection de la Correspondance dans les Œuvres. La mutilation se trahit au rapprochement des lettres échangées. Joubert, moins perdu dans l'idéal. Texte des plus anciennes lettres à Fontanes. Le côté pratique s'y retrouve. — II. Sainte-Beuve a vu les autographes et en a cité des passages, phrases altérées, de celles que l'on cite, et Sainte-Beuve tout le premier. — III. L'humeur de Joubert faussée ; vivacités de plume et de langue. Lettre à Madame de Sérilly, avec dessin à la plume. — IV. A qui revient la responsabilité des suppressions, altérations et faux raccords? Deux lettres inédites de Sainte-Beuve. Indiscrétion du critique. — V. Criterium révélé par l'examen des originaux. Théorie et pratique. Le mètre dans les lettres de Joubert. Un passage de l'*Illustration de la langue française*. Sainte-Beuve n'a pas surpris le secret du mètre. « Platon à cœur de La Fontaine. »

LIVRE PREMIER

LE CORRESPONDANT

Les éditions de Joubert se multiplient, lentement mais sans arrêt; la neuvième est sous mes yeux. Depuis 1862, elles se suivent et se ressemblent : nulle addition ni de lettres, ni de pensées, ni de notes; pas un pauvre petit renseignement nouveau.

Certes, tels que nous les possédons, ces deux volumes ont amplement de quoi charmer les plus délicats. On cite Joubert à l'égal des grands moralistes, ses devanciers. Mais tandis que les *Essais* de Montaigne et les *Réflexions* de Vauvenargues, — avec lesquels il a beaucoup de rapports, — tandis que les *Pensées* de Pascal et les *Caractères* de La Bruyère sont l'objet de recherches sans trêve et s'enrichissent d'inédits, de variantes, de notices, tandis que leurs œuvres se rajeunissent, comme vivifiées d'une sève nouvelle, celles de Joubert, *Pensées* et *Correspondance*, restent, je n'ose dire figées, à propos d'œuvres immortelles, mais fixées dans une édition invariable.

Joubert a définitivement pris rang parmi les maîtres.

Penseur éminent, critique novateur, et des plus

hardis comme des plus subtils, il passe à son tour, et dans le haut sens, à l'état d'ancien. Pourquoi ne pas le traiter en maître et en ancien ?

Tous ses cartons ont-ils été explorés ? Les petits cahiers ont-ils livré toutes les pensées dignes d'être publiées ? Le journal où Joubert « inscrivit, jour par jour, pendant plus de trente ans, ses réflexions, ses maximes, l'analyse de ses lectures et les événements de sa vie », n'a-t-il plus rien à nous apprendre ? Des extraits ne permettraient-ils pas d'assigner une date aux morceaux les plus importants, à certaines pensées, et, par les dates, de découvrir les types inspirateurs, l'occasion, le but moral poursuivi et peut-être atteint en telle ou tel de ses amies, de ses amis, la leçon spéciale et pratique, l'action personnelle et féconde, avant l'influence sur les lecteurs à venir ?

Les dates auraient une importance capitale pour aider à reconstituer ce que Joubert lui-même appelait « *l'histoire de ses pensées* ». Cette histoire ne serait dépourvue ni de piquant, ni de charme, et peut-être conduirait-elle à certaines découvertes où la mémoire de Joubert trouverait son profit.

I

Tout n'est pas dit sur Joubert, quand on a parlé de l'auteur. Reste l'homme qu'aimèrent Fontanes et Chateaubriand, avec lequel Mmes de Beaumont, de Vintimille, de Chateaubriand, et autres, furent si heureuses de commercer.

Grâce plus particulièrement à ses lettres, il exerce

à distance la même séduction que dans son petit cercle d'intimes. Son nom revient souvent dans les études critiques et morales des auteurs contemporains. Je le vois toujours accompagné d'éloges, où perce une réelle sympathie.

L'œuvre du penseur et du moraliste est belle, d'une beauté qui séduit par le premier sourire et retient par de fortes vertus. Bonne autant que belle. Comment n'en serait il pas ainsi, puisqu'elle est pleine de lui? Mais, pour voir cela, une lecture superficielle ne suffit pas. Le penseur voile et cache l'homme; il l'étreint sous la concision des formules. Au lieu que, dans la Correspondance, l'homme se découvre et se livre à chaque instant; il s'épanche, esprit et cœur, par instinct et par habitude, avec plaisir, avec délices.

On est sous le charme. Parfois même une sorte d'illusion se produit; on se croirait l'ami, l'heureux destinataire, tant est parfaite l'ouverture de cœur et d'âme, tant le cœur est noble, tant l'âme est belle.

Ayant lu et relu cette correspondance, j'ai subi le charme et partagé l'illusion. Le charme croissait à chaque nouvelle lecture, l'illusion renaissait, mais pour s'évanouir presque aussitôt.

Comment se croire l'ami, quand on vous fait de perpétuels mystères ? Comment s'imaginer qu'on est le vrai correspondant, quand les lettres vous arrivent criblées de coupures ?

C'est le cas, avec les lettres de Joubert. Pourquoi des suppressions, dans une œuvre où tout est sagesse souriante, haute philosophie, distinction, esprit, amabilité, où rien de mal, rien de laid, jamais, ni ne s'étale, ni ne se cache ?

Joubert est de ces immortels que l'on aime. On voudrait, le plus avant possible, entrer dans sa double vie intérieure et extérieure; ce qui l'intéressa à un titre quelconque nous intéresserait aussi.

Serait-ce qu'on se proposa d'irriter à jamais la curiosité du lecteur? Quelles convenances, désormais, peuvent bien s'opposer à la publication intégrale, et, par exemple, pourquoi ne pas donner dans son intégrité la lettre à Mme de Beaumont du 12 octobre 1803? Après plus de quatre-vingts ans! Or, pour deux ou trois lettres où s'avouent des suppressions, combien d'autres se présentent comme entières, où la mutilation se devine?

Je n'admets pas que la vie réelle, pratique, la vie vécue et non seulement rêvée, ait laissé si peu de traces dans la correspondance de Joubert. Puisque ce n'est pas une correspondance fabriquée en vue du public, puisque c'est un vrai commerce, un échange sincère entre amis (la chose est évidente), il faut qu'on ait taillé, retranché, sacrifié le détail familier. On n'aura voulu présenter au lecteur que le rare et l'exquis. Mauvais calcul, du moins à cette heure, et le succès étant acquis : car le détail familier aurait établi un contraste favorable avec le rare et l'exquis; il aurait détendu la manière de l'auteur, et reposé notre attention.

A cette absence de toute particularité pratique, je soupçonnais le choix et le calcul. Le soupçon est devenu certitude à l'apparition du charmant volume, *les Correspondants de Joubert.* Il s'y rencontre, là, le pratique, le réel, le vécu, comme il est naturel dans une correspondance entre amis; parfois même, tel fut l'unique motif, et tel est le fond unique de ces lettres.

Rapprochons-en les réponses de Joubert. Eh quoi ! elles ne répondent pas ou presque pas ; elles passent à côté ou montent aux nues. Si ce sont des réponses, on ne s'en aperçoit qu'à la date.

Avec ce système de suppressions, on a infligé à la *Correspondance* un caractère de subjectivisme permanent et d'idéal à outrance. Il serait bon de l'atténuer dans la mesure du vrai, c'est-à-dire en lui restituant le coin pratique et réel.

J'ai l'air de m'avancer beaucoup. Qu'on se rassure : au lieu d'avoir à reculer, j'irai plus avant, et je serai suivi.

Des preuves ? Mais d'abord, si hardies qu'elles puissent paraître, les affirmations ci-dessus sont de celles qui se suffisent ; elles ont un caractère d'évidence. Et toutefois, je vais apporter des preuves.

Des lettres autographes de Joubert me sont venues, comme d'elles-mêmes, grâce à Mme *de Chateaubriand* (1). Bon nombre sont inédites, et d'un intérêt extrême. Parmi celles qui ne sont inédites qu'en partie, se trouvent les plus anciennes et les plus charmantes épîtres à Fontanes. Je vais les transcrire de l'original ; après, viendront les rapprochements et les réflexions.

Au préalable, il est nécessaire de relire dans *les Correspondants de Joubert* la lettre qui les avait provoquées et qui n'était elle-même qu'une réponse.

Fontanes écrivait à Joubert :

---

(1) *Madame de Chateaubriand, d'après ses mémoires et sa correspondance;* in-octavo de 400 pages, avec un portrait. Féret, Bordeaux *(épuisé).*

« Paris, 2 octobre 1794.

« Votre jeune frère est plus heureux que nous ; il va vous voir dans le monde magique où vous êtes émigré pour votre bonheur ; il est chargé de vous dire combien nous vous aimons tous, et quel désir j'ai en particulier de votre société et de vos conversations.

« Cependant, quelque plaisir que j'eusse à vous embrasser, je n'ose vous inviter au voyage de Paris ; ceux qui n'ont pas des montagnes de papier ou de l'or en rouleau, qui ne sont pas représentants, marchands ou voleurs de grand chemin, n'y peuvent plus vivre. J'ai cru dès longtemps que le mal avait atteint son dernier période, mais il redouble de jour en jour, et nous approchons du temps où il faudra cinquante mille francs pour dîner, comme en Amérique. Le vin de Paris est détestable et fort cher. Savez-vous que j'achète la viande trois francs dix sous ? Je m'imagine que tout est un peu moins cher à Villeneuve. En conséquence, j'attends de votre amitié et *je vous supplie, au nom de ma femme*, de vouloir bien m'acheter dans vos cantons quarante ou cinquante livres de beurre fondu, des œufs en quantité raisonnable, quelques pots de raisiné pour l'hiver, quelques bouteilles de liqueur d'Auxerre ; de plus, ne pouvez-vous nous envoyer des petits pains comme ceux que vous mangez ? Ils seraient excellents pour la soupe, parce qu'ils ont beaucoup de croûte. Je ne vous fixe pas le nombre de livres ; plus il vous sera possible de m'en envoyer, et plus vous serez aimable.

« Je finis en vous embrassant. Mettez-moi en

famille entre Mme Joubert et votre enfant ; la mienne vous fera, je l'espère, une petite visite incessamment ; elle ira demander à déjeuner à votre petit bonhomme. Bonjour ! Ma femme vous dit mille choses, ainsi que ma belle-mère. Bonjour encore !   FONTANES.

« P. S. — Et des pommes de terre ! des pommes de terre ! achetez-m'en quelques boisseaux *par pitié*, ou retenez-les du moins. »

On le voit : la lettre de Fontanes n'était pas du poète au philosophe, mais du père de famille à l'ami dévoué ; celui-ci était prié de rendre des services de ménage.

Ouvrez maintenant le premier volume de Joubert, à la page 16. Vous avez sous les yeux la réponse. Eh quoi ! sauf quelques lignes relatives aux petits pains, rien qui réponde, rien qui se rapporte au vin, au beurre, aux liqueurs d'Auxerre, à la soupe, non plus qu'aux pommes de terre. On attendait tout cela de son obligeance. On lui demandait ces choses de première nécessité, *en le suppliant*, et *par pitié*. Et Fontanes, trop justement inquiet des chères santés que la privation avait déjà peut-être altérées, n'aurait eu d'autre satisfaction que de lire les théories — délicieuses, il est vrai — de l'ami Joubert sur son cerveau et sur son étoile ? N'est-ce pas une réponse insuffisante, invraisemblable, impossible ? Ce n'est pas une réponse, parce que ce n'est pas toute la réponse. On a joué du ciseau. — Et encore les petits pains n'ont-ils échappé à la mutilation que protégés par la forme toute littéraire qui les revêt et les dore. Et même, ils n'ont été respectés qu'en partie. Où Joubert avait écrit : « Mon

1.

intention, au surplus, est d'empêcher, autant que *mes forces et mon pouvoir* peuvent s'étendre, *que vous n'en fassiez de la soupe* », il y a, dans l'imprimé, « autant que *mes forces peuvent* s'étendre, que *vous n'en fassiez mauvais usage* ».

Un peu plus bas, dans l'original : « Les liqueurs chaudes du déjeuner *où l'on dit que ces pains conservent un mélange de tendreur et de fermeté* qui les rend exquis », tandis que les Œuvres portent : « Où l'on dit que ces pains sont exquis. » A la fin de l'alinéa, on lit dans l'autographe : « Ces gâteaux que je vous fais un peu valoir pour leur donner de la valeur. » Ces deux lignes ont été supprimées.

Dans le vrai, Joubert avait répondu ; pas assez tôt — sans qu'il y eût de sa faute — pour prévenir une lettre de deuil, pour n'avoir pas à offrir des condoléances!

Voici sa réponse :

« Vous avez sans doute déjà vu mon jeune frère, et il vous aura remis les pelotons que vous me demandez. Il aura pu vous dire aussi combien nous avons été sensibles à la perte de votre pauvre enfant. Nous nous étions amusés à faire, pour la recevoir, de petits préparatifs dignes de son âge : ces soins d'un moment ont été cruellement trompés. Ils nous avaient donné avec elle une espèce de liaison et de société qui a fort augmenté nos regrets.

« Votre femme et vous êtes jeunes et bien portants. *Celui qui console*, le temps, ne vous manquera pas. Employez-le promptement à réparer le vide que cette affreuse petite vérole a sitôt fait dans votre famille. Ces êtres d'un jour (1) ne doivent pas être pleurés longuement comme des hommes ; mais les larmes qu'ils font couler sont amères. Je le sens quand je songe surtout que votre malheur peut à chaque instant devenir le mien. Je vous remercie d'y avoir songé. Je ne doute pas qu'en cas pareil, vous ne fussiez prêt à partager mes sentiments comme je partage les vôtres ; les consolations sont un secours que l'on se prête et dont tôt ou tard chaque homme a besoin à son tour. Je m'adresserai à vous avec confiance quand le jour de ce besoin viendra.

« Je vous écris bien rarement, et pas du tout. C'est que vos diables de lettres me fournissent toujours à traiter des matières qui excitent dans mon esprit une si grande activité que je suis las et tout recru de la fatigue de penser quand il est temps de vous répondre. Je prends le parti de me taire et de vous oublier tout net pour reprendre un peu de vigueur.

« Ma santé n'en a point du tout. J'ai le cœur, les poumons, le foie et tous les organes de la vie fort sains. Je vis avec une régularité et une sagesse dont l'inutilité m'ennuye excessivement. Je ne perds rien, et rien ne me répare. Mon esprit me maîtrise assez souvent, à la vérité, et la faiblesse de mon corps le rend tout à fait intraitable ; mais souvent aussi, après l'avoir désarçonné, je me couche sur ma litière, je me mets dans mon écurie et je vis des mois entiers en bête sans en être plus délassé. Vous voyez que mon existence ne

(1) Sainte-Beuve se trompe sur la date de cette lettre, quand il écrit : « Lorsque, revenu de sa proscription de Fructidor, Fontanes fut réinstallé en France, nous retrouvons M. Joubert en correspondance avec lui. Il se [le] console, en sage tendre, de la mort d'un jeune enfant : « Ces êtres d'un jour, etc. » La lettre est du 5 novembre [1794].

ressemble pas tout à fait à la béatitude et aux ravissements où vous me supposez plongé. J'en ai quelquefois cependant ; et, si mes pensées s'inscrivaient toutes seules sur les arbres que je rencontre, à proportion qu'elles se forment et que je passe, vous trouveriez en venant les déchiffrer dans ce pays-ci après ma mort, que je vécus, par ci par là, plus Platon que Platon lui-même, *Platone Platonior*. Je crois que cela même prouve que je me sépare du monde et que je deviens pur esprit. En tout cas, si je tiens trop peu à la vie (1) par ces liens gros et solides, la santé et les appétits, dont je fais un cas infini (quoique assez rigide en morale (2), jusques à mon dernier moment, je tiendrai à tous ceux que j'aime par le désir de leur bonheur qui ne pourra s'éteindre en moi qu'avec la pensée et le souffle. Comptez-y bien pour votre part. Tout ceci au reste est mon secret ; ne m'en parlez point dans vos lettres. Je veux épargner à ceux qui m'aiment autour de moi des peurs qui seraient un grand mal : il ne faut tout dire qu'aux hommes (lorsque l'on parle de ses maux.)

« Je vous ai envoyé quatre douzaines de petits pains. C'est à mon grand regret tout ce que j'ai pu. Mon intention au surplus est d'empêcher, autant que mes forces et mon pouvoir peuvent s'étendre, que vous n'en fassiez de la soupe, et je vous défends à vous-même, par toute l'autorité que votre complaisance peut me donner sur vous, d'en employer plus d'un ou deux, en manière d'essai, à votre usage personnel (3). Avec la

---

(1) « Terre » raturé, et remplacé par vie.
(2) Je lis sous la rature « quoique rigide en ma morale ».
(3) Par distraction, Joubert a écrit : « de n'en employer qu'un ou deux... »

capacité d'estomac dont mon frère m'a assuré que vous étiez toujours doué et dont je vous félicite de tout mon cœur, vous auriez bientôt absorbé toute la pacotille, si on vous permettait d'en faire usage à votre faim, dans les liqueurs chaudes du déjeuner où l'on dit que ces pains durs conservent un mélange de tendreur et de fermeté qui les rend exquis. Laissez-en donc au moins quarante-six pour le chocolat de vos dames. C'est à leur intention que je les ai fait faire par un boulanger allemand, le seul habitant du pays qui s'y entende et qu'il n'est possible de déterminer à allumer son four qu'une ou deux fois par an dans les circonstances où nous sommes. J'associe à vos dames M. l'abbé de Vitry, leur digne ami et mon ancien correspondant, à qui je voudrais pouvoir procurer, ainsi qu'à elles, tous les petits plaisirs possibles. Quant à vous et à vos pareils, je vous exclus absolument de toute part à ces gâteaux, que je vous fais un peu valoir pour leur donner de la valeur.

« Mon frère partage avec vous tous ses beurres. J'ai dit à Hyver que je lui donnerais à votre intention tout l'argent qu'il demanderait. Je n'achète point de pommes de terre dans ce pays-ci, parce qu'il n'y en a pas même assez pour en faire goûter à tous les pauvres gens qui en voudraient bien. Il y a pour les autres légumes secs la même pénurie et le même embarras. Les liqueurs qu'on boit à Auxerre y viennent d'ailleurs quand elles sont bonnes. Quant aux filles de ces cantons, quand vous aurez des vaches à paître et de grandes cours à balayer, je vous en enverrai une ou deux; jusque-là vous n'en aurez pas même l'ombre, car il n'y en a pas une seule qui sût verser du chocolat.

« Je vous ai rendu compte, je crois, de toutes vos commissions.

« Il me reste à vous dire sur les livres et sur les styles une chose que j'ai toujours oubliée. Achetez et lisez les livres faits par les vieillards qui ont su y mettre l'originalité de leur caractère et de leur âge. J'en connais quatre ou cinq où cela est fort remarquable. D'abord le vieil Homère, mais je ne parle pas de lui. Je ne dis rien non plus du vieil Eschyle. Vous les connaissez amplement en leur qualité de poètes. Mais procurez-vous un peu Varron, *Marculphi Formulæ* (ce Marculphe était un vieux moine, comme il le dit dans sa préface, dont vous pourrez vous contenter); Cornaro, *De la Vie sobre*. J'en connais, je crois, encore un ou deux, mais je n'ai pas le temps de m'en souvenir. Feuilletez ceux que je vous nomme, et vous me direz si vous ne découvrez pas visiblement, dans leurs mots et dans leurs pensées, des esprits verts quoique ridés, des voix sonores (1) et cassées, l'autorité des cheveux blancs, enfin des têtes de vieillards. Les amateurs de tableaux en mettent toujours dans leurs cabinets ; il faut qu'un connaisseur en livres en mette dans sa bibliothèque.

« J'ai froid et je vais me chauffer. Portez-vous bien, et dites bien à Mme de Cathelin et à votre femme que je les ai toujours honorées et aimées et que je les aimerai et honorerai toujours.

« 5 novembre (2). »

Ces deux dernières lignes ne se retrouvent plus dans

---

(1) Je lis « augustes », sous la rature.
(2) Original autographe.

les Œuvres ; mais, en guise de compensation, on a mis à cette même place un alinéa emprunté à la lettre suivante.

La lettre qu'on vient de lire ne suffit pas à Joubert. Une autre du « 3 frimaire an IIIe » (24 novembre 1794) la vint compléter ; lettre d'ami serviable, dévoué, pratique. Le début en est consacré aux soins de la vie matérielle. C'est déjà déclarer qu'il est inédit.

A Louis Fontanes, citoyen, rue de la Sourdière, n° 96, à Paris.

« Votre vin est parti et vous l'aurez reçu peut-être quand vous recevrez cette lettre.

« Il n'aurait pas été prudent de vous l'envoyer en bouteilles, parce que le verre est fragile ; c'est là, comme vous voyez, une raison prise de l'essence des choses. Il en est une autre qui tient aux circonstances et qui n'est pas d'un moindre poids : on n'aurait pas trouvé dans tout le pays cent cinquante bouteilles à acheter, et on nous les aurait certainement vendues beaucoup plus cher qu'à Paris.

« Vous recevrez donc deux feuillettes en nature, bien pleines et bien conditionnées. Vous les mettrez dans une cave, et quand vous aurez laissé le vin s'épurer par un long repos, vous le mettrez dans vos propres bouteilles. On en trouve assez où vous êtes.

« Il n'y a rien à payer aux conducteurs ; mon frère a satisfait à tout, frais de garde et frais de transport, etc.

« Le vendeur dit ce vin bien bon. Savez-vous que vous avez gagné 150 ou 160 livres sur votre muid en l'achetant il y a trois mois ? Elie (1) a pris, par commission, pour 1.400 livres de vin nouveau et très médiocre à 360 livres le muid rendu à Paris. Dans huit jours, le même vin vaudra plus de 400 livres. Les demandes sont tellement multipliées que ce n'est que par grâce qu'Hyver se détermine à vendre, même au plus haut prix, à ceux dont il n'est pas le fournisseur depuis dix ans. Voyez ce que vous avez à faire dans cet état de choses, et s'il ne serait pas nécessaire de vous approvisionner sans délai soit ici soit ailleurs pour l'année prochaine.

« Je vous vois où vous êtes avec grand plaisir. Le temps permet aux gens de bien de vivre partout où ils veulent. La terre et le ciel sont changés. Heureux ceux qui, toujours les mêmes, sont sortis purs de tant de crimes et sains de tant d'affreux périls ! — Vive à jamais la liberté !

« Conseillez à votre femme d'aller à Lyon afin qu'elle vienne nous voir. Quant à vous, il vous faudra en temps et lieu hasarder un petit voyage ici pour passer dix jours avec moi. Il me paraît fort nécessaire que nous nous donnions le loisir de renouveler connaisance, car il me semble que nous nous sommes un peu oubliés.

« Je mêlerai volontiers mes pensées avec les vôtres lorsque nous pourrons converser ; mais pour rien écrire qui ait le sens commun, c'est à quoi vous ne devez aucunement vous attendre. J'aime le papier blanc plus que jamais, et je ne veux plus me donner la peine d'exprimer avec soin que des choses dignes d'être écrites

---

(1) Frère de Joubert. Elie Joubert fut médecin de la Grande-Duchesse Elisa, sœur de Napoléon, — amie de Fontanes et de Chateaubriand (Mme Bacciochi).

sur de la soie ou sur l'airain. Je suis ménager de mon encre, mais je parle tant que l'on veut. Je me suis prescrit cependant deux ou trois petites rêveries dont la continuité m'épuise. Vous verrez que quelque beau jour, j'expirerai au milieu d'une belle phrase et plein d'une belle pensée. Cela est d'autant plus probable que, depuis quelque temps, je ne travaille à exprimer que des choses inexprimables.

« Je m'occupais ces jours derniers à imaginer nettement comment était fait mon cerveau. Voici comment je le conçois. Il est sûrement composé de la substance la plus pure et a de hauts enfoncements; mais ils ne sont pas tous égaux. Il n'est point du tout propre à toutes sortes d'idées. Il ne l'est point aux longs travaux.

« Si la moelle en est exquise, l'enveloppe n'en est pas forte. La quantité en est petite, et ses ligaments l'ont uni aux plus mauvais muscles du monde. Cela me rend le goût très difficile, et la fatigue insupportable. Cela me rend en même temps opiniâtre dans le travail, car je ne puis me reposer que quand j'atteins ce qui me charme. Mon âme chasse aux papillons. Et cette chasse me tuera. Je ne puis ni rester oisif ni suffire à mes mouvements. Il en résulte (pour me juger en beau) que je ne suis propre qu'à la perfection. Du moins elle me dédommage lorsque je puis y parvenir. Et d'ailleurs elle me repose en m'interdisant une foule d'entreprises, car peu d'ouvrages et de matières sont susceptibles de l'admettre. La perfection m'est analogue, car elle exige la lenteur autant que la vivacité. Elle permet qu'on recommence et rend les pauses nécessaires. Je veux, vous dis-je, être parfait. Il n'y a que cela qui me seye et qui puisse me contenter. Je vais donc me faire une sphère un peu céleste et fort paisible, où tout me plaise et me rappelle, et de qui la capacité, ainsi que la température, se trouve exactement conforme à la nature et l'étendue de mon pauvre petit cerveau. Je prétends ne plus rien écrire que dans l'idiome de ce lieu. J'y veux donner à mes pensées plus de pureté que d'éclat, sans pourtant bannir les couleurs ; car mon esprit en est ami. Quant à ce que l'on nomme force, vigueur, nerf, énergie, élan, je prétends ne plus m'en servir que pour monter dans mon étoile ; c'est là que je résiderai, quand je voudrai prendre mon vol ; et lorsque j'en redescendrai pour converser avec les hommes, pied à pied et de gré à gré, je ne prendrai jamais la peine de savoir ce que je dirai, comme je fais en ce moment, où je vous souhaite le bonjour.

« 3 frimaire an IIIme. »

« *P. S.* — Posez-moi aux pieds de Madame de C. [Cathelin] et placez-moi dans les bras du C^{en} V. [citoyen Vitry] que j'honore de tout mon cœur. Je vous remercie de ce que vous me proposez, mais je ne veux rien de tout cela à aucun titre. Ce n'est pas que ce genre de travail ne pût me plaire et peut-être ne me convînt ; mais pas encore, pas encore ; il me faut une longue paix. — Qui vous a dit, à propos, que j'avais pesté contre vous ? Il n'en est rien, je vous assure, et vous l'avez imaginé. — J'ai pensé, depuis que je vous ai quitté, à ce petit Lachaize dont vous m'avez parlé. Si le drôle m'a cité, c'était contre sa conscience, je vous assure, mais voici d'où cela nous vient. Il était lié à Cabanis, Cabanis à G-r-t [Garat] ; ces deux-là avaient peur de vous et en parlaient comme d'un homme redoutable ; ils ne se sont pas corrigés, comme je vois d'après un fait que m'a dit Laffonds (1) et dont je lui ai ordonné de vous faire part malgré lui. Ce fait, vous n'en userez pas, car vous n'êtes pas assez sage pour cela ; mais aussi vous l'êtes assez pour n'en pas abuser et il faut que vous le sachiez. C'est un rien qui peut vous servir. — Quant au Lachaize et à un sien cousin nommé Serres qui tenaient les mêmes propos sortis de la même boutique, non à moi, mais au petit juge (2), ils reçurent de ma part une réfutation par ce dernier, il y a dix [jours?] et depuis, je ne les ai vus qu'une fois ; jamais ils ne m'ont parlé de votre personne que pour m'entendre parler de votre talent. Si Chaize a jamais invoqué mon témoignage, c'est qu'il comptait assez sur celui des *deux susnommés* pour être persuadé que ma conscience vous pendait lorsque ma bouche vous louait. Il faut savoir d'où vient le vent et j'ai voulu vous en instruire (3). »

Voilà qui est répondre, correspondre, commercer. En retour de ses deux petites lettres, Fontanes en reçut deux, très longues, où il y a de tout, de l'esprit, de la confidence, une philosophie douce et tendre mêlée de poétiques fantaisies, de l'idéal sans exclusion du réel, le réel conduisant à l'idéal, le plus naturellement du monde.

Lorsque Joubert prenait l'envolée vers son étoile, il en avait le droit, ayant le droit d'écrire :

« Je vous ai rendu compte, je crois, de toutes vos commissions. »

(1) Laffond-Joubert, « le jeune frère ».
(2) Au jeune frère Laffond, depuis conseiller à la Cour.
(3) Original autographe.

Ces commissions de vin, de feuillettes, de bouteilles, ces détails de ménage pouvaient-ils intéresser l'élite que les éditeurs conviaient ? Fi donc ! Aussi a-t-on supprimé toutes ces choses. Il faut le regretter. Qu'on ait maintenu les spéculations de Joubert relatives à son cerveau et à son étoile, cela se conçoit à merveille ; car c'est mieux que du Joubert et du meilleur Joubert, c'est Joubert en personne, tantôt se repliant sur lui-même et s'analysant dans un demi-rêve, tantôt échappant aux terrestres entraves et se livrant à des ascensions idéales.

Mais, le dirai-je ? ainsi dégagés des réalités de la vie, ces beaux passages feraient de Joubert un égoïste au premier chef, sourd à la voix des autres, ne cessant de s'occuper et d'occuper de lui, tandis que, dans ses lettres non mutilées, il est l'homme que connaissait à fond Chateaubriand et qu'il définissait d'un trait de génie « *un égoïste... qui ne s'occupait que des autres* ». Tout l'homme est renfermé dans cette courte formule.

De plus, on s'explique désormais cette étoile et ce qu'il dit de son cerveau. C'est la réponse, extrêmement spirituelle et originale, mais réponse, aux instances de Fontanes qui le voulait mêler au journalisme d'alors, et lui reprochait implicitement de vivre plus haut que terre « dans un monde enchanté ». Fontanes comprit et admira : « Vous m'avez écrit, avec l'imagination épurée de Montaigne, une page charmante sur votre cerveau... Vous avez bien fait de vous retirer du monde visible. » Et bientôt, le 2 mars 1795 : « ... Restez toujours dans votre planète enchantée. La terre n'est pas encore habitable. » Le « quelque chose de fantasque, d'un peu bizarre, si l'on veut » qu'y trouvait l'auteur des *Portraits Littéraires*, cesse de paraître tel, après la restitution que je viens d'opérer.

Avec infiniment d'esprit et de grâce, il opposait un non formel aux propositions de Fontanes et donnait les raisons de son refus (1).

II

Les autographes mis à ma disposition furent confiés à Sainte-Beuve alors qu'il préparait son premier article sur Joubert. C'était à la fin de l'année 1838. Les passages qu'il se proposait de citer dans son étude, il les avait marqués au crayon ; quelques-uns sont marqués d'un double trait, sans doute parce qu'ils lui paraissaient avoir une importance majeure. Ces coups de crayon, je les retrouve aux marges et je compare les citations du grand critique avec le texte original. Elles sont d'une scrupuleuse fidélité. C'est là que Sainte-Beuve a recueilli ce mot, introuvable dans la correspondance imprimée de Joubert : « *Pas encore* »,

---

(1) M. Edmond Biré, qui venait de lire, dans une Revue, ces premières pages du présent volume, m'écrivait le 12 janvier 1895 : « Oui, certes, c'est bien du *nouveau* que vous nous donnez *sur Joubert*, et du meilleur, et du plus exquis. Quelle merveille que cette lettre du 5 novembre 1794! Mais elle n'a toute sa valeur qu'à la condition d'être entière, complète, et de comprendre les beurres, et les liqueurs, et la soupe, et les pommes de terre. Ajoutez que, pour les *historiens*, c'est un signe du temps et un document précieux que cette correspondance de Fontanes et de Joubert, où l'on voit comment l'on vivait en l'an de grâce 1794. Je sais bien que tout le monde n'est pas comme moi, mais enfin, ces petits faits, ces menus détails m'enchantent et me ravissent... »

disait-il quand on le pressait d'écrire; « *pas encore; il me faut une longue paix.* » Et cet autre, également introuvable ailleurs que dans les *Portraits littéraires*, et fort curieux sous la plume de Joubert — à cette date : « *Vive à jamais la liberté !* »

Sainte-Beuve ajoutait, au milieu de ses citations: « Comme ceci est inédit, je ne crains pas de transcrire : c'est un régal que de telles pages. M. Joubert continue de s'analyser lui-même avec une sorte de délices qui sent son voisin bordelais du XVIᵉ siècle, le discoureur des *Essais*. » Suit la citation du *cerveau*, elle-même suivie de plusieurs autres. Après la dernière, où il est question des *vieillards*, le maître critique s'écrie avec admiration : « Que vous en semble ? Montaigne dirait-il mieux ? Vraie pensée de Socrate touchée à la Rembrandt. »

Sainte-Beuve choisissait, parce que, en pareil cas, citer, c'est forcément choisir. Et encore, il a tant emprunté à ces lettres, qu'il semble ne s'être dessaisi du reste qu'à regret. — Plusieurs de ses citations appartiennent aux passages supprimés par d'autres, et jugés indignes de venir au jour.

C'est maintenant affaire aux délicats et aux curieux de rapprocher les deux textes et d'apprécier les suppressions et substitutions que rectifie le texte intégral. Je me bornerai à quelques remarques plus importantes :

Joubert « aimait fort les parenthèses ; il voulait même les remettre en honneur ». Telle est sa déclaration dans une lettre — la dernière — datée du 16 août 1823. Il est vrai : la date se rapproche de la fin ; mais ce goût remontait au début. Il y en avait, des parenthèses, dans les lettres de sa jeunesse. Nous venons d'en rencontrer dans les lettres de 1794. Sainte-Beuve, en transcrivant maint passage, les avait exactement reproduites. Joubert et Sainte-Beuve avaient des points d'affinité. Deux vrais causeurs : l'un, « *plus ménager de son encre, parlait tant qu'on voulait* » ; l'autre, plus ami de la plume, écrivait avec une verve intarissable (1). Mais que la causerie fût écrite ou parlée, l'un et l'autre en possédaient trop le sens pour n'y pas vouloir des parenthèses, pour n'en pas regretter l'abandon presque général. Joubert surtout, épris de l'intime et de l'antique. Or, des lettres publiées, ses chères parenthèses sont impitoyablement bannies. Leur exil ne sera pas éternel.

Vieilles formes et tournures du vieux temps, vieux mots et vieille orthographe, vieux proverbes aussi, il les aimait d'instinct, celui qui, n'ayant pas encore quarante ans, parlait si bien de la vieillesse. Ce coin d'originalité, ce trait de physionomie ne lui a pas été assez maintenu dans les Œuvres. On aurait dû se rappeler sa maxime et l'appliquer à son style : « En littérature, il faut remonter aux sources, parce qu'on oppose ainsi l'antiquité à la mode, et que, d'ailleurs, en trouvant dans sa propre langue cette pointe d'étrangeté qui pique et réveille le goût, on la parle mieux et avec plus de plaisir. Quant aux inconvénients, ils sont nuls. Des défauts vieillis et abolis ont perdu tout leur maléfice : on n'a plus rien à redouter de la contagion. » Un vieux mot charmant se rencontrait dans sa lettre du 5 novembre 1794, et vous-même en aurez été frappé, piqué, grâce à sa « pointe d'étrangeté » ; c'est

(1) « Je suis bien muet avec vous, c'est que je suis bien bavard avec le public. » Lettre de Sainte-Beuve, du 29 février 1862.

le mot *tendreur*. Supprimé, ce mot, comme les parenthèses ; et, avec lui, et à cause de lui, toute la phrase.

Joubert écrit : « Il n'y a que cela qui me *seye*. » On n'a pas voulu du mot seye — employé par Saint-Simon et par d'autres. On a corrigé ainsi : « Cela seul me *sied*. » Sainte-Beuve, moins inexact, dans une citation, a remplacé le vieux mot original, par celui-ci, plus actuel : « Il n'y a que cela qui me *siée*. »

En revanche on a corrigé : « Je *crois* que cela *prouve* » par ceci ; « je *trouve* que cela *démontre* » sans prendre garde que le verbe trouver figure trois lignes plus haut. Pas grand mal, sans doute, à cette répétition ; encore est-il qu'elle ne vient pas de Joubert.

Je dirai plus loin pourquoi telles suppressions et substitutions des mots en apparence les plus indifférents, et qui n'altéreraient pas d'une manière sensible le style d'autres auteurs, ont une spéciale importance avec Joubert. Ne parlons ici que des changements qui atteignent la pensée — et l'éteignent. Par le fait d'une transcription fautive, certains mots sont devenus obscurs, énigmatiques, lesquels, dans leur rédaction vraie étaient simples et rayonnants. Joubert avait écrit : « *Je ne puis me reposer que quand j'atteins ce qui me charme* : mon âme chasse aux papillons. » Quoi de plus clair, et de plus caractéristique ? « Ce qui me charme » est marqué très lisiblement au-dessus d'une rature sous laquelle je déchiffre : « *ce que je cherche* », et complète fort bien la pensée. Au lieu du texte authentique, on trouve dans la *Correspondance*, et même dans Sainte-Beuve : « Je ne puis me reposer que *quand j'atteins ce qui m'échappe*. » Si cette version a du sens, elle le doit au préjugé favorable ;

en soi, le mot est quintessencié, la pensée n'est pas juste. Joubert chasse, non plus aux papillons, mais à l'insaisissable, à l'impossible, à ce qui fuit éternellement. Il y contracte un air chimérique qui, dans cette mesure, n'est pas du tout le sien.

Également, dans la première phrase du passage relatif à son cerveau, on a mis un mot à la place du mot choisi par Joubert, celui-ci absolument préférable. Voici le mot authentique : « Je m'occupais ces jours derniers à *imaginer* comment était fait mon cerveau. » Imaginer (1) traduit le « songe (2) du sage éveillé », la fantaisie curieuse et poétique, le caprice mêlé de vérité. On a corrigé : « Je m'occupais à *examiner* comment était fait mon cerveau. »

L'infériorité du second texte saute aux yeux ; il sent son étude et jure avec la pensée. Il s'agit bien d'examen, d'observation rigoureuse. — « Imagination ! » Poésie !

Puisqu'on ne voulait offrir au public rien que d'exquis, au moins fallait-il transcrire avec une exactitude absolue et ne pas gâter les morceaux de choix. Ce devoir n'a même pas été rempli dans sa pleine rigueur.

Or, il était plus rigoureux avec Joubert qu'avec tout autre écrivain. Nous verrons bientôt pourquoi.

---

(1) « Entre l'esprit et l'âme, il y a l'imagination, faculté naïve et riante qui participe de l'un et de l'autre. » (*Pensées* de Joubert, p. 50-51.)
(2) P. 269.

III

En poussant ainsi à un certain idéal, on n'a pas seulement supprimé des passages, altéré même le texte de Joubert, on a faussé la nuance de son humeur.

Si nous en jugions d'après la *Correspondance,* il aurait été plus parfait que nature. Rien d'un peu violent, jamais, n'aurait échappé à sa plume, et puisque c'est encore causer que correspondre, jamais non plus ne lui serait venu aux lèvres un mot de colère ou de mépris. Les parfaits de cette sorte seraient de parfaits ennuyeux. Or, le commerce de Joubert était des plus piquants. Chateaubriand déclare « qu'il avait une prise extraordinaire sur l'esprit et sur le cœur ». S'il eût été l'homme doux et charitable, invariablement, que suppose le premier volume des Œuvres, est-ce qu'il aurait eu cette prise extraordinaire, attestée aussi par Mmes de Beaumont et de Chateaubriand, par Chenedollé, Molé et plusieurs autres? Elle ne s'expliquerait pas sans une grande vivacité de sentiments et d'expressions. Mais la vivacité des sentiments entraîne aussi bien l'absolu des antipathies que des sympathies. Les unes vont de pair avec les autres. « Je sais qu'il se prévient facilement », disait celui qui le connaissait le mieux. Quelque amitié que Fontanes professât pour Guéneau de Mussy, il lui fut impossible d'amener son confident le plus intime et le plus ancien à partager cette affection. En Guéneau de Mussy, que d'ailleurs il estimait, Joubert critiquait tout : caractère, conversation, idées, style. Annonçant à Chenedollé le mariage de leur *ami,* il s'exprime avec une pointe de malice, et ce mot encore a été retranché de la *Correspondance* : « Vous a-t-on dit que l'anachorête Guéneau est marié à la fille du médecin Hallé. Il a passé ici avec elle il y a trois jours. » Joubert continue, et ce mot est également inédit : « Je parlerai à Lassajude (ou Lassoujude) quand je le verrai. En attendant, il faut lui écrire d'attendre. Ce drôle-là est à son aise et gagne beaucoup. Son devoir est d'être traitable. Je suis aussi son débiteur, mais sans scrupule. »

Il n'adoptait pas davantage Pasquier; il l'avait même pris en grippe. Ses lettres auraient révélé le secret de la déplaisance que lui causait cet autre habitué du groupe. On y a mis bon ordre par totale suppression.

Mme de Chateaubriand s'amusait à constater chez Joubert une imperfection qui était également la sienne. Elle écrivait à Mme Joubert : « Ni vous, ni moi, chère Dame, ne sommes trop bonnes. Pour M. Joubert, je conviens qu'il est parfois excellentissime, mais il y a des jours où il s'entend avec nous épouvantablement. »

A l'égard de ceux qu'il n'estimait pas, un mot lui venait, violent, où se révèle comme un geste de répulsion, avec un accent de colère et de mépris. Il l'appelait « le drôle », mot qui ne figure pas une seule fois dans les Œuvres.

En quoi ces vivacités de plume et de langue diminueraient-elles Joubert ? Sans rien enlever, à son caractère, de sa bonté, ni, à son style, de sa finesse, elles restituent à sa physionomie un trait original, elles lui rendent le jeu et le feu des mouvements primesautiers.

Encore si l'on s'était contenté d'opérer des suppressions et des substitutions dans une même lettre ! Mais je vois qu'on a pris à celle-ci et à celle-là, diversement datées, et que, de plusieurs morceaux, arbitrairement rapprochés, on a fait une seule lettre, sous une date unique. Ainsi accommodée, la Correspondance retient à peu près sa valeur littéraire ; mais elle perd une part de son autorité documentaire. Du moins le but visé a-t-il été atteint ? Celui de donner à la Correspondance meilleure mine. Pas le moins du monde. La pièce suivante va faire la preuve de cette dernière assertion, comme de celles qui précèdent. Elle débute ainsi : « Je ne suis pas digne de vous remercier, Madame ; je n'en suis pas moins pénétré de reconnaissance pour tous les envois dont vous avez bien voulu m'honorer. » Ce début fait allusion à des récits que Mme de Sérilly avait rédigés et adressés à Joubert. Elle y racontait son arrestation, sa condamnation à mort, les délais accordés à sa grossesse, son salut au 9 thermidor, son témoignage d'outre-tombe, pour ainsi dire, contre Fouquier-Tinville et les Terroristes qui la tenaient pour guillotinée (1).

---

(1) Parmi les condamnés de ce jour (21 floréal, 10 mai 1794), enregistrés après l'exécution sur les actes de décès, était Mme de Sérilly. Elle comparut, son extrait mortuaire à la main, au procès de Fouquier-Tinville. C'était comme une apparition de l'autre monde, venant témoigner, au nom des victimes, contre l'accusateur public et les juges qui se trouvaient à leur tour sur les bancs des accusés.

« Le 21 floréal, dit-elle, mon mari et moi et vingt-trois autres personnes nous avons été ici condamnés à mort. Il était dit dans l'acte d'accusation que mon mari et moi étions complices des conspirations du 28 février, du 20 juin et du 10 août. On se borna à demander nos noms, nos âges et nos qualités : tels furent les débats qui eurent lieu dans notre jugement. Dumas coupait la parole aux accusés. Aucun ne fut entendu.

La réponse de Joubert, dans l'original, est incomplètement datée « ce 27 avril »; mais le texte, bien étudié, permet de suppléer comme suit : Villeneuve-sur-Yonne, 27 avril 1795.

La veille, il déclarait à Mme de Beaumont qu'il devait des remerciements à ses récits et à ceux de Mme de Sérilly. Il y avait longtemps qu'il pensait à s'acquitter et qu'il s'abstenait, parce que, dans la pointe d'humeur que lui donnait la médecine, il ne saurait rien faire avec grâce. Il se contenterait aujourd'hui [26 avril] d'avoir *sonné* la lettre de sa cousine : « Si, dans votre bienfaisance, ajoute-t-il, vous voulez augmenter ma reconnaissance et mon plaisir, *sonnez* à toutes cloches l'histoire de sa détention. »

Est-il donc indifférent de savoir que Mme de Sérilly, célèbre dans les annales de la Révolution, avait elle-même retracé l'histoire de sa double comparution devant Fouquier-Tinville accusateur, et Fouquier-

---

« Je n'ai conservé la vie que parce que je déclarai que j'étais enceinte et que les chirurgiens l'attestèrent.

« J'ai vu là mon mari; j'y vois aujourd'hui ses assassins et ses bourreaux.

« Voici mon extrait mortuaire; il est du 21 floréal, jour de notre jugement à mort; il m'a été délivré par la police administrative. »

Dans les pièces du procès, on trouve en effet sa déclaration de grossesse, l'attestation du médecin qui en reconnaît les symptômes, quoique douteux encore; l'ordre de sursis; la translation de la condamnée à l'évêché, et un dernier acte qui constate tout à la fois son élargissement et son inscription sur le registre des morts. Les procès-verbaux d'exécution étant individuels, on aura cru sans doute à la Commune qu'il en manquait un, et on y aura suppléé d'après le texte du jugement : « Un revenant : Mme de Sérilly » dans l'*Histoire du tribunal révolutionnaire de Paris*, avec le journal de ses actes, par H. Wallon, de l'Institut, t. III, pp. 424, 425.

2.

Tinville accusé; que Mme de Beaumont, fille du dernier ministre de Louis XVI aux affaires étrangères, avait joint ses souvenirs à ceux de sa cousine ?

Pauline de Montmorin était toute disposée à joindre ses instances à celles de Joubert pour obtenir de Mme de Sérilly une relation complète. Un jour, elle cite à son ami une phrase de Riouffe, qui peint très bien la sécheresse du monde : « Et moi qui n'ai voyagé plus avant qu'aucun mortel peut-être vers les extrémités de la vie [l'échafaud], lorsque je reparais, des hommes qui m'ont connu dès mon enfance me demandent à peine d'où je viens. » A la suite de cette plainte, elle écrit : « N'ai-je pas vu cela trente fois pour ma cousine ? On lui demande à peine des détails sur sa détention, et on lui raconte bien au long les plus petites circonstances de la plus simple arrestation ou d'un vol. »

N'est-ce pas une bien piquante particularité de voir le moraliste pousser une patricienne à devenir auteur ? et dans quelles circonstances dramatiques ! Il ne lui suffit pas que Mme de Sérilly ait déjà une feuille imprimée; il veut qu'elle donne à ses relations l'ampleur « d'une brochure », ou plutôt « d'un ouvrage »; il en serait le premier souscripteur. Et cela, non point à la date tardive de 1797, marquée dans les Œuvres, mais en 1795, à toucher les événements.

A un certain endroit de sa lettre, Joubert ne se contente plus d'écrire et de décrire. Au beau milieu de ses lignes, il se met à dessiner, comme il peut, et pas trop mal, vraiment; ce sont des foudres entrecroisées, des branches de cyprès, un cocon de ver à soie, un papillon dégagé de sa chrysalide. Voilà le vrai

Joubert de la Correspondance, dans la vivacité, la variété et les caprices de son humeur.

Il est temps de transcrire le document annoncé. Les deux passages que je vais signaler figurent dans les Œuvres; mais, rattachés faussement à la lettre du 26 juin 1797, ils l'allongent sans mesure, eu égard au souffle épistolaire de Joubert, et ils ne s'accordent pas très bien avec la suite :

« *A Madame de Sérilly.*

« [Villeneuve-sur-Yonne, 27 avril, 1795].

« Je ne suis pas digne de vous remercier, Madame ; j'ai une extinction d'esprit et de voix.

« Je n'en suis pas moins pénétré de reconnaissance pour tous les envois dont vous avez bien voulu m'honorer. Ils m'ont été remis un peu tard par votre page à cheveux gris ; il ne m'a porté que le 1er floréal votre lettre du 20 germinal. Je l'accuse pour m'excuser. Sans cette triste nécessité, son âge et la *candeur* de sa barbe auraient fait expirer ma plainte dans le silence du respect (1).

« Vous êtes bien heureuses, vous et Mme de Beaumont, que des jus d'herbes que j'ai pris à contre cœur m'aient rendu inactif, et que je me sente brouillé avec Galetty (2)

---

(1) Ces premières lignes forment le commencement de la lettre du 26 juin 1797, dans la *Correspondance*.

(2) Galetty rédigeait, en 1795, le *Journal des Lois*. Voir *Bibliographie des journaux*, p. 249. — Au tome Ier de l'*Histoire du Directoire*, par Adolphe Granier de Cassagnac, on trouve des détails sur une polémique de Galetty qui dénonça dans son journal, au commencement de 1795, l'existence, pendant la Terreur, d'une

parce que, contre toute espérance, il ne me dit rien du procès de Fouquier-Tinville. Sans cet incident, j'aurais enrichi son journal des récits que vous voulez bien faire sur ce célèbre personnage ; et vous auriez eu le désagrément très mérité de vous voir imprimée deux fois.

« Je prends la liberté de vous exhorter à vaincre très sérieusement vos répugnances sur ce point, et j'espère que M*me* de Beaumont parviendra à vous rendre auteur tout à fait. Vous avez si bien débuté par une *feuille*, qu'il faut absolument finir par *une brochure*.

« L'intérêt public et la mémoire des innocents l'exige.

« Je souscrirai le premier si quelque libraire annonce jamais un ouvrage de vous par souscription, et, en ce cas, je vous dirai comme Voltaire : « Je *veux m'appeler Aaron* ».

« Je ferais bien volontiers le voyage de Paris pour avoir le plaisir d'en revenir avec vous, mais non pas pour F-q-r-T-nv-ll [Fouquier-Tinville]. J'aimerais cent fois mieux qu'il fût *invisible* que de le voir.

« J'avais eu l'honneur de vous écrire en vous envoyant le *Don Quichotte* espagnol le jour de votre départ. Un page de mon choix, et qu'on prendrait à sa mine pour l'arrière-petit-fils du vôtre, partit d'ici à sept heures du matin pour revenir à midi m'assurer qu'il était arrivé trop tard. Je m'imaginai qu'il s'était amusé à jouer à la fossette tout le long du chemin. On ne sait plus à qui se fier. Tout le monde est trop jeune ou trop vieux ; et je vois bien que les vrais milieux,

tannerie de peau humaine établie par le gouvernement à Meudon. (t. I*er*, pp. 30 et 31). Je tiens cette note de l'amicale obligeance de M. Edmond Biré.

même en messagerie, sont aussi difficiles à reconnaître qu'à garder (1).

« Je vous bredouillais un mot sur votre cachet. Je veux en bredouiller un autre. Il faudrait absolument *l'historier*, en faire un monument.

De Caumont, jeune enfant, l'étonnante aventure n'est pas plus étonnante que la vôtre.

« Blasonnez le haut du cachet d'un orage indiqué par deux foudres qui se croisent :

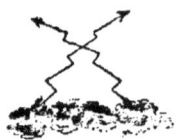

« Cela est aisé à graver.

« Entourez le cachet de deux branches de cyprès, arbre dont le feuillage, tout en hachures, se désigne, s'imprime et se reconnaît facilement :

« Placez à la base la coque d'où sortira la chrysalide toute droite, toute volante, et vraiment ressuscitée :

(1) Cet alinéa vient, dans la lettre du 26 juin 1797, immédiatement après celui que j'ai signalé plus haut comme formant le début de la même lettre, dans la *Correspondance*.

« Mais, pour Dieu ! si cela est possible (soit à la forme des antennes, soit à tout autre signe) que, dans cette ressuscitée, on reconnaisse un ver à soie, et non pas un inutile papillon. Vous n'êtes point faite pour être représentée par un papillon, quelque amour que vous ayez pour les lilas et pour les roses.

« De plus, une coque de papillon n'est qu'une vilaine membrane presque nue ; celle d'un ver à soie est vêtue et toute agréable.

« *Io rivivo* (s'il est italien), ou *cosi*... qui est plus laconique, suffiraient pour toute légende ; et l'orage qui annonce la chaleur, le coup de foudre à qui vous devez l'existence, conviennent également au corps et à l'âme de cet emblème.

« On pourrait mieux imaginer. Mais, Madame, je ne puis vous offrir que ce qui est venu ; et, dans tous les cas, votre *médaillon d'histoire naturelle*, dans sa sèche exactitude, n'est pas assez digne de votre sort et ne le montre pas assez.

« Pardonnez-moi ces bavardages. J'ai gardé un si long silence avec vous que je m'en dédommage trop. Je persiste à vous supplier de me faire présent, tôt ou tard, de la lettre de Mme de Beaumont. Je lui écris même pour lui demander son agrément. Je suis bien hardi, ce me semble : je le suis *déterminément*.

« Je finis cette longue lettre où je m'aperçois, un peu tard, que j'ai omis une infinité de formules. Sans doute, elles sont étrangères au respect, car rien ne peut, Madame, surpasser celui dont j'ai l'honneur de vous offrir les assurances.   JOUBERT.

« Ce 27 avril.

« *P. S.* J'ajoute encore à ces longueurs pour vous remercier, Madame, d'avoir pris mon parti contre moi-même ou plutôt contre mes paroles. En vous disant que *je n'étais pas fait* pour un certain bonheur [apparemment, celui du mariage], je m'étais bien mal expliqué. *Je ne m'y étais pas destiné et il m'étonne.* C'est tout ce que je voulais dire. Je serais d'ailleurs bien injuste et bien aveugle si je n'en sentais pas la douceur et le prix. Je sais en effet en jouir et l'apprécier, et je vous rends grâces, Madame, d'avoir voulu le penser (1). »

Est-ce que ce *post-scriptum* sur le mari que fut Joubert, « étonné » « de ce bonheur pour lequel il n'était pas fait », « et auquel il ne s'était pas destiné », n'est pas des plus intéréssants sous la plume du moraliste, écrivant à une femme ? Il avait été supprimé comme la lettre, supprimé comme beaucoup d'autres passages très suggestifs. Rien ne remplace de tels détails dans l'étude ou le portrait pyschologique d'un homme.

Mme de Sérilly avait-elle invité son aimable correspondant à venir assister à l'une des dernière séances, sinon à la dernière du procès de Fouquier-Tinville ? Ou peut-être l'avait-elle averti que le procès touchait à sa fin, que l'expiration, mille fois méritée, était imminente, et qu'il lui serait facile, comme à elle et avec elle, de voir dans la charrette fatale le tigre à la face humaine, traîné à l'échafaud où lui-même avait poussé tant de nobles victimes ? Point du tout affriandé par de tels spectacles, Joubert, le 27 avril, déclinait l'invitation et s'excusait en parfait galant homme : « Je ferais bien volontiers le voyage de Paris *pour avoir le plaisir d'en*

(1) Original autographe.

revenir avec vous, mais non pour voir Fouquier-Tinville. Je préférerais qu'il fût *invisible*. »

Voilà, ce semble, l'explication du mot souligné (1).

IV

A qui revient la responsabilité des altérations du texte? Non, certes, à M. de Raynal. Nul éditeur ne mit plus de conscience, de discernement et de conviction au service d'une gloire aimée. Nul n'était mieux indiqué pour la tâche extrêmement délicate de déchiffrer, coordonner et publier les Œuvres de Joubert. Entre l'Introduction et les Œuvres se remarque, sous la différence des styles, une parfaite harmonie de pensées, d'enthousiasme, d'élégance imagée et de douceur sereine. Quiconque a fréquenté Joubert, joui et profité de son commerce, reste l'obligé de MM. de Raynal.

---

(1) Le procès, commencé ou plutôt recommencé le 8 germinal, ne se termina que le 17 du mois suivant. Les débats furent clos le 12 floréal an III, (1ᵉʳ mai 1795).

« Les seize condamnés subirent, le 18 floréal (7 mai) vers les onze heures du matin, leur jugement sur la place de grève : ils furent conduits sur trois charrettes, au milieu d'une multitude immense qui les couvrait de huées et de malédictions. Fouquier y répondait quelquefois par les plus horribles prédictions; sa figure était pâle et livide, ses muscles, contractés, ses yeux animés et égarés par la colère ; la contenance de ses complices n'était pas moins hideuse ; ces hommes, souillés de tant de crimes et couverts de tant de sang innocent, appelaient encore les massacres et la mort sur leur patrie. Fouquier fut exécuté le dernier ; le peuple demanda sa tête ; le bourreau la saisit par les cheveux et l'offrit aux regards de la multitude. » (*Histoire du tribunal révolutionnaire de Paris*, t. VI, pp. 121-122).

Parents du moraliste par l'alliance, ils apparaissent, en vertu des dons les meilleurs, comme des fils de son génie.

Cela dit très haut et sans réserve ni sous-entendu d'aucune sorte, se pose de nouveau la question des responsabilités. Que le lecteur juge si les hypothèses suivantes lui semblent plausibles.

Mlle de Fontanes avait trente-huit ans au plus, lorsque furent ouvertes les caisses où gisaient les papiers de son père. Il s'agissait d'éditer les œuvres de l'éloquent orateur, du fin critique, de l'harmonieux poète. Peu au courant des pratiques littéraires, Mlle de Fontanes ne pouvait se passer des conseils d'un expert, rompu aux choses du métier. M. Roger, de l'Académie française, s'offrit, empressé, et fut agréé. Il devait beaucoup à la protection de M. de Fontanes. Sainte-Beuve, sur qui porta tout le soin de l'édition, eut à subir l'ingérence perpétuelle de M. Roger.

Il l'avoue à mots couverts dans deux lettres datées de l'année même où furent publiées les Œuvres de Fontanes.

Voici ces lettres. Je les crois inédites :

« *A Monsieur Hachette.*

« Ce 18 juillet

« Monsieur,

« Je puis enfin vous écrire une réponse que j'aurais donnée bien plus tôt si elle n'avait dépendu que de moi. Mais il y avait plusieurs personnes à consulter ; j'ai dû moi-même aller en causer avec M. de Chateaubriand avant son départ. Mme de Fontanes a désiré avoir l'assentiment de quelques anciens amis de son père, M. de Langeac, et M. Roger qu'il a fallu attendre, car il était à la campagne. Je reçois à l'instant même la réponse de Mme de Fontanes qui me donne pouvoir de conclure avec vous dans les termes de notre conversation. J'irai demain vers onze heures en causer avec vous et terminer, j'espère, ce qui l'eût été le jour même de notre premier entretien s'il n'y avait eu qu'un avis.

« Recevez, Monsieur, l'expression de mes sentiments particuliers. SAINTE-BEUVE (1). »

« *A Monsieur A. de La Tour.*

« Au château des Tuileries (1838) (2).

« Cher poète,

« Remerciez bien Monsieur votre père de son aimable attention. Voici mon explication et mon excuse. D'abord, je ne suis pas *éditeur* de Fontanes, c'est-à-dire que je n'ai pas été le *maître* d'y faire ou de n'y pas faire : l'admission, la suppression de certains morceaux a été décidée par d'autres que par moi ; seulement, sur ces premières décisions, j'ai servi l'édition et y ai aidé de mon mieux. Quant au cas particulier, nous connaissions bien la première version des Stances, mais M. de Chateaubriand tout le premier a pensé que les deux dernières rétrécissaient l'effet ; moi-même je l'ai cru. M. de Fontanes, à coup sûr, les eût supprimées s'il eût publié lui-même ses œuvres ; et dans les copies manuscrites qu'il a fait faire, elles ne se trouvent pas. Moi-

(1) Original autographe.
(2) La date n'est marquée que dans le timbre de la poste.

même, je l'avoue, je pense que l'effet de la pièce est mieux sans cette fin trop appropriée; la pièce me paraît moins tronquée par là qu'un peu indéfinie à la manière antique. Ce qui n'empêche pas que lorsqu'on a connu la pièce dans le premier état, on puisse la regretter.

« Mais, encore une fois, pour ma décharge, je n'ai pas été le maître. Notre Dr Reuchlin, que j'ai vu hier, me disait qu'il vous avait parlé de Nords-Strand [?], et que vous y aviez pris. Oh ! faites donc cela. Il y a un roman allemand là-dessus intitulé : *Die Hallig*, par Biernatyky [?] ; il vous dira comment l'avoir ; vous vous le feriez traduire, et, avec les pages que lui-même a données sur Nords-Strand dans son premier volume, vous auriez tous les éléments d'une jolie monographie et d'une histoire suivie de cet *îlot*, de ce Sainte-Marie du jansénisme. Tout le monde en petit est là : luttes, oppressions, persécutions, taquineries, et aussi la vertu, j'espère.

« J'attends comme vous *Pâques* de notre Marmier.

« A vous de tout cœur.   Sainte-Beuve (1). »

Ce n'est plus dans un écrit confidentiel, et avec une modération charmante, que Sainte-Beuve se plaint de n'avoir pas été le maître. C'est dans une note de *Chateaubriand et son groupe*; il nomme « les autres » qui décidaient, et il parle d'eux, surtout de celui qui fut le vrai maître, avec une vivacité pleine d'amertume :

« On lisait dans les premières versions (*Le Tasse errant de ville en ville*) les deux stances finales, où il était fait

---

(1) Original autographe.

allusion à l'institution des Prix décennaux que l'Empereur venait de proposer... J'aurais indiqué ces variantes dans l'édition de Fontanes que j'ai donnée en 1839, mais j'y étais gêné par les scrupules royalistes de la fille de l'auteur *et par l'espèce de surveillant chicaneur qu'elle nous avait imposé, M. Roger. J'ai dû accepter ces entraves et subir ces ennuis* par amour et respect pour la mémoire de Fontanes. Les procédés ultérieurs de la comtesse Christine de Fontanes à mon égard m'ayant dégagé, je dis ce qui est vrai. »

Quels procédés de la comtesse Christine de Fontanes?

Le 17 avril 1854, le *Moniteur* contenait un article — presque pieux — de Sainte-Beuve, intitulé *Chateaubriand : anniversaire du « Génie du Christianisme »*. Le sens et le but de l'article sont très bien indiqués par le critique dans les lignes suivantes ; nous y trouverons aussi les éléments d'une réponse au point d'interrogation qui précède.

« La sincérité de l'émotion dans laquelle Chateaubriand conçut la première idée du *Génie du Christianisme* est démontrée par la lettre suivante écrite à Fontanes, lettre que j'ai trouvée autrefois dans les papiers de celui-ci ; dont Mme la comtesse Christine de Fontanes, fille du poète, possède l'original, et qui, n'étant destinée qu'à la seule amitié, en dit plus long que toutes les phrases écrites ensuite en présence et en vue du public. On me permettra de la donner ici tout entière : c'est un titre essentiel ; c'est la seule réponse victorieuse qui se puisse opposer aux notes marginales qu'on invoque, et dont j'ai cité quelques-unes, du fameux exemplaire de l'*Essai*. Confidence intime contre confidence ; et, à quelques mois de date, un cœur qui se retourne et qui se réfute éloquemment avec sanglots. »

Si démonstrative que fût cette lettre, et ce n'est pas exagérer que de la dire « *victorieuse* », il reste que la fille de Fontanes n'avait pas été consultée sur l'opportunité de la publication : peut-être parce qu'on supposait qu'elle ne l'autoriserait pas, peut-être même parce que l'autorisation avait été refusée quand on préparait l'*édition filiale*. Or, nous l'avons vu, les papiers de Fontanes n'avaient été mis aux mains de Sainte-Beuve qu'avec des réserves formelles. D'autres que lui décidaient. Le temps écoulé depuis 1839 n'avait pu lui créer des droits en opposition avec la volonté de l'unique héritière. Mlle de Fontanes protesta publiquement contre l'abus de confiance. Sainte-Beuve devait des excuses à Mlle de Fontanes et des explications au public : il s'exécuta de bonne grâce dans une note, mise après coup, au bas de l'article :

« On me dit que Mme la comtesse de Fontanes, qui depuis plusieurs années vit hors de France, a réclamé dans un journal contre la publication de la lettre si honorable pour son père et, je dirai, si utile à la mémoire de M. de Chateaubriand. D'anciennes relations avec Mme de Fontanes, à l'occasion des œuvres de son père dont j'ai été l'éditeur empressé et tout volontaire, m'avaient fait compter avec trop de confiance, je le vois, sur une adhésion de sa part que je suis désolé et peiné de n'avoir pas obtenue. »

Cela se lit sous la date de 1854. Sur les « procédés ultérieurs » de Mlle de Fontanes à l'égard de Sainte-

Beuve, c'est tout ce que nous savons, et je prouverai que c'est tout. Le mot est donc exagéré, injuste. Il irait à intervertir les rôles et à fausser les situations. Que de notes de ce genre — de fausses notes — dans *Chateaubriand et son groupe*. Ce livre parut en 1859. A qui voudrait se rendre compte, cette date, qui fut celle des grandes faveurs impériales départies à Sainte-Beuve, expliquerait bien des choses (1). Donc, en 1839, l'arbitre suprême dans l'adoption ou le rejet des pièces, c'était M. Roger.

Les lettres de Joubert à Fontanes, trouvées par Sainte-Beuve dans les papiers de ce dernier, et signalées par lui comme très dignes d'entrer dans une réimpression de Joubert, furent transcrites alors, en vue de l'édition prochaine ; or le conseiller, l'arbitre, le maître, l'homme aux « entraves », aux coupures, aux mots supprimés, déplacés, substitués, ce fut encore M. Roger. Sainte-Beuve devait être un peu suspect à titre de romantique et de libéral. M. Roger, au contraire, était le type du royaliste ardent et le modèle du classique endurci (2). Détail à noter : M. de Raynal s'occupait déjà

---

(1) « ... La dignité de sénateur (puisque dignité il y a) n'est qu'un accident, accident très noble et très utile, *très essentiel au moment où cela est venu (car j'étais à bout)*, mais enfin quelque chose qui n'atteint en rien le principe et le nerf vital. » Lettre de Sainte-Beuve, du 6 janvier 1860.

(2) « Voir ses *œuvres diverses* publiées en 1835 par Charles Nodier. Ses comédies sont un peu vieillottes, même l'*Avocat*, son chef-d'œuvre ; mais chacune d'elles est précédée d'une *Préface* et ces préfaces sont charmantes ; elles renferment un grand nombre de curieuses anecdotes spirituellement contées. Au tome second se trouve sa réponse au discours de réception de Villemain, le 28 juin 1821. Il y a là, sur Fontanes, des pages excellentes, et on s'explique très bien, après les avoir lues, que Christine de Fontanes

de la deuxième édition de Joubert. Elle parut en 1842, augmentée des lettres signalées par Sainte-Beuve.

Sur les conseils et d'après les indications de M. Roger, Mlle de Fontanes n'aura autorisé qu'une publication partielle de la correspondance adressée à son père, et les copies en auront été faites à la suite du premier article de Sainte-Beuve sur Joubert. L'article était daté de 1839, comme la première édition des œuvres du poète, et il y était question des lettres de Joubert à Fontanes. Mlle de Fontanes retenant par devers elle les originaux (elle les garda pieusement jusqu'à sa mort), M. de Raynal était dans l'impossibilité de contrôler l'exactitude des copies ; il n'avait rien de mieux à faire que de les imprimer telles quelles.

Et quant aux scrupules, « non royalistes » dans le cas, mais strictement personnels, qui portèrent Mlle de Fontanes à refuser la publication des lettres que Joubert lui avait écrites, ils se comprennent très bien et sont autrement excusables que les altérations et coupures de l'académicien Roger. « Espèce de surveillant chicaneur ! »

Plusieurs lettres de ce dernier à Mlle de Fontanes seront données dans l'appendice, avec d'autres pièces inédites concernant le groupe, et signées Sainte-Beuve, Villemain, Laborie, Lenormant. Il me semble qu'elles sont des plus intéressantes.

lui eût donné toute sa confiance. » Je détache cette note d'une lettre que M. Edmond Biré m'écrivait le 5 février 1895.

V

Indifférents peut-être en d'autres œuvres, le déplacement, le remplacement ou la suppression des plus petits mots se trouvent avoir, dans le texte de Joubert, une importance très appréciable, et fort originale.

La raison que j'en vais alléguer dépasse la portée d'un simple argument ; la preuve n'est que l'accessoire. A l'aide de sa correspondance, il s'agit d'éclairer d'un jour nouveau l'œuvre de Joubert, de dévoiler un des secrets de son art, et jusqu'au mécanisme de sa pensée.

On se récrie : — Du nouveau sur un auteur étudié par les critiques les plus pénétrants, à commencer par le plus pénétrant de tous, Sainte-Beuve ! — Dans un livre qui compte un demi-siècle de succès ! — Après tant de lecteurs délicats et charmés ! Vous venez trop tard, et si vous aimez Joubert, sachez l'aimer en silence. Ainsi votre admiration ne sera compromettante ni pour lui ni pour vous !

Préjugé trop naturel, et qui ne laisse pas de m'intimider à certains moments ! Si je pouvais confier mes notes à un critique de profession, qui s'en emparât, comme de sa chose, les remaniât à son gré, et leur donnât la valeur de son nom et la sanction de son art !

Fort heureusement, Joubert lui-même se mettra de la partie. Comme il s'est beaucoup étudié, écouté, analysé, décrit, raconté, les traits qui reviennent à mon idée lui seront empruntées. Il suffira de les disposer dans l'ordre voulu. Je prendrai la parole le moins possible, uniquement pour indiquer d'un mot les points acquis et la marche en avant, non la marche en ligne droite inflexible, mais avec quelques courbes, détours et retours. A la ligne droite des modernes argumentateurs, Joubert préférait ce qu'il appelait des *circuits platoniciens.*

On lit dans le chapitre *du Style :* « Il est des écrits et des sortes de styles où *les mots sont placés pour être comptés.* » — « Les meilleurs temps littéraires ont toujours été ceux où les auteurs ont *pesé et compté leurs mots* (1). — « Il faut aux phrases leur *nombre,* leur *mesure* et leur *poids.* » Joubert doit être rangé parmi ces auteurs, et sa place est au premier rang. Il comptait ses mots et les pesait ; il mesurait ses phrases, Prenez l'affirmation au pied de la lettre, dans toute la rigueur des termes.

Pourquoi ces soins extrêmes ?

C'est, d'abord, parce que Joubert aimait « le style concis », et ce style, il l'aimait « parce qu'il appartient à la réflexion ». — « On moule ce qu'on dit quand on l'a pensé fortement. » — « Quelques mots dignes de mémoire peuvent suffire pour illustrer un grand esprit. Il y a telle pensée qui contient l'essence d'un livre tout entier ; telle phrase qui a les beautés d'un vaste ouvrage ; telle unité qui équivaut à un nombre ;

---

(1) « Le style de Tacite, quoique moins beau, moins riche en couleurs agréables et tournures variées, est pourtant plus parfait peut-être que celui de Cicéron même ; car tous les mots en sont soignés, *et ont leur poids, leur mesure, leur nombre exact ;* or la perfection suprême réside dans un ensemble et dans des éléments parfaits. »

3.

enfin telle simplicité, si achevée et si parfaite, qu'elle égale, en mérite et en excellence, une grande et glorieuse composition. » — « Le sage ne compose point. Entre ses idées, il en admet peu ; il choisit les plus importantes, les livre telles qu'elles sont, et ne perd point son temps aux déductions. » — « Pascal, La Bruyère, Vauvenargues et La Rochefoucauld, Boileau, Racine et La Fontaine, n'occupent que peu de place et ils font les délices des délicats. Les très bons écrivains écrivent peu, parce qu'il leur faut beaucoup de temps pour réduire en beauté leur abondance ou leur richesse. »

C'est aussi, et plus encore, parce que le genre de ses écrits le conduisait à procéder par oppositions et par symétries : « Les oppositions et les symétries doivent être extrêmement marquées dans toutes les choses solides, comme dans l'architecture, et dans les pensées très *décidées*, comme les maximes. » — « Dans une œuvre de l'art, quelle qu'elle soit, la symétrie apparente ou cachée est le fondement visible ou secret du plaisir que nous éprouvons. Tout ce qui est composé a besoin de quelque répétition dans ses parties, *pour être bien compris, bien retenu par la mémoire*, et pour nous paraître un tout. Dans toute symétrie, il y a un milieu ; or, tout milieu est le nœud d'une répétition, c'est-à-dire de deux extrémités semblables. »

De la symétrie au syllabisme, forme première de notre vieille poésie, il n'y a qu'un pas. Joubert le fit après mûre réflexion. Voici quels étaient ses motifs et ses moyens, son espoir et son but. Quand il établissait ce que j'appellerais sa théorie, il ne faisait pas de la théorie abstraite, de la théorie en l'air ; il s'interrogeait, s'étudiait et s'analysait lui-même : « Comme il y a des vers qui se rapprochent de la prose, il y a une prose qui peut se rapprocher des vers. Presque tout ce qui exprime un sentiment ou une opinion *décidée a quelque chose de métrique et de mesuré. Ce genre ne tient pas à l'art, mais à l'influence, à la domination du caractère sur le talent.* » — « *Quand la pensée fait le mètre, il faut le laisser subsister,* et il y a quelquefois, dans tel écrivain, des phrases qui ne sont insupportables que parce que sa pensée faisant le mètre, sa diction ne le fait pas. » — « Il faut que la phrase soit semblable à la pensée, c'est-à-dire qu'elle n'en excède pas les dimensions, qu'elle n'en altère point la forme, qu'enfin elle ne reste en deçà et n'aille au delà d'aucun de ses termes. *C'est la rondeur du sens, dans les mots et dans les incises, qui fait le vers de la pensée.* Cette rondeur s'acquiert quand les pensées et les mots ont longtemps roulé dans la mémoire. » — « Achever sa pensée ! cela est long, cela est rare, cela cause un plaisir extrême ; car les pensées achevées entrent aisément dans les esprits... ; etc. »

Est-il vrai qu'il s'analysait en parlant ainsi ? Poète, qu'il s'interrogeait ; philosophe, qu'il se regardait et tirait de lui-même, de son « *caractère* », de son procédé personnel, de ses habitudes intellectuelles, cette théorie, nettement formulée et motivée, sur la formation et la forme des maximes, sur la difficulté du genre et le bonheur d'y réussir ?

Revenons aux pages préliminaires, et recueillons en passant cette maxime aimable sur l'attention : « Le soin de bien dire la vérité et d'apprivoiser l'attention, est *un devoir, une fonction du sage et une marque de sa bonté.* » Et cette autre sur l'attention et la mémoire réunies : « Il faut que les mots se détachent bien du papier, c'est-à-dire qu'ils s'attachent facilement à l'attention, à la mémoire ; qu'ils soient commodes à citer et à déplacer. »

Comment ne pas remarquer dans « *l'auteur peint par lui-même* », cette déclaration formelle : « L'attention est soutenue, dans les vers, par l'amusement de l'oreille. La prose n'a pas ce secours ; pourrait-elle l'avoir ? J'essaye, mais je crois que non. »

Essai tenté de bonne heure, dès le temps de l'heureuse et poétique jeunesse. Au début, peut-être doutait-il, en inclinant vers la négative. Petit à petit, et la pratique des *Maximes* aidant, il s'était pris à *croire que oui*. Témoin toute son œuvre, œuvre de toute sa vie. Avant qu'il eût quarante ans, c'était habitude prise et raisonnée ; car il y trouvait des avantages pour l'expression adéquate et parfaite de ses chères *Maximes*. Ces avantages, il les indique avec un incomparable bonheur d'expression : « Les plus beaux sons, les plus beaux mots, — sont absolus, et ont entre eux — des intervalles naturels — qu'il faut observer en les prononçant. — Quand on les presse et qu'on les joint, — on les rend semblables — à ces globules diaphanes — qui s'aplatissent, aussitôt qu'ils se touchent, — perdent leur transparence — en se collant les uns aux autres, — et ne forment plus qu'un corps pâteux, — quand ils sont ainsi réduits en masse. » — « Il faut se faire de l'espace — pour déployer ses ailes. — Si l'incohérence est monstrueuse, — une cohésion trop stricte — détruit toute majesté dans les beaux ouvrages. — Je voudrais que les pensées — se succédassent dans un livre, —

comme les astres dans le ciel, — avec ordre, avec harmonie, — mais à l'aise et à intervalles, — sans se toucher, sans se confondre, — et non pourtant sans se suivre, — s'accorder et s'assortir. — Je voudrais enfin qu'elles roulassent — sans se tenir, — en sorte qu'elles pussent subsister — indépendantes, — comme des perles défilées. »

Ces intervalles naturels, il les voulait pour ses pensées, beaux sons et beaux mots tout à la fois. Le rythme les lui assurait.

L'espoir caressé, le triomphe idéal, Joubert les indique, non sans une noble fierté, et avec une souveraine énergie : « Je voudrais monnayer la sagesse, c'est-à-dire la frapper en maximes, en proverbes, en sentences, *faciles à retenir et à transmettre.* Que ne puis-je décrier et bannir du langage des hommes, comme une monnaie altérée, les mots dont ils abusent et qui les trompent ! » — « Si les maximes et les lois offrent une sorte de mesure, *c'est que la mémoire aime les cadences, et que le souvenir se plaît aux symétries.* » — « Ce n'est pas tant le son que le sens des mots qui tient si souvent en suspens la plume des bons écrivains. *Bien choisis, les mots sont des abrégés de phrases. L'habile écrivain s'attache à ceux qui sont amis de la mémoire*, et rejette ceux qui ne le sont pas. D'autres mettent leurs soins à écrire de telle sorte qu'on puisse les lire sans obstacle, et *qu'on ne puisse en aucune manière se souvenir de ce qu'ils ont dit : ils sont prudents.* Les périodes de certains auteurs sont propres et commodes à ce dessein. Elles amusent la voix, l'oreille, l'attention même, et ne laissent rien après elles. Elles passent, comme le son qui sort d'un papier feuilleté. »

— « Une maxime est l'expression exacte et noble d'une vérité importante et incontestable. *Les bonnes maximes sont les germes de tout bien ; fortement imprimées dans la mémoire, elles nourrissent la volonté.* — « L'évidence a quelque chose de *poétique*, car elle descend des régions de la lumière. Son langage ne doit-il pas s'en ressentir ? »

Pourquoi, lui, moraliste et philosophe, tient-il donc en si haute estime la poésie et les poètes ? Et quelle est la poésie qu'il aime ? La poésie qu'il aime par-dessus tout, c'est la poésie *immatérielle et céleste* : « La poésie à laquelle Socrate disait que les dieux l'avaient averti de s'appliquer, c'est la poésie de Platon, et non pas celle d'Homère, la poésie immatérielle et céleste, dont l'âme est ravie, et qui tient les sens assoupis. » — « Les autres écrivains placent leurs pensées devant notre attention ; les poètes gravent les leurs dans notre souvenir. Ils ont un langage souverainement ami de la mémoire, moins encore par son mécanisme que par sa spiritualité. » — « C'est surtout dans la spiritualité des idées que consiste la poésie. » — « Chaque parole du poète rend un son tellement clair et présente un sens tellement net, que l'attention qui s'y arrête avec charme peut aussi s'en détacher avec facilité pour passer aux paroles qui suivent et où l'attend un autre plaisir, la surprise de voir tout à coup des mots vulgaires devenus beaux, des mots usés rendus à leur fraîcheur première, des mots obscurs couverts de clartés. » — « Voulez-vous connaître le mécanisme de la pensée et ses effets ? Lisez les poètes. Voulez-vous connaître la morale, la politique ? Lisez les poètes. Ce qui vous plaît chez eux,

approfondissez-le : c'est le vrai. Ils doivent être la grande étude du philosophe qui veut connaître l'homme. »
— « Les poètes ont cent fois plus de bon sens que les philosophes. En cherchant le beau, ils rencontrent plus de vérités que les philosophes n'en trouvent en cherchant le vrai. » — « Les mots des poètes conservent du sens, même lorsqu'ils sont détachés des autres, et plaisent isolés comme de beaux sons. On dirait des paroles lumineuses, de l'or, des perles, des diamants et des fleurs. » — « Il faut que les mots, pour être poétiques, soient chauds du souffle de l'âme ou humides de son haleine. »

Poète, ne l'est-il pas quand il parle ainsi des poètes ?

O moraliste ! O philosophe ! vous parlez encore de vous-même, et toujours avec une parfaite bonne grâce. En préférant le poète au philosophe, vous ne vous sacrifiez nullement au premier. Vous êtes l'un et l'autre, et le prouvez du même coup. Le poète en vous va de pair avec le philosophe, ou plutôt il ne se sépare pas, ne se distingue pas de lui ; il ne fait qu'un avec lui.

J'ai lu dans Montaigne « Platon est tout poétique ; et la vieille théologie est toute poésie, disent les sçavants ; et la première philosophie, c'est l'original langage des dieux ».

L'enthousiasme règne d'un bout à l'autre dans les maximes de Joubert, l'enthousiasme qui produit les beaux ouvrages : « En poésie, en éloquence, en musique, en peinture, en sculpture, en raisonnement même, rien n'est beau que ce qui sort de l'âme ou des entrailles. Les entrailles, après l'âme, c'est ce qu'il y a en nous de

plus intime. » — « Il ne suffit pas d'être clair et d'être
entendu ; il faut plaire, il faut séduire, et mettre des
illusions dans tous les yeux ; j'entends de ces illusions
qui éclairent, et non de celles qui trompent, en dénaturant les objets. Or, pour plaire et pour charmer, ce
n'est pas assez qu'il y ait de la vérité ; il faut encore
qu'il y ait de l'homme ; il faut que la pensée et l'émotion propres de celui qui parle se fassent sentir. C'est
l'humaine chaleur et presque l'humaine substance qui
prête, à tout, cet agrément qui nous enchante. » —
« L'enthousiasme est toujours calme, toujours lent, et
reste intime. L'explosion n'est point l'enthousiasme,
et n'est point causée par lui : elle vient d'un état plus
violent. Il ne faut pas non plus confondre l'enthousiasme avec la verve; elle remue, et il émeut; elle est,
après lui, ce qu'il y a de meilleur pour l'inspiration. »
— « Il faut de l'enthousiasme dans la voix pour être
une grande cantatrice ; dans la couleur, pour être un
grand peintre ; dans les sons, pour être un grand
musicien, et dans les mots, pour être un grand écrivain. Mais il faut que cet enthousiasme soit caché et
presque insensible : c'est lui qui fait ce qu'on appelle
le charme. »

Moraliste, philosophe et poëte, est-ce possible ? Et
la poésie n'est-elle pas incompatible avec « l'*ambition* »
qui possède Joubert, « de mettre tout un livre dans
une page, toute une page dans une phrase, et cette
phrase dans un mot ? » Oui certes, incompatible. Et
Dieu merci ! Car c'est une ambition « maudite ». Le
mot est de Joubert.

La symétrie, le syllabisme, le rythme ont des exigences contraires ; ils lui rendront un peu de large, et ils l'affranchiront de la concision outrée à laquelle il est trop enclin. Il a dit excellemment : « Que le mot n'étreigne pas trop la pensée ; qu'il soit pour elle un corps qui ne la serre pas. Rien de trop juste ! Grande règle pour la grâce, dans les ouvrages et dans les mœurs. » — « Il y a dans l'art d'écrire des habitudes du cerveau, comme il y a des habitudes de la main dans l'art de peindre ; l'important est d'en avoir de bonnes. Un esprit trop tendu, un doigt trop contracté, nuisent à la facilité, à la grâce, à la beauté. » — « Tout son dans la musique doit avoir un écho. Toute figure doit avoir un ciel dans la peinture. Et *nous qui chantons avec des pensées*, et qui peignons avec des paroles, nous devrions aussi, dans nos écrits, donner à chaque mot et à chaque parole leur horizon et leur écho. »

Écho n'est pas ici l'équivalent de rime. Joubert n'adopte du vers que la mesure et le chant. On sait pourquoi. Peut-être, et je le crois, trouverait-on également, dans les *Maximes*, d'agréables effets d'assonances : encore le chant de la poésie primitive. Mais « ce raffinement étrange et bizarre qui s'appelle la rime » et fit dévier notre poésie au xi° siècle, Joubert repousse « ce procédé de rhéteur » (1). A la poésie, Joubert

(1) Voyez, dans le beau livre de Léon Gautier, *les Épopées françaises* (seconde édition, Paris, Victor Palmé, 1878), les chapitres vii et viii, t. I, pp. 281-371 : *De la versification des chansons de geste, et, à ce propos, de la versification française et de ses origines*, et la très intéressante et non moins instructive *Note sur la versification rythmique en général et sur celle des chansons de geste en particulier* (t. I, pp. 281-291). — Depuis quelques années, des savants, MM. Louis Havet, Julien Havet, W. Meyer, Noël Valsois, les R. P. Edmond Bouvy, Bainvel, dom Moquereau, dom Grospellier, les abbés Couture et Duchesne, Mgr Bellet, ont parfaitement établi que les grands

demandait du large, du jeu; « en tout, il me faut quelque jeu », et ce n'était pas pour retomber sous le joug d'une pire servitude. Le rythme, oui. La rime, non. Il avait cultivé l'un et l'autre dans sa jeunesse. Gardant le rythme, il avait rejeté la rime.

Le vers qu'il emploie de préférence, sans exclusion systématique, est l'octosyllabe ; parce que ce vers, tout en flattant l'oreille, convient, par sa vivacité et sa rapidité, soit à la « concision ornée » du maximiste, soit à la grâce légère de l'épistolier. « Il régnait en maître dans nos chants populaires » les plus anciens. « Il est dérivé du plus ancien vers et du plus usuel de notre liturgie », « du vers le plus profondément populaire » (1), l'iambique dimètre. Que de titres à la prédilection de Joubert ! — Le reproche qu'on pourrait faire à ce mètre, ce serait de devenir à la longue monotone. Aussi Joubert en emploie-t-il d'autres. La lyre antique avait plus d'une corde. Celle d'Orphée le charmeur, et qui fut la première, n'en comptait pas plus de cinq. C'était celle de Joubert. Écoutons-le : « Ignorants qui ne connaissez — que vos clavecins et vos orgues, — et pour qui — les applaudissements sont nécessaires, — comme un accompagnement sans lequel — vos accords seraient incomplets, — je ne puis pas vous imiter. — Je joue de la lyre antique, — non de celle de Timothée, — mais de la lyre à *trois* ou *cinq* cordes, — de la lyre d'Orphée, — cette lyre qui cause autant de

---

auteurs latins, comme Cicéron et Pline, employaient une prose savante, où toutes les fins de phrase et même les fins des membres de phrase sont rythmées d'après différentes mesures dont on a fait le relevé et le classement.

(1) Léon Gautier, p. 304.

plaisir — à celui qui la tient qu'à ceux qui le regardent ; — car il est contenu dans son air, — il est forcé à s'écouter, — il s'entend, il se juge, — il se charme lui-même. »

Par son genre de poésie, Joubert se rapproche donc le plus possible de la simplicité antique. « Par les tournures de son style, il ressemble *aux anciens sages* plus encore qu'aux poètes anciens (1). Ses vers sont de plusieurs mesures, mêlés et sans rime; l'élision n'y est pas observée. A l'exemple de ses devanciers, les vieux poètes nationaux, Joubert n'en a cure, non plus que de l'hiatus, — lequel, « à cause du chant, n'avait rien de blessant pour l'oreille (2) »; car toute poésie primitive a été chantée. — On n'a pas oublié le mot de Joubert : « Nous qui *chantons nos pensées* », auquel ces autres répondent : « Les uns déclament leurs pensées, d'autres se les récitent et *d'autres se les chantent.* Quelques-uns ne font que se les raconter, se les lire ou se les parler. » — « Naturellement l'âme se chante à elle-même tout ce qu'il y a de beau ou tout ce qui lui semble tel. Elle ne le chante pas toujours avec des vers ou des paroles mesurées, mais avec des expressions et des images où il y a un certain sens, un certain sentiment, une certaine forme et une certaine

---

(1) On peut lui appliquer ce qu'il disait du Tasse : « Le Tasse était sur son art un *penseur profond*, et ce serait un service à rendre aux Lettres que d'examiner ses ouvrages en prose et ses principes littéraires. *Ce caractère de penseur au surplus se montre même dans ses vers; ils ont la forme qui conviendrait à des sentences. Le poète, par les tournures de son style, ne ressemble pas aux poètes anciens, mais il ressemble aux anciens sages.* »

(2) Léon Gautier.

couleur qui ont une harmonie l'une avec l'autre, et chacune en soi. Quand il arrive à l'âme de procéder ainsi, on sent que les fibres se montent et se mettent toutes d'accord. Elles résonnent d'elles-mêmes et malgré l'auteur, dont tout le travail consiste alors à s'écouter, à remonter la corde qu'il entend se relâcher, et à détendre celle qui prend des sons trop hauts, comme sont contraints de le faire ceux qui ont l'oreille délicate, quand ils jouent de quelque harpe. Ceux qui ont produit quelque pièce de ce genre m'entendront bien et avoueront que, pour écrire ou composer ainsi, il faut faire de soi d'abord, ou devenir à chaque ouvrage, un *instrument organisé*. »

Quelles lois président à ses combinaisons syllabiques et au mélange des diverses mesures dans un seul et même morceau ? Ou même obéissait-il à des lois fixes ? Ou encore, n'a-t-il pas intercalé, au milieu de ses vers, des phrases qui ne font pas le mètre ?

Il faut laisser la réponse à de plus compétents. Mais si je n'ose formuler ces lois, je garderai moins de réserve en ce qui concerne la raison du mélange; c'est que je la tiens de Joubert : « Au plaisir de la suspension, peut se comparer celui de l'attente trompée, mais trompée agréablement. Cette espèce de jeu est ordinairement traduite par des symétries brisées ou des *pentes rompues*, comme on peut l'observer dans quelques airs champêtres et dans le style de Fénelon ; pratique qui donne au chant une apparence naïve, et au style de la douceur. » — « Mêlez, pour bien écrire, — les métaphores trop vives — à des métaphores éteintes, — et les symétries marquées — à des symétries effacées. »

Au point de vue des règles à découvrir, la *Corres-*

pondance ne serait pas plus à négliger que les *Pensées*. Les lettres ont même sur celles-ci l'avantage très précieux de fournir des dates. Le difficile est d'arriver à un résultat définitif en travaillant sur des pièces syllabiquement altérées. Pièces autographes en main, je puis affirmer deux choses : l'une, que la transcription n'en a pas été faite pour les Œuvres avec une fidélité assez scrupuleuse ; l'autre, que la pensée de Joubert « faisait le mètre » dès l'année 1794, et que le mètre se retrouve dans les lettres de ses dernières années, adressées à Mlle de Fontanes. Toutefois il est manifeste que les questions d'ordre purement matériel étaient traitées, non en phrases métriques, mais en simple prose, comme on va le constater au *post-scriptum* de la lettre à Mme de Fontanes, et comme on le peut voir en divers passages des lettres qui précèdent.

Voici deux lettres de cette époque : je les transcris des originaux. Quant au devoir rigoureux d'une transcription mot à mot, syllabique, il n'a plus besoin d'être démontré : il ne me reste qu'à m'y conformer avec scrupule :

« Au bon Parent (1),

« Citoyen, vous avez de l'âge. — Vous avez vu beaucoup d'années. — Vous perdîtes beaucoup d'amis.

« Je n'oserais être le vôtre ; — trop de respect me l'interdit. — Mais j'aurai bientôt quarante ans, — et j'ai le droit de vous chérir.

« Si vous devenez mon voisin, — il y aura près de

---

(1) Une main de femme (ce n'est pas l'écriture de Mlle de Fontanes) a écrit au bas de cette suscription : « M. l'abbé de Vytri *(sic)* oncle de Mme de Fontanes. »

vous un homme — que flattera votre commerce, — qu'occupera votre repos.

« J'ai désiré de vous le dire. Puissiez-vous aimer à l'apprendre. J.

« 3 f*er* v. s. [vieux style] — 15*e* jour du mois 5*e* de l'an II.

« *P. S.* — Il y a un petit presbytère, — où je voudrais bien vous loger. — Ce presbytère — (propriété patrimoniale — qu'un Parisien a achetée)... — a une cour — en terrasse sur la rivière, — un jardin sur une campagne, — un appartement assez clos — entre bibliothèque et cuisine. — Nous avons un *forte-piano*.

«Je suis fort affairé — à distribuer tous ces biens, — et me dis souvent en rêvant — dans mes oiseuses promenades : — Cette campagne est pour Fontanes ; — le *forte-piano* pour Chantal (1) ; — la chambre close est pour sa mère ; — la cour pour la petite fille ; — le jardin pour le bon parent. — Que tout cela n'est-il à moi — et que ne veut-on nous le revendre ce soir! — Demain vous l'appelleriez vôtre.

[*A Madame de Fontanes.*]

« Je n'ai guère dans ce bas monde, — pour tous meubles et presque pour tous biens, — qu'un *forte-piano* qui est à ma nièce, — deux estampes qui sont à moi, — et la moitié d'un pain de sucre — que nous consommons en commun.

« Venez jouir de ces trésors ; — je puis en disposer en maître — et vous les offre de bon cœur.

« J'aurais bien voulu vous procurer, — dans mon

(1) M*me* de Fontanes, fille de M*me* de Cathelin.

voisinage, — une cabane au pied d'un arbre, — et j'ai tout tenté pour cela, — jusqu'à me résoudre à en acheter une, — moi qui hais la propriété! (1) — Je n'ai pas pu y parvenir.

« Je serai réduit à vous loger — dans une chaumière au pied d'un mur. — Cela n'est pas bien magnifique. — Mais fussions-nous déjà bien sûrs — de disposer de ce taudis ! — C'est encore ce que ce pays — a de meilleur en ce moment. — On s'y bat pour le moindre trou, — tant les logements y sont rares! — Fontanes n'a qu'à se presser : — je lui écris par ce courrier. — S'il attend nous n'aurons plus rien.

« Cette chaumière au pied d'un mur — est une maison de curé au pied d'un pont. — Vous y auriez notre rivière sous les yeux, — notre plaine devant vos pas, — nos vignobles en perspective, — et un bon quart de notre ciel sur votre tête. — Cela est assez attrayant.

« Une cour, un petit jardin — dont la porte ouvre la campagne, — des voisins qu'on ne voit jamais, — toute une ville à l'autre bord, — des bateaux entre les deux rives — et un isolement commode; — tout cela est d'assez grand prix. — Mais aussi vous le payeriez. — Le site vaut mieux que le lieu.

« Le lieu n'est qu'une habitation — où l'on ne se

(1) Haine qui remontait aux jours de sa jeunesse. Fontanes lui écrivait de Londres, le 27 octobre 1785 : « Je ne sais si vous, qui êtes grand ennemi du démon de la propriété et des barrières de fer, vous aimeriez l'Angleterre; il n'y a point de petite chaumière qui n'ait sa borne marquée, point de maison qui ne soit environnée d'un grillage de fer. Le dieu *Terme* est le dieu le plus respecté de l'Angleterre. » Donc, pour Joubert, ni propriété, ni mariage. Or, il fut bel et bien propriétaire et mari « excellentissime ».

mouillerait pas, — où l'on ne se gèlerait pas, — où l'on pourrait même dormir, — sans s'entasser dans un seul lit ; — mais on n'y aurait pas non plus — des appartements bien complets. — Votre mère aurait une alcove, — un cabinet et de la vue ; — vous auriez une grande chambre ; — le bon parent une à côté. — J'ai fait les descriptions à Fontanes. — Il dit que cela suffirait ; — moi je trouve cela trop peu ; — mais on ne trouve rien de mieux.

« Armez-vous donc d'un grand courage, — et si vous êtes résolue — à ne pas vous trouver à plaindre — lorsque vous serez mal logée, — préparez vite le chausson — où vous mettrez vos équipages, — et tenez-vous prête à partir — quand le signal sera donné.

« Vous trouverez en débarquant — un homme qui vous recevra — avec un respect bien profond — et une affection bien tendre. »   J.

Villeneuve-sur-Yonne, rue du Pont.
7 f^{er} [1794] 19e jour du mois 5e de l'an II.

On lit dans les Œuvres : « ...dont la porte ouvre *sur* la campagne » et « où l'on ne gèlerait pas », au lieu du vrai texte « ... ouvre la campagne », et « où l'on ne se gèlerait pas ». Ici, un mot de moins, là, un mot de plus, ce qui rompt le mètre voulu par Joubert. Par ces additions et soustractions, on a cru vraisemblablement donner à la phrase une allure plus actuelle et plus littéraire ; il me semble que la forme authentique n'est ni moins correcte ni moins vivante.

Et puis, pourquoi supprimer des membres de phrase tels que celui-ci : « je lui écris par le courrier » [à Fontanes] ; et, dans le *post-scriptum* qu'on va lire,

« comme je l'ai écrit à Fontanes » ? Ces petits bouts de phrase permettent de surprendre et de mesurer l'intimité renaissante des deux amis que le régime de la Terreur avait privés de toute communication pendant deux ou trois ans.

Enfin les parenthèses ont été supprimées, et les mots soulignés par Joubert ne le sont plus dans les Œuvres.

Quelques-unes de ces observations s'appliquent au *post-scriptum* suivant :

« *P. S.* J'ai écrit deux mots au bon parent et à madame votre mère. Veuillez bien les leur remettre.

« Je vous prie, tous tant que vous êtes, d'être bien persuadés que tous les sentiments que je vous exprime très brièvement, et que j'ai pour vous avec tant d'étendue, je les éprouve et vous les paye, non pas à cause de F[ontan]es (quoique assurément cela pût suffire) mais à *cause de vous tout seuls*. Je vous honore et je vous aime *parce que je vous ai connus*.

« Je sens bien vivement le désagrément de n'avoir à vous offrir que de médiocres bons offices. Il faut que je devienne grand terrien. Si j'avais seulement un petit palais dans une île enchantée, voyez quel plaisir je trouverais à dire à votre maman : « *Je suis fort aise,*
« *madame, qu'il ne vous reste pas pierre sur pierre, à*
« *madame votre fille et à vous, puisque cela me procure*
« *l'occasion de vous prouver que je suis votre serviteur*
« *en vous logeant sous mes lambris.* »

« On a tort de se moquer du médecin de la comédie qui désire de bonnes fièvres à ceux qu'il aime, pour avoir le plaisir de les guérir. C'était un bon petit cœur d'homme. Je n'oserai plus rire de sa manie à l'avenir ; car je sens que je la partage, ou peu s'en faut.

« J'ai une compagne qui pense comme moi sur votre compte. Cela me fait un grand plaisir. Elle avait (comme je l'ai écrit à Fontanes) *retiré tous ses sentiments de la société pour les renfermer dans sa chambre.* Ils en sont tous sortis à la nouvelle de vos désastres, et ne cessent d'errer sur les ruines de vos maisons.

« Je lui connus du mérite et des agréments. Elle a perdu ses agréments, mais elle a gardé son mérite. Il se montre tout entier à mes regards dans cette grande circonstance. Tout son regret est de ne pouvoir vous être bonne à rien personnellement.

« Comme l'alouette de la fable, après avoir trop tardé à se rendre mère, elle est prête à le devenir, et à peine a-t-elle la force de suffire à faire son nid. Vous me rendrez un grand service, madame votre mère et vous, si, avec le temps et peu à peu, vous lui faites prendre à votre société l'intérêt que lui inspirent si bien vos malheurs.

« Au reste, personne ne se voit ici, et tout le monde vit tout seul, comme nous faisons en vous attendant. »

Une dernière remarque, concernant le document qu'on vient de lire.

Joubert écrit : « personne ne *se* voit ici, et tout le monde vit tout seul, » ce qui caractérise l'heure sombre et pleine de menaces où l'on était encore en février 1794. Dans les Œuvres, on fait dire à Joubert cette chose grossière, et qui est une impossibilité sous une telle plume :

« Personne ne *la* voit ici » ; *la*, c'est-à-dire sa « compagne ».

Sainte-Beuve a cité un passage de cette lettre dans sa première étude sur Joubert. Il annonçait ainsi la citation : « Il y conviait (à Villeneuve-sur-Yonne) son ami et la famille de son ami ; il voudrait avoir à leur offrir, dit-il, une cabane au pied d'un arbre, et il ne trouve de disponible qu'une chaumière au pied d'un mur. Il parle là-dessus avec un frais sentiment du paysage, avec un tour et une coupe dans les moindres détails, qui fait ressembler sa phase familière à quelque billet de Cicéron. »

Sainte-Beuve, poète et critique, ne paraît pas avoir soupçonné le secret de ce *tour* et de cette *coupe* : ils lui rappelaient (ce qui est flatteur, mais je ne vois pas bien pourquoi) le grand nom tout oratoire de Cicéron (1). De sa main rompue aux divers mètres, lui, l'auteur du *Tableau historique et critique de la poésie française au XVIe siècle*, il a transcrit une suite de seize à dix-sept vers libres, sans se douter qu'il avait affaire à des vers, à des octosyllabes : tant Joubert était habile à cacher son jeu, — son art ; tant sa diction reste naturelle et libre, bien que soumise à la cadence. C'est que la pensée domine et s'impose ; elle est maîtresse ; elle est reine. Couleurs, symétries, cadences ne lui sont que vêtements, parures et moyens d'action, moyens variés et dignes d'elle.

Ami de la vieille langue et des vieux auteurs, Joubert ne pouvait ignorer *l'Illustration de la langue*

(1) « Les lettres de Cicéron sont extrêmement courtes, et il s'y trouve très peu d'agréments. Ses oraisons, au contraire, en offrent une source inépuisable ; etc. » (*Pensées* de Joubert, p. 214).

française. Dans le chapitre VII, *De la rythme et des vers sans rythme*, il avait dû prêter une attention toute particulière à ce charmant conseil de Joachim du Bellay, dont ses écrits, à lui, Joubert, paraissent être aussi bien l'application que la justification :

« Qui ne voudrait régler sa rythme comme j'ai dit, il vaudrait beaucoup mieux ne rimer point; mais faire des vers libres, comme a fait Pétrarque en quelque endroit, et, de notre temps, le seigneur Loys Aleman, en sa non moins docte que plaisante Agriculture. Mais tout ainsi que les peintres et statuaires mettent plus grand industrie à faire beaux et bien proportionnés les corps qui sont nuds, que les autres : aussi faudrait-il bien que ces vers non rimés fussent bien charnus et nerveux, afin de compenser par ce moyen le défaut de la rythme. »

Pour résumer, en employant de nouveaux textes, et pour marquer l'infinie distance qui sépare, du profond moraliste Joubert, tous les métromanes en prose, voici donc quels étaient ses principes, ses motifs, ses moyens et son but dans l'adoption des couleurs et des vers :

« *C'est un grand art de savoir darder sa pensée et l'enfoncer dans l'attention* » ; — « *ce n'est pas assez de faire entendre ce qu'on dit, il faut encore le faire voir; il faut que la mémoire, l'intelligence et l'imagination s'en accommodent également.* » — « Si l'on veut rendre apparent ce qui est très fin, il faut le colorer. Les images et les comparaisons sont nécessaires afin de rendre double l'impression des idées sur l'esprit en leur donnant à la fois *une force physique et une force intellectuelle.* » — « La figure qui résulte du style doit entrer dans l'esprit tout à coup et tout entière, dès qu'elle est achevée. Ce qui en reste dans le livre, sans s'en détacher de lui-même pour s'appliquer au souvenir, est un défaut, quelque limé que cela soit, et quelque achevé que cela paraisse d'abord. » — « Quand l'image masque l'objet, et que l'on fait de l'ombre un corps; quand l'expression plaît tellement qu'on ne tend plus à passer outre pour pénétrer jusqu'au sens; quand la figure enfin absorbe l'attention tout entière, on est arrêté en chemin, et la route est prise pour le gîte, parce qu'un mauvais guide nous conduit. »

L'objection contre ce genre d'écrire, Joubert se l'était proposée dès le début, — on s'en souvient, — et son œuvre témoigne qu'il l'avait trouvée légère; lui-même avait dû l'opposer à nombre d'auteurs qui *métromanisaient* à tort et à travers, sans but et sans génie; il l'avait lue, nettement formulée, dans les articles de l'un des quatre plus célèbres critiques de son temps. Dussault s'était élevé avec force, non moins contre *les Penseurs et les Pensées* que contre la *prose rythmique et les poèmes en prose*. D'un trait plein de vigueur, Joubert a caractérisé le talent de Dussault, et si bien que Sainte-Beuve le cite dans sa causerie sur les critiques de l'Empire : « Dussault ne va pas au fait, ni au fond... il n'entre presque jamais dans le vif. Joubert a très bien dit de lui et de son style qui affecte le nombre oratoire : « Le style de Dussault est un agréable « **ramage**, où l'on ne peut démêler aucun air déter- « miné (1). » Ce jugement si bref et si vrai suppose une connaissance approfondie de l'écrivain. Le nom de

---

(1) *Causeries du lundi*, t. I.

Dussault se rencontre ailleurs sous la plume du moraliste : « Le style, dit Dussault, est une habitude de l'esprit. Heureux ceux dans lesquels il est une habitude de l'âme. » — Et, dans une lettre à Chênedollé : « Voilà enfin Dussault qui vous trouve un plus grand poète qu'Esménard. Cela est incontestable, et cela est fort et est décisif pour beaucoup de gens qui le croiront depuis qu'on l'a dit hautement ;... etc. » Joubert avait donc fréquenté le critique du *Journal des Débats*, du *Journal de l'Empire (Moniteur)*. Il l'avait suivi avec une attention que Dussault méritait à beaucoup de titres. L'objection, telle que Joubert l'avait lue, on la peut voir dans le *Spectateur français au XIXe siècle*, années 1805 et 1807, avec la lettre Y pour signature.

Tout n'est pas à rejeter dans ces critiques : le bon goût et le bon sens y trouvent également leur compte, non le grand goût ni le sens exquis. Les traits rasent le sol ; ils n'atteignent que les penseurs sans pensée et les métromanes terre à terre.

Joubert se tient dans les hauteurs, un peu au-dessous de Pascal, le sublime et douloureux Voyant, sur la ligne des La Rochefoucauld, La Bruyère, Vauvenargues : nobles rivaux que parfois il dépasse. Plus attiré par le Beau, il va plus droit au Vrai, et pénètre plus avant. Il va jusqu'à l'essence des choses, des êtres, des idées. Essence, mot divin, qui lui est familier, trahit ses habitudes d'analyse — et le classe.

L'article de Dussault sur la prose rythmée est fait pour d'autres, et d'ailleurs très bien fait. Il n'intéresse pas Joubert. Il n'entame en aucun point la *concision ornée* du maximiste. Pas un reproche qui ne soit déjà réfuté dans les extraits que j'ai donnés.

Ce qu'il faut dire, c'est que Joubert a mis du génie, pensées, couleurs et cadences, où d'autres ne mettaient que platitudes, prétentions et manies ; c'est que, d'un genre contestable, il a tiré des ressources et des secours merveilleux pour atteindre son but de moraliste. Il pique l'attention, il s'attache à la mémoire. Avec lui, on aime à se souvenir. Joubert est souvent cité.

Chateaubriand devait avoir surpris le secret de ses combinaisons métriques ; car, de même qu'il définissait admirablement l'homme : « *un égoïste... qui ne s'occupe que des autres* », il caractérisait l'écrivain et le penseur en deux traits non moins illuminateurs et non moins heureux : « profond métaphysicien, sa philosophie, par une élaboration qui lui était propre, devenait *peinture* ou *poésie*; *Platon à cœur de La Fontaine...* »

Un seul exemple emprunté aux *Pensées :*

« Une toile d'araignée — faite de soie ou de lumière — ne serait pas plus difficile — à exécuter que cet ouvrage : — qu'est-ce que la pudeur ?

« J'ai à peindre un objet charmant, — mais qui se refuse sans cesse — à la couleur de tous les styles, — et souffre peu d'être nommé.

« Je l'envisage ici de haut, — et on le saisit avec peine, — même quand on le considère — dans soi-même ou auprès de soi.

« Mon entreprise est donc pénible ; — elle est impossible peut-être. — Je demande au moins qu'on me suive — avec persévérance — dans le dédale et les détours — où mon chemin m'a engagé. — Je désire qu'on m'abandonne — à la pente qui me conduit. — Enfin je réclame pour moi — ce que j'ai moi-même donné — à mon sujet et à mon style, — une espérance patiente — et une longue attention. »

A « ces symétries marquées » succèdent des « symétries effacées » et « des pentes rompues ». « Plaisir de l'attente trompée, mais trompée agréablement. »

« La pudeur - est on ne sait quelle peur — attachée à notre sensibilité — qui fait que l'âme, — comme la fleur qui est son image, — se replie — et se recèle en elle-même, — tant qu'elle est délicate et tendre, — à la moindre apparence — de ce qui pourrait la blesser — par des impressions trop vives — ou des clartés prématurées. — De là cette confusion — qui, s'élevant, — à la présence du désordre, — trouble et mêle nos pensées et les rend — comme insaisissables à ses atteintes. — De là ce tact mis en avant — de toutes nos perceptions, — cet instinct qui s'oppose — à tout ce qui n'est pas permis, — cette immobile fuite, — cet aveugle discernement, — et cet indicateur muet — de ce qui doit être évité — ou ne doit pas être connu. — De là cette timidité — qui rend circonspects tous nos sens, — et qui préserve la jeunesse — de hasarder son innocence, — de sortir de son ignorance, — et d'interrompre son bonheur. — De là ces effarouchements, — par lesquels l'inexpérience — aspire à demeurer intacte — et fuit ce qui peut trop nous plaire, — craignant ce qui peut la blesser.

« La pudeur — abaisse notre paupière — entre nos yeux et les objets — et place un voile plus utile, — une gaze plus merveilleuse — entre notre esprit et nos yeux. — Elle est sensible à notre œil même — par un lointain inétendu — et un magique enfoncement — qu'elle prête à toutes nos formes, — à notre voix, à notre air, à nos mouvements — et qui leur donnent tant de grâce. — Car on peut le voir aisément : — ce qu'est leur cristal aux fontaines, — ce qu'est un verre à nos pastels, — et leur vapeur aux paysages, — la pudeur l'est à la beauté — et à nos moindres agréments.

« Quelle importance a la pudeur ? — Pourquoi nous fut-elle donnée ? — De quoi sert-elle à l'âme humaine ? — Quelle est sa destination — et quelle est sa nécessité ? — Je vais tâcher de l'expliquer. »

Achevez la lecture dans le livre des *Pensées* : donnez-vous l'exquis plaisir de suivre le moraliste dans « ses explications », qui sont peinture et poésie.

Les remarques et les conclusions de ce livre seront singulièrement élargies et fortifiées par les pièces inédites, datées de 1819-1821, et par les vues nouvelles qui viendront sous le titre : *le Conseiller et le Moraliste*.

Si le mot de Buffon sur le style est l'expression du vrai, il fallait donc que le style de Joubert fût très original ; car l'homme lui-même, au dire de Chateaubriand, était « plein d'originalités ».

Et en effet, ce style ne ressemble à aucun autre ; il échappe à toute comparaison et classification (1).

(1) « Il a une manière qui fait qu'il ne dit rien, absolument rien, comme un autre. » — « Sur bien des thèmes éternels, on ne saurait dire mieux, ni plus singulièrement que lui. » — « On voit se dresser dans sa hauteur et son peu d'alignement, cette rare et originale nature. ». — (Sainte-Beuve. *Causeries du lundi*, t. 1, et *Portraits littéraires*, t. III...

Très varié selon la diversité des genres, ce qu'il m'a révélé de son mécanisme n'en épuise pas les secrets.

D'autres, plus habiles, découvriront les lois qui présidèrent au mélange des diverses mesures.

Il me suffit d'avoir trouvé, dans les « pensées qui font le mètre », et dans la fréquence de l'octosyllabe, le criterium dont j'avais besoin pour procéder à la découverte et à la preuve intrinsèque des écrits anonymes publiés par Joubert.

LIVRE SECOND

LE PUBLICISTE

I. Les éditeurs ont nié le Publiciste. Affirmation de Chateaubriand. Livres prêtés à Molé : allusions dans les remercîments. — II. Publications de Joubert ; précautions pour garder l'anonyme. Patronage de M. de Langeac, mais non paternité. — III. Fragments du *Cromwel*. Extraits de l'*Eikôn Basilikè* et du *Boscobel*. — IV. Du *Cromwel* au *Colomb*. Un article de 1789. Pessimisme et verdeur de jeunesse. Fragment du *Colomb*. — V. A la découverte. Mylord Stairs. — VI. Goût de Joubert pour les anecdotes. *Anecdotes anglaises et américaines*. Prédiction au Prince de Galles. Le capitaine Cook. — VII. Encore M. de Langeac. Le style de Joubert ; première et deuxième manière. Supplément de preuve et curiosité bibliographique. Son œuvre s'étend et se varie. — VIII. Modération politique de Joubert. Il se marie en 1793. Fontanes, Joubert et le nouveau *Mercure*. — IX. Réponse aux objections. « Comme Montaigne ». Joubert préparant des articles de critique. Le Grand Prix.

LIVRE SECOND

LE PUBLICISTE

I

« Inspirez, n'écrivez pas », le mot dédié par Lebrun aux femmes de son temps, Joubert le citait à l'adresse des professeurs. Conseiller de l'Université, apparemment il se l'appliquait à lui-même. Mais avant 1809, Joubert ne se contenta pas d'inspirer. Il écrivit. Il publia.

L'éditeur des Œuvres l'a nié. Une autorité si grave et si spéciale s'attache au nom de M. Paul de Raynal que je ne puis échapper à la nécessité de citer *in extenso* le texte contradictoire. « J'ai vainement cherché la trace d'articles anonymes insérés dans les journaux du temps. J'ai lieu de penser qu'il n'en a point écrit ; et mon opinion se fonde, non seulement sur le témoignage d'un homme qui l'avait vu arriver à Paris, et qui n'a pas cessé jusqu'à la fin d'entretenir avec lui d'étroites relations, de M. le chevalier de Langeac, mais sur la nature même de son esprit et de son talent. « Le ciel, disait-il, n'a mis dans mon intelli-
« gence que des rayons, et ne m'a donné pour élo-
« quence que de beaux mots. Je suis, comme Mon-

« taigne, impropre au discours continu. » (Préface de 1842.)

En tête d'une nouvelle édition, revue et augmentée, M. Louis de Raynal écrit (1862) : « On sait que M. Joubert n'a rien publié de son vivant. » Ce sont les premiers mots de l'Avant-Propos.

A son tour, l'éditeur des *Correspondants de Joubert* déclare, en 1883, que « M. Joubert, bien qu'il y eût été souvent convié, ne publia rien de son vivant ».

Découvrir des articles anonymes qu'on fût en droit d'attribuer à Joubert, la difficulté n'était pas petite. On n'avait pas trouvé, soit. Il fallait laisser la question ouverte ; il fallait la léguer aux chercheurs à venir.

Ce que je ne m'explique pas, c'est qu'on se soit permis de contredire l'affirmation absolue du propre frère de Joubert (nous la trouverons un peu plus loin) et celle de Chateaubriand, dans l'*Essai sur la littérature anglaise*, — affirmation renouvelée dans sa lettre à Mlle de Fontanes, au sujet des Œuvres de son père — et reproduite en partie dans la propre introduction de M. de Raynal :

« Un homme fut mon ami et l'ami de M. de Fontanes : je ne sais si, au fond de sa tombe, il me saura gré de révéler la noble et pure existence qu'il a cachée. Quelques articles qu'il ne signait pas ont seulement paru dans diverses feuilles publiques : parmi ces articles se trouve un examen du *Boscobel!* Qu'il soit permis à l'amitié de citer de courts fragments de cet examen ; ils feront naître des regrets chez les hommes sensibles au mérite véritable. C'est le seul vestige des pas qu'un talent solitaire et ignoré ait laissé sur le rivage en traversant la vie. »

L'illustre écrivain ne se contentait pas d'affirmer. Il prouvait, en citant un passage où Charles II s'endort dans les bras de Carless.

Après la citation, il ajoutait : « Ainsi a fait revivre ces scènes oubliées, l'ami que j'ai perdu. Il est allé rejoindre ces hommes d'autrefois. »

Longtemps avant l'*Essai sur la littérature anglaise*, quatre jours seulement après la mort de Joubert, Chateaubriand écrivait dans le *Journal des Débats* : « Il a laissé un manuscrit à la manière de Platon, et des matériaux historiques. »

Un manuscrit à la manière de Platon, voilà pour les *Pensées*.

Et les matériaux historiques, que sont-ils devenus ?

Chateaubriand les aurait-il brûlés par mégarde avec tant d'autres papiers précieux, quand il quitta son logement de la rue d'Enfer ? A la rigueur, on le pourrait supposer des matériaux inédits. Mais d'autres avaient été publiés, témoin la citation faite dans l'*Essai*; car l'examen ou article auquel le passage est emprunté relève de l'histoire.

Dans les choses d'imagination, on a très bien dit que Chateaubriand mettait à l'idéal le sceau de la réalité. Dans les récits biographiques, s'il a mis à la réalité le sceau de l'idéal, c'est que telle était la loi de son génie; mais la réalité n'a pas disparu sous le charme : elle est le fond solide, la matière résistante et de bon aloi.

Non, Chateaubriand n'a pas inventé, créé, tiré de sa riche imagination les courtes lignes qu'il a citées, pour en faire honneur à la mémoire d'un ami disparu. S'il a choisi, de préférence à tout autre, l'article sur le *Boscobel*, c'est surtout parce que l'*Essai sur la littérature anglaise* commandait ce choix ; c'est aussi parce que l'article, admirablement écrit, était le plus propre à donner une haute idée du talent de Joubert.

Au témoignage de Chateaubriand vient s'ajouter une allusion transparente, à laquelle les détenteurs des papiers du moraliste auraient dû prendre garde. Elle est contenue dans une lettre de Molé à Joubert : « Ce samedi, juin 1803. — Je vous renvoie, Monsieur, vos deux livres. Ils m'ont charmé, l'un par les anecdotes qu'il contient, l'autre par la manière dont il est écrit. *Le tableau du roi s'endormant dans les airs entre les bras de son ami m'a semblé parfait.* » Or, ce dernier trait répond tout juste au passage cité par Chateaubriand.

Joubert paraît avoir prêté les deux livres à son jeune ami sans lever, sans soulever, si peu que ce fût, le voile de l'anonyme ; car si l'auteur des deux livres eût été révélé à Molé, l'éloge aurait pris une tournure moins générale, une forme plus directe, — surtout dans une lettre de première et absolue confidence, où se lisent des déclarations comme celle-ci : « Je ne rencontrerai jamais personne de qui j'attende plus de franchise et à qui je trouve plus doux de me confier. »

D'ailleurs, il fallait que le tableau du roi endormi dans les airs fût vraiment parfait. Molé n'était pas prodigue d'éloges. A quelques mois de là, Joubert lui-même en fit la douloureuse expérience ! Il soumit à son correspondant une relation des derniers moments de Mme de Beaumont. Voici la suffisante et cruelle réponse de Molé :

« Je l'aime mieux que celle de Chateaubriand. Mais je ne pense pas que le style dont elle est écrite fût précisément celui qui convînt. Il me semble si orné que je ne le trouve pas naturel. Je crois qu'on ne doit parler de la mort et des derniers devoirs qu'avec simplicité, et que la manière d'exprimer les regrets exclut tout soin exagéré et même toute recherche dans le style... Je ne vous aurais pas cru aussi curieux, aussi amoureux du style, car *j'avais remarqué par exemple que les morceaux écrits avec le plus de soin dans mon manuscrit étaient ceux sur lesquels vous vous étiez le moins arrêté !!!* »

Trop déférent aux critiques d'un tout jeune homme, que ni sa trempe d'esprit, ni son caractère calculateur ne mettaient en mesure de prononcer sur les choses de sentiment et d'idéal, Joubert détruisit la relation, pleine des meilleurs souvenirs de sa vie.

Sur la mémoire de Mme de Beaumont, il avait répandu, *à pleines mains, les lis et les fleurs empourprées* de sa riche imagination :

*Manibus date lilia plenis
purpureos spargam flores animamque nepotis
his saltem accumulem donis, et fungar inani
munere* (1).

Molé connaissait-il ces beaux vers et ceux qui précèdent ? Il ne devait pas les aimer.

Toujours est-il que la relation n'a pas été retrouvée, et c'est grand dommage, en vérité.

(1) *Æneid*. Lib. VI.

On peut l'admettre : lorsque Molé daignait qualifier un écrit de « parfait », il fallait bien que la perfection fût là, et si sensible qu'elle s'imposât à l'admiration des plus froids.

Et maintenant, quels étaient ces deux livres prêtés par Joubert à son jeune ami, au début de leur liaison ? ces deux livres auxquels échut la fortune rare de charmer M. Molé ?

Le plus intéressant des deux, et précisément celui auquel l'auteur de l'*Essai sur la littérature anglaise* emprunta quelques lignes, celui auquel Molé appliquait le mot « parfait », sans aucun doute possible le voilà retrouvé.

Au prix de quelles recherches, j'en ai touché un mot dans la préface de *Chateaubriand, sa femme et ses amis.*

II

Avouons-le : elles étaient des mieux prises, les précautions de Joubert pour échapper aux investigations futures, comme pour se dérober (volontairement ou non) au moindre succès présent ! Pas de nom d'auteur ; pas de nom d'imprimeur ; une orthographe étrange dans le titre principal : *Précis historique sur Crumwel* (1),

(1) Il y a dans l'*Errata* : « page première et suivantes, Crumwel, lisez Cromwel. » Le volume se compose du *Cromwel*, pp. 1-132, de l'extrait de l'*Eikôn Basilikè ou Portrait du Roi*, pp. 153-165 ; de l'*Extrait du livre intitulé Boscobel*, pp. 166-180, et de l'*Anecdote concernant mylord Stairs*, pp. 181-189. — Epigraphe : « un homme s'est rencontré... » Bossuet — oraison funèbre de la reine d'Angleterre. »

et, pour achever de détourner et dérouter les curieux les plus intrépides, une indication fallacieuse conduisant tout droit au nom de Langeac : « Par M***, de l'Académie de Marseille. »

Langeac, et non Joubert, était de cette Académie.

Pauvre petit volume ! réunissant contre lui, comme à dessein et à plaisir, toutes les chances adverses : paru en temps de révolution, 1789, imprimé sur papier mince et des plus communs, en caractères beaucoup trop serrés, en lignes bien trop longues, ramassé dans les limites trop étroites de 189 pages, alors que l'abondance des matières en aurait exigé 350.

On jurerait qu'en venant au jour, le vœu le plus cher de l'humble livret était d'échapper aux regards. Il semblait demander grâce plutôt que faveur.

Ce livre ainsi bâti, est-il possible que Langeac en soit l'auteur ?

M. de Langeac possédait une fortune considérable. Les dictionnaires biographiques parlent de cette fortune avec une sorte d'emphase (1). Or, dans le *Cromwel*,

---

(1) Cette emphase n'a pas laissé de me provoquer aux recherches. Voici ce que j'ai trouvé. M. de Langeac était chevalier de Malte et prieur commendataire du prieuré de La Réole. Une partie de sa fortune consistait en bénéfices ecclésiastiques, et, dans la perception de ces bénéfices, je puis dire — et je prouverai — qu'il n'était pas tendre. C'est dans l'étude de M⁰ Gauban, notaire à La Réole, qu'ont été découvertes les pièces révélatrices. Du chef de ce prieuré, les revenus de M. de Langeac étaient « considérables ». Le *Cromwel* fut publié avant le mois d'octobre 1789. La motion de Talleyrand sur les biens ecclésiastiques est du mois d'octobre, et le vote nationalisant ces biens est de novembre 1789. — Voir, à l'appendice, deux pièces relatives au prieuré de La Réole ; une de lui, dont la forme est tout l'opposé du style métrique, et l'autre du Prieur claustral.

tout parle d'économie forcée, tout trahit, chez l'auteur, une extrême modicité de ressources.

Si le riche M. de Langeac avait éprouvé, à l'endroit de cette œuvre, ou d'une seule partie de cette œuvre, le moindre sentiment de paternité, est-ce bien sous ce costume d'indigence qu'il l'eût présentée au public? Ne l'aurait-il pas voulue magnifiquement parée, comme ses autres productions, comme le *Colomb* par exemple?

Quel contraste du *Cromwel* au *Colomb* ! Ici extrême beauté des formes, et grand luxe artistique. « Encre, papier, — estampes, — caractères, tout est fort beau, — hormis les vers », couronnés par l'Académie de Marseille. On ne sera pas tenté d'en contester la paternité à M. de Langeac. Quand ce riche amateur se passait quelque fantaisie littéraire, admettait le public à la confidence, voilà comment il savait payer sa gloire, comment il voulait être imprimé.

Donc, l'auteur du *Cromwel* n'est pas M. de Langeac.

D'autre part, c'est dans le volume intitulé *Cromwel* que Chateaubriand a copié le passage, certainement émané de Joubert. Or, le morceau auquel ce passage est emprunté, examen du *Boscobel*, se relie, par le sujet, aux trois autres, et la facture dénonce la même main.

Le fond est d'un historien philosophe. La forme est d'un maître styliste ; les phrases sont mesurées ; les mots sont comptés, pesés ; la pensée fait le mètre ; l'octosyllabe abonde. N'ai-je pas le droit de conclure : donc l'auteur du *Cromwel* n'est autre que Joubert?

De tous les travaux de sa jeunesse, il semble que Joubert ait préféré le *Cromwel*, avec l'*Eikôn*, le *Bosco-*

bel et l'anecdote concernant mylord Stairs. Bien avant de le prêter à Molé, il l'avait jugé digné d'être offert à la vive intelligence de Mme de Beaumont, de laquelle il a dit dans une lettre d'épanchements : « Je ne pensais rien qui, à quelque égard, ne fût dirigé de ce côté. »

Soit qu'il eût gardé le secret, comme plus tard avec Molé, ou qu'il se fût nommé, et cette supposition me paraît la plus vraisemblable, soit qu'il eût prêté seulement le volume, ou, bien plutôt certes, qu'il l'eût donné à cette amie préférée, la correspondance de celle-ci renferme un mot très rapide, mais très significatif :

« 1797. *Grand merci du Charles I*er. »

Pas un mot de plus. N'en doutons pas : c'était le *Cromwel*, où il est tant question de Charles Ier, le *Cromwel* suivi de l'*Eikôn Basilikè*, ou portrait de Charles Ier. On se réservait d'en causer à la première et prochaine réunion. En ce temps-là, précisément, Joubert tenait prête, pour Mme de Beaumont, la « chambre verte », dans sa maison de Villeneuve.

A ce même *Portrait royal*, Chateaubriand emprunta une « suite de pensées » qui se trouvent reproduites mot à mot dans l'*Essai sur la littérature anglaise* (1).

C'est sur ce livre que Joubert, avec timidité, caché sous le voile de l'anonyme, acceptait d'être jugé littérairement par Mme de Beaumont, par les Chateaubriand, les Molé, se jugeait lui-même d'après leurs jugements plus ou moins surpris, étant comme portés sur un étranger.

Cette préférence se comprend à merveille, *Cromwel*, Charles Ier, Charles II, ces trois écrits se font suite et

(1) Troisième partie.

se soutiennent mutuellement. Par de certains mots, intentionnellement jetés, ils s'appellent et se répondent. Ils forment une sorte de trilogie extrêmement dramatique, après comme avant 1793. L'œuvre est d'un poète, vu l'effet produit, malgré la rime absente : elle est surtout d'un philosophe et d'un moraliste.

Elle eut fort agréé à Montaigne, s'il est permis d'en juger d'après ce passage des *Essais* :

« L'*Histoire, c'est mon gibbier,* en matiere de livres, *ou la poesie,* que j'ayme d'une particuliere inclination ; car, comme disait Cleanthes, tout ainsi que la voix, contraincte dans l'estroict canal d'une trompette, sort plus aigre et plus forte ; ainsi me semble il que *la sentence, pressée aux pieds nombreux de la poesie, s'eslance bien plus brusquement, et me fiert d'une plus vifve secousse.* »

III

Du *Cromwel*, je regrette de ne pouvoir citer qu'un fragment : la reproduction de tout le Précis ferait éclater le cadre que je me suis imposé. Chacun peut assigner aux tirets, marquant les mètres, telle place qui lui paraîtrait meilleure.

« PRÉCIS HISTORIQUE SUR CROMWEL

« Un roi sur l'échafaud, — son assassin sur le trône, — et tous deux à cette place — par des formes juridiques — et sous l'apparence des lois, — quel événement dans une monarchie, — dans un siècle voisin du nôtre,

— et si loin de la liberté romaine !... — Son audace fit sa fortune. — et les circonstances son génie..., etc.

« Les entreprises contre sa vie — se renouvelaient sans cesse. — Loin d'en effrayer les auteurs — les supplices qu'il leur prodiguait — ne les rendaient que plus nombreux. — Chaque jour des pamphets nouveaux — attaquaient son orgueil et dévoilaient son âme. Le plus remarquable et celui de tous — qui le plongea dans les plus vives terreurs — avait pour titre : *Tuer sans assassiner.* — On y démontrait que celui — qui avait violé toutes les lois — ne pouvait plus en réclamer l'appui. — Cromwel qui tant de fois — avait bravé la mort dans les combats — sembla changer de caractère ; — il devint sombre et farouche ; — son trouble ajoutait à sa cruauté ; — les tribunaux — ne pouvaient suffire à ses vengeances — et le moindre soupçon — faisait à son gré — des coupables et des victimes. — Mais le sang répandu — ne rassure point les tyrans : — Cromwel en fit la triste épreuve. — La crainte qui l'assiégeait — le tenait sans relâche. — dans une servitude fatigante. — Des espions gagés — et répandus de toutes parts — l'outrageaient publiquement par son ordre — pour mieux connaître les pensées — et le secret des cœurs. — Les lieux même consacrés — à d'innocents plaisirs, — les spectacles furent défendus et fermés — comme un point de réunion — pour les conspirateurs. — Trois personnes, même en plein jour — ne pouvaient dans les rues — s'entretenir ensemble — et des soldats venaient les séparer. — En vain il épuisa — toutes les précautions de sûreté — que son esprit lui suggérait. Chaque être vivant — lui paraissait un assassin. —

Effrayé de ses propres gardes — d'autres gardes veillaient sur eux. — Ses domestiques les plus affidés — ne le servaient que dans l'éloignement. — Il se rasait lui-même — et repoussait tout secours — dans les besoins journaliers de la vie ; — toujours en armes, — personne, les ambassadeurs même, — ne l'approchait que désarmé. — On n'arrivait à lui — qu'à travers des baïonnettes croisées — qui s'ouvraient et se refermaient soudain — à mesure qu'on se présentait. — Si dans les jours solennels — quelques spectateurs assistaient à ses repas, — des soldats tenaient sans cesse — leurs fusils ajustés sur eux — et prêts à tirer — au moindre mouvement suspect. — Ses habits cachaient une épaisse cuirasse — qu'à peine il osait quitter — pour se livrer au repos. — Douze chambres, — distribuées dans son palais, avaient toutes — une issue secrète ; — l'unique ouvrier qui pouvait les connaître — depuis longtemps ne reparaissait plus. — Il y couchait alternativement. — Les gardes qui veillaient — à la porte de chacune — ignoraient celle qui le renfermait. — sa femme enfin n'en était instruite — et n'y trouvait accès — qu'au moment où Cromwell l'y conduisait lui-même. — Un sommeil interrompu l'agitait sans cesse. — Des rêves effrayants — ne lui présentaient que des poignards — ou des bras levés sur sa tête. — Il se levait en poussant des cris — en demandant ses armes, — et la terreur de ces fantômes — le poursuivait encore — et l'humiliait après son réveil. — Alors il regrettait — les jours sereins et les nuits si paisibles — de sa première obscurité..., etc. »

Avant de produire intégralement les deux extraits de l'*Eikôn* et du *Boscobel*, il me semble opportun de détacher, de ce dernier, un passage qui ajoute aux preuves tirées du style et des témoignages. Joubert est très certainement, l'auteur de l'article sur le *Boscobel.* Or, le passage suivant donne bien à entendre que l'un et l'autre sont du même auteur.

« ... Ce n'est qu'en lisant l'*Eikôn Basilikè* qu'on peut apprécier Charles Ier et son caractère. On connaît mal Charles II et sa vie, si l'on n'a pas lu le *Boscobel.*

« Le premier de ces deux livres contient — ce qu'il y eut de plus secret — dans les pensées du père, — et le second — ce qu'il y a de plus minutieux — dans la plus singulière aventure du fils. — Celui-là peint une âme pure — toujours calme et toujours la même ; — l'autre peint le courroux du sort — qui change et se dément sans cesse. — Le premier montre la vertu, — l'autre nous montre la fortune..., etc. »

Eikôn Basilikè, ou Portrait du Roi (1).

« C'est un recueil de différents écrits où Charles Ier, dans ses malheurs, se plut à déposer son âme.

(1) On lit dans l'*Essai sur la littérature anglaise*, p. 173 : « Milton soupçonnait l'*Eikôn* de n'être pas du Roi : ce qu'il avait pressenti s'est trouvé vrai ; l'ouvrage est du docteur Gauden... Pour moi, en examinant l'*Eikôn*, il m'est venu une autre espèce de doute sur cet ouvrage : je ne puis me persuader que l'*Eikôn* soit sorti tout entier de la plume du docteur Gauden. Le ministre aura vraisemblablement travaillé sur des notes laissées par Charles Ier. Des sentiments intimes ne trompent pas. On ne peut se mettre si bien à la place d'un homme, que l'on reproduise les mouvements d'esprit de cet homme, dans telle ou telle circonstance de sa vie. Il me semble par exemple que Charles Ier a pu seul écrire cette suite de pensées : »
Ici, presque tous les passages soulignés dans l'Extrait, soulignés

« Il les composa, pour être connus de son fils (Charles II), séparé de lui presque dès l'enfance, et qui était alors errant et fugitif dans les Royaumes étrangers, tandis que lui-même étoit prisonnier dans ses propres États. Il n'espérait plus le revoir.

« *Je sais trop* (se disait-il dans les liens) *que toujours la prison des Princes est voisine de leur tombeau.* »

« Sans ce livre, la postérité n'auroit pas connu Charles Ier. On y trouve une multitude de faits que lui seul pouvoit raconter, parce que lui seul pouvoit les savoir ; je veux dire ses opinions, ses sentiments, ses intentions, son caractère enfin, qui, dans les derniers temps de sa vie, n'eut d'autre spectateur que lui-même.

« Longtemps il vécut seul, et mourut de même : car c'est l'être que de vivre et de mourir comme il le fit.

« Condamné par la fortune, il voulut se rejuger lui-

par Joubert, sont reproduits par Chateaubriand, lequel a donc emprunté, mot à mot, divers passages à l'*Eikôn Basilikè*, aussi bien qu'au *Boscobel*.

« L'ouvrage se répandit rapidement... Partout l'effet en fut prodigieux... C'est surtout à l'*Eikôn Basilikè* que Charles Ier a dû le nom de Roi-Martyr... Le manuscrit avait probablement été connu et approuvé, peut-être corrigé pendant son séjour dans l'île de Wight. En tout cas, c'était bien l'expression et vraiment l'image de sa situation, de son caractère et de son âme, tels que les avait faits le malheur. » (*Histoire de la République d'Angleterre et de Cromwel*, par Guizot.)

Guizot est revenu sur cette question de l'*Eikôn Basilikè*, et l'a traitée à part, dans un chapitre de ses *Études biographiques sur la Révolution d'Angleterre* (1851), pp. 337-360. Je n'en détache que ces deux courtes phrases : « Peut-être quelques matériaux de la main de Charles Ier avaient-ils été donnés pour première base de l'ouvrage... Enfin, sir Philippe Warwick et plusieurs autres ont reconnu, dans l'*Eikôn Basilikè*, des choses qu'ils avaient entendues de la bouche du Roi... »

même. C'est là ce qui donna naissance à ses écrits, dans lesquels il se rend un compte exact de tout ce qu'il avoit fait et de tout ce qu'il eût dû faire. Son témoignage l'absout presque toujours, et son témoignage est toujours juste.

« Il ne se reproche qu'une faute, une grande faute, c'est la mort du comte de Strafford qu'il n'osa pas sauver malgré le peuple, après sa fameuse condamnation. Il déplora toujours cette faiblesse d'un moment que des conseillers trop prudents lui firent croire nécessaire.

« *Ah!* (disoit-il sans cesse), *sous prétexte d'arrêter une bourrasque populaire, j'ai excité une tempête dans mon sein.* »

« Son remords étoit celui d'une âme pure. Strafford avoit été condamné juridiquement et par des juges qui étoient tous ennemis du Roi ; lui-même ne le croyoit pas irréprochable, mais il ne le croyoit pas digne de mort ; et avoir laissé périr un innocent sans tout braver pour sa défense, étoit à ses yeux une lâcheté et une oppression.

« Il disoit souvent à Dieu : « *Que ta bénédiction m'octroye d'être toujours raisonnable comme homme, religieux comme chrétien, constant et juste comme Roi.* »

« On reconnoit, dans tous les sentiments qu'il exprime, un singulier mélange de ces qualités qu'on ne désire guère qu'après les avoir obtenues. Charles Ier montre partout une fermeté sans effort, une résignation sans abattement, et un jugement sain qui ne lui permet pas de s'exagérer ses propres souffrances. Le calme idéal d'une âme élevée au dessus de la terre, est une image qui se présente sans cesse quand on a lu l'*Eikôn Basilikè*, et que l'on songe à son auteur.

« Dans ce volume où il parle sans cesse de tous les troubles de son temps, et de tous les malheurs qu'ils lui causèrent, il ne songea jamais, ni à attendrir sur son sort, ni à indigner contre ses ennemis. Il ne nomme même aucun de ceux-ci, si ce n'est une seule fois *Hottam* qui l'avoit trahi et qui périt avec son fils aîné sur un échafaud dressé par ses complices pendant la captivité du Roi.

« *Pauvre gentilhomme !* », s'écrie-t-il. On ne trouve pas, dans tout le livre, une seule expression où il se soit permis de se plaindre ainsi lui-même ou quelqu'un des siens. Ce n'est pas que son style ne soit souvent très pathétique, mais c'est par la force de la chose qui est montrée, et non par la passion de l'écrivain.

« On lit à la fin de l'*Eikòn Basilikè* un discours très sage que ce Prince avoit composé pour se défendre devant ses juges, quand il comparut devant eux pour la dernière fois : on ne lui permit pas de l'achever. Il le transcrivit (peut-être la veille de son exécution), et à l'endroit où il fut réduit au silence et qui étoit pour lui le plus important, il se contenta de noter à la marge : — « *Ici je fus arrêté et empêché de parler « davantage pour ce qui étoit d'alléguer mes raisons.* » — En un mot, aucun historien ne prit jamais autant de soin d'offrir à ses lecteurs la vérité pure et sans mélange d'émotion que le roi Charles Ier, dans cette longue et naïve histoire de tous ses sentiments et de toutes ses pensées.

« Voici quelques traits que j'en ai recueillis, et qu'on ne pourroit trouver ailleurs. Ils peignent un beau caractère.

« Lorsqu'on eut ouvertement levé contre lui l'étendard de la révolte, et que ce Prince infortuné eut été battu par ses propres troupes, il ne fut pas tellement occupé de son danger qu'il ne trouvât quelque plaisir à se représenter la *galante disposition* (ce sont ses termes) et la *valeur* que les indépendants avoient montrée.

« *Que puissé-je* (s'écria-t-il) *n'avoir faute de tels
« hommes pour maintenir ma personne, les Loix et mes
« Royaumes, en un estat où ils puissent eux-mêmes être
« aussi bien et équitablement partagés qu'aucun autre
« de mes subjects.* »

* * *

« *Les évènements de toutes les guerres* (disoit-il à Dieu)
« *sont incertains, ceux de la guerre civile inconsolables :
« puis donc que, vainqueur ou vaincu, il me faut tou-
« jours souffrir, donne-moi de ton esprit au double.* »

« *J'ai besoin d'un cœur propre à beaucoup souffrir !...* »

« Cette expression est déchirante.

* * *

« Ce Roi, accusé d'être despote par principe et intolérant par caractère, pensoit :

« Que « *chacun doit avoir dans le gouvernement une
« part, et en jouir proportionnellement à l'intérêt
« évident qu'il peut y prendre.* » Aucun publiciste n'a si
« bien dit.

« A la vérité, il ajoutoit : « *Mes droits comme roi
« doivent nécessairement être aussi bien conservés selon*

« *les Loix, que ceux de mes moindres subjects.* » Cette doctrine est raisonnable.

« Quant à la religion, il disoit :

« *Je voudrois bien persuader à ces gens que la diffé-
« rence d'opinions, en matière de religion, se peut aisé-
« ment rencontrer ès personnes unies par les mêmes res-
« pects de devoirs, d'hommages et de fidélité.* »

* *

« La politique la plus populaire ne trouveroit à reprendre dans ses maximes de droit public que celle-ci : « *Je tiens de Dieu seul mon droit de succession légi-
« time à mes royaumes.* » Et le philosophe le plus éclairé ne lui reprocheroit dans sa piété d'autre sentiment que celui-ci, qui, d'ailleurs est très chrétien : « *J'estime
« l'Église au dessus de l'État, la gloire de Christ au des-
« sus de la mienne, et le salut des âmes préférable à la
« conservation des corps.* »

* *

« Charles Ier étoit très instruit, et conforma très exactement sa conduite et son gouvernement aux meilleurs principes qui fussent connus de son temps. Son malheur fut de demeurer le même au milieu des troubles qui l'environnoient. Cette âme invariable ne voulut changer ni d'erreurs, ni de vérités ; les mœurs et les opinions n'étoient plus les mêmes : une révolution s'opéroit, il ne put y prendre aucune part, ni l'arrêter : toujours semblable à ce qu'il avait été, il ne pouvoit être dominant ni devenir assez foible : ce fut là ce qui le perdit.

« Il tomba comme un arbre dont les flots ont miné le pied, quand leurs cours changent les rivages.

* * *

« *J'écris ces choses* (dit-il quelque part) *plutôt en Théologien qu'en Prince, afin que la postérité puisse apprendre (si jamais ces écrits voient le jour) que je ne manquois point de légitimes fondemens pris, tant des règles de l'Écriture, que des exemples ecclésiastiques, pour affermir mes sentimens, etc.* »

« Ses sentimens étoient, en effet, tous justifiés par sa doctrine.

« Celle de Charles Ier étoit très variée et très étendue. Et dans les écrits qu'il adressa à Henderson, pendant les Conférences de Neufchâtel, le Roi est bien supérieur au Ministre en style, en dialectique, en raison, en politesse et en savoir théologique ; c'est cette science de la théologie qui fut la première cause de ses malheurs, parce qu'elle le rendoit partisan plus fameux de l'ancien culte qu'on avoit en horreur.

* * *

« *Ne faites jamais peu d'estat des moindres choses qui touchent à la Religion* » (disoit-il à son fils Charles). C'est le seul mauvais conseil qu'il lui ait donné, et ce conseil avoit pour principe l'importance qu'il devoit naturellement mettre à des matières qu'il avoit si bien étudiées.

« Il faudroit tout laisser ignorer aux Princes, excepté ce qui réellement est la vérité.

* * *

« Quand ses sujets lui eurent tout ravi, ses domaines, ses biens, sa liberté, tout son pouvoir, il se sentit toujours leur Roi.

« *Je puis encore leur pardonner* », disoit-il.

« Cette grande puissance qu'il trouvait au fonds de son âme, le consoloit au milieu de ses fers. Il y a peu de traits préférables au noble orgueil d'un mot si beau.

* * *

« Quand on eut surpris et publié les lettres qu'il écrivoit à la Reine et à ses plus intimes confidens, il fut d'abord ému de cette violation des droits du secret domestique, mais il calma bientôt cette agitation.

« *Je voudrois* (dit-il en rassérénant son âme) *que mes
« subjects pussent voir encore plus clairement jusqu'au
« fonds de mes pensées les plus cachées.* »

« Il excusoit les Écossais qui l'avoient livré : « *Je ne
« me suis jamais confié à eux que comme à des hommes.* »

« Il ne se trouvoit point dégradé par l'infortune :
« *Je ne m'estimerai jamais être moins* (dit-il) *que moi-
« même.* »

« *C'est maintenant tout ce qui me reste* (écrivoit-il
« à son fils) *que ce pouvoir que j'ai de pardonner à ceux
« qui m'ont tout osté.* »

« *J'aurai le plaisir de mourir sans prendre celui d'as-
« pirer à aucune inhumaine vengeance.* »

* * *

« Il avoit une piété raisonnée et tendre. Une de ses plus vives afflictions fut de se voir privé de ses chapelains qu'on lui ôta par un raffinement de barbarie ; il se plaisoit à les entendre réciter les prières d'un ton grave, élevé, affectueux et pénétré de la bonté et de la Majesté divine. Cette espèce d'harmonie étoit assortie à son âme. Il ne fut pas dédommagé par ceux qu'on voulut lui donner, et qui prioient, dit-il, « *avec emportement... et avec passion* ».

* ***
*

« *Ils m'ont bien peu laissé de cette vie* (disoit-il en « songeant à la mort) *et seulement l'écorce, pour* « *ainsi dire, en me privant comme ils ont fait de toutes* « *les consolations pour lesquelles les hommes désirent de* « *vivre !* »

* ***
*

« Mon fils (écrivoit-il à Charles II dans une de ses « dernières méditations), s'il faut que vous ne voyiez « plus ma face et que ce soit l'ordre de Dieu que je sois « enterré pour jamais dans cette obscure et si barbare « prison, adieu.

« Je laisse à vos soins votre mère. Souvenez-vous « qu'elle a été contente de souffrir pour moi, avec moi « et avec vous aussi, par une magnanimité incompa« rable.

« Quand ils m'auront fait mourir, je prie Dieu qu'il « ne verse point les phioles de son indignation sur la « généralité du peuple. Quant à ceux qui m'auront « aimé, je souhaite qu'ils n'ayent point subject de me « trouver à dire quand je ne serai plus, tant je vous « désire de gloire et de bien. — J'aimerois mieux que

« vous fussiez Charles le *Bon* que Charles le *Grand*.
« J'espère que Dieu vous aura destiné à pouvoir être
« l'un et l'autre.

« Je vous admoneste et vous enjoins de considérer et
« d'examiner sérieusement ces premiers et effectifs
« abus, ou ces prétendues fautes de gouvernement que
« l'on m'a objectées, et qui ont été l'occasion de mes
« peines, afin que vous les puissiez éviter.

« Corrigez vous-même avec soin ce qui méritera de
« l'être, et évitez qu'on puisse rien reprendre en votre
« administration. Car j'ai remarqué que le mauvais dé-
« mon de la rébellion se transforme ordinairement en
« ange de réformation.

« Vous fairez plus paroitre et exercerez plus légiti-
« mement votre autorité, en relaschant un peu de la
« sévérité des Loix, qu'en vous y attachant si fort ;
« car il n'y a rien de pire qu'un pouvoir tyrannique
« exercé sous les formes de la loi.

« Que ma mémoire et mon nom vivent en votre sou-
« venir.

« C'est ce que désire un père qui vous aime et qui
« fut autrefois roi de trois florissants Royaumes.

« Adieu, jusqu'à ce que nous puissions nous rencon-
« trer au Ciel, si nous ne le pouvons pas en la terre.

« J'espère qu'un siècle plus heureux vous attend. »

« Ainsi pensoit et s'exprimoit Charles Ier. Il fut digne
d'un meilleur sort. Cependant sa destinée n'excite
qu'une respectueuse pitié, tandis que l'attentat de ses
sujets cause une grande admiration.

« Exemple mémorable que, pour vivre tranquilles et pour mourir glorieux, il faut que les Princes soient au niveau de leur siècle, à moins qu'ils ne soient supérieurs par la raison qui change tout, quand elle est forte et sublime, et sait s'accommoder à tout, quand elle manque d'énergie (1). »

Voici l'article auquel Chateaubriand emprunta une quarantaine de lignes (2), en les déclarant de Joubert.

Extrait du livre intitulé « Boscobel ».

« Boscobel ou *Joli Bois.* C'est le nom que portoit un bois où se cacha Charles II, lorsqu'après la bataille de Worcester, il ne put espérer d'asyle que dans les forêts et les déserts.

« Boscobel, après le rétablissement de ce Prince, fut appelé par tous les écrivains de son temps, *un bois illustre et malheureux.*

« *C'est là, disoient-ils, qu'il trouva de la sûreté, quand*
« *il n'avoit que sa vertu pour seule garde. C'est là qu'il*
« *trouva du secret, de la discrétion et du silence, quand*
« *les humains l'auroient trahi.* »

« Ce bois avoit anciennement été planté pour servir d'ornement à une Maison de Religieuses. Le temps l'avoit rendu très beau : le hasard le rendit célèbre. Un de ses arbres, surtout, obtint longtemps de grands honneurs en Angleterre.

(1) On trouve en note à la fin de cet ouvrage où il est parlé de la mort du Roi : « Celui qui parut sur l'échafaud pour faire l'exécution, étoit, ainsi que son second, déguisés de fausses barbes. »
(2) *Essai sur la littérature anglaise,* quatrième partie.

« C'étoit un vieux chêne. « *Il étoit*, dit la Relation, « *si gros et si touffu de branches, que vingt hommes au-* « *roient pu tenir sur sa tête. Il servit de Palais au Roi,* « *qui, réfugié dans ses rameaux, n'avoit point d'autre* « *couvert que son feuillage.* » Ce chêne fut depuis regardé comme une merveille dans le pays : on venoit de fort loin le visiter. Il eut un nom : on l'appeloit *Chêne Royal*. Pope l'a célébré dans ses vers ; Hume en parle dans son Histoire. Ainsi les lieux, les arbres, les forêts ont leurs destins comme les hommes.

« On trouveroit peut-être encore la figure de l'arbre du Roi dans l'Ecusson de quelques familles d'Angleterre. Charles II le donna pour armes au colonel Carless, qui fut son compagnon pendant qu'il habita le chêne.

« *C'était*, dit la Relation, *un homme illustre et coura-* « *geux auquel Sa Majesté, en considération de ses ser-* « *vices, donna depuis des biens considérables, et voulut,* « *en mémoire de leur aventure, qu'il portât en champ* « *d'or un chêne verd à la face de gueules chargée de trois* « *Couronnes Royales, et pour cimier une guirlande de* « *chêne avec l'épée passée en sautoir, comme il se voit en* « *la figure.* »

« Cette figure est, en effet, gravée avec beaucoup de soin dans la relation. L'Écusson y paroit orné d'une devise dont le sens est à peu près celui-ci :

Pour sauver un grand Roi, pour sauver un État,
Un bon citoyen peut suffire.

« Ce lieu si célébré ne subsiste plus maintenant, ou du moins il est ignoré. Les livres même qui pourroient en rappeler la mémoire sont assez rares et peu connus.

La grande Histoire, en se chargeant de conserver ce qu'ils avoient de remarquable, les a fait trop tôt disparoitre. Elle engloutit ainsi de siècle en siècle une multitude de récits naïfs dont il n'est rien qui dédommage.

« Ce fut le comte de Darby (un des soixante dont Charles II fut accompagné dans sa fuite, après sa défaite à Worcester) qui proposa Boscobel au Roi.

« *Chemin faisant*, dit la Relation, *il lui vint en mé-
« moire comment lui-même ayant été vaincu par le gé-
« néral Lidburn, il avoit été sûrement caché en un lieu
« assez près de là et qui s'appelait Boscobel.* »

« Ce fut ce ressouvenir, né du cours de la réflexion, du vague de la rêverie et des hasards de la pensée, que tout dépendit un moment. Sans lui peut-être Charles II n'eût pas régné.

« Boscobel était à vingt milles de Worcester. On y arriva à quatre heures du matin. « *Aussitôt, on coupa
« les cheveux du Roi, il noircit ses mains, on mit ses
« habits dans la terre, il en prit en échange un de paysan
« avec toutes ses circonstances.* »

« On voit, par tant de précautions qu'on prenoit dans un lieu désert, à quel point Charles II étoit proscrit et Cromwell étoit respecté. Elles furent portées à un tel excès, qu'on crut important à la sûreté du Roi de brûler avec le plus grand soin jusqu'aux moindres parties de sa chevelure qu'on avoit coupée. Un seul de ses cheveux reconnu eût pu suffire pour le perdre.

« On livra cependant sa vie et tous ses destins à la foi d'un homme à peine connu. « *Ils frappèrent dans l'obs-
« curité à la porte d'un certain Pendrill, paysan catho-
« lique et concierge de la Ferme appelée* Wites Ladies *ou*

« Blanches-Dames, *laquelle autrefois étoit une Abbaye
« de Filles Bernardines ou de l'Ordre de Citeaux éloignée
« d'un jet de pierre dans le bois... où le comte Darby
« avoit été humainement reçu.* »

« Darby, Wilmot, Buckinkam et tous ceux qui avoient accompagné le Roi (de peur de rendre ce lieu suspect par leur présence) se retirèrent dès qu'ils le virent établi dans cet asyle, quand le jour fut venu. Ce Prince qui, la veille, à la même heure, étoit maître d'un grand Royaume et se voyoit environné d'une puissante armée dont il disposoit à son gré, se trouva seul... « *Il se
« trouva seul, en un lieu inconnu, une serpe à la main,
« obligé de cacher jusqu'à son nom glorieux sous celui de
« Guillaume Jones.* »

« On l'envoya couper du bois.

« Pendrill l'avoit instruit de ce qu'il devoit répondre si quelque curieux le questionnoit. Charles ne vit personne ce jour-là dans le bois désert, parce que le temps fut humide « *... si ce n'est la belle-sœur de Pendrill qui
« lui porta quelque chose dans le taillis pour le couvrir
« et aussi pour sa nourriture... Il eut à souffrir de
« grandes incommodités du mauvais temps.* »

« Ce mauvais temps sauva ses jours.

« *A peine,* dit la relation, *eut-il été une petite demi-
« heure dans le bois, que des soldats du colonel Ashen-
« hurts étant venus dans la Ferme y fouillèrent partout,
« dans les chambres haut et bas, dans tous les coins et
« recoins... Dieu voulut,* ajoute l'auteur, *qu'ils ne sor-
« tirent pas de la maison, parce qu'il avoit plu ce jour-
« là et que les feuilles des arbres dégouttoient.* »

Boscobel, dans son enceinte solitaire, environnoit deux édifices remarquables, *Ilites-Ladies* et *Boscobel* qui portoient le nom de ce bois. Ces deux maisons servirent alternativement d'asyle au Roi pendant la nuit : le jour il s'égaroit dans la forêt sous son déguisement de bûcheron. La rigueur des recherches qui étoient perpétuelles rendoit ces précautions indispensables.

« Quand ce Prince étoit obligé par quelque danger à ne pas sortir dans le bois, on l'enfermoit « *en une* « *cache qui servoit quelquefois aux Prêtres catholiques* « *pour y dire en secret leurs messes* ». Cette cache se trouvoit dans une espèce de masure habitée par Richard Pendrill, un des frères de Guillaume. La relation dit que cette masure s'appeloit *Hobbal*.

« C'est là que Charles II, au sein de la prospérité, aimoit à ce souvenir d'avoir fait un délicieux repas, « *une femme nommée Yatée ayant apporté des œufs, du beurre avec du sucre* ». Il mangea, dit la Relation. « *avec grand appétit de ce mets à la paysanne* ».

« Il voulut changer de périls afin de changer de destin. Ennuyé de sa solitude et de son inaction, il partit un soir avec Richard dans le dessein de se rendre à Londres où il avoit promis au baron de Wilmot, avec la légèreté de son âge, *de se trouver et d'aller descendre au logis du Dragon Vert par le Vinstriet, dans la grande rue de la Tamise.*

« Ce projet fut impraticable : tous les passages étoient gardés.

« Il fut obligé de revenir sur ses pas et de regagner sa retraite, après avoir inutilement erré toute la nuit hors de tous les chemins. Il eut beaucoup à souffrir pendant ce voyage imprudent ; « *le gravier qui étoit* « *entré dans ses souliers lorsqu'il marchoit dans un* « *ruisseau ayant ensanglanté ses pieds, et la nuit étant*

« si noire, qu'à deux pas l'un de l'autre on ne pouvoit
« s'apercevoir ».

« Charles dans cette obscurité se tint inséparablement
uni à son guide par un singulier point de ralliement :

« *Il le suivoit*, dit la relation, *conduit par le bruit de
son haut-de-chausses qui étoit de cuir* (1).

« Ils furent de retour à Boscobel avant le jour.
« *Richard ayant caché le Roi dans les broussailles, alla
« voir s'il y auroit quelque soldat dans sa maison. Il
« n'y trouva qu'un seul homme, cet homme étoit le colo-
« nel Carless.* »

« C'est ici le trait le plus mémorable de cette grande
aventure de Charles II.

« Carless étoit un des plus illustres chefs de l'armée
du Roi : il avoit combattu jusqu'à l'extrémité à la
journée de Worcester. Quand il avoit vu tout perdu,
il s'étoit intrépidement placé, avec le comte de Clive
et Jacques Hamilton, à l'une des portes de la ville
conquise pour arrêter le vainqueur dans sa furie, et
s'opposer à la poursuite des vaincus. Il garda fidèlement ce poste qu'il s'étoit lui-même assigné, jusqu'à
ce qu'il pût croire que le temps avoit permis à son
maître de s'éloigner et de se mettre hors de danger.
Alors seulement, il se crut permis de songer à sa propre sûreté. Il se retira, et se réservant pour des occasions plus favorables, il alloit chercher un asyle dans

(1) « Ce détail prouve avec quel soin les faits les plus minutieux
sont fidèlement racontés dans cette relation peu connue et digne
de l'être. « *Toutes ces particularités et autres*, dit l'auteur de ce
« livre, *ont été ici écrites, telles qu'un homme digne de foi*.
« le Dr George Bateus, premier médecin de sa Majesté, *les avoit
« apprises de sa propre bouche.* » On voit par là que si l'histoire
n'a rien omis, le Roi n'avait rien oublié. »

ses propres foyers, ignorant ce qu'étoit devenu son maître et s'il pourroit jamais le revoir, quand le sort l'offrit à sa vue.

« Le colonel, cependant, n'avoit pas été conduit par le hasard à Boscobel : ce bois étoit sur son passage ; *étant du pays et des environs, il connaissoit Richard Pendrill ;* et, comme dans ces temps de troubles, les mêmes troubles, les mêmes misères et les mêmes besoins sont communs à tous les hommes, ainsi que devroient l'être, en des temps meilleurs, les mêmes plaisirs et les mêmes prospérités, *il venoit à la dérobée demander un morceau de pain à cet honnête homme.*

« Richard et son frère le conduisirent où étoit le Roi ; qu'on juge de leur joie à cette rencontre inespérée. C'est alors que pour se livrer plus entièrement au plaisir de se revoir, ils se choisirent un asyle élevé au dessus de la terre, et où le soupçon ne pouvoit lui-même les atteindre. C'est alors qu'ils habitèrent ce fameux chêne, qui fut, depuis, regardé avec tant d'admiration et dont on disoit avec emphase, en le montrant au voyageur : *Ce fut là le Palais du Roi.*

« Charles, accablé de fatigue, avoit besoin de repos ; il n'osoit s'y livrer sur cet arbre, et le quitter étoit risquer d'être reconnu. Suspendu comme sur un abyme, et caché parmi les rameaux, un instant de sommeil l'en eût précipité. Cependant un besoin impérieux de la nature l'entraînoit dans un assoupissement funeste. Il sentoit malgré lui qu'il ne pouvoit le surmonter. Carless alors le sauva véritablement. Il étoit robuste, il se chargea de veiller. Le roi se plaça dans ses bras, s'appuya contre son sein, et soutenu par ses mains vaillantes, s'endormit ainsi dans les airs.

« Quel spectacle touchant que celui de ce malheureux prince dans la fleur et dans la force de la jeunesse, réduit par le sommeil à la foiblesse de l'enfance, plongé dans l'assoupissement avec l'abandon de cet âge, et tranquillement endormi, au milieu de tant de périls, entre les bras d'un homme austère, d'un guerrier, d'un héros attentif, inquiet, agité et veillant sur son Roi, âgé de vingt-un ans, avec toutes les inquiétudes d'une mère. Ce tableau devrait être peint.

« Charles quitta bientôt Boscobel. Ce fut une demoiselle Lanes qui le conduisit à Bristol. Ce Prince dut beaucoup à ce sexe qu'il aima, et qui, malgré sa légèreté naturelle, est si fidèle aux malheureux, et garde si bien un secret s'il met sa gloire à le taire. Il passoit pour le valet de Mlle Lanes et *la portoit en croupe*, suivant l'usage du temps : *Mlle Lanes alloit à Bristol sous prétexte d'y assister aux premières couches d'une sienne sœur mariée en ce pays-là*. Wilmot, qui s'étoit réuni au Roi à Morlay, les accompagnoit à l'écart, *tenant un oiseau sur le poing, et faisant semblant de chasser, comme si ç'eût été par hasard qu'il eût rencontré ces personnes et qu'il ne les eût jamais vues autre part. Cette partie*, dit l'auteur, *étoit fort bien dressée*.

« Charles, pendant ce voyage où, à chaque pas, il fut exposé à quelques nouvelles craintes d'être découvert et de périr, conserva toujours sa gaîté naturelle. Véritablement, il se montra digne d'une meilleure fortune ; il sut rire avec le danger et se jouer avec le sort. On peut voir que le sort sembloit de même se jouer avec lui.

« On le donnoit pour malade dans tous les lieux où

l'on arrivoit, afin de le dérober plus facilement à l'œil des curieux : *chaque soir, Mlle Lanes faisoit, en débarquant, donner un lit séparé à son auguste valet, disant qu'il avoit les fièvres tierces, et que c'étoit le fils d'un vieux fermier de son père.*

« Un jour, pour donner plus de couleur à ce prétexte de maladie, on fit venir un médecin. Celui-ci étoit par hasard un royaliste déterminé, grand ennemi des parlementaires, et Charles lui parut suspect. « *Je me « doute*, lui disait-il en grondant, tandis qu'il lui tâtoit « le pouls, *que tu n'aies servi ces têtes rondes : je veux « savoir pour qui tu tiens.* »

« Le lendemain, *le Roi étant à l'office et déjeunant, entra en discours avec un certain valet*, qui lui parlait beaucoup du Roi. « *Est-ce que tu as vu le Roi, toi ?* lui « demanda Charles. — Plus de vingt fois, dit celui-ci. « — *Et quel homme est-ce que le Roi ? — Le Roi*, dit le « valet, en le fixant longtemps et avec une grande atten- « tion, *il est plus grand que toi de trois grands doigts.* » Cette chute inattendue rassura beaucoup le Prince.

« A Charmith, un autre valet d'écurie, en prenant de ses mains les brides des chevaux qu'il lui donnoit, s'écria : « *Ho ! te voilà, toi ! Sois le bienvenu ! Je te « connois bien ! — Et où m'as-tu vu ?* lui demanda le « Roi. — *A Exeter* », dit le valet. Charles, en effet, avoit passé un temps assez long dans cette ville, et cet homme avoit pu l'y voir. « *J'y ai demeuré deux ans, « moi aussi*, lui dit le Roi, avec une présence d'esprit « admirable ; *j'ai été au service du Lord Pétéri. Je suis « bien aise de rencontrer ici mon pays. Tu as bien des « affaires présentement et il n'y a pas moyen de boire « ensemble. A mon retour de Londres, nous causerons*

« *et parlerons de nos connoissances.* » Cette réponse aisée, ce sang-froid, cet air libre, et les occupations tumultueuses qu'il avoit en ce moment, achevèrent de jeter du trouble dans les souvenirs incertains de ce valet. Sa mémoire fut détournée et ne put aller plus loin.

« Quelques hasards plus sérieux amenèrent quelquefois des scènes plus nobles et des aventures plus touchantes. Un jour, étant dans la salle d'une hôtellerie, comme il levoit son chapeau à la Dame du logis qui passoit par ce lieu, le sommelier l'ayant alors attentivement regardé et considéré exactement, le reconnut ; *cet homme l'ayant pris à l'écart, le pria de descendre avec lui dans la cave, et là, tenant une coupe, la remplit de vin et but à la prospérité du Roi.* « *Je sais* « *ce que vous êtes, lui dit-il ensuite en mettant un genou* « *en terre, et vous serai fidèle jusqu'à la mort.* » Sa joie, son action et la sincérité qui éclatoit dans tous ses mouvements, émurent tellement le Roi, qu'il ne fut pas maître de sa propre sensibilité. Il avoua son secret au sommelier. Cet homme, appelé Jean Pope, rendit depuis au Roi de grands services.

« Charles ayant laissé Mlle Lanes à Bristol, changea mille fois de rôle et usa de mille déguisements jusqu'à ce qu'il lui fût possible de quitter les rivages d'Angleterre.

« Il fut obligé, pour obtenir un asile chez une cabaretière, de se faire annoncer comme un jeune gentilhomme amoureux qui enlevoit une Demoiselle opprimée par son tuteur. Ce personnage convenoit à sa figure et à ses mœurs. L'indulgente cabaretière accorda sans peine à l'amant ce qu'elle eût refusé au monarque. Julianne Conisbée, une servante, contrefit la Dame enlevée. Enfin Charles passa la mer avec Wilmot, et arriva sur les côtes de Normandie à Fécamp. *Il y fut reconnu parce que le baron de Wilmot, quoique plus âgé, ne mangeoit jamais qu'après lui, et qu'ils ne prenoient point le surplus quand ils payoient en pièces d'or.*

« Ce n'est qu'en lisant l'*Eikôn Basilikè* qu'on peut apprécier Charles Ier et son caractère. On connoit mal Charles II et sa vie si l'on n'a pas lu le *Boscobel*.

« Le premier de ces deux livres contient ce qu'il y a de plus secret dans les pensées du Père, et le second, ce qu'il y a de plus minutieux dans la plus singulière aventure du Fils. Celui-là peint une âme pure, toujours calme et toujours la même ; l'autre peint le courroux du sort, qui change et se dément sans cesse. Le premier montre la vertu, l'autre nous montre la fortune.

« La destinée des Stuarts fut d'avoir de fidèles amis et des sujets souvent rebelles. Le philosophe inflexible jugera ces Princes comme leurs peuples, l'homme sensible comme leurs amis. Au reste, Charles II eut le sort de tout bon Roi que ses sujets persécutèrent, et qu'ils aiment davantage quand leurs querelles ont cessé. Sa fortune intéressa le monde entier, las des malheurs de sa Maison. Il trouva dans leur souvenir la satisfaction la plus douce que puisse goûter un souverain. Aucun des services qu'il reçut ne demeura sans récompense : c'est à lui particulièrement qu'on doit appliquer ce vers heureux qu'on applaudit sur nos théâtres :

« On doit tout quelquefois au dernier des humains. » (1)

(1) Chateaubriand ne s'est pas souvenu des extraits de Joubert seulement pendant qu'il composait l'*Essai sur la littérature anglaise* ; je vois qu'il a résumé le *Boscobel* dans ce passage des

IV

Puisque nous avons nommé le *Colomb*, il y a lieu d'ajouter quelques mots au sujet de ce livre : il mérite un examen attentif et nous réserve, je crois, quelque surprise. Voici le titre complet : « Colomb — dans les fers — à Ferdinand et Isabelle — après la découverte de l'Amérique ; — épître — qui a remporté le prix de l'Académie de Marseille — précédée d'un Précis historique sur Colomb — par M. le chevalier de Langeac. »

Ce titre, un peu long, est distribué en huit lignes (1), avec beaucoup de goût ; il flatte l'œil, le retient, et l'invite au détail. Pourquoi la septième ligne, toute seule, est-elle en lettres minuscules et d'un type différent ? Les autres lignes sont en lettres capitales de diverses grandeurs, mais d'un même type élégant.

quatre Stuarts : « Le jeune roi fuit seul, se coupe les cheveux, de peur comme Absalon ou comme les rois chevelus, d'être reconnu au bel ornement de sa tête. Le prince nous a laissé le récit de ses aventures ; son déguisement en bûcheron, sa tentative pour entrer dans le pays de Galles avec le pauvre Pendrell, sa journée passée avec le colonel Careless au haut du chêne qui retint le nom de chêne royal, ses aventures chez un gentilhomme appelé Lane dans le Comté de Strafford, son voyage à Bristol, voyage qu'il fit à cheval, menant en croupe la fille de son hôte, son arrivée chez M. Norton, sa rencontre d'un des chapelains de la Cour qui regardait jouer aux quilles et d'un vieux serviteur qui le nomma en fondant en larmes ; son passage chez le colonel Windham, le danger qu'il courut par la sagacité d'un maréchal qui, visitant les pieds des chevaux, affirma qu'un de de ces chevaux avait été ferré dans le Nord, enfin l'embarquement de Charles à Brighthelmsted et son débarquement en Normandie, *firent, de ce moment de la vie de ce prince, un moment de gloire romanesque qui lutta avec la gloire historique de Cromwel.* »

(1) Le titre du *Cromwel* est également réparti en huit lignes.

Toutes ces capitales, comme aussi les gravures, se rapportent exclusivement à l'épître en vers.

Or, l'humble petite ligne rejetée en queue, « *précédée d'un précis historique sur Colomb* », annonce la maîtresse pièce du volume. Avec les notes, le Précis historique n'embrasse pas moins de 136 pages, — tout le volume, moins quatorze pages de vers.

L'anomalie est-elle assez forte ? Je sais les droits de la poésie; elle est reine et prend le pas sur la prose. L'explication ne suffit pas. L'auteur a fait œuvre poétique infiniment plus dans le Précis que dans l'Épître. Comment Langeac ne l'a-t-il pas compris ? Comment a-t-il, à ce degré sacrifié, dans le titre et dans l'illustration, l'important à l'accessoire, l'œuvre magistrale à la bluette rimée ? Quelque secret doit se cacher là-dessous. Essayons de le pénétrer.

Dans le *Journal de la Ville*, précieux à consulter, parce que Fontanes, très au courant des choses qui nous occupent, était le rédacteur ordinaire de cette feuille, et sous la date « du mercredi 7 octobre, saint Serge, 1789 », je trouve un article fort intéressant à divers points de vue. Un anonyme y rend compte du *Précis historique sur Cromwel*, et, dans les dernières lignes, y rappelle le *Précis historique sur Colomb*.

« Le tableau de la révolution qui a conduit l'Angleterre à la liberté ne pouvoit paroître dans des circonstances plus favorables. Le lecteur aimera peut-être à la comparer avec celle qui s'est opérée sous nos yeux. Si elles se ressemblent par quelques motifs, elles diffèrent par les moyens. Le besoin des subsides et la foiblesse du gouvernement les ont préparées l'une et l'autre, mais on ne s'est pas servi des mêmes armes pour les achever. Le fanatisme de la multitude et l'ascendant d'un grand caractère ont changé la constitution anglaise. Nous ne devrons la nôtre qu'à nos lumières. La raison est partout aujourd'hui, mais le génie de Cromwell n'est nulle part.

« Cet homme extraordinaire est peint à grands traits dans ce Précis. L'auteur n'a pourtant négligé aucun des détails qui pouvoient *éclairer toutes les profondeurs de cette âme forte et artificieuse.* Il montre Cromwell destiné d'abord à l'Église et aux obscures disputes de la théologie, montant de succès en succès aux premiers honneurs militaires, devenant l'assassin juridique de son maître, et régnant à sa place sous un nom plus modeste, qui n'en couvrit que mieux tous les excès du despotisme. La lecture de cet ouvrage intéresse fortement le lecteur. Les faits principaux sont connus; mais ils sont présentés sous de nouveaux rapports. Quelques-uns plus ignorés plairont peut-être à nos lecteurs.

« Quand Charles Ier lut le nom de Cromwell sur la liste des Rebelles, il prononça cette parole remarquable : « *Je crains bien que cet homme, qui m'a toujours déplu* « *sous l'habit de prêtre, ne me devienne funeste sous* « *l'habit de soldat.* » Rien n'est plus frappant que le discours que Bradshawd, créature de Cromwell et président de la Commission nommée pour juger Charles Ier, prononça devant ce malheureux prince avant son jugement. Ce discours fut composé par Cromwell. Il est plein d'une énergie effrayante. La Liberté ne s'est jamais exprimée d'un ton plus imposant et plus sévère. Pourquoi cette instruction terrible donnée à tous les rois n'est-elle pas tombée sur un tyran ? Charles Ier étoit digne d'attachement et de respect, au moins par ses vertus privées. Son procès ne dura que huit jours. On épuisa contre lui tous les genres de cruautés et d'injustices. L'attentat qui termina sa vie soulève l'indignation contre Cromwell ; on est soulagé quand on voit cet usupateur agité de remords à la fin de sa carrière, errant avec crainte dans son palais où il avoit ménagé partout des issues secrètes, que lui seul connoissoit ; toujours couvert d'une cuirasse pour échapper aux conspirateurs, et ne se laissant aborder qu'à travers de triples rangs de bayonnettes et de soldats. Ce tableau est du plus grand effet dans le Précis que nous annonçons. Nous sommes fâchés que les bornes de cette feuille ne nous permettent pas de le citer.

« On ne lira pas avec moins de plaisir l'intéressant extrait de l'*Eikôn Basilikè* et du *Boscobel*, nom d'un petit bois où se réfugia Charles II après la perte de la bataille de Worcester. Ces deux ouvrages fort rares jettent un grand jour sur les plus petits détails de l'histoire de Charles Ier et de son fils, qu'agitèrent si longtemps tous les caprices de la destinée. Une réflexion importante s'offre de toutes parts, en lisant cet ouvrage, c'est que la liberté peut être conquise un moment par la violence, mais qu'elle se détruit aussitôt, si elle n'a pas d'autres appuis. On voit les Anglois se soulever avec fureur contre l'autorité légitime de leur roi et retomber aveuglément sous le joug arbitraire et tyrannique d'un usurpateur. Ce n'est qu'à une seconde épreuve, lorsqu'ils sont éclairés par la sagesse et l'expérience, qu'ils établissent une solide constitution. Les Peuples qui veulent devenir libres ont donc besoin de moins de force que de modération. Profitons, s'il est possible, de ce grand exemple que nous a donné un peuple voisin.

« Le style de ce Précis a partout la dignité convenable à l'histoire. *Les pensées ont de l'étendue et de la précision, la narration, de l'abondance et de la rapidité. On doit au même auteur un Précis historique sur Colomb : il aime à tracer les grandes révolutions : le caractère de son âme et de son style le rendent digne de les écrire.* »

Si le *Précis historique sur Cromwel* est de Joubert, le *Précis historique sur Colomb* serait donc aussi de lui. En parlant du *Colomb*, le *Mercure de France* avait dit en 1782 : « Combien cette précision vigoureuse est au-dessus des longues déclamations... C'est un grand art, mais un art bien ignoré, que celui de renfermer une page dans une ligne et un volume dans une page (1). »

Appliquées au philosophe moraliste, ami de Fontanes, les deux dernières lignes de l'article du *Journal de la Ville* et celles du *Mercure* auraient presque la rigueur caractéristique d'une définition. Appliquées au poète amateur, elles sembleraient ironiques, tant y serait poussée à l'excès la flatteuse hyperbole.

A-t-on remarqué avec quel soin le journaliste, soit à propos du *Cromwel*, soit à propos du *Colomb*, évite de prononcer le nom de l'auteur ? Il y a là une réticence intentionnelle. Elle ne s'expliquerait guère, l'auteur du *Précis sur Cromwel* étant le même que l'auteur du *Précis sur Colomb*, si cet auteur n'était autre que M. de Langeac ; car M. de Langeac avait déjà livré son

(1) Et Joubert, dans ses *Pensées* : « S'il est un homme tourmenté par la maudite ambition de mettre tout un livre dans une page, toute une page dans une phrase, et cette phrase dans un mot, c'est moi. »

nom au public; il l'avait imprimé en triomphantes capitales sur la première page du *Colomb*, et le *Mercure de France* l'avait reproduit.

Pourquoi taire systématiquement ce nom, en rendant compte d'une œuvre de premier ordre, telle que le *Cromwel*, et ensuite, en rappelant le *Colomb* jugé très favorablement à son apparition?

Le mot de l'énigme, c'est que les deux Précis émanent d'un écrivain qui voulait rester inconnu.

Cet écrivain, c'est Joubert; un Joubert tout nouveau, tout jeune dans le *Colomb* (1782), plein de talent, atteint de pessimisme par excès de générosité, ardent admirateur de Voltaire, de Diderot, de Marmontel et des autres *philosophes*. — Le Joubert d'avant la conversion m'intriguait extrêmement; je n'avais pu le saisir nulle part. Nous le tenons, je crois, et pouvons l'étudier à loisir.

Je me doutais bien que M. de Raynal avait atténué, ou plutôt ignoré la gravité des juvéniles erreurs de son héros, quand je lisais les aveux de celui-ci dans son « *Portrait par lui-même* » et dans cette lettre à Mme de Beaumont :

« Montignac, 1800.

« ... Je ne vous ai pas encore parlé de ma bonne et pauvre mère. Il faudrait de trop longues lettres pour vous dire tout ce que notre réunion me fait éprouver de triste et de doux. *Elle a eu bien des chagrins, et moi-même je lui en ai donné de grands par ma vie éloignée et philosophique.* Que ne puis-je les réparer tous, en lui rendant un fils à qui aucun de ses souvenirs ne peut reprocher du moins de l'avoir trop peu aimée !

« Elle m'a nourri de son lait, et « jamais », me dit-elle souvent, « jamais je ne persistai à pleurer, sitôt
« que j'entendis sa voix. Un seul mot d'elle, une chan-
« son arrêtaient sur-le-champ mes cris et tarissaient
« toutes mes larmes, même la nuit et endormi ». « Je
« rends grâces à la nature qui m'avait fait un enfant
« doux »; vous jugez combien est tendre une mère qui,
lorsque son fils est devenu homme, aime à entretenir
sa pensée de ces minuties de son berceau.

« Mon enfance a pour elle d'autres souvenirs maternels qui semblent lui devenir plus délicieux tous les
jours. Elle me cite une foule de traits de ma tendresse,
dont elle ne m'avait jamais parlé et dont elle me rappelle fort bien tous les détails. A chaque moment que
le temps ajoute à nos années, sa mémoire me rajeunit :
ma présence aide à sa mémoire.

« Ma jeunesse fut plus pénible pour elle. Elle me
trouva si grand dans mes sentiments, si éloigné des
routes ordinaires de la fortune, si net de toutes les
petites passions qui la font chercher, si intrépide dans
mes espérances, si dédaigneux de prévoir, si négligent à me précautionner, si prompt à donner, si inhabile à acquérir, si juste, en un mot, et si peu prudent,
que l'avenir l'inquiéta.

« Un jour qu'elle et mon père me reprochaient ma
générosité, avant mon départ pour Paris, je répondis
fermement « que je ne voulais pas que l'âme d'au-
« cune espèce d'homme eût de la supériorité sur la
« mienne ; que c'était bien assez que les riches eussent
« par-dessus moi les avantages de la richesse, mais
« que certes ils n'auraient pas ceux de la générosité ».

« Elle me vit partir dans ces sentiments; et depuis

que je l'eus quittée, *je ne me livrai qu'à des occupations qui ressemblent à l'oisiveté, et dont elle ne connaissait ni le but ni la nature. Elles m'ont procuré quelquefois des témoignages d'estime, des possibilités d'élévation, des hommages même dont j'ai pu être flatté.* Mais rien ne vaut, je l'éprouve, les suffrages de ma mère. »

Le jeune homme qui donna de si grands chagrins à sa mère par sa vie philosophique, comme aussi l'écrivain à qui ses œuvres procurèrent des possibilités d'élévation, des hommages même, je crois l'avoir retrouvé dans l'auteur de ces deux ouvrages : *Précis historique sur Colomb, avec notes. Précis historique sur Cromwel. suivi de l'Eikôn Basilikè et du Boscobel.*

Dans le premier, talent plein de fougue et d'éclat, avec quelques tendances à l'exagération chagrine de cette époque ; pensée libre de tout autre joug que celui du philosophisme, fière de son émancipation, âpre aux rois et à la religion, et comme amère d'une verdeur de jeunesse : belle pourtant et facilement pardonnée, parce qu'on sent très bien que toute cette amertume part d'un fonds généreux à l'excès, et ne tardera pas à se changer en une douceur savoureuse.

Dans le second, talent épuré, plus sobre, plus nerveux, pensée plus sûre, en pleine maturité, maîtresse d'elle-même, déprise de l'erreur, et, sinon encore amie, du moins respectueuse et rapprochée des vérités éternelles.

Au milieu d'égarements de conduite plus marqués (1), Fontanes, dans ce grand naufrage presque

(1) On s'en fera une idée, dans la suite, à la mort de M. de Saint-Marcellin. Quant à Joubert, voici l'un de ses aveux : « Toutes mes passions se sont promptement taries, en ne laissant rien d'elles-mêmes, quand tous mes sentiments laissaient en moi quelque racine indestructible. »

universel des croyances, avait mieux gardé la vérité religieuse, sinon la foi chrétienne. Ne dirait-on pas qu'il s'adresse à un ami, encore incrédule, bien que fortement ébranlé, et plus d'une fois exhorté, dans cette lettre de condoléances? Joubert venait de perdre son père; c'est à lui que Fontanes écrit :

« 1790 — Je sens tous vos chagrins, et je me reproche de ne vous avoir point porté les très faibles consolations dont l'homme peut disposer; mais, *croyez-moi*, ce n'est qu'en Dieu qu'on se console de tout. J'éprouve de jour en jour combien cette idée est nécessaire pour marcher dans la vie... »

Voici quelques passages empruntés à l'œuvre de jeunesse, incroyante et pessimiste : le talent s'y montre tout formé ; la pensée y jette tout son feu de *philosophisme* : elle ne dépassera pas cet excès. La première citation est typique à un autre point de vue. Si je ne m'abuse, les dernières lignes dénoncent la main et le cœur de celui que Fontanes ne cessa d'appeler son plus ancien et son meilleur ami, de celui auquel, partant pour l'Angleterre, il laissait ses vers en le priant *à genoux de ne les montrer à qui que ce soit* (1), — et pas même à Langeac; car il faisait mystère, même à Langeac, de certaines de ses poésies et des espérances qu'il y rattachait, témoin ce billet à Joubert: « J'ai le prix de l'Académie française. Je vous supplie d'aller chez le chevalier de Langeac ; je le connais ; il pourrait être choqué du secret que j'ai gardé avec lui. Mais dites-lui que je n'ai eu aucun confident... Adieu. »

«... Le génie le plus universel, le défenseur des

---

(1) Lettre à Joubert, du 12 décembre 1785.

Calas et des Sirven, le créateur d'une philosophie amie de l'homme et d'une révolution utile à son bonheur, la gloire de sa nation, l'objet du culte de toutes les autres, l'honneur de son siècle et le rival de tous les talents de l'antiquité, Voltaire n'a reçu qu'à peine une sépulture inconnue et disputée. »

« Cette longue suite de tableaux effrayants, *ces preuves accumulées de l'injustice du sort et des hommes, portent dans l'âme un sentiment douloureux, un effroi, peut-être même des doutes nuisibles à la vertu,* et capables d'éloigner d'elle ce grand nombre d'êtres pusillanimes que doivent rebuter les sacrifices qu'elle exige : mais aussi, qui pourra se plaindre et ne sera pas consolé de son infortune au souvenir des noms imposants que la persécution n'a pas respectés ? Quelle âme élevée ne voudrait au même prix, et par le même chemin que ces grands hommes, arriver au même terme de gloire ? N'oublions pas ici ce qu'avec tant de vérité Pope a si bien dit de la vertu :

« Toujours elle s'exerce et jamais ne se lasse,
« Goûte mieux le succès, porte mieux la disgrâce,
« Sait être heureuse encor de ses nobles douleurs ;
« Et les ris des méchants sont moins doux que ses pleurs.

« Cette pensée si juste et si heureusement rendue par M. de Fontanes termine un fragment sublime de l'*Essai sur l'homme,* où le philosophe anglais a su prouver, en beaux vers, qu'un instant d'estime intérieure l'emporte sur des années d'acclamations populaires, et que Marcellus exilé goûtait un bonheur plus véritable que César entouré du Sénat et sur le trône du monde. *Nous aurions voulu transcrire tout ce morceau où M. de Fontanes s'est montré le rival de Pope; mais le public sera bientôt dédommagé par les quatre épîtres qui vont enfin paraître. Si cet ouvrage d'un goût sûr et d'un talent formé, quoique d'un très jeune auteur, a pu se faire désirer longtemps, on ose assurer aussi qu'il se fera longtemps distinguer* (1). »

A tour de rôle, dans les notes du *Colomb* auxquelles cette page est empruntée, les philosophes sont loués avec une chaleur d'accent qui ne paraît pas feinte. Ici, à propos de Sénèque, victime de Néron, c'est Diderot : « On a vivement attaqué la mémoire de Sénèque; mais l'injustice de ses calomniateurs n'aura peut-être pas la préférence *sur l'opinion de Tacite et de M. Diderot.* » Là, c'est Marmontel : « L'ouvrage célèbre qui porte le nom de cet infortuné [Bélisaire] a rappelé son souvenir d'une manière bien glorieuse et l'a presque autant illustré que ses victoires et ses malheurs. » Ailleurs, c'est La Harpe : « M. de La Harpe n'a pas été moins heureux dans cet éloge [de Catinat] que dans celui de Fénelon. Nous nous bornons à cette remarque pour ne pas devenir monotone (2). » Et puis, à un autre point de vue, c'est Galilée avec l'Inquisition ; c'est Alexandre VI, « ce Borgia qui, né et déshonoré en Espagne, vint acheter la tiare à Rome et s'en fit un asile contre les lois, s'unit à tous les souverains et les

(1) Parut en 1783.
(2) « Joubert vint à Paris vers le commencement de 1778. Son premier soin fut d'y rechercher la société des gens de lettres : tentative heureuse, car, au bout de peu de mois, il connaissait Marmontel, La Harpe, d'Alembert. Bientôt même il était admis dans la familiarité de Diderot, qui tenait encore à Paris le sceptre de la conversation... Ses relations avec les chefs des encyclopédistes ne nous sont connues que par les récits qu'il en faisait quelquefois, et par des notes retrouvées dans ses cahiers. » *Notice des Œuvres*, par M. de Raynal.

trompa tous, fut le chef de l'Église, l'allié des Turcs, donna retraite au frère d'un sultan et vendit ses jours, ignora les remords, osa prétendre à la gloire, en obtint malgré ses forfaits, souilla le Saint Siège par le meurtre, le poison, l'adultère et l'inceste, et fonda, par sa scélératesse même, la grandeur temporelle de la Papauté. »

Presque sans exception, ces notes roulent sur les grands hommes, victimes des peuples, des rois ou du *sort*. Elles ont un caractère anecdotique bien marqué, et, sous la réserve du choix et du ton évidemment *philosophiques*, elles sont d'un réel intérêt. L'âme de l'auteur s'y peint, enthousiaste au fond et très belle.

Lisez ces pages du *Colomb* :

« Né d'une famille honnête, mais réduit à la pauvreté par les guerres de Lombardie, Colomb prouva de bonne heure qu'avec des talents et du courage, on est toujours supérieur à la fortune. Son premier vœu fut de servir sa patrie. Les Turcs et les Vénitiens alliés lui faisaient la guerre. Il suivit avec transport un célèbre armateur de son nom, redoutable à ces deux puissances par son audace et ses succès. Témoin de plusieurs combats, il se signala dans un abordage où son vaisseau et celui de l'ennemi s'enflammèrent et sautèrent ensemble. Une rame lui servit d'asile et de soutien sur les flots. Quel spectacle que celui de Colomb au milieu des mers, luttant contre la mort et sauvé à seize ans par sa destinée pour opérer la plus étonnante révolution que le globe ait éprouvée ! Il semble que, malgré trois siècles écoulés, l'imagination soit encore effrayée de son danger. Conduit en Portugal, il ne tarda pas à s'y établir.

« Il s'éloignait à jamais de l'Espagne, et portait à Londres son indignation et ses projets, quand la prise de Grenade et l'enthousiasme de son triomphe dissipèrent l'incertitude d'Isabelle. On s'alarma du départ de Colomb : un courrier l'atteignit et le ramena. Les égards, les honneurs l'accablèrent : amiral en espérance, vice-roi d'une terre inconnue, les titres les plus pompeux lui furent prodigués dans des patentes conditionnelles ; et, ce qui n'est pas indigne de remarque, ce traité de Colomb avec les Rois fut signé dans le même camp de Sainte-Foi où la ruine des Maures venait de se consommer. Joindre un nouveau monde à ce nouvel empire fut presque l'ouvrage du même jour : jamais souverain n'avait, à la fois, fait d'aussi vastes conquêtes. Aussi l'impatience d'Isabelle était sans bornes ; dans la disette et le besoin d'argent où elle se trouvait, elle engagea ses diamants pour subvenir aux frais d'une si glorieuse entreprise. Un de ses sujets eut l'honneur ou la vanité de venir à son secours. Saint-Angel fit les avances nécessaires, et la dépense de cet armement si différé, qui procura tant de richesses à l'Espagne et tant de malheurs à Colomb, coûta quatre-vingt-dix mille livres de notre monnaie.

« Suivi de trois frères nommés Pinson, de quatre-vingt-sept matelots, il partit du port de Palos, et le 3 août 1492 fut le jour mémorable qui nous ouvrit la route inconnue d'un nouvel univers.

« A peine Colomb fut en mer, que le gouvernail d'un de ses vaisseaux rompit. La superstition qui régnait dans son équipage ne manqua pas de tirer, de cet événement, les plus sombres pronostics ; et bientôt il eut moins de peine à dompter les éléments que l'esprit pusillanime de ses compagnons. Mais quand la boussole ne fut plus un guide assuré, que l'aiguille aimantée fut moins exacte à chercher le Nord, et que sa direction s'altéra, la terreur fut universelle ; ils se croyaient entrainés par des flots qui ne permettraient plus de retour, et que l'ordre de la nature était bouleversé. L'Amiral profita de ce phénomène : il assura que la cause tenait à l'approche de la terre et présageait un terme à ses voyages. L'ignorance fut un instant docile.

« Mais Colomb essayait en vain de déguiser l'énorme distance qu'il avait parcourue ; celle du temps qui n'amenait aucune découverte ne pouvait échapper à des hommes uniquement soutenus par l'avarice et le désir des nouveautés. Colomb eut à souffrir les propos les plus injurieux : ce n'était plus qu'un aventurier présomptueux, entêté d'une chimère, et dont l'orgueil aveugle les conduisait à la mort.

« La sienne fut résolue. Le précipiter dans les flots, imputer ce crime au hasard et s'efforcer de regagner l'Espagne, fut le projet sinistre qui se formait autour de lui. Déjà l'équipage en tumulte s'était assemblé sur le pont, et redemandait l'Espagne à grands cris. La menace, les gestes violents, annoncèrent à Colomb un pressant danger. Il fallut céder, ou du moins le paraître, et faire encore ce sacrifice à sa gloire.

« Mais, à force d'instances, il obtint comme une grâce que, trois jours seulement, on suivrait encore l'entreprise. Le premier fut sans découverte ; mais le second ramena l'espérance. Des oiseaux étrangers et rassemblés en troupes, un roseau poussé par les vagues et dont la tige paraissait fraîchement coupée, des branches d'arbrisseaux que la mer agitée n'avait pas encore dépouillées de leurs fruits, des planches, des débris flottants où le travail de l'homme ne pouvait se méconnaître, l'inconstance et la variété des vents, les nuages même, différemment groupés et nuancés autour du soleil, persuadèrent tellement à Colomb qu'il était près de la terre, que sa crainte fut d'être brisé, pendant la nuit, contre une côte inconnue. Toutes les voiles furent pliées et la plus exacte vigilance ordonnée à l'équipage.

« Le sommeil était loin de tous les yeux, et les regards avides s'attachaient au sombre horizon où la terre si désirée devait enfin se découvrir. A dix heures Colomb aperçut une lumière errante et la fit observer à Guttière. Salcedo fut appelé; chacun la remarqua, chacun suivit son mouvement. Enfin, du léger navire qui devançait les autres, de la *Pinta*, on entendit vers le minuit : *Terre! Terre!* à cris redoublés. Mais ce bonheur n'avait tant de fois été qu'une vaine espérance qu'en le possédant même on ne pouvait y croire ; la nuit devenait un supplice; un désir curieux, la crainte, la gloire, la cupidité, tous ces sentiments confondus augmentaient l'impatience du jour. Il parut, et bannit toute incertitude.

« L'équipage fut d'abord frappé d'une muette extase; et, par un mouvement général et rapide, mille cris s'élevèrent à la fois. Quel moment pour Colomb ! la joie, le repentir arrachaient des larmes ; on était à ses pieds, on l'élevait en triomphe, on s'embrassait, on osait partager sa gloire. Cet étranger, cet ennemi, qu'un instant plus tôt on voulait massacrer, était l'objet unique de l'enthousiasme, du respect et d'un culte universel. Ce n'était plus un homme, c'était un dieu qui venait d'enchérir sur le courage de tous les siècles.

« Au lever du soleil, déjà les chaloupes des trois vaisseaux étaient à la mer : on se pressait d'y descendre ; on se précipitait. Le tumulte de la joie, des chants guerriers, les sons bruyants d'une musique militaire, accompagnaient leur marche rapide. A peine la barque qui portait Colomb eut touché le rivage que, jaloux de fouler le premier la terre d'un nouveau monde, on le vit s'élancer avec transport, et, comme un signe de conquête, y planter, au nom d'Isabelle, l'étendard de Castille. A son exemple, chaque Espagnol embrassa la terre après laquelle il soupirait. On le salua des titres pompeux dont il n'avait emporté d'Espagne que l'espérance ; et, simple pilote à Palos, à San-Salvador il devint presque l'égal des Rois.

« Il reconnut en partie cette chaîne d'îles désignées par le nom de Lucayes ; mais la Conception, Ferdinandine et l'Ile Longue furent les seules où il débarqua. Ses recherches le conduisirent bientôt à une contrée si vaste, qu'il fut tenté de la croire un continent : c'était l'île de Cuba. Il y descendit pour y faire caréner ses vaisseaux.

« Pendant son séjour, des matelots s'avancèrent à soixante milles du rivage, et revinrent bientôt enchantés de leur découverte : ils avaient reçu les plus grandes marques de respect dans un village où ils étaient parvenus. Ces malheureux Insulaires se prosternaient à leur aspect, ils leur baisaient les pieds ; ils tremblaient que les Espagnols ne fussent une race divine qu'une ancienne terreur leur avait annoncée : depuis longtemps leurs prêtres, car les sauvages mêmes avaient des prêtres, les alarmaient de cette prédiction, et, dans ce moment, ils la croyaient accomplie.

« Mais ce qui frappa le plus les Espagnols, ce furent les plaques d'or que ces sauvages employaient chez eux comme une parure. Plusieurs de ces malheureux furent amenés vers Colomb : on les força de servir de guide aux Espagnols, qui s'empressaient d'aller fouiller la terre. Mais leur avidité se fatigua d'inutiles travaux ; la richesse de cette contrée n'était point de l'or. Heureux d'ignorer sa valeur, les Indiens livrèrent, sans peine, ce qu'ils en possédaient, et surent indiquer, par leurs gestes, une île assez voisine où ce métal se trouvait en abondance.

« Ce premier espoir fut le signal de la perfidie. Jaloux de s'emparer seul des trésors que promettait la terre d'Hayti, un des Pinson voulut y pénétrer le premier : il partit avec le vaisseau qu'il commandait, et, malgré les signaux prodigués pour l'arrêter, on le perdit bientôt de vue.

« Colomb, contrarié par les vents, n'arriva que longtemps après cette séparation. La côte où il descendait était sous la domination du cacique Guacanahari. On lui députa quelques officiers intelligents ; il parut charmé de leur présence, et, sur le rapport qu'on fit à l'Amiral, il résolut de se rendre à l'invitation qu'il en reçut d'aller le visiter.

« Tout était disposé pour ce voyage, quand, au milieu de la nuit, son vaisseau même, emporté par des courants, se brisa contre des rochers, et se perdit sans ressource. Témoins de ce malheur, les Indiens animés par leur Prince, accouraient en foule sur le rivage : la douleur se peignait dans leurs cris et n'en était pas moins active. Les uns à la nage, les autres dans leurs canots, furent bientôt au secours du navire, et sauvèrent ainsi leurs oppresseurs. Les provisions, les débris même furent transportés à terre : rien ne fut enlevé ; un Indien, placé par le Prince, eut l'ordre d'y veiller, et les défendit avec scrupule, même de la curiosité des Insulaires.

« Pinson ne reparaissait pas ; et Colomb, alarmé de son absence, lui soupçonnait l'intention de le devancer en Europe. Cette crainte hâta son départ ; mais l'unique vaisseau qui lui restait était précisément le moins considérable des trois, et ne pouvait suffire à ramener les malheureux échappés du naufrage.

« Colomb se décida donc à solliciter l'aveu du chef indien pour former un établissement dans l'île. L'imprudent cacique reçut la demande avec transport : il se dépouilla de la couronne d'or qu'il portait, et vint, en signe de joie, la déposer sur le front de l'Amiral. Le malheureux cacique était loin de sentir la vérité de cet hommage et les dangers d'un consentement funeste qui n'était vraiment qu'une abdication. Colomb ne s'occupa plus que de construire un asile à sa troupe ; et, dès que le fort de Navidad fut en état de la recevoir, il suivit sans retard l'attrait qui le rappelait en Espagne. Après deux jours de marche, il eut le bonheur de retrouver Pinson, et, consolé par cette rencontre, il feignit d'adopter les raisons que le perfide inventa de son absence.

« Pendant cinq cents lieues, Colomb avait eu les vents les plus favorables ; mais il devait subir la plus terrible épreuve, et connaître le seul danger qui dût l'épouvanter ; celui de voir ses travaux perdus pour l'univers, et ses succès ignorés. L'orage le plus violent qui jamais ait troublé les mers vint l'assaillir en un instant : les ressources de son art, celles de son courage étaient vaines pour son salut : et sa longue expérience ne servait, dans ce moment, qu'à lui montrer sa perte plus certaine. Eloigné de toute terre, le bonheur de son premier naufrage ne pouvait même s'espérer. L'infortuné se croyait déjà flétri dans l'avenir ; le nom d'aventurier lui semblait s'attacher à sa mémoire.

« L'effroi de périr inconnu, la perte de sa gloire, ne lui permettaient pas même de penser à son dernier instant ! mais ses deux fils occupaient encore son âme, et mettaient le comble à sa douleur ; il se les représentait abandonnés dans un collège de Cordoue, orphelins dès leur enfance, sans appui, dans un royaume étranger, où, loin de reconnaître les services de leur père, on l'accuserait peut-être d'avoir séduit des citoyens pour les rendre victimes de son imprudence.

« Colomb était immobile sous le poids de ces idées cruelles et de ces regrets dévorants. Mais quand elle semble abattue, une âme forte est encore loin de succomber : c'est dans les crises les plus violentes qu'elle se réveille, et trouve en elle encore plus d'énergie. Au milieu du désordre, du bruit des vents, du fracas des voiles déchirées et des mâts abattus, malgré les cris de l'équipage, le choc des vagues et les secousses d'un vaisseau prêt à s'ouvrir, le calme est dans l'âme de Colomb. Conserver sa gloire est l'unique sentiment qui l'anime. Il s'enferme, et le récit de son voyage, la route qu'il a suivie, les pays qu'il a découverts, leur situation, les particularités du climat, le lieu qu'habite sa colonie, tout se retrace avec ordre dans un écrit qu'il adresse aux Souverains d'Espagne. Les détails, les précautions dont le sang-froid s'occupe dans la plus grande sécurité, rien ne lui échappe à l'instant d'être englouti. Sa relation est enveloppée d'une toile goudronnée : un mastic de cire la recouvre encore, et le tonneau qui la renferme est jeté à la mer sous ses yeux. L'Océan devient dépositaire d'un secret si précieux au monde, et le hasard seul doit le conserver.

« Enfin, le calme reparut, et les vents respectèrent ce grand homme. Poussé jusqu'aux Açores, il y relâcha et fit mettre à terre quelques-uns de ses gens pour chercher du secours et se réparer. Les Portugais, persuadés que l'Amiral était du nombre des débarqués, les arrêtèrent tous, quoique les deux nations ne fussent pas en guerre. Colomb réclama contre cette violence ; et ses forces, qu'il fit connaître, ainsi que la menace d'une prompte vengeance, lui procurèrent d'abord quelques égards. Bientôt, après une mûre délibération, on lui rendit ses matelots, et il obtint même des rafraîchissements du gouverneur de Sainte-Marie.

« Mais il se vit encore séparé de Pinson, et la double crainte du naufrage de son compagnon, ou de son arrivée en Espagne, vint le tourmenter de nouveau : cette idée le pressa de suivre sa route. Il voyait presque la côte, quand une nouvelle tempête, qu'il combattit deux jours et deux nuits, l'obligea de chercher un asile dans le Tage, malgré les dangers qu'il devait y courir. A peine y fut-il arrivé, que le commandant du port lui fit ordonner de venir rendre compte de son voyage. Colomb montra la patente du Roi d'Espagne, et observa de ne point quitter son bord. Alors, loin de lui faire violence, le Roi le fit inviter de venir à sa Cour, avec promesse qu'on lui rendrait les honneurs qu'exigeait sa qualité.

« Colomb n'ignorait pas qu'à son départ de Palos Jean II avait armé trois vaisseaux pour l'arrêter : il se souvenait encore mieux des refus outrageants dont furent payées ses offres ; le plaisir d'annoncer un succès dont le Prince avait douté l'emporta sur ses craintes. Il crut devoir se fier à la parole d'un Roi. Il en reçut effectivement les traitements les plus distingués : mais le Monarque ne l'écouta qu'avec jalousie ; et, sans la crainte de l'Espagne, dont Colomb était protégé, peut-être eût-on suivi le projet de quelques scélérats qui proposèrent de l'assassiner secrètement, et de saisir tous ses papiers, ainsi que les Insulaires qu'il avait amenés de l'autre monde. Colomb ne resta que cinq jours à Lisbonne ; et, le 15 de mars, il descendit à Palos, le même port d'où, sept mois et douze jours auparavant, on l'avait vu partir, sans espérer le revoir.

« A peine eut-on reconnu son vaisseau, que la nouvelle de son retour devint à l'instant générale. Tous les habitants furent dans l'ivresse : une foule innombrable couvrait déjà le rivage, avant qu'on pût même l'apercevoir. Le son des cloches, le bruit du canon donnèrent le signal d'un bonheur public. Ce tumulte, à la fois religieux et guerrier, se mêlait sans interruption aux acclamations de tout un peuple étonné. La mer était couverte de barques : chacun volait au devant de l'amiral, ou d'un frère, ou d'un ami, et voulait savoir le premier des nouvelles de son entreprise : mais quand la chaloupe de Colomb eut touché le rivage, que ses compagnons vantèrent ses succès, que le peuple eut contemplé des hommes nouveaux, des fruits, des animaux inconnus, et qu'il eut entendu des récits plus prodigieux encore, l'explosion du délire fut sans bornes. Comme dans les fêtes solennelles, les boutiques furent fermées, les travaux interrompus ; et Colomb obtint avec joie, de l'enthousiasme et de la reconnaissance, tous les honneurs qu'on prodigue tristement à des Rois par devoir. Le soir même, l'arrivée de Pinson mit le comble à son bonheur : d'autres prétendent que ce compagnon perfide, ayant pris terre à Bayonne, fit demander audience aux Rois, et que la douleur profonde que lui causa leur refus le conduisit en peu de jours au tombeau. Quoi qu'il en soit, le premier soin de l'Amiral fut d'instruire Isabelle et Ferdinand de son retour : il reçut bientôt une réponse honorable, et l'ordre flatteur de se rendre auprès d'eux.

« Il prit donc sans délai le chemin de Barcelone. Son voyage ne fut pour lui qu'une fête continuelle. Une foule immense l'accompagna depuis Palos : les chemins retentissaient des chants, des cris, des louanges des peuples, qui s'empressaient à son approche, et quittaient tout pour se trouver à son passage. Précédé et suivi d'une si nombreuse escorte, Colomb approchait de la capitale. La ville entière, les courtisans même, allèrent fort loin à sa rencontre : un d'eux fut chargé de le complimenter au nom d'Isabelle et de Ferdinand. Devant eux marchaient, à quelque distance, les sauvages qu'il avait amenés : on traînait à sa suite des balles de coton, des coffres pleins de racines précieuses ; à ses côtés, des lames d'or, des lingots énormes étaient portés en signe de conquête ; et des roseaux, d'une hauteur inouïe, soutenaient des oiseaux de mille couleurs. Colomb traversa la ville dans ce noble appareil, et parut en triomphe à la cour des Rois.

« Sous un dais magnifique, Isabelle et Ferdinand, revêtus de la majesté royale, le reçurent en dehors du palais : ils se levèrent à son approche, et, loin de souffrir qu'il se prosternât, suivant l'usage, pour leur baiser la main, tous deux le relevèrent ensemble, et, devant l'Espagne entière, ils montrèrent Colomb assis à leurs côtés. Le récit modeste qu'il fit de son voyage, l'étonnement qu'inspira son audace, et la joie de ses succès, calmèrent un instant l'envie et même l'orgueil espagnol. On supporta les honneurs qu'obtenait un étranger qui, célèbre par lui-même, ne devait rien de sa gloire à l'antiquité de ses aïeux. Mais la vanité, prompte à se flatter elle-même, voulut suppléer à ce qu'elle appelait manquer à ce grand homme. On lui donna des lettres de noblesse ; et, comme si la gloire avait besoin de titres, les Rois crurent de bonne foi qu'eux seuls venaient d'anoblir un héros. »

V

En lisant ce *Précis* plein de traits anecdotiques, je ne pouvais chasser une pensée qui m'obsédait.

Le second des deux volumes qui avaient *charmé* M. Molé, « PAR LES ANECDOTES QU'IL CONTIENT », ne serait-il pas le *Colomb* ?

Après mûre réflexion, et d'ailleurs convaincu que le *Précis* et les Notes sont l'œuvre de Joubert, quelques doutes me restèrent au sujet de l'un des livres prêtés, et je repartis à la découverte.

La dernière pièce du *Cromwel* est relative à Mylord Stairs, bourreau présumé de Charles Ier : je me rappelai que l'auteur la donnait comme extraite du recueil de M. de la Place : *Pièces intéressantes et peu connues pour servir à l'histoire et à la littérature.* — La bonne piste doit être de ce côté, pensai-je : la reproduction de cette anecdote dans le *Cromwel*, avec plusieurs petites retouches, ainsi que la diction caractéristique et très originale, tout dénonce l'auteur des trois autres morceaux comme l'étant aussi de ce dramatique récit. Dès lors, est-il croyable que Joubert n'ait fourni rien de plus à M. de la Place ?

Le livre prêté à Molé ne serait-il pas l'un des volumes de cette collection où la part de Joubert aurait été plus large ?

Voici l'anecdote concernant mylord Stairs : je la copie dans le recueil des *Pièces Intéressantes*, et je marque, en note, les variantes du *Cromwel* :

Anecdote anglaise concernant Mylord Stairs (1).

« Georges II, roi d'Angleterre, de retour dans sa capitale, depuis l'affaire d'Etinghen, ne supportait qu'impatiemment la présence du Lord Stairs. Il ne pouvait lui pardonner de l'avoir inutilement averti des

(1) Lieutenant général des armées anglaises, ci-devant ambassadeur de S. M. Britannique en France, sur la fin du règne de Louis XV et pendant la régence.

N. B. — Cette anecdote se trouve dans une brochure anglaise intitulée : « Mémoires pour servir à l'histoire de Mylord Stairs », qui parut à Londres en 1743, — devenue très rare, et qu'on prétend que le lord a rendue telle.

dangers que courait l'armée anglaise, au cas que ce monarque s'obstinât à la laisser dans le camp qu'elle occupait, et dans lequel, sans la téméraire imprudence du duc de G***, elle eût été complètement défaite.

« Le Lord, aussi fier qu'éclairé, n'ayant pas tardé (1) à s'apercevoir des dispositions du Prince, et peu fait pour s'exposer aux désagréments d'une disgrâce plus complète, se disposait à se retirer dans ses terres en Écosse, lorsqu'il reçut le billet suivant :

« Mylord,

« Vous êtes brave, on en est convaincu. Mais l'êtes-
« vous assez pour vous rendre, seul, demain, sur le
« déclin du jour, vers l'entrée de l'hôtel de Sommerset,
« où vous serez attendu par un particulier qui, si vous
« osez le suivre, vous conduira dans un quartier peu
« fréquenté de cette ville, mais où vous trouverez
« quelqu'un qui brûle de vous voir et de vous dévoiler
« des mystères qui sont de la plus extrême importance
« que vous puissiez imaginer, et qu'on ne peut confier
« au papier.

« P. S. — Si vous craignez qu'il soit ici question de
« quelque projet sur votre bourse, ne vous chargez de
« rien qui soit volable. »

« Surpris, comme l'on peut penser, à la lecture de ce billet, le Lord imagina d'abord que ce ne pouvait être qu'un piège que lui tendait quelque ennemi secret ou quelque aventure galante dont l'héroïne avait probablement quelques motifs pour en user ainsi : car

---

(1) Dans le *Cromwel* : « Ne tarda pas à s'apercevoir, après la bataille d'Etinghen, que la faveur dont il jouissait auprès de Georges II commençait à s'affaiblir. Peu fait pour.... il... »

l'apostille suffisait pour le rassurer sur toute autre espèce de crainte.

« Sur quoi le Lord, toujours un peu paladin de sa nature, prit d'autant *plus tôt aisément* (1) son parti, que dans l'un et l'autre cas prévus, il aurait cru son honneur compromis en se refusant au rendez-vous proposé.

« Le lendemain, en conséquence, armé de son épée et de deux pistolets, il se rend à l'hôtel de Sommerset, y trouve un homme qui, sans parler, lui fait signe de le suivre, arrive après une heure de marche à l'extrémité du faux-bourg***, dans une rue presque déserte, où son conducteur, s'arrêtant à la porte d'une vieille et petite maison, l'ouvre, lui montre un escalier, lui dit : « Montez, Mylord », et ferme la porte sur lui.

« L'intrépide Lord, tenant son épée d'une main, un pistolet de l'autre, arrive au haut de l'escalier, voit à travers une vieille porte entr'ouverte une chambre meublée comme au temps de Guillaume le Conquérant, et au milieu de laquelle brûlait une chétive lampe dont la lueur semblait éclairer un tombeau.

« Entrez, Mylord (lui dit-on d'une voix cassée, et qui « sortait d'entre quatre rideaux). Approchez, vous

---

(1) Dans le *Cromwel* : « d'autant plus aisément. »

Mylord Stairs était en effet très vif, très haut, pour ne rien dire de plus, et en a fourni plus d'une preuve dans son ambassade en France.

Il se plaignait assez vivement, à la cour, des travaux que Louis XIV faisait faire au port de Mardick, et demanda à ce sujet au roi une audience particulière dans laquelle ayant parlé avec plus de véhémence que de retenue, le vieux monarque ne l'interrompit point; mais lorsqu'il eut achevé : *Monsieur l'ambassadeur, lui dit-il, j'ai toujours été maître chez moi, quelquefois chez les autres; ne m'en faites pas souvenir.*

« n'avez point ici d'ennemis... Commencez, je vous
« prie, par vous reposer quelques instants dans ce fau-
« teuil, à côté de mon lit ; après quoi nous parlerons
« d'affaires.

« — Soit, dit le Lord, mais abrégeons : et sachons
« enfin à quoi tend tout ce qu'annonce de merveilleux
« une aventure de cette espèce ?

« — Vous êtes vif, Mylord ; mais vous avez de qui
« tenir, et je vous en convaincrai... Laissez vos armes.
« Prenez cette lampe, et venez me regarder ! »

« Surpris d'un ton auquel il n'était pas accoutumé,
Mylord se lève, prend la lampe, ouvre le rideau qui
lui cachait l'impérieux commandant, et demeure interdit à l'aspect d'un vieillard pâle et décharné comme
le Temps, avec une ample barbe blanche, et dont les
yeux (que ranimait sans doute le moment) se fixent
avidement sur lui.

« Remettez-vous, Mylord ! Regardez-moi : je respire
« encore et je vous dois l'unique et vrai plaisir que je
« goûtai depuis de longues années ! L'âge et l'infor-
« tune auraient ils effacé jusqu'aux moindres vestiges
« des traits de quelqu'un qui vous touche de bien près,
« et dont il est ravi de retrouver en vous des traces qui
« lui sont bien chères. » (1).

« Le Lord, encore plus étonné et plus interdit que
ci devant, fixait à son tour le vieillard, et, sans pouvoir
se rendre compte des différents mouvements qui l'agi-
taient, ne pouvait articuler un mot.

« Baissez-vous, reprit l'inconnu, et prenez sous mon
« lit une cassette, où sont renfermés des papiers capa-

---

(1) Dans le *Cromwel* : « qui lui sont chères. »

« bles de réparer les pertes que nos guerres civiles ont
« causées à votre maison, ainsi que les dépenses que
« vos ambassades, vos services militaires et vos plai-
« sirs vous ont occasionnées à vous-même. »

« Le Lord, après avoir mis la cassette sur le lit du vieillard, cédant à la plus vive émotion, se laissa pour ainsi dire retomber dans le fauteuil qu'il venait de quitter.

« Tenez, Mylord, lui dit le bonhomme, voici les co-
« pies conformes du contrat de vente de trois des prin-
« cipales terres de vos pères, qu'a vendues ou plutôt
« feint de vendre votre bisaïeul, dans les temps de
« troubles ; auxquelles sont jointes les contre-lettres
« des prétendus acquéreurs, et au moyen desquelles
« ces mêmes terres vous seront rendues par leurs hé-
« ritiers, sans qu'ils puissent s'en dispenser, à votre
« arrivée en Écosse. On a pris et fait prendre *à cet*
« *égard* (1), dans tous les temps, les précautions néces-
« saires pour prévenir toute espèce de contestation :
« vous en trouverez les preuves attachées aux contre-
« lettres. »

« Quel surcroît de surprise pour le Lord, à la vue de ces trois contrats de terres qu'il n'ignorait pas avoir autrefois appartenu à sa maison.

« Eh! qui donc êtes-vous? s'écria-t-il avec trans-
« port. Qui donc êtes-vous, respectable et bienfaisant
« vieillard, à qui je vais devoir plus qu'à mon père
« même?... Ah! parlez, de grâce! hâtez-vous de me
« nommer un bienfaiteur qui déjà m'intéressait sensi-
« blement, et dont le Ciel semble n'avoir prolongé les

---

(1) Supprimé dans le *Cromwel.*

« jours que pour lui faire *enfin* (1) trouver en moi le
« plus tendre, le plus respectueux des amis, et le plus
« reconnaissant de tous les hommes !

« — Laissez-moi, mon cher Lord (lui dit en sanglo-
« tant l'inconnu) ; trop faible pour soutenir un plus
« long entretien avec vous, ménagez-moi, de grâce, et
« croyez qu'il m'en coûte plus qu'à vous-même !...
« Embrassez-moi, prenez cette cassette, et laissez res-
« pirer un malheureux, qui se le croit pourtant bien
« moins depuis qu'il vous a vu, qu'il vous a serré dans
« ses bras !

« — Ah ! quel que vous soyez, quelque intérêt que
« vous puissiez avoir à vous cacher à l'objet même de
« votre bienfaisance, pouvez-vous être assez cruel pour
« exiger qu'il vous obéisse ! qu'il vous abandonne (et sur-
« tout à votre âge), et surtout dans l'état où je vous vois
« réduit, sans amis, sans secours, et peut-être... sans...

« — Arrêtez, Mylord ! j'aime à trouver en vous de
« pareils sentiments : mais apprenez que votre ami (si
« tant est, hélas ! que vous le trouviez longtemps digne
« de ce titre), apprenez, dis-je, que quelque infortuné
« qu'il soit d'ailleurs, il est cependant à l'abri des be-
« soins qui semblent vous inquiéter... Ainsi, pour peu
« que vous aimiez à m'obliger, partez, Mylord, et dans
« l'instant !...

« Faites plus encore, et songez que j'ai droit de
« l'exiger : jurez-moi que vous ne reviendrez point ici,
« et ne me ferez chercher ailleurs qu'autant que je
« croirai pouvoir risquer de vous recevoir encore, et
« que je vous en ferai prier ! »

(1) Supprimé dans le *Cromwel*.

« Le Lord, sentant, au ton dont lui parlait le bon vieillard, que ses instances seraient vaines, et se promettant tout du lendemain, ne balança point à le satisfaire, tomba de nouveau dans ses bras, et le quitta les yeux baignés de larmes.

« A son arrivée chez lui, après avoir été reconduit jusqu'aux environs de l'hôtel de Sommerset par le même homme qui l'avait attendu devant la porte du vieillard, Mylord n'eut rien de plus pressé que d'ouvrir la cassette, dans laquelle, indépendamment de ce que l'inconnu lui avait annoncé, le Lord trouva un grand nombre de papiers de famille qui pouvaient lui être très utiles.

« Le lendemain matin, à l'instant même qu'il se proposait (quelques promesses qu'il eût faites) de retourner, à tout hasard, chez le vieil et généreux inconnu, il se vit tout à coup arrêté par la lettre suivante, cachetée de ses propres armes, et saisi d'effroi en la voyant signée : *Sir Georges Stairs :*

« N'envoyez point, ne revenez point chez moi, mon
« cher Lord : on ne m'y trouverait plus.

« S'il ne s'était agi que de vous avouer qui j'étais,
« c'est-à-dire votre bisaïeul cru mort depuis si long-
« temps, et qui, à plus d'un titre, devrait l'être, vous
« n'auriez point trouvé tant de résistance au désir lé-
« gitime que vous aviez de connaître votre bienfaiteur.
« Mais les suites que je prévoyais d'une scène si inté-
« ressante pour vous et pour moi, dès là trop forte
« pour mon âge et la faiblesse qui *la* suit (1), m'ont
« fait trembler, je vous l'avoue, d'avoir à satisfaire

(1) Dans le *Cromwel* : « qui *le* suit. »

« votre curiosité sur des détails qu'elle aurait eu lieu
« d'exiger, et qui, loin d'offrir à vos yeux un parent
« aussi cher et aussi respectable que vous l'eussiez
« d'abord imaginé, ne leur eussent sans doute offert
« qu'un objet odieux, qu'un monstre enfin, moins
« digne de pitié que de l'horreur que je m'inspire à
« moi-même... Vous allez en juger :

« La mort de mon père précéda de quelques mois ma
« naissance. Ma mère n'ayant presque pas tardé à le
« suivre, une tante, une sœur de mon père, et qui
« vivait depuis longtemps dans la retraite, se chargea
« d'élever mon enfance, et s'en acquitta de façon que
« (bien qu'elle ait causé le crime que j'expie encore) le
« sentiment de ma reconnaissance est toujours vivant
« dans mon cœur.

« J'avais à peine dix-sept ans, lorsque indigné de
« voir mes compatriotes armés contre leur légitime
« souverain, je formai le dessein d'aller offrir au roi
« Charles Ier, et ma fortune et mon épée... Mais quel
« fut mon étonnement, lorsque je vis ma bonne tante,
« à qui tout m'engageait à faire part de mon projet,
« l'entendre en frémissant, lever les mains au ciel, et
« me regarder avec une espèce d'horreur !

« Aussi surpris que touché de son état, et brûlant
« d'en savoir la cause, après les instances les plus
« vives et les plus réitérées : « Vous le voulez ! (s'écria-
« t-elle en sanglotant), apprenez donc que ce prince
« que vous voulez servir, même contre votre patrie, est
« l'auteur de ma honte, ainsi que des regrets dont
« vous me voyez consumée, et de la mort de votre
« père.

« J'avais quinze ans au plus, lorsque élevée parmi

« les filles de sa mère, le perfide, abusant de ma jeu-
« nesse et de la crédulité de cet âge, sur l'appât des
« serments et des promesses les plus sacrées, parvint
« à me séduire... J'étais perdue enfin ; car, ce traître,
« peu de jours après avoir su mon état, partit sans rien
« me dire pour l'Espagne, dont il se flattait d'épouser
« l'Infante !... J'étais perdue, dis je, si le hasard ou le
« Ciel n'eût pas amené à Londres votre père, auquel
« je me vis forcée de confier et mes malheurs et les
« suites que j'en craignais.

« Ce digne frère, pénétré jusqu'aux larmes, et sans
« perdre le temps en reproches, courut à l'instant
« même chez la reine ; et, sous je ne sais quel prétexte,
« après en avoir obtenu un congé pour moi, me fit
« partir avec lui, dès la nuit même, pour une de ses
« terres, à quelques milles d'Édimbourg, où il me
« confia aux soins d'une concierge aussi intelligente
« que discrète, jusqu'au parfait rétablissement de ma
« santé... Hélas ! (ajouta-t-elle), je ne devais plus le
« revoir ; le chagrin qu'il avait conçu de mon malheur
« ne tarda pas à le précipiter dans le tombeau, ainsi
« que sa respectable épouse, qui, après vous avoir
« donné le jour, survécut à peine un mois à sa perte.

« Tels furent, mon cher neveu, les secrets et déplo-
« rables motifs de la retraite où j'ai toujours vécu
« depuis ce temps, et dont vous seul, dans l'univers,
« connaissez maintenant le mystère !... Voyez mainte-
« nant, mon ami, si, après les soins que j'ai pris de
« votre enfance, et l'éducation que j'ai tâché de vous
« procurer, voyez si l'auteur de tant de maux, que
« dis-je ? si le barbare dont le crime a porté la mort
« dans le sein des auteurs de votre naissance, et dans

« le mien des regrets ; voyez, dis-je, si c'est à lui qu'un
« fils, qui se croit digne de ce nom, doit consacrer sa
« fortune et son bras ?

« — Non ! grand Dieu, non ! m'écriai-je, saisi
« d'horreur, le lâche est indigne de vivre... Il ne
« mourra que de ma main. »

« De vous dire aujourd'hui, Mylord, par quels
« moyens aussi recherchés que périlleux, ma fureur
« contre ce prince, à partir de ce fatal moment, tou-
« jours également la même, est enfin parvenue à rem-
« plir ma vengeance et mon exécrable serment, ainsi
« que les événements qu'ont produits les remords dont
« mon crime ne tarda pas d'être suivi ; tous ces détails,
« dans l'état où vous m'avez vu, sont maintenant trop
« douloureux pour être rappelés. Qu'il vous suffise
« aujourd'hui de savoir, pour m'abhorrer autant que
« je m'abhorre moi-même, que l'Exécuteur du Roi
« *Charles Premier*, qui ne parut sur l'échafaud que
« sous un masque, n'était autre, en effet, que... votre
« indigne et trop coupable bisaïeul, sir Georges Stairs. »

OBSERVATION

« De l'année 1649 (année où Charles Ier fut décapité)
à 1743, que se donna la bataille d'Etinghem, l'intervalle est de quatre-vingt-quatorze ans. En en supposant vingt à sir Georges Stairs, lorsqu'il commit son
crime, son âge en 1743 était de cent quatorze ans.

« Sur quoi l'on peut citer en Angleterre et surtout
en Écosse, plusieurs exemples de personnes mortes
beaucoup plus âgées.

« *P. S.* — L'auteur anonyme de ces mémoires

ajoute que, quels que fussent les sentiments dont Mylord Stairs dut être affecté, après la lecture de cette lettre, son premier soin fût de chercher la rue et la maison où il avait retrouvé son bisaïeul ; mais qu'après ses recherches, ayant trouvé cette maison vide, il avait appris des voisins qu'elle n'avait été occupée que depuis huit jours au plus, et sans qu'on pût savoir par qui ; que, dès la nuit précédente, les locataires l'avaient abandonnée toute meublée, sans qu'on sût même de qui ils la tenaient, le propriétaire étant depuis long temps établi en Amérique. »

VI

En ce temps-là, Joubert aimait et cultivait ce genre. Il avait, sans doute, plein ses cartons d'anecdotes toutes rédigées : cela semble résulter des lettres très explicites que Fontanes lui adressait de Londres, en 1785. Ces lettres, à propos d'une Revue projetée sous le titre : *La Correspondance*, prouvent également le journaliste. Joubert ne demandait pas mieux que d'écrire dans les journaux. Il était prêt. S'il fallait à Fontanes et à Joubert une Revue à eux, c'est apparemment qu'une insertion, de temps en temps, dans les recueils périodiques, ne suffisait plus à la fécondité de leur veine. Je lus donc, avec attention, un à un, les nombreux volumes des *Pièces intéressantes*; et, bien qu'ayant noté quelques anecdotes dont le faire et le sujet me rappelaient Joubert, finalement, je restai dans le doute. Nulle conclusion sur ce point, en sorte que l'un des livres prêtés à Molé reste à trouver.

Le doute loyal, celui qui est amour, recherche et respect de la vérité, s'il a des déceptions, ne manque guère de rencontrer quelque dédommagement. Pareille déception m'est advenue ; pareille fortune aussi, du moins je le crois.

Au fort de mes recherches, et comme à la traverse, une liste des ouvrages attribués à Langeac me tomba sous les yeux. J'y remarquai ce titre : « *Anecdotes anglaises et américaines*, 2 vol., 1813. »

La quatrième pièce du *Cromwel* est une *anecdote anglaise*.

— Eh quoi ! Langeac avait donc le même goût que Joubert pour les anecdotes, et pour les anecdotes anglaises ? Ne serait-il pas, encore une fois, le prête-nom de Joubert ?

Et le souvenir me revint de l'intérêt passionné que celui-ci portait à Cook, à ses voyages, à sa personne, à sa gloire, ainsi qu'aux choses d'Amérique et d'Angleterre. Il priait et suppliait Fontanes de recueillir à Londres le plus de détails possible là-dessus.

Fontanes répondait :

« Londres, 10 novembre 1785. — Le général Melville et le docteur Mathy, qui sont dans ma confidence, goûtent assez notre projet, sans espérer un succès aussi prompt et aussi sûr que nous le voulons. Il ne faut pas vous figurer qu'on lise beaucoup à Londres tout ce qui n'est pas politique, commerce, industrie. *Les nouvelles purement littéraires, amusantes, les recueils d'anecdotes*, n'y ont qu'un médiocre succès. Il n'y a point ici une classe d'hommes aimables, instruits, de bonne compagnie, qui aient assez de loisir pour jeter les yeux hors de leur île... Les arts les intéressent fort peu en général. Je ne désespérerais point cependant d'établir ici la *Correspondance*, si je restais ; mais le nombre de souscripteurs, si nous réussissons, sera bien moindre que nous l'avons imaginé... Ceux des riches Anglais qui s'occupent de notre littérature, de nos événements publics et particuliers, ont tous des correspondances à Paris. *Les autres vous riraient au nez quand vous leur porteriez votre feuille...*

« J'ai dîné avec le capitaine Carteret, qui a fait le tour du monde avec votre ami Cook. »

La phrase soulignée permet de supposer que le projet venait surtout de Joubert.

Ces lettres de Londres révèlent les tendances diverses des deux amis. Joubert inclinait aux « nouvelles littéraires », aux « anecdotes » et aux questions d'art. Fontanes, voué par tempérament et par ambition à la politique, penchait déjà de ce côté.

Pour être à ce point partisan des « anecdotes », Joubert avait dû réaliser quelque chose de ce qui serait sa part dans la nouvelle Revue.

Fontanes écrivait encore :

« ... J'ai visité souvent un cabinet d'histoire naturelle où Cook a déposé la plus grande partie des curiosités d'Otaïti... On y lit des inscriptions honorables pour lui et on y voit son portrait. C'est, jusqu'à présent, le seul hommage rendu à sa mémoire par les Anglais... Voilà des vérités dures, mais qu'y faire ? Je sais admirer ce qui le mérite dans la littérature anglaise ; mais, à présent que mes idées sont mûres, je vous avoue que votre Shakespeare me fait rarement plaisir... Il y a mille choses que je vous écrirais, si je ne craignais de vous bouleverser totalement... Je reverrai Banks samedi pour vous seul ; vous aurez d'excellents détails sur Cook... Encore un mot. La patrie de l'imagination est celle où vous êtes né. Pour Dieu, ne calomniez point la France, à qui vous pouvez faire tant d'honneur. Félicitons-nous d'être nés sous ce beau ciel, sur cette belle terre, parmi les aimables habitants du premier royaume de l'Europe... *Je suis charmé que vous travailliez...* Aimez-moi en dépit de tous mes défauts ; car je vous aime. Vous êtes le seul homme que j'estime, chérisse et honore sans restriction... »

« Londres, 12 décembre 1785. — A mesure que je vis dans ce singulier pays, mon cher ami, mes observations s'étendent et se confirment. Vous avez parfaitement jugé, de la distance où vous êtes, que les mœurs des Anglais n'étaient pas propres à notre projet. Je le vois plus que jamais. D'abord, je vous le répète, les arts d'agrément les occupent peu, quoi qu'on en dise ; leur vie farouche et solitaire les rend incapables de goûter une feuille de ce genre. Maintenant que j'ai renoncé à la réussite, j'en parle plus librement aux deux personnes qui ont été mes confidentes ; elles sont l'une et l'autre stupéfaites que nous ayons pu compter sur cinq ou six cents souscripteurs. Deux cents eussent été le plus magnifique succès dans ce pays-ci... »

« 20 janvier 1786. — ... Quand je vous ai dit que les artistes et même les gens de lettres jouissaient d'une médiocre considération, je n'ai fait que les répéter :

ils se plaignent tous de l'orgueil des nobles et des riches..... Leurs artistes de Londres sont presque tous des étrangers ; ils ne restent là que parce qu'on y gagne de l'argent. Vous admirez tous les jours les gravures anglaises qui sont sur nos quais. Apprenez que le graveur est italien et se nomme Bartholozzi ; les autres étaient Flamands. Bartholozzi embellit bien, je vous jure, les peintres dont il grave les compositions. Je connais peu de tableaux plus médiocres que le tableau original de *Wolf*, par West ; la gravure est très belle... (etc., etc., sur les tableaux du chevalier Reynolds, sur les portraits de Romney, sur les marines de Serres). Je vous dis franchement ce que je pense, et je suis sûr de ma bonne foi. Voilà tout ce dont je peux répondre. Il me sera difficile de vous rapporter tous les détails que vous me demandez... »

Pendant que Joubert « travaille », un désir le possède : tout savoir sur Cook. Il écrivait plus tard à Mme de Beaumont : « J'apprends avec plaisir que vous lisez Cook. Ses voyages ont fait dix ans les *délices de ma pensée*. Je connaissais Otaïti beaucoup mieux que mon Périgord. »

Les deux volumes d'*Anecdotes anglaises et américaines* ne portent pas de nom d'auteur. Quelle raison Langeac avait-il de garder l'anonyme ?

Un des chapitres du deuxième volume étant intitulé : « le Capitaine Cook », j'y courus et fus édifié. Plus de doute, la marque de Joubert était là. C'était son style. Lui seul avait pu ramasser, en ces traits essentiels, la vie du grand navigateur, peindre son noble caractère en ces courtes pages formant portrait.

Dans le premier volume, je distingue aussi une anecdote qui fait suite au sujet traité dans le *Cromwel*. La ressemblance de la forme, ici et là, est frappante. « La phrase fait le mètre »; elle rappelle le faire de Joubert.

Voici les deux anecdotes, celle du premier et celle du second volume :

« *Prédiction singulière faite au prince de Galles* (1).

« Georges, prince de Galles, — ardent, jeune, impétueux, — voulut connaître l'avenir — et savoir le sort de la guerre [d'Amérique]. — Ses confidents, impétueux — et jeunes comme lui, — instruits de toutes les horreurs — que renferme la ville de Londres, — le menèrent — chez une espèce de pythonisse. — Un de ces réduits obscurs où la ville — est plus horrible que les bois, — où le jour ressemble à la nuit, — est sa demeure. — Elle se cache afin qu'on la cherche ; — son aspect est hideux ; — sa voix est plus qu'humaine, — son grand soin est d'épouvanter ; — son savoir est d'user — de grands mots vides et emphatiques, — où tout événement — puisse être introduit et s'ajuster. — Des haillons sont ses seuls atours ; — des cheveux gris hérissés — sont sa coiffure. — Deux énormes serpents qu'elle a nourris — sont ses jouets ; — ils glissent le long de son corps ; — ils se replient — autour de ses bras et de son cou ; — ils boivent le lait dans sa bouche ; — ils se réchauffent dans son sein. — Ce monstre est femme, — et, d'ailleurs, n'a rien de son sexe, — pas même le désir de plaire ; — elle a

---

(1) *Anecdotes anglaises et américaines*, t. I, p. 129.

celui de faire peur. — D'autres règnent par les attraits, — elle règne par l'épouvante.

« Je te connais, dit-elle au prince. — Eh bien ! si tu
« me connais, lui dit-il, — fais-moi savoir ce que je viens
« te demander. — Quelle issue aura cette guerre ? —
« Qui sera vainqueur — de l'Amérique ou de mon
« père ? — En quel état me laissera-t-il sa couronne ?
« — N'en aurai-je que la moitié ? — Dois-je la porter
« tout entière ? — Ne serai-je roi que d'une île ? —
« Et perdrons-nous le continent ?

« — C'est ce que le temps présent — t'enseignera (dit
« la prophétesse) ; — je ne vois que dans le lointain.
« L'espace — que cette guerre doit durer sera trop
« court : — son terme est trop voisin de nous — pour
« mériter le grand nom d'avenir — et pour être l'objet
« de ma science ; — mais écoute, et je t'apprendrai —
« des choses bien plus éloignées. »

« Alors, ouvrant avec effort sa bouche impure, — elle dit ces mystérieuses paroles :

« — Le sein qui t'a porté — sera maudit par ton père,
« — il corrompra les éléments du nom de Georges —
« et, pour cela, tu voudras t'asseoir à sa place. — Tant
« que vous régnerez tous deux, — le trône anglais sera
« vacant. — Ceux qui t'aiment le frapperont, — afin
« que tu puisses régner seul. — Hélas ! pourquoi
« faut-il qu'il soient semblables — à ceux qui aimeront
« ta sœur ? » (1).

« Elle se tut. Une faiblesse — semblable à la mort accabla le prince ; — il s'évanouit, et tomba — dans les bras de ses amis glacés d'effroi. — De vains sons, —

(1) On sait que plusieurs Anglais ont perdu la raison pour avoir aimé la princesse royale.

— un amas de paroles déréglées — avaient porté dans tous les esprits, — une image informe et confuse — de mille vagues malheurs et de mille crimes. »

« *Prophétie plus étrange et trop accomplie.*

« Un des malheurs attachés à l'élévation des grands personnages est que leurs démarches, même les plus obscures, ne peuvent être ignorées. On sut bientôt à Londres et la curieuse faiblesse du prince, et ses questions chez la pythonisse, et ses réponses que chacun défigurait à son gré ; on s'entretenait surtout de l'invincible effroi dont l'héritier du trône et la jeune cour avaient été frappés. Pour l'augmenter ou le détruire, il reçut, dans la même semaine, la lettre étrange qu'on va lire et dont l'auteur n'a jamais été connu.

« Prince,

« Je compte mon âge par mes souvenirs, et mes
« souvenirs remontent à plus de trois mille ans ; la
« seule chose que j'ignore est l'époque où je perdrai
« la mémoire et la vie. Quel tourment que la mémoire !
« Quel supplice que la prévoyance, quand on a vu
« tous les crimes des hommes et qu'on lit dans l'avenir
« tous les malheurs qu'il prépare au monde ! C'est moi
« que le fils du grand Pompée, l'imprudent Sextus,
« vint consulter avant les grands événements de Pharsale. Curieux comme lui, tu veux connaître ceux
« qui naîtront de la guerre d'Amérique ; sois satisfait ;
« lis, et conserve mes paroles écrites, pour les confronter aux temps futurs.

« C'est le 14 de mai 74 qu'un nouveau règne a com-
« mencé pour des États voisins de l'Angleterre. C'est
« le 14 de juin de la même année, que l'oppression de
« l'Angleterre et la violence ont éclaté contre l'Amé-
« rique. Funeste époque aux trois pays ! L'Amérique
« sera libre, mais elle confirmera de plus en plus cette
« vérité terrible *que la révolte des peuples a coûté plus*
« *de sang à la terre que la cruauté des tyrans.* Georges
« ton père ne régnera plus, avant peu, sur cinq millions
« d'hommes qui, pour le bénir et demeurer fidèles,
« ne lui demandaient que d'être juste. Sa justice eût
« valu d'immenses trésors à l'Angleterre ; l'Angle-
« terre engloutira ceux de son peuple, pour n'arriver
« qu'à son affaiblissement et à sa honte ; mais, fils
« de Georges, quelle joie ! L'Amérique sanglante
« et perdue pour toi, l'Angleterre appauvrie et hu-
« miliée, ne seront pas les plus à plaindre ! Que de
« sang, que d'or ne donneraient-ils pas, ces ministres
« infâmes de ton père, s'ils pouvaient prévoir, en les
« prodiguant aujourd'hui, quelle vengeance ils obtien-
« dront un jour, et quelle semence d'infortunes la
« France ira recueillir chez des alliés rebelles ! Sa
« puissance hâtera des succès dangereux, que le temps
« seul pouvait rendre infaillibles. Mais combien elle
« s'abuse en souriant aux palmes de triomphe qu'elle
« doit rapporter de ces climats ! Elle y puisera, pour sa
« destruction prochaine, cet esprit d'indépendance
« qu'elle va secourir au loin et qu'elle voudrait étouffer
« s'il venait l'épouvanter au sein de ses États. C'est
« trop peu que l'épouvante ! elle succombera sous les
« maux réels de ces faux systèmes qu'elle ne saura ni
« régler, ni contenir !

« Jouis, jouis, fils de Georges ; le commencement et
« la fin du dix-huitième siècle auront été marqués,
« pour la France, par les deux plus grands fléaux de la
« nature, la peste et une révolution.

« On voit tout ce qu'a produit l'enthousiasme amé-
« ricain : treize constitutions différentes liées à l'unité
« d'un Congrès, les grands mots d'unité, d'égalité, de
« liberté, ce maximum, ces comités, la contrainte des
« serments, cet arbre élevé, ces bronzes renversés,
« une république enfin ! Toutes ces prouesses de l'in-
« surrection populaire ne sont que le prélude et l'essai
« littéral de ce que répéteront, avant quinze ans, les
« singes français dans leur patrie. Ce que les ministres
« anglais nomment aujourd'hui les attentats de l'Amé-
« rique, sera bientôt à leurs yeux le comble des vertus
« civiques chez la nation voisine qu'ils détestent. C'est
« là que doit s'allumer, aux frais de l'Angleterre, cette
« fatale effervescence qu'elle va combattre si vaine-
« ment, et que tous ses trésors ne peuvent anéantir
« aujourd'hui.

« Que de flots d'or elle fera couler, pour entretenir
« alors, et les amis du peuple, et les patriotes étran-
« gers, et les citoyens de l'univers !

« Qui pourrait le croire ? La bravoure et l'hon-
« neur guerrier seront eux mêmes, sans le savoir,
« les aveugles instruments de vos conseillers perfides !
« Je les vois déjà sourire à leurs calculs atroces
« sur le caractère bouillant, généreux, mais trop
« léger des Français. Comme ils vont les attendre,
« les entourer, les épier au retour de cette croisade
« victorieuse pour la liberté ! Chefs, officiers, soldats,
« ce ne sera point en vain que le nom de l'idole aura

« frappé leurs oreilles ; ils reviendront d'autant plus
« épris de son image, qu'elle sera toute idéale et
« qu'ils ne l'auront jamais aperçue. En parlant d'elle,
« ils s'imagineront parler de leur gloire ; ils confon-
« dront ces deux souvenirs ; et, dans leur ivresse pré-
« somptueuse, ils croiront se distinguer encore en ne
« formant des vœux que pour la liberté. Londres les
« entendra, ces cris de liberté ! Elle se hâtera de leur
« en donner le fantôme : ils n'en recevront que l'odieuse
« licence ; ils en feront l'objet de leur culte égaré !
« Malheur alors, d'un bout de l'empire à l'autre,
« malheur à qui restera debout devant leur divinité !
« On pourra croire un jour que l'infernal génie de
« l'Angleterre a tenu registre de ses crimes pour les
« renouveler et les surpasser parmi les Français. Si
« ton roi, Georges, doit regarder bientôt le dernier
« retour de juillet comme l'instant fatal qui renversera
« sa puissance dans le Nouveau-Monde, cette même
« époque semblera choisie pour signaler, aux yeux
« de Louis XVI, l'effrayant spectacle de son trône
« écroulé ! Qu'importe pour lui que la reconnais-
« sance étrangère lui décerne au loin l'hommage
« d'une statue ! Il verra descendre dans la poussière
« celles de ses plus illustres ancêtres. Des hommes
« impies se mêleront à ses sujets pour seconder l'en-
« treprise ; et puisque le bronze de ton père est brisé
« dans New-York, il faudra bien que l'on venge à Paris
« cet outrage, et que l'auguste effigie des plus grands
« rois n'y subsiste plus désormais. Si le plus sacré des
« asiles, celui des tombeaux, est violé dans l'une des
« Carolines par la soldatesque effrénée de l'Angleterre,
« ses alliés secrets ne laisseront point une pareille

« tache à leur seule patrie. Ils appelleront le même
« reproche sur la France entière ; leur avarice ira
« fouiller les marbres de la mort. Les plus vénérables
« restes y seront arrachés à la sépulture, y deviendront
« l'objet de la même insulte, et l'on verra se confondre,
« au grand jour, la cendre des héros, des rois oppres-
« seurs et des souverains adorés.

« C'est trop peu de ces crimes ; il en reste un, si
« personnel à ton pays, que son repentir et sa honte
« éternelle ne sauront jamais l'effacer. Il croira l'af-
« faiblir, cette honte, en la rendant commune aux
« malheureux Français! Oui, l'arrêt de Louis XVI est
« écrit depuis plus d'un siècle dans l'arrêt de Charles
« Stuart assassiné. Encore trois lustres, et ce forfait
« nouveau sera consommé. Il le sera, mais plus hor-
« rible et plus cruel, pour la seconde victime de l'An-
« gleterre. Son roi, du moins, a vu sa fin tragique
« entourée de quelques égards et d'une espèce d'appa-
« reil qui tenait encore du respect et rappelait sa
« dignité. Sa mort a fait cesser la haine. Sa tombe et
« son corps mutilé n'ont point disparu pour toujours.
« Des yeux remplis de larmes ont retrouvé la place où
« elles pouvaient couler, et l'époque même du crime
« a laissé quelques ressources à l'époque des regrets
« et du repentir. Le sort enfin, en le poursuivant sans
« relâche, daigna du moins le soustraire à la plus
« sensible des afflictions : il ne souffrit point que ce
« prince ait vu son propre sang se soulever contre lui!
« Ce douloureux supplice précédera la révoltante igno-
« minie du meurtre royal qui s'apprête. Hélas ! c'est
« dans la famille même de l'infortuné monarque que
« se trouvera l'agent le plus lâche et le plus acharné

« de la vengeance britannique ! Tu vas frémir ! Ce
« monstre est l'ami de ta jeunesse et le compagnon de
« tes licencieux plaisirs. Tu repousseras son amitié,
« son souvenir et son image! Tu la fouleras à tes
« pieds. Ce mouvement de haine et d'indignation te
« rendra l'estime du monde, l'amour des généreux
« Anglais, te conservera pur d'un tel crime et ne per-
« mettra pas même au soupçon de t'approcher. Voilà,
« voilà, fils de Georges, les secrets affreux que tu vou-
« lais pénétrer ; voilà l'avenir tout entier sous tes
« yeux. Tu connais maintenant le sort de l'Amérique,
« et l'influence déplorable que la France en doit
« éprouver. C'est vainement que tu voudras aujour-
« d'hui changer des événements infaillibles. Les féro-
« ces ministres de ton père les auront préparés, et
« leurs volontés sont tracées d'avance, avec un burin
« d'acier, sur les pages de fer du grand livre des des-
« tinées. Adieu.

« La Thessalienne Erichto. »

« Cette lettre fit assez de sensation à Londres, mais
« on ne voulut y voir que le rêve d'un esprit sombre
« et exalté.

« Il est vraisemblable que M. Cazotte en eut connaissance et qu'il y puisa les prédictions surprenantes qui
sont rapportées dans les œuvres posthumes de M. de
la Harpe. »

« Le capitaine Cook (1).

« Au milieu du tumulte des armes et des embarras
de toutes les affaires, on se souvint que ce hardi et

(1) *Anecdotes anglaises et américaines*, t. II, p. 197.

prudent navigateur, parti de Plymouth en 1776, devait être sur le point de revenir, et les puissances de la terre ordonnèrent à leurs flottes armées de respecter, partout où il pourrait être rencontré, le vaisseau qui portait cet ancien conducteur d'un bateau de charbon.

« Cook ne put connaître cet honneur inouï que la France lui décerna la première. Il fut massacré à Owyhée, dans les mers de l'autre hémisphère, le 12 février 1779 ; et quand M. de Sartines expédiait à Versailles, le 19 du même mois, l'ordre à tous nos marins d'aplanir devant ce grand homme, s'ils le rencontraient, toutes les routes de l'Océan et de rendre, dans tous les parages, autour de lui les mers calmes et pacifiques ; dans ce moment, hélas ! il y avait sept jours que l'illustre Cook avait péri ; on ne le sut que plusieurs mois après.

« Tel fut le sort d'un homme qui, doué de la plus rare modestie, posséda toutes les qualités qui constituent l'homme de bien et l'homme ferme, et qui, plus que tous ses pareils, méritera d'être proposé pour modèle aux navigateurs à venir.

« Il fut prudent avec les vents, calme avec les tempêtes, inflexible contre les obstacles et prévoyant comme s'il eût été timide. Il acheva trois fois avec succès la plus périlleuse de toutes les expéditions ; il ne revint jamais sans avoir atteint le but de ses courses ; il ramena toujours ses compagnons ; il eut de leur vie un tendre soin, et respecta tous les droits du moindre sauvage.

« Il prit garde, avec une infatigable surveillance, qu'aucun mal ne fût commis et qu'aucune louable opération ne fût omise durant tout le cours de ses longues navigations. Il fut juste sur la mer et bon invariablement en des lieux divers et dans de lointains climats, dont les habitants isolés n'auraient pu faire entendre aux autres lieux aucune plainte.

« C'est là ce qui a rendu sa gloire universellement répandue; il est devenu cher à ceux même qui ne verront jamais les mers que du rivage (1).

« Jusque dans les injustices légères qu'on peut lui reprocher, Cook mérite de servir d'exemple.

« Il fit le mal avec épargne, et nuisit avec peu de dommage quand il se crut obligé de nuire.

« En découvrant un grand nombre de ports, en désignant un grand nombre d'écueils, et surtout en faisant connaître à ses pareils un grand nombre de moyens de conservation par le régime et la propreté des équipages, il a mérité la reconnaissance de toutes les marines et le respect du monde entier.

« *Parce que Cook a vécu, dès ce moment et désormais, la mort et la douleur seront plus rares.*

« On avait proposé d'élever à la gloire de son nom un tombeau vide à Westminster. Ce n'est pas là ce qui peut le mieux l'honorer.

« *Une tour avec un fanal, utile emblème de son génie conservateur*, tel est le monument que mériteraient les services rendus à toutes les marines par ce paisible et hardi navigateur! On aimerait surtout à y retrouver cette inscription dont les Grecs honorèrent la tombe de Thémistocle, élevée sur un promontoire près du port du Pirée : « Ton sépulcre est placé sur ce haut
« lieu, afin que de tous côtés il puisse être salué par

(1) Ce trait convient à Joubert, et non à Langeac. Celui-ci fut secrétaire d'ambassade et voyagea beaucoup.

9.

« les navires, soit qu'ils entrent ou qu'ils sortent du
« port. »

« Si l'on n'a rien de remarquable à rapporter de sa vie domestique et privée, c'est qu'il habita peu la terre et vécut toujours au milieu des eaux.

« L'Océan n'avait point de flots qui n'eussent porté ses navires. Il connut l'un et l'autre pôle, et Cook a rendu toutes les mers plus navigables.

« L'Académie de Marseille voulut décerner un prix à son éloge. Les bords de la Méditerranée convenaient à cette cérémonie.

« La générosité de la France envers M. Cook eut l'approbation générale et peu d'imitateurs. Franklin expédia de semblables lettres à tous les vaisseaux américains : « Traitez, écrivait-il aux corsaires de sa nation,
« le capitaine Cook et ses compagnons comme des
« amis communs du genre humain. » Mais le Congrès n'eut pas honte de révoquer depuis cette recommandation généreuse.

« L'Espagne ne se montra pas digne, non plus,
« d'adopter un projet aussi magnanime », dit l'auteur de la Vie de Cook. M. Belluga, officier espagnol, philosophe très instruit et membre de la Société royale de Londres, essaya d'obtenir de M. le comte de Florida-Blanca et de M. d'Almodavar qu'ils donnassent l'ordre aux commandants de marine de protéger les vaisseaux *la Résolution* et *la Découverte*. Il se flattait que ces ministres préféreraient la noble cause des sciences à celle d'un intérêt personnel et jaloux ; mais il se trompait.

« Il était réservé à la seule nation française de donner un si grand exemple de sagesse et d'humanité. »

VII

La plupart des anecdotes sont de ce style, bien que revêtant une extrême variété de formes. Nouvelles, discours, dialogues, petits romans, poésie, portraits, s'y succèdent sans transition apparente, et toutefois dans un ordre parfait. L'art ne s'affiche nulle part dans la composition générale. Le but n'en est que mieux atteint : inspirer contre l'Angleterre, en 1813, une haine vigoureuse et nationale. But patriotique et non politique, bien qu'il y ait, dans l'Introduction, le mot obligatoire à l'adresse de l'Empire : « La préférence qu'on doit aux gouvernements absolument monarchiques ».

Je suppose — pure hypothèse — que M. de Langeac aura pressé Joubert de lui confier un choix de ses *Anecdotes*, dans le sens indiqué, et que Joubert, très volontiers, mais à la condition formelle que son nom ne parût pas, les lui aura livrées, comme il les eût livrées, jadis, *aux eaux courantes*, aux journaux, à la *Correspondance*, telles qu'il les écrivit dans sa jeunesse, de 1776 à 1783, sous le coup des événements.

L'ordre, quelques lignes d'introduction, quelques pages vigoureuses sur la mort de Louis XVI, racontée en forme de prédiction, à cela se borna le travail de Joubert pour mettre ses *Anecdotes* en état d'affronter la publicité.

Le but étant patriotique, et servant la passion du terrible jouteur, qui sait si l'impression (laquelle est fort bonne et sur beau papier) n'aura pas été payée en vertu d'un mandat régulier, sur les fonds du secrétariat général de l'Université? Fontanes était grand-maitre, Langeac était chef du secrétariat et conseiller, Joubert était conseiller ordinaire et inspecteur général.

Peut-être les *Anecdotes* faisaient-elles partie du grand travail que M. de Langeac, avant la Révolution, alors qu'il était très riche, avait demandé à Joubert — et dont le *Cromwel* (ce que je crois) était le début.

On lit dans la *Notice historique* :

« M. de Langeac distingua le mérite de M. Joubert et l'engagea à se charger d'un travail fort important que les événements politiques vinrent malheureusement interrompre. »

Interrompre. Il était donc commencé. Oui, commencé, en 1789, avec le *Cromwel*.

On s'explique le mot de Chateaubriand, bon à répéter ici :

« M. Joubert a laissé... des *fragments historiques*. »

L'auteur des *Anecdotes* présente ses récits comme des « *fragments de l'histoire* », « des *fragments historiques* ».

On ne sera pas fâché, j'imagine, d'arriver à un supplément de preuve, qui soit emprunté aux textes eux-mêmes.

Qu'on lise donc très attentivement l'extrait suivant, emprunté des *Anecdotes;* qu'on se pénètre bien du sens général et des mots essentiels, afin de les comparer aux deux extraits qui suivront et qui sont incontestablement de Joubert.

« *La grande histoire* a tracé des tableaux multipliés de ces événements mémorables ; mais son genre élevé, trop occupé des objets en *masse*, laisse échapper des faits isolés qu'il est intéressant de connaître.

« Ces particularités qu'elle dédaigne, sont précisément *ce qui fait mieux connaître les hommes, les nations et leurs chefs. C'est là que leurs caractères, leurs passions et leur moralité, paraissent au grand jour.* Ces *détails* sont un supplément nécessaire à l'histoire ; ils en sont en quelque sorte la monnaie, et ils doivent comme elle être à la portée du plus grand nombre et circuler plus facilement ; ce sera donc à ces récits partiels et détachés que se borneront ces fragments historiques. » (*Anecdotes*, t. I, p. 97.)

Rapprochons de ce passage caractéristique les lignes suivantes contenues dans le *Boscobel* :

« Ce lieu si célèbre ne subsiste plus maintenant, ou du moins il est ignoré. Les livres même qui pourraient en rappeler la mémoire sont assez rares et peu connus.

« *La grande histoire*, en se chargeant de conserver ce qu'ils avaient de remarquable, les a fait trop tôt disparaître. Elle engloutit ainsi de siècle en siècle une multitude de récits naïfs dont il n'est rien qui dédommage. »

Le texte qui suit est transcrit des *Pensées* :

« Tout n'est pas grave et important dans l'histoire des peuples, et souvent on y rencontre avec plaisir des minuties que l'on se plaît à y regarder et qui n'y sont point inutiles, soit parce qu'elles détendent et amusent l'attention, soit parce qu'elles entrent facilement dans l'esprit, et, s'attachant à la mémoire, y fixent les faits principaux dont elles sont des dépendances. Quelques *détails*, après les *masses*, introduisent la variété. Les petits faits sont des traits excellents *pour le signalement. Ils doivent leur existence aux mœurs du temps, à l'humeur d'un personnage, à ses goûts, à ses habitudes, à ses manies.*

Comparez expressions et pensées, en vous souvenant que la question de paternité ne s'agite qu'entre Langeac et Joubert ; car l'œuvre est publiquement attribuée au premier. Dans le passage tiré des *Anecdotes*, les « détails » sont assimilés à une monnaie, et si cette expression ne se retrouve pas dans la *Pensée* de Joubert, il est opportun de remarquer qu'elle était familière au moraliste :

« Je voudrais *monnayer* la sagesse, c'est-à-dire la frapper en maximes, en proverbes, en sentences, faciles à retenir et à transmettre. Que ne puis-je décrier et bannir du langage des hommes, comme une *monnaie* altérée, les mots dont ils abusent et qui les trompent. »

Et encore, nous avons lu dans l'*Eikôn Basilikè* : « Exemple mémorable que, pour vivre tranquille et mourir glorieux, il faut que les princes soient *au niveau* de leur siècle, *à moins qu*'ils ne soient *supérieurs* par la raison, qui change tout, *quand* elle est forte et sublime, et sait s'accommoder à tout, quand elle manque d'énergie. » Or, voici que, dans les *Anecdotes anglaises et américaines*, je retrouve la même pensée, à propos des mêmes « princes » — rois d'Angleterre, — la même pensée et la même figure avec le même tour de phrase : « Tels sont les dangers continuels dont la Constitution anglaise environne le souverain pour le malheur de la nation ; telle est la position embarrassante du roi d'Angleterre, d'Écosse et d'Irlande, qu'*à moins* de posséder un de ces caractères *élevés* et énergiques *qui dominent* les événements et les hommes, et qui leur font la loi, il doit toujours subir celle de son Parlement et de ses ministres, *quand* ils ont le talent et l'adresse de faire supporter leur empire aux deux Chambres asservies. »

Conclusion : l'auteur des *Anecdotes anglaises et américaines* serait bien Joubert.

Frisell lui écrivait le 19 octobre 1807 :

« En vérité, Monsieur, je suis honteux et presque fâché de tout ce que vous me dites d'honnête sur la prétendue obligation que vous m'avez, de vous avoir conduit à l'ancienne demeure de Mme de Sévigné (1). C'est à moi à vous remercier du plaisir de votre conversation pendant la route. *Les anecdotes que vous m'avez contées avec le charme que vous mettez à tout ce que vous dites*, m'ont fait oublier le temps et le chemin. »

Ce mot vient à propos confirmer le goût permanent de Joubert pour les anecdotes, et, sans doute, pour les anecdotes anglaises. M. Frisell était Anglais. L'interlocuteur, toujours aimable, avait dû choisir de beaux traits empruntés à l'histoire d'Angleterre.

Des *Pensées*, du *Cromwel*, du *Boscobel* et de l'*Eikôn*, œuvres certaines de Joubert, au *Colomb* et aux *Anecdotes*, c'est le même style nerveux, concis, métrique, avec les différences imposées par la diversité des genres. Le même style, mais moins coloré dans le *Colomb*, les *Anecdotes* et le *Cromwel;* merveilleusement imagé dans les *Pensées*, les *Maximes* et les *Essais*.

L'apparition de Chateaubriand fait le partage entre

(1) Bourbilly.

deux périodes d'égale durée. Jusqu'en 1800, Joubert resta fidèle à la résolution qu'annonçait sa lettre du 3 novembre 1794 : « Je veux donner à mes pensées — plus de pureté que d'éclat — sans pourtant bannir les couleurs — car mon esprit en est ami. » Jusqu'à cette date, si les couleurs ne sont pas bannies, c'est tout juste : elles ne sont que tolérées.

Dès que Chateaubriand paraît, les couleurs triomphent, et la philosophie de Joubert, selon la remarque du *magicien* ami, devient « peinture »; elle était déjà « poésie ».

Ce mot n'est dit qu'en passant, et pour prévenir une objection. J'aurai occasion d'y revenir.

Dans les morceaux historiques, le mètre varie incessamment. L'histoire se serait mal accommodée d'une mesure étroite, d'un moule uniforme ; il lui faut une phrase plus souple et plus ample. Toutefois, l'extrême variété des combinaisons n'empêche pas le syllabisme, ne supprime pas le mètre. Il est disposé de telle sorte que, sans avertissement préalable, un lecteur habile établirait les pauses de détail, les plus légères comme les plus sensibles, précisément aux points marqués par le mètre.

Dans les pièces philosophiques et les pensées détachées, la forme se rapproche davantage de la poésie :

« Souvenez-vous que la philosophie a une muse. »

« Comme la poésie est quelquefois plus philosophique que la philosophie, la métaphysique est, par sa nature, plus poétique même que la poésie. »

« Au lieu de ce *langage poétique et mathématique tout à la fois qu'on doit employer dans les matières métaphysiques et dont les anciens nous ont laissé quelques exemples*, nos idéologues modernes se sont fait un style géographique et catalogique, avec lequel ils assignent à ce qui est spirituel une position et des dimensions fixes. Malheureux, qui durcissent tout, et changent l'âme elle-même en pierre. »

Le mètre ne se présente pas à l'état d'exception, à l'aventure et au hasard.

Ce n'est pas un accident de forme, une rencontre rapide, non évitée, un peu désirée, peut-être attendue ou recherchée, comme dans Vauvenargues, Paul-Louis Courier, Michelet, et autres plus anciens. C'est une habitude créée par la pensée et qui la sert à merveille sans l'asservir jamais. C'est une manière originale de piquer l'attention et de s'attacher à la mémoire. C'est un art d'autant plus parfait qu'il a su disparaître sous la riche variété des rythmes et des couleurs. Si poétiques sont les couleurs qu'elles opèrent une incessante et insensible diversion aux rythmes, tout en laissant jouir de la cadence. On oublie de compter les syllabes, tant on est absorbé par la pensée, dont la beauté sourit et rayonne. Que nul critique n'ait eu l'idée d'analyser « la goutte de lumière », la liberté d'étudier les symétries, la curiosité de démonter pièce à pièce, pour ainsi parler, le « mécanisme » de cette œuvre si savante, c'est la preuve que l'idée s'impose. Si riche que soit la forme, plus riche en est le fond. Avoir su disparaître à ce point, c'est le triomphe de l'art, triomphe aussi noble que rare, et peut-être unique dans l'histoire des lettres.

La date du *Cromwel* (1789) ajoute au sens du volume. Publié à la veille des événements sinistres, on y peut voir une sorte de prophétique avertissement au roi et au peuple, une sorte d'énergique appel aux dévouements héroïques non moins qu'à l'esprit de sage liberté. Joubert se souvenait et prévoyait en philosophe. Il jetait le cri d'alarme en bon citoyen, tout passionné qu'il fût alors de liberté. Car, dès 1789, les esprits clairvoyants ne nourrissaient guère plus d'illusions sur les suites de l'effervescence générale. Mirabeau s'écriait, au mois de septembre : « Tout est perdu ; le roi et la reine y périront, et, vous le verrez, *la populace battra leurs cadavres.* » Il remarqua, ajoute M. de la Marck, l'horreur que me causait cette expression. « Oui, oui, répéta-t-il, on battra leurs cadavres. Vous ne comprenez pas assez les dangers de leur position ; il faudrait cependant les leur faire connaître. »

Si l'on veut bien se rappeler la date solennelle et les événements prochains, la beauté du tableau, dans le *Boscobel*, fera mieux que charmer l'esprit, elle remuera l'âme même ; et quant au portrait du roi Charles Ier tiré de l'*Eikôn Basilikè*, il évoque invinciblement la figure de l'autre *Roi-Martyr*, du trop bon et trop faible Louis XVI. Le volume se ferme sur l'anecdote relative au bourreau masqué de Charles Ier. Les quatre morceaux forment un tout, écrit d'un même style vigoureux, vivant, concis, orné avec une mâle sobriété. — « Concision ornée », disait Joubert, « beauté unique du style ».

Nonobstant l'indication de la couverture, qui conduirait au nom de Langeac, tenez donc ferme sur ce point capital :

Tout le volume est l'œuvre de Joubert.

— Mais M. de Langeac le revendiquait comme sien.

Les dictionnaires lui en faisaient honneur. Et bien loin de songer à rétablir les droits de Joubert, il affirmait, à M. de Raynal, que Joubert n'avait rien publié. Or, c'était l'ami de la première heure : « Il l'avait vu arriver à Paris ». Nul ne pouvait être mieux renseigné.

Étrange affirmation ! Je cherche à la concilier avec ce que je crois, ce que je sens, ce que je sais la vérité.

M. de Raynal s'est renseigné auprès de M. de Langeac. A quelle époque ? En 1839, apparemment, lorsqu'il commença de préparer une deuxième édition : la première, celle qui parut sous les auspices et par les soins de Chateaubriand, est de 1838. Or, M. de Langeac est mort en 1839. Il était âgé de près, sinon de plus de quatre-vingt-onze ans. Sa mémoire n'avait-elle pas fléchi ? Peut-être avait-il dû promettre à Joubert, sur les publications de sa jeunesse, un éternel secret. Car Joubert avait la passion du sage, celle de cacher sa vie, comme d'autres ont la passion de paraître et de briller : « Mᵐᵉ Joubert, disait Chateaubriand dans sa préface, *aurait craint d'offenser la gloire qui a tant recherché l'obscurité.* »

Avant la Révolution, M. de Langeac « possédait une fortune considérable », et l'on ajoute « qu'il en faisait le plus noble usage *dans l'intérêt des lettres et de ceux qui les cultivent* ».

A cette époque, Joubert n'avait que des ressources très modiques pour vivre à Paris dans un loisir studieux. S'il était trop fier pour accepter des secours qui ressemblassent à l'aumône, il se peut — ne voulant pas signer — qu'il ait accepté de voir ses travaux imprimés aux frais de Langeac, « dans l'intérêt des lettres ».

Ainsi Langeac serait, non le père, mais le patron du *Cromwel*.

La curiosité m'est venue de savoir ce que disait, Joubert et Langeac vivant, la *Biographie des hommes vivants*. Rien sur Joubert : pas même nommé. En revanche, l'article consacré à Langeac (le chevalier de) est développé. Il y a des nuances, bien fuyantes, certes, mais d'autant plus curieuses à surprendre et à élucider.

A la suite des mots en petites capitales, vient la liste bibliographique. Je transcris, avec une scrupuleuse exactitude, chiffres et caractères : « ON A DE LUI : I. *Lettre d'un fils parvenu à son père, laboureur*, qui a remporté le prix de l'Académie française, 1768, in-8°. II. *Epître d'un fils à sa mère*, pièce qui a concouru pour le prix de l'Académie française, 1768, in-8°. III. *Éloge de Corneille*, 1768, in-8°. IV. *Traduction d'un morceau de l'Iliade* (prière de Patrocle à Achille), qui a concouru pour le prix de l'Académie française, 1778, in-8°. V. *La servitude abolie*, pièce qui a concouru pour le prix de l'Académie française, 1780, in-8°. VI. *Poème séculaire d'Horace*, 1780, in-8°. VII. *Colomb dans les fers, à Ferdinand et Isabelle, après la découverte de l'Amérique*, couronné à Marseille, avec un Précis historique sur Colomb, 1782, in-18, très rare ; réimprimé in-8°. VIII. *Les Bucoliques de Virgile*, traduites en vers français, 1806, in-4°, in-8°, et in-18. Cette traduction concourut, en 1810, pour le grand prix décennal de deuxième classe, décerné par l'Institut. »

Cette énumération est tellement détaillée et tellement précise qu'elle n'a pu être dressée sans le concours de l'auteur ; car les écrits dont elle se compose n'avaient pas fait date, et, sauf les *Bucoliques*, n'avaient laissé aucun souvenir.

Après cette liste où ne figurent que des poésies, en voici une autre où ne figurent que des ouvrages en prose ; elle s'annonce par ces mots : « ON LUI ATTRIBUE : 1º (en simple chiffre arabe) *Essai d'instruction morale*, 2 vol. in-8º et in-12, 1812 ; — 2º *Précis historique sur Cromwel*, suivi d'un extrait de l'*Eikôn Basilikè*, 1789, in-8º ; 1801, in-8º ; — 3º *Anecdotes anglaises et américaines*, années 1776 à 1783, 2 vol. in-8º, Paris, 1813. — 4º *Réponse à un cuistre*, 1814. ».

Aussitôt la seconde série épuisée, abandon de la rubrique dubitative, « ON LUI ATTRIBUE », et retour à l'affirmation catégorique : « ON A AUSSI de M. de Langeac de fort jolis vers adressés au poète Delille, avec une branche de laurier que l'auteur avait cueillie sur le tombeau de Virgile, dans un voyage qu'il fit en Italie pour visiter les lieux qu'avait habités le poète de Mantoue. »

A cette particularité du laurier et des vers, adressés au traducteur des *Géorgiques* par le traducteur des *Bucoliques*, il est de toute évidence que l'auteur de l'article sur Langeac était renseigné par Langeac lui-même.

Pourquoi donc les deux formules : *on a de lui*, *on lui attribue*, quand il était si facile, manifestement, de faire cesser, avec l'opposition des deux termes, l'incertitude qui pèse sur le second ?

On n'avait qu'à consulter l'intéressé. En juillet 1818, date inscrite à la première page du quatrième volume de la *Biographie des hommes vivants*, où il est question de Langeac, celui-ci était à Paris.

Quand Joubert sera mort, les dictionnaires supprimeront la rubrique dubitative, et feront honneur de la prose aussi bien que des vers à M. de Langeac.

Pourquoi les deux formules? sinon parce que Langeac n'était pas le véritable auteur des ouvrages énumérés dans la seconde série, — sinon parce que le véritable auteur voulait rester caché.

La correspondance de Joubert et de Langeac serait décisive. Mais voilà! Elle manque, et précisément celle-là. Pas de lettres ni de Joubert à Langeac, ni de Langeac à Joubert. Pas une. Pourquoi? Oui, pourquoi? M. de Raynal, qui avait consulté les souvenirs de Langeac sur la jeunesse de Joubert, n'a pas manqué de lui redemander la correspondance de ce dernier. Or, cette correspondance fait totalement défaut.

C'est, je le conjecture, qu'elle aurait livré le secret demandé (1), promis, secret que Langeac, homme d'honneur et ami fidèle, voulut emporter dans la tombe.

Telles seraient mes suppositions. La mémoire de Joubert, son juste renom de philosophe et de sage s'y confirme, sans qu'il en coûte, le moins du monde, à la parfaite honorabilité de M. de Langeac.

D'autre part, l'œuvre de Joubert se complète et se varie : sa manière et son style s'élargissent avec le champ de ses observations. Dans les grands tableaux historiques et dans les anecdotes plus rapides, il dégageait les leçons de l'éternelle morale, en leur

---

(1) Joubert aura fait avec Langeac comme avec Fontanes. A propos d'autres confidences, il écrivait à son ami, le 5 novembre 1794: « Tout ceci, au reste, est mon secret; ne m'en parlez pas dans vos lettres. »

maintenant l'intérêt des choses vécues, les caractères, les portraits. Il étudiait les êtres collectifs comme les individus, l'homme de son siècle et l'homme de tous les siècles, l'homme et les hommes, les secrets ressorts des âmes et des destinées, en même temps que la marche mystérieuse et logique des événements.

A lire superficiellement les *Pensées*, on serait tenté de croire qu'il n'a étudié le cœur humain que dans certains types de la société choisie, dans le cœur de ses amis, dans son propre cœur, tant ses pensées sont belles, douces, optimistes, et font de bien. Joubert a porté son regard plus loin. Ses horizons étaient plus vastes et plus variés. D'un certain pessimisme, il s'est élevé, comme par une lente croissance, à cette aimable, forte et fortifiante sérénité qui est celle de la véritable philosophie.

Se connaître soi-même, et, pour se connaître, s'observer de très près, s'analyser à fond, se noter jour par jour, c'est un trait d'originalité autant qu'une règle de sagesse ; mais c'est aussi apprendre à connaître les autres, à les juger avec profondeur et délicatesse, à les interpréter avec une plénitude de lumière qui, pour être sans illusion, ne cesse pas d'être indulgente. — N'est-on pas indulgent pour soi ? Ainsi faisait Joubert, toujours appliqué à soi, ce qui lui donnait une incomparable pénétration d'analyse pour juger les autres, voire ses amis les plus chers, témoin sa lettre à Molé sur Chateaubriand. Certes, les défauts sont mis à nu, étalés au grand jour, et comme disséqués dans les dernières fibres. Mais les qualités aussi sont révélées, relevées ; et le bien domine, et l'affection triomphe. « Le voilà, je crois, tout entier. Le voilà peint et estimé en mal, à la rigueur ; je ne crois pas que sa conduite et son caractère puissent mériter un reproche qui ne soit là... Il y a un point essentiel, et dont il faut préalablement convenir entre nous, c'est que nous l'aimerons toujours (1). »

Peut-être, si l'œuvre s'était achevée et couronnée, les traits historiques et les anecdotes auraient-ils alterné avec les maximes et les proverbes, « comme dans Montaigne », avec moins de digressions et de « bigarrures », moins de citations érudites et de flottant scepticisme.

Nous le verrons plus loin mettre en œuvre et en jeu (c'est le mot), à l'intention d'une de ses amies, un groupe souriant de pensées exquises. Des lettres annoncent l'envoi, préparent et piquent l'esprit, accompagnent et encadrent les *Pensées*. Nouveau motif de croire que l'œuvre totale, rêvée par la jeunesse active de Joubert, et dont il a désespéré, n'aurait pas subi l'uniforme entassement du recueil publié. L'attention eût été reposée et ressaisie, tantôt par l'alliance des lettres et des maximes, tantôt par l'alternance des pensées et des récits.

« Je suis la matière de mon livre », disait Montaigne dans la Préface des *Essais* : ce qui n'empêche pas « l'*homme* en général » d'être le permanent sujet de son livre, ce qui n'empêche pas non plus les *histoires* et *anecdotes* d'en occuper la bonne moitié.

On n'est moraliste qu'au prix de cette double étude, qu'autant qu'on s'est mis de bonne heure, résolument et assidûment, à l'école de l'histoire, prenant des notes

---

(1) Lettre de Joubert à Molé, du vendredi 21 octobre 1803.

sous sa dictée, tirant, de ses leçons augustes, la substance des leçons personnelles et des œuvres fécondes.

« Mais » — la réflexion, ou plutôt la plainte, le regret, est de Joubert — « on ne trouve guère dans l'histoire que des leçons de politique et d'art militaire ».

« Les historiens, disait Montaigne, sont ma droicte balle ; ils sont plaisants et aisés, et quand et quand l'homme en général, de qui je cherche la cognoissance, y paroist plus vif et plus entier qu'en nul aultre lieu ; la variété et la vérité de ses conditions internes, en gros et en détail, la diversité des moyens de son assemblage et des accidents qui le menacent. *Or, ceulx qui escrivent les vies, d'aultant qu'ils s'amusent plus aux conseils qu'aux événements, plus à ce qui part du dedans qu'à ce qui arrive au dehors, ceulx-là me sont plus propres.* »

L'auteur du *Cromwel* est de « ceux-là ». Montaigne eût aimé Joubert comme un autre lui-même.

« Aussi ne cognois-je guères d'hommes avec telle privauté qu'il fault pour en pouvoir juger : et ceulx auxquels ma condition me mesle plus ordinairement sont pour la plupart gens qui ont *peu de soing de la culture de l'âme*, et auxquels on ne propose, pour toute béatitude, que l'honneur, et pour toute perfection, que vaillance… Le plus grand que j'aye cogneu au vif, je dis *des parties naturelles de l'âme*, et le mieulx nay, c'estoit Estienne de la Boëtie ; c'estoit vrayement un' âme pleine, et qui monstroit un beau visage à tout sens ; un' âme à la vieille marque, ayant beaucoup adjousté à ce riche naturel par science et étude. — Et si en l'aage que je l'ay cogneu plus avancé, il eust prins un tel desseing que le mien de mettre par escript ses fantaisies, nous verrions plusieurs choses rares, qui approcheroient bien prez de l'honneur de l'antiquité. »

L'exemple de Montaigne est contagieux : voilà que j'incidente, et, pour un peu, prenant le sentier de circuit, le plus long, j'allais mettre en parallèle La Boëtie et Joubert. Double distraction. C'est à Montaigne qu'il le faut comparer, et ce n'est pas ici le lieu : cela viendra en son temps, et n'aura rien du hors-d'œuvre.

Voilà dans quel esprit Joubert cultivait l'anecdote et l'histoire, — en moraliste, « comme Montaigne ».

Il s'en occupait avec prédilection et largeur, notant les pensées que lui suggéraient ses lectures, ajoutant aux études historiques les questions d'art et de littérature.

Il avait débuté par des articles littéraires en 1778. Le fait n'est pas contestable. Pourquoi nier, pourquoi seulement douter, quand c'est le propre frère qui affirme, « le jeune frère » marié avec la nièce de Mme Joubert, Mlle Alexandrine Moreau ? « Depuis cette union qui ajoutait de nouveaux liens à ceux qui existaient entre les deux frères, ils devinrent inséparables. Maison, table, fortune, sociétés, services à rendre, bonnes œuvres, tout leur devint commun » (1).

On lit encore dans la même notice, jamais citée, et cependant la plus précieuse, parce qu'elle est la première en date et qu'elle émane de « l'inséparable » : « M. de Fontanes venait de faire paraître ses premières

(1) *Notice historique*, anonyme, devenue **très rare**.

poésies. M. Joubert, qui aimait les beaux vers avec passion, *et qui en faisait lui-même avec beaucoup de grâce et de facilité*, s'enthousiasma pour ceux de M. de Fontanes, et n'eut ni cesse ni repos qu'il n'eût fait connaissance avec leur jeune auteur. Il n'eut pas de peine à y parvenir. M. de Fontanes cherchait lui-même *l'auteur d'un article de littérature qui avait particulièrement attiré* son attention dans un journal. Leurs âmes s'étaient entendues, avant qu'ils pussent se connaître... Pendant les premières années qu'ils passèrent ensemble, ils s'occupèrent de prose et de vers, ils conçurent des projets d'ouvrages qu'ils n'exécutèrent point ou n'exécutèrent qu'en partie. »

Aucune contradiction ne saurait prévaloir contre les affirmations d'un pareil confident. Les premiers essais littéraires de Joubert ayant obtenu du succès, on est en droit de supposer que, stimulé par Fontanes, il se fit une habitude d'écrire dans les journaux ; et la preuve en serait dans le projet d'avoir une Revue à eux. Nous savons même par les lettres de Fontanes le cadre que chacun se proposait de remplir ; et, par là même nous sont révélés la tournure d'esprit, les occupations antérieures, les travaux déjà préparés, les préférences intellectuelles de l'un et de l'autre.

L'échec de la Revue projetée ne les empêcha pas de travailler, chacun à sa manière.

L'un publia des vers, et l'autre, des fragments historiques.

Fontanes se fit un nom, Joubert cacha le sien.

VIII

Voici venir les mauvais jours. Appelé dans sa ville natale par les suffrages de ses concitoyens, Joubert accepta très volontiers un mandat qui l'éloignait de la fournaise révolutionnaire. Il passa près de trois ans en Périgord (1790-1793) remplissant les fonctions de juge de paix (1). A mesure que les cerveaux s'exaltaient partout, comme dans une ivresse, le sien, dégrisé depuis plusieurs années, reprenait son sang-froid, et observait, en attendant que, tout à fait désabusé, il formulât ces belles maximes : « Quand la Providence divine livre le monde à la liberté humaine, elle laisse tomber sur la terre le plus grand de tous les fléaux. » — « La liberté est un tyran gouverné par des caprices, etc. » — « Liberté! Liberté! En toutes choses, justice, et ce sera assez de liberté. » Les droits du peuple, il y croyait toujours; il les proclamait inaliénables; mais il les voulait soumis à la règle et à la discipline, respectueux des mœurs, des tra-

(1) Sur la formation de Joubert à Montignac et à Toulouse, comme sur les fonctions de juge de paix qu'il exerça dans sa ville natale, de 1790 à 1793, il faut lire une très belle étude qui a remporté l'églantine d'or, prix du genre et de l'année, aux jeux floraux de Toulouse, le 3 mai 1887, par Gaston David. L'auteur étudie les *Maximes* de Joubert : d'abord dans leur formation lointaine et leurs sources diverses ; — puis dans leurs inspirations directes et leurs applications premières ; — enfin, dans leur sens absolu et leur utilité définitive.

A ce discours très « étudié » et très agréable à lire, se pourrait appliquer le mot de Joubert : « Les lecteurs aiment les petits livres ; ils n'occupent que peu de place et ils font les délices des délicats. »

ditions et des croyances. Il eut quelque peine à faire prévaloir ses idées de modération, même dans sa famille. Le jeune frère « qu'il aima toujours d'un amour de prédilection », et qui devint Conseiller à la cour de cassation, où il parut, de longues années durant, l'un des plus beaux types du magistrat, Joubert-Laffond, Joubert-Lafon (l'orthographe varie d'un document à l'autre), Arnaud Joubert se signala parmi les plus exaltés dans la *Société populaire de Montignac*, plus tard *Société des amis de la liberté et de l'égalité,* affiliée aux Jacobins.

On lit dans les procès-verbaux de cette Société :

« Séance du 8 nivôse : Le citoyen Mournaud, commissaire épurateur, lit son rapport sur Lafon-Joubert qui avait été ajourné. Il dépose sur le bureau un certificat constatant le serment prêté par Lafon, de maintenir l'Égalité et la Liberté ; une carte civique de sa section, un requis de son commandant de « monter la garde à la porte du Temple, où était détenue la famille de Capet, l'horreur et l'exécration des patriotes ».

« La Société, satisfaite de ces preuves, lève l'ajournement prononcé contre Lafon-Joubert et l'admet dans son sein. — Il fut président du 6 au 23 floréal.

« Séance du 24 nivôse. — Le citoyen Lafon-Joubert fait hommage à la Société de quelques couplets en l'honneur des victoires de la Liberté. La Société arrête qu'ils seront transcrits au procès-verbal, imprimés à ses frais et envoyés à toutes les Sociétés affiliées. »

Péché de jeunesse ! Ces vers un peu bien vifs (et, dans le refrain, très affranchis des règles de la ci-devant prosodie) n'avaient rien qui pût mériter un sourire du délicat et modéré Joubert. « A propos de rimes postérieures, et quoiqu'elles fussent sur des matières qui n'avaient rien de futile, le frère aîné lui écrivit pour le détourner d'une occupation qui ne pouvait que nuire à sa profession d'avocat ; malheureusement quelques éloges étaient mêlés à ces conseils sévères ; il n'en fallut pas davantage pour rendre les conseils inutiles, au moins pour le moment. Le jeune avocat répondit à son frère par une épître en vers pour lui reprocher son apostasie : Si tu étais, lui disait-il, de ces esprits grossiers et froids qui n'ont jamais senti le plaisir de parler le langage du Pinde, je te pardonnerais...

> Mais toi que le Ciel fit de son plus pur éther,
> Qu'avec tant de plaisir on entendit chanter
> Sur le luth immortel que délaissa ta Muse,
> Lorsques à l'essayer quelquefois je m'amuse,
> Pourquoi m'enlèves-tu cet innocent plaisir ?
> Ces vers qu'un seul instant vit naître en mon loisir,
> Il fut un temps, ami, je m'en souviens encore,
> Où tes soins bienfaisants les eussent fait éclore ;
> Où ta main rassurant et mon cœur et ma voix,
> Sur le luth eût posé mes inhabiles doigts.

Le frère aîné n'en insista pas moins pour qu'on lui sacrifiât ce plaisir, tout innocent qu'il était, mais dont il redoutait avec raison pour son frère les trompeuses amorces. Il fut obéi (1) ».

Le nom de notre Joubert est absent de toutes les listes de la « société populaire » de Montignac et de tous les procès-verbaux. Tiède patriote, il se contentait d'être bon magistrat, bon citoyen, et philosophe dans un sens de plus en plus religieux. Ses lettres à Mlle Moreau de Bussy, datées de 1792-1793, témoignent de ce progrès.

Tout modéré qu'il fût, il n'avait pas refusé de s'asso-

(1) *Notice historique.*

cier au mouvement général pour l'érection d'une pyramide en l'honneur de Mirabeau. Sa souscription est de dix livres, l'une des plus fortes de l'endroit.

« Au commencement de 1793 » est-il écrit dans le petit livre dédié *à la mémoire des vieux Jacobins de Montignac,* « la municipalité l'envoya à Paris pour obtenir de la Convention le maintien à Montignac du tribunal qui, lors de la formation des districts, avait été placé à Terrasson et qui venait d'être transféré à Montignac ».

Au commencement de 1793, est-ce bien exact ? Dans ce cas, Joubert aurait pris son temps ; car il était encore à Montignac le 1ᵉʳ mai, — à supposer que la date mise en tête d'une lettre, dans les Œuvres, soit exactement reproduite ; malheureusement, la valeur documentaire de la *Correspondance* n'est plus entière, après ce qui a été constaté dans le premier livre. Admettons l'exactitude. Dans l'intervalle de ces deux dates, nul document ne laisse supposer un voyage à Paris. Le 1ᵉʳ mai 1793, il écrit une lettre très pressante, et la plus gracieuse du monde, à Mˡˡᵉ Moreau de Bussy pour lui demander sa main. Sa demande est accueillie ; il part aussitôt, plein de joie, contracte mariage à Paris, et se hâte vers Villeneuve où l'attendent amour, fortune et bonheur.

Les mauvais jours passent, ou semblent passés. Fontanes l'a échappé belle. Mêlé au journalisme militant, il avait sollicité, mais en vain, la collaboration de Joubert au *Modérateur.* Par ce temps d'orages furieux, coupés de simples accalmies, oh ! que Joubert était donc bien inspiré en répondant : « Pas encore ! Pas encore ! il me faut une longue paix. »

L'heure était aux colères, aux vengeances, aux haines

fratricides. Cette heure là ne pouvait convenir à celui qui se définissait ainsi : « Je ressemble en beaucoup de choses au papillon : — comme lui, j'aime la lumière ; — comme lui, j'y brûle ma vie ; — comme lui, j'ai besoin pour déployer mes ailes — que dans la société —il fasse beau autour de moi — et que mon esprit — s'y sente environné et comme pénétré — d'une douce température, — celle de l'indulgence ; j'ai l'esprit — et le caractère frileux.

« Je n'ai jamais appris à parler mal, — à injurier et à maudire. » — « J'imite la colombe. — Souvent je jette un brin d'herbe — à la fourmi qui se noie. » « La Révolution a chassé mon esprit — du monde réel, — en me le rendant trop horrible. » — « Mon esprit aime à voyager — dans des espaces ouverts, et à se jouer — dans des flots de lumière où il n'aperçoit rien — mais où il est pénétré — de joie et de clarté. — Et que suis-je ? qu'un atome dans un rayon. » « J'aime, comme l'alouette, à me promener —loin et au-dessus de mon nid. » — « Dans mes habitations — je veux qu'il se mêle toujours — beaucoup de ciel et peu de terre. — Mon nid sera d'oiseau, car mes pensées — et mes paroles ont des ailes. »

Englobé dans la proscription de fructidor, avec nombre d'autres journalistes, Fontanes eut la chance d'échapper encore une fois. Il vint se réfugier à Londres, et s'y lia plus étroitement avec Chateaubriand.

La tourmente enfin s'apaise.

En 1800, c'était la paix à l'intérieur, une paix déjà longue. Journaliste dans l'âme, Fontanes relève le *Mercure de France* ; il aura bientôt Chateaubriand pour collaborateur et co-propriétaire. Et Joubert ? Évidemment, on s'efforça de l'attacher au *Mercure*. Il n'avait plus sujet, comme autrefois, d'objecter la menace de nouveaux orages. La longue paix qu'il lui fallait régnait et ne paraissait pas devoir être troublée de longtemps. S'il se laissa gagner aux instances unies de Fontanes et de Chateaubriand, je le présume, et croirais volontiers qu'il fut non seulement collaborateur, mais engagé, lui aussi, matériellement dans l'affaire.

Ainsi se serait réalisé, au bout de quinze ans, et dans les conditions les plus favorables, le rêve de leur active jeunesse. Ils avaient, à eux, une Revue, et c'était le célèbre *Mercure de France*.

Tout indice se dérobant, je le dirais encore par manière d'hypothèse. *A priori*, est-il admissible que Joubert n'ait pas collaboré au nouveau *Mercure*, propriété de Fontanes?

Ne pas oublier que, des trois amis, l'homme riche n'était ni Fontanes, qui brillait à la cour consulaire, ni Chateaubriand, qui voulait « monter aux grandes dignités », mais Joubert, qui *vivait heureux chez soi, de régler ses désirs faisait tout son emploi*, et ne souhaitait ni climats ni destins meilleurs. La Fortune, volage *fantôme* aux deux autres, s'était assise et fixée à la porte du philosophe.

Joubert écrit à Chênedollé : « 12 juillet 1803. Vous me faites des recommandations que les circonstances repoussent. ...Le *Mercure* est livré au jeu du « petit bonhomme vit encore. » Ces gens-ci ne veulent pas qu'il meure dans leurs mains ; mais ils ne se soucient point qu'on le rallume : je suis piqué de laisser là mon but sans l'avoir atteint; mais j'ai fait ce qui était possible. »

Quel *but*? Et qu'avait-il fait? Propriété? Collaboration? L'une et l'autre? Ou collaboration seulement? Ou simplement travail particulier entrepris à l'intention du *Mercure?*

Encore un coup, je croirais à une collaboration intermittente, doublée de propriété.

Chateaubriand, secrétaire d'ambassade, oubliait un peu le *Mercure*, à Rome. Il avait d'autres soucis, d'autres affaires — et d'autres visées. S'il le recommandait à Fontanes, ce n'était qu'en prévision d'un avenir manqué, et comme une sorte de pis-aller : « Veillez à mes intérêts littéraires, au *Mercure ;* ce sera peut-être un jour ma seule ressource. »

Fontanes, devenu tout à fait personnage officiel, devait le négliger beaucoup. Le temps des beaux *Extraits* était passé pour l'un comme pour l'autre.

Bien caractéristique aussi, ce passage d'une lettre de Joubert au même Chênedollé. Il est incomplet dans la *Correspondance ;* les éditeurs en ont supprimé une phrase essentielle : « Cela serait bien bon dans un journal. » Je dois à une bienveillante communication de M. de Chênedollé, fils de l'ami de Chateaubriand et de Joubert, cette restitution significative (1) : « Je ne m'en consolerai point, à moins que vous ne fassiez des notes en contraste ou en parallèle avec les notes de M. Michaud. *Cela serait bien bon dans un journal.* Vous me demandez des nouvelles de mes occupations ; comptez que je vous en demanderai des vôtres. Je ne parle pas de vos vers ; ce sont là des choses sacrées qui doivent se faire en silence, en leur temps, et dans le mystère. Mais je

---

(1) Lettre de M. de Chênedollé, du 29 octobre 1890.

voudrais que vous vous fissiez un délassement et une habitude *fructueuse* de dépenser votre savoir et de livrer *aux eaux courantes* cette portion de votre esprit qui ne vous servira de rien, si vous ne l'avez que pour vous. Je me donne les mêmes conseils à moi-même, et je les recevrai volontiers de votre part. Je vous remercie de ce que vous m'avez déjà dit à ce sujet. Il me semble que je ne puis pas mieux le reconnaître qu'en vous assurant comme je le fais, et comme il est vrai, que, de toutes les louanges que j'ai reçues dans ma vie, il n'en est point qui m'aient fait autant de plaisir que les vôtres. Je ne sais pas qu'elle en est la raison ; mais je vous dis le fait ; il est certain ; je vous en fais part sans orgueil et sans modestie ! »

Sainte-Beuve, et d'autres après lui, ont mentionné avec éloge le conseil donné à Chênedollé et l'expression gracieuse d'*eaux courantes*. Sans contestation possible, il s'agit d'articles publiés dans les journaux : le mot, intentionnellement supprimé dans les Œuvres, figure dans l'original. Le contexte dit très clairement que, pour Joubert comme pour Chênedollé, ce devait être une habitude.

Telle est la portée du conseil : dépenser de la sorte cette portion de leur esprit qui ne servirait de rien, s'ils ne l'avaient que pour eux ; et cela, par opposition avec cette autre portion plus exquise, qui devenait, dans le silence et le mystère, ici *Pensées et maximes*, là, vers et poèmes. Et qu'est-ce que Chênedollé avait bien pu dire à son correspondant « à ce sujet. » Et de quoi l'avait-il loué, sinon d'articles plus ou moins récents ?

Sur quels sujets roulaient de préférence ces articles ? Quelle en était la forme ? quelles, les dimensions ? Et quel fruit ? puisque, en poussant son ami au journalisme, lui-même parlait d'habitudes fructueuses.

Question d'histoire, d'art et de littérature, étudiées à fond, en quelques pages substantielles ; concision ornée du penseur et du styliste, unie à la parfaite et constante urbanité de l'homme du monde ; tels sont les traits distinctifs de ces articles. Ils font de Joubert un journaliste comme il s'en rencontre peu.

Le fruit ? Il convient, avec Joubert, de ne pas attribuer à ce mot le sens qu'il lui donnait en s'adressant à Chênedollé. Le poète faisait le glorieux, et Joubert insistait en parlant de rétribution. Etre lu par quelques intimes, admis à la confidence, suffisait à la modeste ambition du moraliste. Il jouissait du plaisir qu'ils disaient avoir trouvé à le lire.

Le sens est celui du sage dans La Fontaine :

<blockquote>Cela même est un fruit que je goûte aujourd'hui.</blockquote>

Mais ne dirait-on pas que je traite d'articles savourés, plutôt que d'articles soupçonnés ?

C'est qu'en vérité je ne suis pas dans la douteuse région des hypothèses ; je marche sur le ferme terrain des certitudes.

Pour les articles historiques, il suffit d'invoquer le *Cromwel* et les deux Extraits de l'*Eikôn Basilikè* et du *Boscobel*.

Quant aux articles d'art et de littérature, nonobstant la déclaration contradictoire de M. de Raynal, « j'ai vainement cherché [dans les papiers de Joubert] la trace d'articles anonymes », je me risque à prétendre que les recherches de M. de Raynal n'ont pas été aussi vaines qu'il le croit ; j'ose même affirmer qu'il a trouvé — mieux que des *traces* — des articles, de vrais articles tout préparés, courts, sans doute, mais non plus courts que beaucoup d'autres de ce temps, chacun d'eux formant un tout parfait dans ses dimensions restreintes.

Le morceau sur *Pigalle et l'art ancien*, qu'est-il, sinon un article d'art ? A défaut du texte intégral, les notes très détaillées, et le plus souvent revêtues de la forme définitive, sont restées dans les papiers du critique, ancien disciple et fidèle admirateur de Diderot. — Joubert écrivait à Mme de Beaumont, le 14 août 1801 : « Je veux aussi vous laisser un *Salon* de 1765 par Diderot, et vous reprendrez toutes vos anciennes admirations pour lui. »

Le « Phidias français » étant mort en 1785, l'article pourrait avoir été livré aux *eaux courantes*, en cette même année. Supposons-le publié : il aura été de ceux qui valurent à Joubert les « hommages » dont lui-même parlait à Mme de Beaumont dans sa confidence de 1797 et les « éloges » dont il parlait à Chênedollé dans la lettre que nous venons de lire.

On ne saurait mieux fouiller et féconder un sujet, en toucher les détails d'une main plus légère, dire plus de choses en moins de mots et avec plus d'agrément, mieux ouvrir, et plus largement, les perspectives infinies du grand art.

Et le morceau si connu sur le vers de La Fontaine : « Notre ennemi, c'est notre maître..., » qu'est-il encore, sinon un article de critique littéraire ? Dans un genre et un ton différents, la perfection est la même. Que d'esprit ! Et quel bon esprit !

La date ici serait moins problématique. Il a dû être composé en vue du public, et sous l'Empire, et peut-être à l'intention de Fontanes, de 1804 à 1812.

« Il n'est pas bon de donner à certains mots une valeur qu'ils n'ont pas et un sens qu'ils ne sauraient avoir, comme on l'a fait récemment du vers de La Fontaine :

Notre ennemi, c'est notre maître

« En disant de Louis XIV :

Il craint même, étrange faiblesse !
L'Homère du peuple bêlant
Et mon La Fontaine le blesse
D'un mot de son âne parlant.

« Le mot de l'âne *n'attaque pas les Empereurs* plus que les pâtres, et les rois plus que les meuniers... Gardons-nous d'ôter aux hommes un des plus grands plaisirs du bon sens et de la raison, celui *d'admirer ce qu'il y a de plus beau dans les spectacles politiques, l'autorité suprême en des mains fortes et capables de la porter.* »

Moraliste et critique, il l'est encore, excellemment, dans un autre morceau — article — sur les Romans. La date serait facile à noter, et, par elle, les recherches facilitées, car Mme de Staël y semble visée : « Chose remarquable, que des femmes aient méconnu ces bienséances, et que ce soit par des femmes-auteurs que ces règles aient, pour la première fois, été franchies. »

Du jour où la confiance et l'amitié — ajoutons la gratitude — de Fontanes l'auront investi des plus hautes fonctions universitaires, ce sera fini du publiciste ; car, les *Anecdotes anglaises et américaines*, publiées en 1813, avaient été composées avant la Révolution ; elles faisaient partie d'un ensemble qui devait commencer à Cromwel et à Charles Ier pour l'Angleterre, à *Colomb* pour l'Amérique, à Louis XI pour la France, et se continuer parallèlement jusqu'au temps où l'auteur tenait la plume. (1783-1789.)

A partir donc de 1809, le conseiller absorbera le publiciste — non le penseur. Homme de devoir, dans toute l'étendue du terme, Joubert n'avait plus d'activité que pour la grande institution à laquelle le rattachait un titre fort honorable. Sauf trois lettres à Mme de Vintimille, toute sa *Correspondance* roulera sur cet unique objet. Et, de même, sa conversation; d'où le mot si connu échappé à la spirituelle vivacité de sa grande amie, Mme de Chateaubriand :

L'ennui naquit un jour de l'Université.

En pareil sujet, Joubert ne risquait pas de subir l'ennui pour son compte. Toutes ces choses d'instruction, d'éducation, d'administration, le passionnaient à l'excès. On en verra des preuves, au cours de ces études. En attendant, il y aura plaisir à relire ce passage d'une charmante lettre de Mme de Chateaubriand : « Val-de-Loup, ce 27 juillet 1811. — Joubert est retombé dans sa manie universitaire ; il n'a pas de plus grand bonheur que de pouvoir s'enfermer avec quelques inspecteurs, recteurs ou proviseurs, et de les *pérorer* tant et si longtemps qu'il est ensuite obligé de se coucher pendant huit jours et qu'il a le plaisir de se plaindre éternellement. »

Quand l'Université sera supprimée, l'âge étant venu pour Joubert, l'âge de se recueillir, il se taira d'autant plus volontiers que les coutumières faiblesses se seront fort aggravées. A peine aura-t-il la force d'écrire à ses vieux amis, à ses chères et fidèles correspondantes : « Je n'en puis plus ! » — « Je suis à bout de force. »

IX

Trois objections à prévoir :

La première : « Joubert », est-il écrit dans l'excellente Introduction des Œuvres, « n'a jamais réuni en une seule les lambeaux des pièces de quelque haleine insérées dans cette édition. C'est moi », continue M. de Raynal, « c'est moi qui, adoptant la leçon qui me paraissait la meilleure, parmi les nombreuses copies de ces parcelles, ai rapproché en faisceaux les rayons jusque là demeurés épars ».

Or, les morceaux allégués en preuve, dans ces études critiques, comptent parmi ces « lambeaux de quelque haleine ». Seule, la continuité de la trame autoriserait l'idée d'articles publiés ou préparés ; or, cette continuité n'est pas le fait de Joubert.

Je réponds : S'il a suffi à l'éditeur de rapprocher les fragments épars pour en faire une trame suivie ; à plus forte raison cela devait-il suffire à l'auteur pour composer les articles dont ces fragments étaient la préparation. Ces articles furent-ils publiés sous un nom d'emprunt, ou sous une simple initiale, comme faisait Fontanes, ou sous le voile de l'anonyme ? Je l'ignore.

Et toutefois, sans avoir jamais vu les papiers d'où ces rayons furent réunis en faisceaux, je serais, le plus souvent, en mesure de marquer de quel mot à quel autre va le texte suivi de Joubert, l'indiscutable continuité du texte original ; en quel endroit et sur quelles phrases M. de Raynal s'est vu dans la nécessité d'opérer le rapprochement et de créer le lien. Parfois la soudure ne s'est pas opérée au bon endroit : dans la suite, j'oserai remanier tout un morceau, sans crainte aucune de me tromper. Dieu merci, le travail de l'éditeur ne fut que de mettre dans le meilleur ordre possible les feuilles éparses. Quant à la suite logique et à la trame textuelle, elle est le plus souvent de Joubert.

Seconde objection : « La nature de son esprit et de son talent prouvent qu'il n'a point publié d'article. « Le ciel, disait-il, n'a mis dans mon intelligence que « des rayons et ne m'a donné pour éloquence que de « beaux mots. Je suis, comme Montaigne, impropre « au discours continu. »

C'est prendre trop à la lettre des expressions figurées où se complait l'humilité du philosophe.

« Comme Montaigne ! » A la bonne heure ! Montaigne s'est-il donc privé de publier ses « fantaisies ? » Le rapprochement nous laisse de la marge.

Et d'abord, on me persuaderait malaisément que les choix de M. de Raynal n'ont pas été systématiques. On voulait offrir au public deux volumes de *Pensées* et de *Lettres*. Pas plus, et rien autre. Tout ce qui sortait du titre et du cadre convenus aura été volontairement sacrifié. Dans le « journal » et dans les papiers divers, que d'indications précieuses dont on aura méconnu l'importance. Revoyez tout ce que laissa Joubert. Des fragments historiques, des anecdoctes et des citations doivent s'y trouver, comme dans les immortels *Essais*,

A la leçon morale, ils auraient ajouté l'agrément des portraits, l'intérêt des choses vécues, la fleur des lectures et des réflexions, la variété des souvenirs personnels.

« Je suis, comme Montaigne, impropre au discours continu. En toutes choses, il me semble que les idées intermédiaires me manquent ou m'ennuient. »

C'est vrai : Montaigne aussi dédaignait « d'entrelacer ses idées de paroles, de liaison et de cousture, introduictes pour le service des aureilles faibles ou nonchalantes ». « Mes fantaisies se suyvent, disait-il encore, mais par fois c'est de loing ; et se regardent, mais d'une veue oblique. » Un jour vint où ses chapitres lui semblèrent « d'une coupure trop fréquente ». « Il se mit à les faire plus longs ». Et comment ? Par d'incessantes additions d'anecdotes, de traits, de citations, par des fantaisies et rêveries de toute nature. — « O Dieu ! que ces gaillardes escapades, que cette variation a de beauté, et plus lors, que plus elle retire au nonchalant et fortuité. » « Cette farcissure », le mot est encore de Montaigne sur lui-même, — gratifiez-en l'œuvre de Joubert, à l'aide de ses écritures mêmes. Et vous aurez des chapitres de longueur raisonnable, merveilleux de grâce en leur « fantastique bigarrure ».

Tels, certains dialogues de Platon, selon la remarque de Montaigne.

« Joubert est perpétuel d'images », selon la remarque de Sainte-Beuve. — Perpétuel d'images : « comme Montaigne. »

Joubert, très conscient de sa force intellectuelle, bien que très défiant de ses forces physiques, n'hésitait pas au besoin à se lancer hardiment en de vastes sujets. Il les parcourait avec rapidité, comme Montaigne, « à la françoise ».

On s'en souvient : Fontanes le consulta sur l'éducation, ou, plus exactement, l'appela au secours. Il y avait urgence. Que fit Joubert ? Il aborda résolument l'immense sujet, le divisa en trois points, et le traita en trois jours.

Le 6 juin 1809, première lettre sur les connaissances nécessaires — éducation élémentaire ou primaire.

Le 7 juin, deuxième lettre sur les connaissances agréables, — éducation littéraire ou secondaire.

Le 9, troisième et dernière lettre sur les connaissances utiles — éducation savante ou définitive.

Trois lettres, coup sur coup, admirables de sens pratique, de clarté, de précision, d'atticisme et de philosophie.

L'immense sujet est exploré, non dans tous ses détails, mais dans toute son étendue — en trois étapes.

C'est alors que Fontanes lui adressa le remercîment typique — maintes fois mérité : « *Je brillerai beaucoup, mais grâce à vous.* »

A elles trois, ces lettres forment un joli total de dix-huit pages d'impression. Si le chapitre de Montaigne, sur le même sujet, *de l'institution des enfants*, en compte trente-deux, c'est que, selon l'habitude de l'auteur, il est « bigarré » et « farci » de compliments, de souvenirs, d'anecdotes, et de digressions. Remarquez que c'est aussi une lettre. Car, telle est la riche et fantaisiste variété des *Essais* : maximes, discours, citations à l'infini, anecdotes multipliées, sonnets de La Boëtie, dédicaces, lettres, tout s'y case, et sous toutes les formes, tout ce qui mit en activité le cerveau de

Montaigne, et son cœur, et son âme, et même tout ce qui mit son corps en souffrance. — La forme des lettres, qu'affectionnait tout particulièrement Joubert, c'est également celle que Montaigne eût préférée, nous le tenons de lui:

« Sur ce subject de lettres, je veulx dire ce mot, que c'est un ouvrage auquel mes amis tiennent que je puis quelque chose : et eusse prins plus volontiers cette forme à publier mes verves, si j'eusse eu à qui parler. Il me falloit, comme je l'ay eu aultrefois, un certain commerce qui m'attirast, qui me soutinst et me soulevast ; car de negocier au vent comme d'autres, je ne sçaurois que de songe : ny forger de vains noms à entretenir de choses sérieuses : ennemy juré de toute espèce de falsification. J'eusse esté plus attentif et plus seur, ayant une addresse forte et amie, que regardant les divers visages d'un peuple : et suis déceu s'il ne m'eust mieulx succédé... »

« Addresses fortes et amies », Joubert eut au moins cet avantage qu'elles ne lui manquèrent pas. Ce qu'il déroba de la sorte à l'œuvre future, (et ce fut de beaucoup la meilleure part) il l'attribua, pour son bonheur, à l'œuvre vécue, au commerce affectueux et présent ; celui-ci l'*attirait*, le soutenait et le *soulevait*, varié, amical, poétique, littéraire ; tantôt avec les hommes les plus en vue de son temps, tantôt avec les femmes les plus aimables et les plus distinguées de la vieille aristocratie. C'est où s'épanchait le meilleur de ses « verves ». Il amusait, éclairait et moralisait tout ensemble ses chers correspondants. Ainsi faisait-il quand il écrivait à Fontanes, à Chateaubriand, à Molé, et aux autres amis; ainsi, surtout, quand il commerçait avec Mmes de Beaumont, de Chateaubriand, de Vintimille.

« Comme Montaigne », lequel « adressait » les lettres des *Essais* à Mmes de Foix, de Grammont, d'Estissac, de Duras, voire à la reine Marguerite de France. La lettre sur « l'institution des enfants » est dédiée « à Mme Diane de Foix, comtesse de Gurson ».

« ... Quelqu'un donèques, ayant veu l'article précédent me disoit chez moy l'aultre jour, que je me debvois estre un petit estendu sur le discours de l'institution des enfants. Or, Madame, si j'avoy quelque suffisance en ce subject, je ne pourroy la mieulx employer que d'en faire présent à ce petit homme qui vous menace de faire tantost une belle sortie de chez vous (vous estes trop généreuse pour commencer aultrement que par un masle) ; car ayant eu tant de part à la conduite de vostre mariage, j'ay quelque droict et interest à la grandeur et prospérité de tout ce qui en viendra ; oultre que l'ancienne possession que vous avez sur ma servitude m'oblige assez à désirer honneur, bien et advantage à tout ce qui vous touche ; mais, à la vérité, je n'y entends, sinon cela, que la plus grande difficulté et importance de l'humaine science semble estre en cet endroit... Veoyez Cimon, veoyez Themistocles... Madame, c'est un grand ornement que la science, et un util de merveilleux service, notamment aux personnes eslevées en tel degré de fortune comme vous estes. A la vérité, elle n'a point son vray usage en mains viles et basses... Ainsi, Madame, parce que je croy que vous n'oublierez pas cette partie en l'institution des vostres, vous qui en avez savouré la doulceur et qui estes d'une race lettrée (car nous avons encore les escriptz de ces anciens comtes de Foix, d'où Monsieur le Comte, vostre mary, et vous, estes descendus, et François, M. de Candale vostre oncle, en faict naistre touts les jours d'aultres qui estendront la cognoissance de cette qualité de vostre famille à plusieurs siècles, je veulx dire là dessus une seule (!!!) fantaisie que j'ay, contraire au commun usage : c'est tout ce que je puis conférer à vostre service en cela. »

Suivent mille fantaisies merveilleusement spirituelles, au service d'une raison exquise, un peu trop particulière « à un enfant de maison qui recherche les lettres », à l'enfant des ducs, marquis et comtes.

Non moins exquise est la raison qui dicta les lettres de Joubert sur l'enseignement. Comparez-les : c'est tout plaisir ; elles sont en accord sur l'ensemble et en désaccord sur plusieurs points, notamment sur la question des collèges.

« Pour tout cecy, je ne veulx pas qu'on emprisonne ce garson : je ne veulx pas corrompre son esprit à le tenir en la géhenne et au travail, à la mode des aultres, quatorze ou quinze heures par jour, comme un portefaix... J'ay ouy tenir a gents d'entendement que ces collèges où on les envoye, de quoy ils ont foison, les abrutissent, etc. Le bon homme [un si bon père] se laissa enfin emporter à l'opinion commune et se rangea à la coustume... et m'envoya environ mes six ans au collège de Guienne très florissant pour lors, et le meilleur de France... mais tant y a que c'estoit tousjours collège... car, a treize ans que je sortis du collège, j'avois achevé mon cours (qu'ils appellent) et, à la vérité, sans aulcun fruict que je peusse à présent mettre en compte. »

Et Joubert au contraire :

« Regrettons nos anciens collèges... on en sortait *capables de devenir*, par ses propres efforts, et par ses seules forces, *tout ce que la nature voulait*. »

En désaccord, ai-je dit. Je crois bien qu'à voir les choses d'un peu près et dans le vrai fond, on les trouverait d'accord, même sur ce point, malgré l'apparente contradiction des termes.

Troisième objection : — Vous dites « revoyez le journal ». Précisément, il est muet sur les publications de Joubert : et le silence prend l'autorité d'une preuve. Il a dû provoquer en partie les négations de M. de Raynal.

— Eh ! n'est-ce pas M. de Raynal qui s'exprime ainsi : « Diderot l'accueillait avec bonté ; il lui ouvrait de toutes parts des vues nouvelles, l'encourageait dans ses travaux, et ne dédaignait pas de proposer à son ardeur impatiente certains sujets d'ouvrages, dont je retrouve, dans le journal du néophyte, *les traces abandonnées*. Plein de confiance en la parole du maître, le disciple ébloui se mettait à l'œuvre ; mais les lignes délicates d'un dessin improvisé ne tardaient guère à s'effacer sous le travail, et les éclairs du premier jet, à s'éteindre dans la réflexion. » Ces *traces abandonnées* me seraient bien plutôt un argument : j'y vois les notes des études publiées, qui sait où ? Au surplus, de concert avec M. de Raynal, je demande « d'où vient que le journal de M. Joubert, confident habituel de ses pensées les plus intimes, laisse à peine découvrir le vestige des opinions qu'il s'est reproché plus tard d'avoir partagées ?... Ce recueil, où, sous des formes diverses, sont fidèlement consignées les impressions reçues pendant une longue vie, aurait-il été épuré dans les derniers temps ? L'auteur aurait-il fait disparaître les passages où dominaient des principes qui n'étaient plus les siens ? »

A ces questions, très bien et très loyalement posées, M. de Raynal répond : « En présence des manuscrits qu'il a laissés, une telle supposition ne saurait être admise. Il y a là tant de précipitation et de désordre, tant de négligences et de contradictions, qu'il est impossible, en y jetant les yeux, de s'arrêter à la pensée d'une revision ultérieure. »

Et moi, j'oppose simplement les aveux de Joubert à la conclusion purement subjective de M. de Raynal. Ces aveux, on ne peut plus explicites, prouvent ou bien que le journal n'a pas reçu toutes les confidences, ou bien qu'il a été revu et corrigé. Cela suffit pour écarter une objection qui ne s'appuie que sur des remarques d'ordre négatif.

Relevons, pour terminer, deux passages très importants, dont c'est ici la place. Ils nous montreront Joubert préparant de vigoureux articles de critique transcendante, tout juste contre les maîtres critiques de son temps, et Joubert s'engageant dans les longs discours, « les discours continus », mais en se ménageant des repos. Ils nous diront aussi quelle était la forme préférée, celle qui convenait le mieux à son génie et à son souffle. Ils nous rediront enfin quel infaillible fruit Joubert retirait de ses travaux, qu'ils dussent paraître ou rester manuscrits.

A M. Molé, à Paris,

18 février, 1805.

« ... L'impulsion précédente et la puissance d'une résolution première ; l'espoir d'un changement en mieux, qui renaît au moindre relâche du pire ; le printemps qui s'approche ; l'accroissement des jours dont je puis mieux jouir ici ; les regrets et presque les remords que j'aurais d'arriver là-bas [à Paris] *avec une foule de commencements dont je ne tirerais plus aucun parti, même pour moi,* si je changeais de place, dans l'état où ils sont ; le peu de plaisir que j'aurais d'arriver, en partant ainsi mécontent ; le trop peu d'agrément que causerait infailliblement à ceux que j'aimerais à voir, dans des circonstances meilleures, la présence d'un homme aussi mal disposé que je le suis... me retiendront probablement dans le lieu où je suis jusqu'au temps que je m'étais prescrit. »

A M. Molé, à Paris

Villeneuve-sur-Yonne, 10 mars 1805.

« ... Ce qui m'occupe est peu important. Je vous en parlerai. Ce sont des caractères ou caricatures littéraires, mais en grand ; c'est-à-dire les défauts des écrivains vus et montrés dans leur esprit, et leur esprit mis en relief, en corps, en visage. Fiévée et Delalot m'y servent à modeler mes sentiments de déplaisance (1).

« J'apprends à Delalot, par tous les vers qu'il aime, et

(1) « Il faut, pour le mérite de la caricature, qu'elle soit traitée par un homme qui a en lui le type du grand, et qui y pense en s'en écartant. » (*Pensées*, p. 299).

par tous ceux qu'il n'aime pas (vous savez qu'il aime les siens) qu'il s'entend peu ou même ne s'entend point en poésie. *Ceci est bon, très bon, du moins pour moi,* qui suis parvenu à déterminer et fixer à mes yeux les caractères de la poésie et de la versification, de manière à pouvoir, au premier mot, distinguer Lucain de Virgile, et à savoir pourquoi les vers de Voltaire, d'Esménard et de quelques autres ne sont pas de bons vers, de véritables vers. Il me semble que je sais très bien maintenant ce que c'est que la poésie, le poète et la versification, — *architecture de mots.*

« Je lui prouve, en outre, qu'il n'observe pas les lois de la critique : accusation grave, comme vous sentez ; car c'est l'accuser là de prévarication, puisque la critique est pour lui un ministère, une sorte de sacerdoce auquel il s'est promu. *Mes lois de la critique sont aussi une bonne, quoique plaisante chose ; mais je fais plus de cas de mes caractères de la poésie. Cela ne sera pas entièrement perdu.*

« J'aime mieux Fiévée que son compagnon ; d'abord il a souvent plus de bon sens :

Le bon sens du maraud quelquefois m'épouvante ;

ensuite il se fait juger plus *nettement ;* ses défauts sont plus *clairs.* Il est borgne ; (n'a-t-il pas l'air, en effet, d'un spadassin qui a un emplâtre d'un côté, pour avoir reçu quelque mauvais coup en duel ?) mais c'est un hardi borgne, et qui voit bien de son bon œil. Delalot montre un esprit louche, même quand il voit droit. Dieu le bénisse et le corrige ! car c'est un insupportable mérite que le sien. Ses défauts sont cent fois pires que ceux des philosophes, contre lesquels ces messieurs crient tant. Ceux-là au moins faisaient mal avec le mal ; celui-ci fait mal avec le bien, ce qui est horrible. Dites tout cela de ma part à Chateaubriand, à qui j'en dirai bien d'autres, et à qui je ne pardonnerai jamais de m'avoir appris l'orthographe du nom de M. Delalot, que j'appelais *de Delaleau*.

« J'arrive à ma dernière occupation. Celle-ci a quelque importance. Il s'agit de lettres sur la question proposée par l'Institut : *Le dix-huitième siècle et sa littérature*.

« J'avais voulu d'abord esquiver ce que le sujet a de trop remuant et de trop pénible pour moi, en noyant ma matière dans un grand espace. Je considérais le dix-huitième siècle au bout de tous ceux qui l'ont précédé, dans la littérature française, c'est-à-dire que je ne voyais en lui que la langue et l'esprit français, parvenus au point où il les a mis, et considérés dans leur cours.

« Je prenais donc la langue (elle naquit sous les Capétiens) et je la conduisais, de livre en livre, et de siècle en siècle, jusqu'à nos jours.

« Des citations nouvelles, piquantes, utiles, me reposaient et m'aidaient à faire ma route légèrement. Cela serait, je vous assure, une charmante besogne à faire. Mais voici ce qui s'est trouvé sur mon chemin, et en remuant le sujet. C'est que cette chose-là n'est que la quatrième qu'il faille faire ; c'est qu'avant d'y venir, il faut se rendre le cœur net et contenter le lecteur sur tout le reste.

« L'état de la littérature veut dire, en effet, quatre choses : 1º son caractère, par son esprit particulier ; 2º ses traits, en quelque sorte, par ses principaux auteurs ; 3º son sort, ou la condition dont elle jouit dans le monde ; enfin sa place, ou le rang qu'elle occupe parmi nos autres littératures, dernier aspect sous lequel j'avais d'abord voulu la considérer uniquement.

« Me voilà donc, depuis trois semaines, occupé des trois premiers points. *J'ai médité là-dessus une dizaine de lettres, courtes et vives.* Je prépare mes fils ; mais je ne sais ce qui en arrivera, car le plaisir commence à se passer par trop d'ardeur qui survient. En tout cas, je n'aurai pas perdu ma peine *pour moi...* »

« Pour moi, » — « ceci est bon, très bon, du moins pour moi, » — « cela ne sera pas entièrement perdu, » en écrivant ces mots très caractéristiques, Joubert faisait allusion au trésor « mystérieux et sacré » des *Pensées*. Comme plus haut, il les opposait aux *eaux courantes* — lesquelles ont emporté sans retour une partie de ses travaux, associés aux travaux de Fontanes.

Joubert a-t-il concouru ? Je l'ignore, et, à vrai dire, je ne le suppose pas. D'ailleurs, avec les juges routiniers, et philosophes pour la plupart, qui refusèrent un prix au *Génie du Christianisme*, quel succès pouvait-il espérer ? Hardi novateur, au sens littéraire, il n'avait rien de commun avec les tenants d'une littérature usée, avec les partisans de cette *perfectibilité*, expression dont ils faisaient étalage, alors qu'ils mettaient tout en œuvre pour étouffer la chose.

Pauvres livres, que les leurs ! Que pèsent-ils aujourd'hui, mis en balance avec les *Pensées* et la *Correspondance* de notre moraliste ?

Les chapitres intitulés *Le Siècle* (XVIII), *Prosateurs, Philosophes, Publicistes*, comme le plus grand nombre des pensées sur *le style* et *les qualités de l'écrivain*, je les crois de cette époque, nés de cette étude. Il n'aurait « perdu » ni son temps ni sa peine ; il aurait obtenu, mieux que le prix du Concours, le grand prix de la postérité. Rien de plus beau que ces pages hardies, rien de plus originalement écrit et pensé, de plus profond et de plus limpide, de plus concis et de plus coloré, de plus fin et de plus délicat, — rien, pas même, à mon humble avis, le beau chapitre de La Bruyère sur les *ouvrages de l'esprit*. Les idées, — non les tours qu'il revendiquerait à bon droit, — La Bruyère les trouvait partout dans le courant intellectuel du XVIIe siècle. Tandis que les idées de Joubert, au commencement du XIXe siècle, étaient ses idées à lui, et nullement celles des auteurs contemporains, ni celles de la société, ni même celles de sa société. Chateaubriand était moins hardi, moins avancé. Certains jugements de l'école romantique, ceux-là précisément qui firent plus grand scandale et opérèrent une révolution littéraire, non seulement Joubert les devançait et les préparait, il les dépassait en ajoutant, au trésor critique de toutes les écoles et de tous les temps, des vues esthétiques, philosophiques et morales, dignes de Platon. « C'était un Grec que M. Joubert », « un Athénien, touché de la grâce socratique ». — « Ce n'était pas un goût simplement délicat et pur que le sien, un goût correctif et négatif de Quintilius et de Patru ; c'était une pensée hardie, provocante, un essor. Imaginez un Diderot qui avait de la pureté antique et de la chasteté pythagoricienne » (1).

(1) Sainte-Beuve.

LIVRE TROISIÈME

L'INSPIRATEUR

I. Problème littéraire. — Anecdotes. — II. Pensée identique dans Fontanes et dans Joubert ; — lequel est l'emprunteur ? — Explication et hypothèses à propos d'autres pensées similaires. — III. Joubert, inspirateur de Fontanes. — « Je brillerai beaucoup, mais grâce à vous. » — Le chef-d'œuvre d'une prose éloquente. — Les vers de Fontanes sont « parfaits » quand Joubert est près de lui ; son « style se détend », quand son ami s'éloigne. — IV. Paresse et fécondité de Fontanes. — Excuse de la paresse, explication de la fécondité. — Parole bien significative de Chateaubriand. — V. Belle notice de Mme de Beaumont sur F. de Pange. — Ne serait-elle pas de Joubert ? — Notice anonyme sur La Bruyère. — Pourquoi rien ou presque rien sur les moralistes dans les Œuvres de Joubert ? — VI. Le *Génie du Christianisme*. — Citation de M. Emile Faguet. — Pensée identique dans Chateaubriand et dans Joubert, et pensée similaire. — Ce que Joubert doit à Chateaubriand. — VII. Molé et Joubert. — Théories opposées. — Molé lui doit beaucoup.

LIVRE TROISIÈME

L'INSPIRATEUR

I

A propos du *Mercure*, un problème se présente, très intéressant, ce me semble. Quand nous voyons Fontanes, Chênedollé, Bonald, Guéneau de Mussy, Clausel de Coussergues, Bertin, louer publiquement le *Génie du Christianisme*, comment expliquer que Joubert n'ait pas fait son article, lui aussi, dans le *Mercure* ou ailleurs, — lui, tout occupé de ce livre pendant la préparation, et qui ne cessait d'en parler ou d'en écrire, soit à l'auteur, soit à Mme de Beaumont, — lui, le prêteur de livres, le conseiller, le critique, le confident?

D'un article, ou d'un simple mot dit au public par Joubert sur le *Génie du Christianisme*, nulle trace dans les lettres du groupe, où il est tant parlé des *Extraits* publiés par les autres amis. Nulle demande non plus de Chateaubriand, lequel rappelle Clausel de Coussergues et Guéneau de Mussy à leurs promesses. Nul étonnement du silence gardé par Joubert. Nul regret, jamais, pas même par allusion. Quel est ce mystère?

Les magnifiques articles de Fontanes, imprimés

d'abord dans le *Mercure* et réimprimés dans le *Moniteur* par ordre du Premier Consul, ces articles, reproduits et répercutés à l'infini, ne seraient pas l'œuvre exclusive de Fontanes ; ils auraient été concertés entre lui et Joubert ; ils seraient l'œuvre des deux.

Seul de tous les amis, Joubert pouvait-il se dispenser de louer le *Génie du Christianisme* ?

Pour que Chateaubriand ne lui ait rien demandé, n'ait glissé nulle part la moindre plainte au sujet de son silence, il faut ces deux choses, en apparence contradictoires : d'une part, que Joubert ait payé le tribut de l'amitié ; d'autre part, qu'il n'ait pas publié d'article.

Tout s'explique si les beaux *Extraits* de Fontanes sont l'œuvre des deux amis. Plusieurs des remarques subséquentes appuieront cette hypothèse. Les anecdoctes chères à Joubert composent tout le morceau que je vais citer : ce sont elles qui me portent à le choisir parmi quelques autres où sembleraient se trahir, mieux encore, les habitudes intellectuelles du moraliste.

« Plusieurs de ceux qui n'avaient jamais jugé nos dogmes religieux que sur les bouffonneries du *docteur Zapata* et des *Aumôniers du roi de Prusse* ont tout à coup changé de langage. Ils ne contestent plus à la doctrine et aux pompes de l'Église romaine leurs effets touchants et sublimes ; ils conviennent que l'éloquence et la poésie en peuvent tirer de puissantes émotions et de riches tableaux. Mais après cet aveu remarquable, quelques-uns, prenant le ton d'un zèle au moins équivoque, ajoutent qu'il ne faut pas développer avec trop d'éclat les beautés poétiques du christianisme, de peur d'ôter à ses dogmes et à sa morale leur importance et leur gravité. Ils affectent de craindre que l'imagination ne répande à la fois ses enchantements et ses erreurs sur une doctrine qui doit édifier plutôt que plaire.

« Parmi ces critiques, il est sans doute quelques hommes vraiment pieux et de bonne foi : c'est à eux surtout qu'il faut répondre. J'ose croire que leur sévérité sera désarmée par quelques réflexions que je leur soumets.

« Les arguments théologiques, les savantes controverses, les instructions édifiantes pouvaient suffire à des siècles éminemment religieux. Des traités austères, tels que ceux de Nicole et d'Abadie, étaient lus avec empressement par les mêmes hommes qui goûtaient le mieux le génie et les grâces de Racine et de La Fontaine, leurs contemporains. Alors, dans les cercles de la ville et parmi les intrigues de la cour, dans le Sénat et dans l'armée, on agitait les mêmes questions que dans l'Église. Il ne faut point s'en étonner : la religion chrétienne semblait à tous l'objet le plus important. Le petit nombre de ceux qui osaient l'attaquer dans ses premières bases, n'obtenait que le mépris ou l'horreur. Le nom du Dieu qui l'avait fondée imprimait une égale vénération à toutes les sectes rivales dont elle était la mère, et qui combattaient dans son sein. Ces sectes, divisées sur quelques points, s'accordaient sur les dogmes ; leurs disputes avaient en conséquence le caractère et les mouvements passionnés que mettent toujours dans leurs débats les membres d'une famille divisés.

« *Rappelez-vous en effet les anecdotes de ces jours célèbres.* Voyez dans le palais de la duchesse de Longueville les redoutables chefs de Port-Royal méditer de nouvelles attaques contre les jésuites rassemblés à Versailles sous la protection du confesseur du Roi. La France était attentive à ces querelles et se décidait pour l'un ou pour l'autre parti. Apprenait-on que le ministre Claude et l'évêque de Meaux étaient en présence? On contemplait avec curiosité l'approche des deux athlètes, et tous les cœurs s'intéressaient au dénouement du combat; car la renommée publiait que le prix du vainqueur devait être la conversion de quelque personnage fameux. Le salut de Turenne (on parlait ainsi dans ce temps-là) le salut de Turenne était attaché peut-être à cette grande conférence; et ne sait-on pas que la dévotion de cet illustre capitaine devînt aussi fameuse que sa valeur, et que ses soldats racontaient ses actes de piété comme ses victoires?

« Mais ce n'était pas seulement au sein de la France que les esprits étaient fort émus par ces spectacles et par ces luttes théologiques. Leibnitz et Newton, dignes tous deux de se disputer les plus belles découvertes de la géométrie moderne, s'honoraient d'inscrire leur nom parmi ceux des défenseurs du christianisme. Leibnitz en voulait réunir toutes les communions; Newton, en éclairant les ténèbres de la chronologie, confirmait celle de Moïse. Si, par exemple, on voyait paraître un livre tel que l'*Histoire des Variations*, toute la république chrétienne était émue. Rome jetait des cris d'admiration et de joie, tandis que, des bords de la Tamise et du fond des marais de la Hollande, on entendait s'élever les clameurs injurieuses du calvinisme qui se débattait sans cesse sous les foudres de Bossuet, et qui en était sans cesse écrasé.

« Aujourd'hui les plus effrayantes catastrophes nous

trouvent insensibles : on foule indifféremment les débris des trônes et des empires. Alors les ruines d'un monastère qu'avaient illustré le nom de Pascal et les vertus de quelques filles pieuses, excitaient un attendrissement universel.

« Que dis-je? la peur de déplaire à Louis XIV n'empêchait point ses favoris de plaindre et d'honorer le docteur Arnauld, exilé par son ordre. Racine et Boileau, tout courtisans qu'on les suppose, adressaient des vers et des éloges à cet illustre opprimé, et même ils osaient les lire devant le monarque, dont la grande âme pardonnait cette noble franchise. Ainsi les plus petits événements, quand ils tenaient au christianisme, avaient quelque chose de respectable et de sacré. L'esprit de la religion était partout dans l'État et dans la famille, dans le cœur et dans les discours, dans toutes les affaires sérieuses, et jusque dans les jeux domestiques.

Parcourez les lettres de Mme de Sévigné. « Cette femme illustre vit dans sa terre *des Rochers*, au fond de la Bretagne, et loin de tout ce qu'elle aime. Elle veut échapper à l'ennui de la solitude et retrouver dans ses lectures le charme des sociétés de Paris. Eh bien ! Quels sont les ouvrages que son goût préfère ? Elle choisit les *Essais de morale* de Nicole. Elle a pour lecteur son fils qui revient de l'armée. Ce jeune homme, dont l'esprit et les grâces s'étaient fait remarquer de Ninon, juge très bien le janséniste Nicole ; et, dans ces soirées studieuses qu'il passe à côté de la plus aimable des mères, il oublie les séductions de cette Champmêlé qu'il avait aimée, et dont la voix était, dit-on, aussi tendre que les vers du poète qui fut son maître. Observez bien que Mme de Sévigné, dans toutes ses lettres à sa fille, parle avec admiration des *Essais de morale*, et, qu'en écrivant à Pauline, sa petite-fille, elle répète avec cette expression vive et et heureuse qui lui appartient : « *Si vous n'aimez pas ces solides lectures, votre goût aura toujours les pâles couleurs.* »

« Dans une autre occasion, elle se trouve à Bâville, chez le président de Lamoignon, au milieu de la société la plus polie et la plus éclairée. Quel est celui qu'elle distingue dans ce choix de la bonne compagnie du plus brillant de tous les siècles ? « *Un homme d'un esprit charmant et d'une facilité fort aimable.* » Je rapporte ses expressions. C'est le P. Bourdaloue.

« Certes, quand les traités de Nicole et les conversations de Bourdaloue font les délices des femmes les plus renommées par leur esprit et par leur beauté, les apologistes du christianisme n'ont pas besoin de relever son prix et son éclat aux yeux de l'imagination : il est facile d'attirer l'attention et le respect dès qu'on parle d'une doctrine qui fait le fond habituel des pensées et des sentiments de tout un peuple. Mais quand cette doctrine, en proie aux dérisions d'un siècle entier, perdit la plus grande partie de son influence, il faut, pour la rétablir, apprendre d'abord au vulgaire que ce qu'on lui peignit comme ridicule est plein de charme et de majesté. Quand on défigura la religion sous tant d'indignes travestissements, on doit venger sa beauté méconnue et l'offrir à l'admiration. Lorsqu'on ne cessa de montrer le christianisme comme un culte inepte et barbare, qui a longtemps abruti les peuples, n'est-il pas juste de prouver que les peuples lui doivent les plus beaux développements de la civilisation ?

« C'est la tâche importante que M. de Chateaubriand s'est imposée : il a su la remplir avec gloire. Le genre de ses adversaires a déterminé le choix de ses armes. Fort de son talent et de sa cause, il rend à l'incrédulité tous ses dédains et lui reproche surtout d'avoir affaibli les facultés de l'esprit humain, qu'elle se vante d'avoir agrandi...

« Il reste à faire connaître la partie critique de l'ouvrage où l'auteur oppose les chefs-d'œuvre littéraires des siècles chrétiens à ceux de l'antiquité païenne, et le génie des Grecs à celui des Hébreux. Je choisis le parallèle des beautés d'Homère et de la Bible. Ce rapprochement fut indiqué plus d'une fois par des hommes pieux ; le grave Fleury lui-même, dans son savant ouvrage sur les *Mœurs des Israélites,* semble retrouver quelquefois les crayons d'Homère et la grâce naïve des scènes de l'*Odyssée.* Aussi Fénélon aimait-il beaucoup ce livre de Fleury. M. de Chateaubriand, à son tour, me paraît avoir saisi des rapports nouveaux dans ces deux monuments du premier âge : ... Il y a, dans ces remarques, si je ne me trompe, un mélange d'imagination et de finesse qu'il est bien rare de trouver dans les poétiques les plus vantées. Les vues critiques de l'auteur, dans d'autres chapitres encore, me paraissent avoir les plus sérieux résultats et la plus piquante nouveauté. Il prouve très bien que le christianisme, en perfectionnant les idées morales, fournit à la poésie moderne une espèce de beau idéal que ne pouvaient connaître les anciens... » (*Mercure,* second extrait, fructidor, an X.)

II

Si j'ose supposer que Joubert ne resta pas étranger à cet article fameux, c'est que j'ai surpris des traces de collaboration non équivoques à une époque antérieure.

On lit dans un article de Fontanes intitulé : *De quelques reproches faits à la langue française et à notre littérature, des nouveaux mots et des locutions révolutionnaires.*

« La nôtre [langue] est comme la mine où l'or ne se trouve qu'à de certaines profondeurs. » L'article parut le 16 thermidor, an 8, et fut réimprimé dans le *Spectateur Français au XIX*e *siècle*, en 1805 (1).

Ouvrez maintenant le volume des *Pensées*. Au titre XII, « du style », p. 275, lignes 24 et 25, vous lisez : « Notre langue est comme la mine où l'or ne se trouve qu'à de certaines profondeurs. » Même pensée mot à mot, dans Fontanes et dans Joubert. Lequel des deux est l'emprunteur ? Si la pensée de Joubert portait sa date, comme l'article de Fontanes, nous serions édifiés. A défaut de ce renseignement péremptoire, de bonnes raisons m'inclinent à croire que l'auteur original de la pensée en question, c'est Joubert. D'abord, dans le texte de celui-ci, elle est comme la fleur ou le couronnement du morceau. Elle résume toute une série de pensées similaires. Au contraire, dans l'article de Fontanes, elle apparaît comme accidentelle, comme pla-

---

(1) T. II, pp. 575-580.

quée, sans lien nécessaire avec ce qui précède, avec ce qui suit. Il faut citer :

Fontanes s'exprime ainsi : « J'ose assurer qu'en général on ne fait de nouveaux mots que parce qu'on est dans l'impuissance de féconder véritablement les langues... Toute langue est assez riche pour celui qui a dans la tête et dans le cœur une grande abondance de sentiments et d'idées : toute langue est pauvre pour celui qui en est dépourvu. Je vais plus loin, et j'ose dire que ce n'est peut-être pas dans les langues les plus faciles à manier qu'on doit produire les ouvrages les plus parfaits et les plus durables. *La nôtre est comme la mine où l'or ne se trouve qu'à de certaines profondeurs.* Boileau disait qu'elle était féconde en très beaux mots, mais qu'elle devait être excessivement travaillée.

« Cette observation d'un grand maître vaut toute une poétique. Heureuses les langues qui ne sont souples qu'entre les mains du génie !

« Les obstacles doublent le talent, et ne l'arrêtent jamais, s'il est véritable ».

Joubert parle aussi des langues et des mots : « Lorsque les langues sont formées, la facilité même de s'exprimer nuit à l'esprit, parce qu'aucun obstacle ne l'arrête, ne le contient, ne le rend circonspect, et ne le force à choisir entre ses pensées... En littérature il faut remonter aux sources dans chaque langue... Remplir un mot ancien d'un sens nouveau dont l'usage ou la vétusté l'avait vidé, pour ainsi dire, ce n'est pas innover, c'est rajeunir ou enrichir les langues en les fouillant. Il faut les traiter comme les champs : pour les rendre fécondes, quand elles ne sont plus nouvelles, il faut les remuer à de grandes profondeurs...

12.

« Le nom d'une chose n'en montre que l'apparence. Les noms bien entendus, bien pénétrés, contiendraient toutes les sciences. La science des noms ! Nous n'en avons que l'art, et même nous en avons peu l'art, parce que nous n'en avons pas assez la science. Quand on entend parfaitement un mot, il devient comme transparent; on en voit la couleur, la forme; on sent son poids; on aperçoit sa dimension, et on sait le placer. Il faut souvent pour en bien connaître le sens, la force, la propriété, avoir appris son histoire.

« La science des mots enseignerait tout l'art du style. Voilà pourquoi, quand une langue a eu plusieurs âges, comme la nôtre, les vieux livres sont bons à lire. Avec eux, on remonte à ses sources, et on la contemple dans son cours. Pour bien apprendre le français, il faudrait entendre le gaulois. *Notre langue est comme la mine où l'or ne se trouve qu'à de certaines profondeurs.* »

N'avais-je pas raison de dire que, dans le texte de Joubert, cette dernière pensée se rattache, par des liens organiques, par de vivantes racines, aux pensées qui précèdent, et qu'elle en est comme l'épanouissement ou la couronne; tandis que, dans le texte de Fontanes, elle est comme transplantée, sinon dépaysée.

Et puis, en regard du morceau de Joubert, si ferme et si plein, ne vous semble-t-il pas que celui de Fontanes est un peu mou, et composé de raccords ? La suite ne fait pas absolument défaut; un certain lien se trouverait, mais si détendu !

C'est qu'il y eut emprunt, et non seulement de l'unique pensée qui se répète mot à mot dans les deux. Je lis ailleurs, et c'est dans une lettre de Joubert : « Il n'y a point de livre où la langue française soit si brillante. Cet homme en a *fouillé les mines* et a trouvé partout de *l'or*. Il a fait resplendir par l'usage jusques aux mots qui sont de fer.

« *Et sulco attritus splendescere vomer.* »

Si l'on ajoute que la pensée dont il s'agit fait le mètre, la conclusion ne semblera pas douteuse.

Comment expliquer le fait ? Fontanes avait souvent recours aux lumières de Joubert. Soit qu'il entreprît un article de critique, ou qu'il préparât un discours solennel, il ne manquait guère de consulter le penseur ami. Le plus souvent, c'était en des conversations qui n'ont pas laissé de traces. *Verba volant.*

Impossible d'aller à Joubert ? Une lettre partait à l'adresse de celui-ci, lequel accourait pour s'épargner la peine d'écrire. S'il ne pouvait rejoindre Fontanes, alors, mais alors seulement, il répondait la plume à la main. Le sujet était étudié à fond, déroulé dans les vues d'ensemble, puis ramassé en quelques maximes essentielles.

Fontanes savait s'en inspirer avec beaucoup de dignité.

Si merveilleuse que fût l'assimilation ou l'adaptation, et précisément parce que les pensées d'emprunt étaient mêlées à l'ensemble de l'article ou du discours, ces pensées, un peu diluées dans la facile abondance de Fontanes, perdaient de leur force et de leur éclat. Plus rien sur elles du poétique rayon dans lequel Joubert les avait condensées.

Néanmoins quelques-uns des traits originaux subsistent, encore reconnaissables sous la pâleur du texte remanié. Certes, le changement est notable ; il faut être averti, et, même averti, il faut regarder de très près et comparer avec une extrême attention, si l'on veut saisir la ressemblance et surpendre la véritable origine.

Je me hâte d'ajouter : en pareille matière, et, sauf le cas de pensées absolument identiques, parler avec réserve, accepter d'avance la possibilité d'explications contradictoires, ce n'est que convenance et sagesse.

Or, cette réflexion importante, je me l'applique d'autant plus volontiers qu'avec Fontanes et Joubert la difficulté se présente double.

Voici pourquoi :

Fontanes soumettait à des retouches habiles — je ne dis pas heureuses — les pensées jaillies sous la plume de son correspondant.

De son côté, Joubert notait au passage, sur ses petits cahiers, quelques-unes de ces mêmes pensées ; puis, à loisir, il les dépouillait le plus possible des mots et n'en réservait que l'essence.

Au double remaniement en sens inverse, l'un de Fontanes, développant, l'autre de Joubert, condensant, on devine l'écart des deux textes, les dissemblances progressives, comme aussi la difficulté de faire la preuve. Je me garderai de trancher. Mais aussi, par crainte d'excéder, je ne me propose pas de rester en-deçà. Est-il donc impossible de noter le point intermédiaire et précis, même en si délicates rencontres ? Malgré le double remaniement, et précisément dans les deux passages cités, il y a mieux que de vagues indices de parenté entre plusieurs pensés des deux textes ; on y surprend certains traits de ressemblance et comme un air de famille.

La pensée, textuellement identique dans les deux

auteurs, jette sur les autres pensées une lumière révélatrice. Sans elle, on n'oserait conclure. On s'autorise d'elle pour avancer que plusieurs, non textuelles, ont la même origine.

Notez que le morceau de Fontanes, où se dissimulent, affaiblies, les pensées de Joubert, est le meilleur de l'article. Il est un de ceux que les critiques littéraires ont cités ; et même, de tout l'article fort loué, c'est, à ma connaissance, le seul passage qu'ils aient relevé.

Le travail de concentration auquel se livrait Joubert sur les pensées qui lui venaient en correspondant n'est pas le moins du monde une hypothèse. C'est un fait qu'il est loisible à chacun de vérifier en rapprochant la Correspondance et les Œuvres.

Je crois utile et intéressant d'appuyer d'un nouvel exemple la donnée qui précède.

En 1795, Fontanes, membre de l'Institut, fut chargé de prononcer le discours d'ouverture au nom des autres professeurs. Parlant des législateurs de l'antiquité et de l'importance qu'ils attachaient à l'éducation, il disait : « Les législateurs anciens regardaient cet art comme le premier de tous, et comme le seul en quelque sorte. Ils ont fait des systèmes de mœurs plus que des systèmes de lois. Quand ils avaient créé des habitudes et des sentiments dans l'esprit et dans l'âme de leurs concitoyens, ils croyaient leur tâche presque achevée. Ils confiaient la garde de leur ouvrage au pouvoir de l'imagination plutôt qu'à celui du raisonnement, aux inspirations du cœur humain plutôt qu'aux ordres des lois, et l'admiration des siècles a consacré le nom de ces grands hommes. *Ils avaient tant de respect pour la toute puissance des habitudes, qu'ils ménagèrent même d'anciens préjugés peu compatibles en apparence avec un nouvel ordre de choses. La Grèce et Rome, en passant de l'empire des rois sous celui des archontes et des consuls, ne virent changer ni leur culte ni le fond de leurs usages et de leurs mœurs.* Les premiers chefs des républiques se persuadèrent, sans doute, qu'un mépris trop évident de l'autorité des siècles et des traditions affaiblirait la morale en avilissant la vieillesse aux yeux de l'enfance; ils craignirent de porter trop d'atteinte à la majesté des temps et à l'intérêt des souvenirs.

« La marche de l'esprit moderne a été plus hardie. Les lumières de la philosophie ont donné plus de confiance aux fondateurs de notre république. Tout fut abattu; tout doit être reconstruit. »

Une grande partie de ce paragraphe a été replacée dans l'Éloge de Washington, éloge auquel Fontanes fut surtout redevable de son renom oratoire et de sa fortune politique. Dans le second discours, comme dans le premier, c'est le meilleur passage, et le plus fortement pensé. Pour la nouveauté hardie des aperçus, aussi bien que pour les généreuses insinuations relatives au « *culte* », aux usages et aux mœurs (1795), il valut à l'orateur de l'Institut de nobles suffrages, dès la première harangue. C'est qu'il heurtait de front les idées philosophiques du siècle et « proclamait au nom des Écoles centrales, précisément le contraire de ce que Garat venait de prêcher aux Écoles normales (1) ». — « Il devançait et préparait honorablement la critique littéraire renouvelée que le *Génie du Christianisme* devait bientôt illustrer et propager avec gloire. »

---

(1) Sainte-Beuve.

Le double et solennel usage qu'en fit l'auteur prouve en quelle estime lui-même tenait ce beau morceau.

Eh bien! ce morceau capital, et qui fait date dans l'œuvre et dans la vie de Fontanes, je le crois tiré des lettres ou des cahiers de Joubert; mais ici le mot à mot a disparu.

Le 5 novembre 1794, Joubert lui recommandait d'acheter et de lire les livres faits par les vieillards, qui ont dû y mettre l'originalité de leur caractère et de leur âge... l'autorité de leurs cheveux blancs. » D'autres lettres suivirent, et dans le même train d'idées. Elles produisirent sur Fontanes une vive impression. Le 12 juillet 1795, il faisait allusion à de belles pages sur les Grecs, qu'il avait reçues de Joubert et qu'il lui avait probablement demandées : « Tout ce que vous me dites des Grecs m'enchante. J'aime à entendre parler un Grec comme vous; mais les anciens étaient grands parleurs, et vous l'êtes trop peu. Écrivez-moi *quelques autres pages, aussi pleines et aussi serrées,* sur Xercès. Je le bats dans ce moment... j'aime à le bien connaître.

« Je vous demande une note des précieux bouquins dont je dois former les premiers rayons de ma bibliothèque; mais souvenez-vous que je veux qu'ils aient au moins la mousse de dix siècles. »

Il est bon de le répéter: cette lettre est datée du 12 juillet 1795. Or, le discours d'ouverture auquel appartient le passage sur les législateurs, sur l'autorité des siècles et des traditions, sur la vieillesse, sur la majesté des temps, fut prononcé à la fin de cette même année 1795.

Voici mes conjectures: je les soumets au lecteur; par respect pour son jugement, je resterai dans une réserve presque timide ; toutes mes expressions supposeront le doute ; la forme sera celle de l'hypothèse. Mais, à vrai dire, ma pensée dépassera l'expression, et, sinon pour chaque détail, au moins pour l'ensemble, elle flottera entre la probabilité et la quasi-certitude, plus voisine de celle-ci.

Pourquoi ces belles pages sur les Grecs, si goûtées de Fontanes, ne se sont-elles pas retrouvées parmi les lettres de Joubert que le premier conservait avec tant de soin ? « Tout ce que vous laisserez tomber sera recueilli pieusement. » Peut-être les a-t-il tournées en vers, au grand contentement de l'un et de l'autre ; car ni l'un ni l'autre n'aurait pu supposer cette chose invraisemblable, que l'humble prose d'improvisation eût été mieux accueillie de la postérité que les vers si laborieusement composés de la *Grèce sauvée*.

Ce goût des anciens que Joubert s'efforçait d'inculquer à un ami qu'il en savait trop faiblement pourvu, — comme s'il eût pressenti dans Fontanes le futur législateur, le futur Grand Maître, n'en trouve-t-on pas le vif éveil ou plutôt la plénitude et l'enthousiasme dans l'admirable paragraphe, objet du présent examen ?

Est-ce assez dire ? Et le morceau tout entier ne serait-il pas de ceux que Fontanes, au moment d'entreprendre un travail important, sollicitait de Joubert, empruntait à Joubert, et dont Joubert ne songeait aucunement à garder le double, — passez-moi l'expression — à demander le reçu ? Il donnait, heureux de donner. Le ton général du morceau et l'esprit qui l'anime sont, à s'y méprendre, le ton habituel et l'esprit de Joubert. De telles idées, étranges à cette époque de philosophisme, et tout à fait philosophiques dans le sens de Platon, je ne me figure pas qu'elles fussent familières à Fontanes, « adorateur » de Voltaire. Or, c'étaient les idées coutumières, c'étaient les mots usuels du moraliste qui se disait *plus Platon que Platon*, de celui que ce genre de spéculations avait fort occupé, et qui, peu de temps après, en 1797, écrivait à Mme de Beaumont : « Je suis enfoncé dans Aristote. Après avoir achevé ses *Morales*, me voilà jeté à corps perdu dans ses *Métaphysiques*. Il me tuera, mais je ne puis plus m'en défendre. »

Le morceau qui fit tant d'honneur à Fontanes et exerça sur sa fortune politique une part d'heureuse influence, s'il était vraiment de Joubert, est-ce qu'on ne l'aurait pas retrouvé dans ses papiers sous une forme quelconque? Ni copie, ni brouillon. Nulle trace.

— Qu'en savez-vous? Les papiers ont-ils été explorés avec de telles vues critiques? Non, certainement. Mais supposons : nulle trace.

La lettre ou le cahier de pensées, après avoir été utilisé par Fontanes, aura eu le sort des « belles pages sur les Grecs ». Ces pages admirées, que sont-elles devenues? Il se peut très bien que, demandées elles aussi, comme les autres sur Xercès, elles n'aient eu pour destination première et dernière que d'entrer dans la substance du beau morceau en question.

Au surplus, est-il certain que nulle trace du type original ne subsiste, je ne dis plus seulement dans les papiers de Joubert, mais dans ses Œuvres. Les traits d'une provenance plus originale, et toute première, il me semble qu'on les surprendrait encore dans certaines Pensées. En rapprochant le paragraphe visé et ces pensées, je trouve, à celles-ci et à celui-là, une phy-

13

sionomie, une allure, je dirais un accent qui dénotent la communauté d'origine.

Avant de citer, qu'il me soit permis de rappeler le double travail, en sens inverse, auquel Fontanes et Joubert soumettaient les réflexions, venues au moraliste et fraternellement abandonnées au poète orateur.

Dans les *Pensées* de Joubert :

« En Grèce, les sages avaient égard dans leurs lois à la commodité des peuples dont ils évitaient de contrarier les habitudes et les mœurs. Ils les faisaient propres à plaire et comme ils auraient fait des vers...

« De la fiction, il en faut partout. La politique elle-même est une espèce de poésie. Les meilleures lois naissent des usages... Tout ce qui devient loi avait d'abord été coutume.

« Les mœurs se composent de coutumes et d'habitudes. Les coutumes font les mœurs publiques, et les habitudes, les mœurs individuelles... Les mœurs publiques sont un chemin que les successeurs trouvent frayé dans la course de la vie. Où il n'y a pas de mœurs, il n'y a pas de chemin ; chacun alors est obligé de se frayer le sien, et, au lieu d'arriver, il s'épuise à chercher la route.

« C'est à l'imagination que les plus grandes vérités sont révélées... elles échappent à notre jugement ; l'imagination seule les voit. — Sortir du raisonnement pour entrer dans le sens intime... en se livrant au sentiment, est très permis, très utile et très convenable.

« Il est des préjugés naturels et non acquis qui précèdent le jugement et le conduisent où il faut nécessairement qu'il aille, et par les chemins qu'il faut suivre, pour faire de justes progrès. On s'égare si on se refuse à de tels guides. Le philosophe doit s'y conformer en exposant la vérité. Il peut même emprunter quelquefois aux préjugés de son temps leur langage (1).

« Il est lâche et tyrannique d'attaquer dans des temps et dans des lieux où personne ne peut les défendre des opinions qui ont régné et servi longtemps de trophée à la sagesse des temps anciens. — Si vous appelez vieilli tout ce qui est ancien, si vous flétrissez d'un nom qui porte avec lui une idée de décadence et un sentiment de dédain tout ce qui a été consacré par le temps, vous le profanez. — Ayons une philosophie amie de l'antiquité et non pas de la nouveauté, et qui aime mieux être sage que hardie. — Chacun dans ce

---

(1) Pour faciliter la comparaison, je reproduis ici le morceau de Fontanes : « Les législateurs anciens regardaient cet art comme le premier de tous et comme le seul en quelque sorte. Ils ont fait des systèmes de mœurs plus que des systèmes de lois. Quand ils avaient créé des habitudes et des sentiments dans l'esprit et dans l'âme de leurs concitoyens, ils croyaient leur tâche presque achevée. Ils confiaient la garde de leur ouvrage au pouvoir de l'imagination, plutôt qu'à celui du raisonnement, aux inspirations du cœur humain plutôt qu'aux ordres des lois. Et l'admiration des siècles a consacré le nom de ces grands hommes. Ils avaient tant de respect pour la toute-puissance des habitudes qu'ils ménagèrent même d'anciens préjugés peu compatibles en apparence avec un nouvel ordre de choses.

« La Grèce et Rome, en passant de l'empire des Rois sous celui des archontes et des consuls, ne virent changer ni leur culte, ni le fond de leurs usages et de leurs mœurs. Les premiers chefs des républiques se persuadèrent sans doute qu'un mépris trop évident de l'autorité des siècles et des traditions affaiblirait la morale en avilissant la vieillesse aux yeux de l'enfance ; ils craignirent de porter trop d'atteinte à la majesté des temps et à l'intérêt des souvenirs.

« La marche de l'esprit moderne a été plus hardie. Les lumières de la philosophie ont donné plus de confiance aux fondateurs de notre république. Tout fut abattu ; tout doit être reconstruit. »

siècle a voulu se mêler de toutes choses, et la populace, partageant les ambitions de la philosophie, est venue faire avec les mains ce qu'il faut faire avec la tête. Pendant que les uns mettaient en avant leurs abstractions, les autres se servaient de leurs outils. Tout était renversé. »

III

Sur les services que Joubert rendit à Fontanes et que Fontanes ne cessa de demander à Joubert, soit avant, soit après la composition, lisez ces lignes de la *Notice historique*, en vous rappelant que l'auteur fut témoin de ce qu'il raconte : « M. de Fontanes ne faisait rien d'un peu important, soit en vers, soit en prose, qu'il ne se sentît le besoin de venir le soumettre au goût de son ami ; il n'en était lui-même content et satisfait que lorsqu'il avait l'approbation de M. Joubert. »

Et cette lettre à Mme de Beaumont :

1er août 1801.

« Je me suis promené hier pendant quatre heures avec Fontanes. J'ai voulu lui prêcher l'amour des hauteurs et l'horreur des champs de bataille. Mais il n'est pas encore assez dépouillé *des choses de la bile et du sang*. Beaucoup de flegme, cependant, en tempérait hier la force, et il n'y a point eu d'explosion, mais un feu concentré. Je m'étais épuisé le matin à revoir et à noter le premier volume de Kant, pour le mettre en état de juger en pleine connaissance de cause. J'avais relu, compulsé, extrait, comparé, à la sueur de tout mon être. J'étais en inquiétude d'avoir omis quoi que ce fût. Mon esprit en était tendu ; ma mémoire et ma complaisance étaient montées au point le plus haut de l'effort. Mon homme arrive, et, au premier mot que je dis, il me répond : « Phou ! Phou !! j'ai fait mon extrait (article). Il n'y a rien de neuf dans tout cela, ni rien qui vaille la peine d'y penser. » — Phou ! Phou ! Phou ! Phou ! Me voilà bien payé de ma matinée perdue, si je ne l'avais pas mieux employée pour moi que pour lui ! Au surplus, il m'a dit qu'il traitait Kant avec respect et qu'il n'était tombé que sur son interprète. — C'est tout ce que je demandais. Il s'est un peu réconcilié, par l'effet de notre conversation, avec la matière qu'il avait d'abord traitée avec si peu de considération. »

Et cet autre passage d'une lettre de Mme de Beaumont à Joubert : « Août 1801. — L'article sur Kant, sans être ce qu'il aurait été, s'il n'eût été conçu qu'après votre impression donnée, sera fort adouci. C'est une obligation de plus que vous aura Fontanes, cet autre tourbillon. Puisse votre souffle l'envoyer enfin dans les régions élevées pour lesquelles il est fait. »

Le 14 août 1801, Joubert écrivait à la même : « Fontanes a fait sur Kant un fort bon article. J'ai été l'en féliciter. Il a ri, me trouvant bien bon d'être assez consciencieux pour vouloir absolument peser et connaître les gens avant de les juger. »

Lisez surtout les admirables lettres à Fontanes sur l'éducation. Qu'il me suffise de citer ici un fragment de la première, et une ligne de la seconde :

« Paris, 5 juin 1809. — J'étais mort hier, je me sens un peu ressuscité aujourd'hui, et je voudrais bien ne pas me gâter; mais il faut voir à quel point vous êtes pressé.

« Si vous ne vouliez que répondre au roi, vous le pourriez dès ce moment; mais si vous voulez lui faire plaisir, il faut un peu de temps.

« Il a des doutes, des scrupules, des embarras d'esprit, des obscurités dans la tête. Pour dissiper tout cela, il faudrait des clartés ; *il faudrait traiter le sujet un peu à fond, quoique légèrement,* et discuter ses notes.

« Voulez-vous courir les risques d'attendre encore quelques jours, et me donner cette semaine? Je pourrais vous envoyer dès aujourd'hui les notes et le mémoire que vous renverriez sur le champ au chambellan, en lui faisant dire que vous aurez l'honneur d'écrire au roi. Il est sûr qu'en prenant ce parti, vous répondriez plus tard, mais vous répondriez mieux et plus complètement.

« Vous êtes un oracle qu'on consulte, et non pas un bel esprit avec lequel on correspond. Je serais fâché de ne pas aller jusqu'au bout. Cela me sert d'ailleurs à me fouiller moi-même en passant, et on est toujours bien aise de savoir ce qu'on porte en soi. J'attends votre décision. »

« Paris, 6 juin 1809. — Puisque vous ne voulez pas attendre, voici mes notes... » Trop modeste Joubert!

« Mes notes » dit-il ; quand ses considérations s'élèvent à la hauteur des plus belles études sur le même sujet. Fontanes l'en remercia dans les deux billets qu'on va lire. Je m'en empare à titre de preuve et j'en adopte les termes pour ma propre conclusion

« 7 juin. — J'ai lu ce matin vos notes; elles sont fort bonnes. Quand vous aurez dit un mot de leurs écoles supérieures, ne pourriez-vous me donner votre avis général sur l'ensemble du système ? *Je tirerai de vos idées le texte de ma réponse au roi.* Je vous embrasse. »

« 9 juin. — Mon cher ami, vos notes sont aussi bonnes que les premières... Je ferai une excellente lettre d'après ce que vous m'avez envoyé. *Je brillerai beaucoup, mais grâce à vous.* »

Ce que Fontanes fit en cette circonstance, il l'avait déjà pratiqué maintes fois.

En étendant et appliquant la conclusion du second billet, à d'autres temps, à d'autres circonstances, à d'autres matières, j'ai la ferme assurance de ne pas excéder.

Dans cet ordre d'idées, « l'excellent » (1) *discours préliminaire* qui précède la traduction en vers de l'*Essai sur l'homme* serait à relire avec attention. Combien de *pensées* qui me laissent songeur et me rappellent Joubert.

« Chose singulière ! » s'écriait avec une admiration étonnée, l'auteur de la *Notice sur M. de Fontanes* mise en tête des Œuvres, « il aspirait sans doute à figurer par ses vers dans les premiers rangs des poètes du temps, *et il arriva que sa prose le plaça tout d'abord au premier rang des prosateurs où il n'aspirait pas. C'est en effet un morceau achevé. On s'étonna de trouver, dans un jeune homme de vingt-six ans, une si rare sûreté de goût, une si haute raison, une critique si fine et si profonde, un fonds de littérature si étendu, tant d'élégance et de clarté, unies à une telle variété d'idées et de juge-*

---

(1) Sainte-Beuve.

ments indépendants. Les portraits de Lucrèce, d'Horace, de Boileau, de Voltaire, *et surtout de Pascal*, CONSIDÉRÉS COMME ÉCRIVAINS MORALISTES furent dès lors, et seront toujours cités comme des modèles de style, comparables à ce que nous ont laissé dans ce genre les plus beaux génies du grand siècle ».

C'est ce même discours que La Harpe célébra comme « le chef-d'œuvre d'une prose éloquente, appliquée aux raisonnements de la critique et aux spéculations du goût ».

En 1783, Fontanes, tout jeune, se livrait tout entier à la poésie.

Joubert, fort assidu dans son commerce avec les philosophes, déjà fort épris de belles maximes, (dès l'année 1774, il résumait en sentences le résultat de ses réflexions et de ses lectures) Joubert touchait à la trentième année.

L'auteur de cette prose éloquente, de ce chef-d'œuvre, de ces portraits de Lucrèce, d'Horace, de Boileau, de Voltaire et surtout de Pascal, *considérés comme écrivains moralistes*, est-ce donc le jeune poète de vingt-six ans ? Ne serait-ce pas plutôt le penseur émule, et bientôt rival des devanciers, ne serait-ce pas le moraliste Joubert ?

De même que, dans le *Colomb* (1782), la prose était de Joubert et la poésie de Langeac; ainsi, dans l'*Essai sur l'homme*, le discours était de Joubert et la poésie de Fontanes. Voilà ma conclusion.

C'est à deux ans de là que Fontanes et Joubert voulurent fonder une Revue.

Est-il admissible qu'ils en fussent encore à tenter l'épreuve du travail en commun ? Le projet ne suppose-t-il pas une certaine collaboration antérieure et dont ils n'avaient eu qu'à se féliciter ?

Et même dans les vers de Fontanes, il en est d'admirablement frappés en maximes, d'admirablement pensés, où je serais porté à voir l'inspiration et presque la marque et la main de Joubert. Tels autres, restés à l'état de fragments, et qu'on dirait empruntés à la poésie grecque, si douce en est l'harmonie, pourraient bien contenir la substance d'une lettre de Joubert, par exemple, sur la *Vénus céleste,* dans le goût et presque dans les termes de celle-ci :

« Il y a dans cet ouvrage [de Chateaubriand] *une Vénus, céleste* pour les uns, terrestres pour les autres, mais se faisant sentir à tous...

« Il y a un charme, un talisman qui tient aux doigts de l'ouvrier. Il l'aura mis partout, parce qu'il a tout manié, et partout où sera ce charme, cette empreinte, ce caractère, là sera aussi un plaisir dont l'esprit sera satisfait. Je voudrais avoir le temps de vous expliquer tout cela et de vous le faire sentir... »

S'il n'eut pas le temps d'expliquer tout cela à Mme de Beaumont, il le trouva, sans nul doute, pour le développer et le faire sentir à Fontanes.

Celui-ci, dans les vers suivants, restés précisément à l'état de morceau isolé, n'aurait-il pas traduit en vers quelque lettre ou conversation de Joubert sur la « Vénus céleste ».

Il est une *Vénus*, fille du Roi des Dieux,
Source des plaisirs purs, mère de l'harmonie,
　　Immortelle beauté...

Son séjour est au ciel, et non point à Paphos ;
Quand son Père, en planant sur le sein du cahos (1)
Des éléments confus séparait l'assemblage,
Il lui commit le soin d'embellir son ouvrage ;
Elle était près de lui, se jouait sur ses pas,
Au monde encore enfant prodiguait mille appas,
Épurait dans les airs les rayons de l'aurore,
Ordonnait dans les champs à la rose d'éclore,
Sous l'ombrage des bois qu'éclaire un demi-jour
Cachait le rossignol, le mystère et l'amour,
Traçait les doux replis de l'onde obéissante,
Nuançait du soleil la robe éblouissante
Et, de l'insecte ailé voltigeant sur les fleurs,
Peignait d'or et d'azur les mobiles couleurs.
Cette fille du ciel, qui n'est point Cythérée, etc.

Autre observation, et qui me semble bien curieuse :

En 1790, Joubert s'éloigne de Fontanes. Il revient dans son pays natal, à Montignac, et y séjourne jusqu'en 1793.

N'est-il pas singulier qu'à dater de 1790, « le style de Fontanes se détende sensiblement, ne se tienne plus à cette ferme hauteur qu'avait marquée l'*Essai sur l'Astronomie*. La fâcheuse facilité du xviiie siècle l'emporte ». C'est Sainte-Beuve qui en fait la remarque, sans se demander le pourquoi de cette fâcheuse *détente* et facilité. Le poème de l'*Astronomie* fut publié en 1788 ou 1799. « L'auteur, pénétré de la majesté de son sujet, n'a nulle part fléchi ; il est égal, par maint détail, et, par l'ensemble, il est supérieur aux discours en vers de Voltaire ; il atteint en français, et comme original à son tour, la *perfection* de Pope en ces matières, concision, énergie... Le *style, dans le détail, arrive*

---

(1) Sainte-Beuve, écrivait-il ainsi ce mot ? c'est lui qui corrigea les épreuves ; or, le mot est toujours orthographié de la sorte, dans les Œuvres de Fontanes.

à un parfait éclat de peinture, à une expression entière et qui emporte avec elle l'objet : on compte ces vers-là même dans notre poésie classique (1) ».

« Concision », « énergie », « parfait éclat de vive peinture », « expression qui emporte avec elle l'objet », telles sont les qualités qui distinguent les productions de Fontanes en 1789. Dès que Joubert est parti, c'est-à-dire dès 1790, et bien que Fontanes soit à un âge où d'ordinaire le talent croît et s'affermit, se virilise, tout de suite « son style se détend sensiblement », « une fâcheuse facilité l'emporte », « il ne se tient plus à cette ferme hauteur ».

Ce changement, autant dire ce recul subit, n'est-il pas au moins très singulier ?

Le vrai fond philosophique, les pensées fortes et originales, la nouveauté des aperçus critiques, certains passages que Sainte-Beuve a distingués dans l'œuvre en prose de Fontanes, voilà précisément de quoi j'oserais faire honneur à Joubert.

Exemple. Je lis dans Sainte-Beuve : « Outre les articles de critique active, Fontanes donna au *Mercure* (2) un morceau sur Thomas, dans lequel l'élégance la plus parfaite exprime les plus incontestables jugements. Il n'y a rien de mieux en cette manière ; c'est du La Harpe fin et perfectionné, et plus que cela ; *pour une certaine rapidité de goût*, c'est du Voltaire. Ainsi, voulant dire de Thomas qu'il savait rarement saisir dans un sujet les points de vue les plus simples et les plus féconds, le critique ajoute : « *Il pensait en détail, si*

(1) Sainte-Beuve.
(2) 5 germinal an X, et j'ai retrouvé ce bel article dans le *Spectateur français au XIX⁰ siècle*, t. II.

l'on peut parler ainsi, et ne s'élevait point assez haut pour trouver ces idées premières qui font penser toutes les autres. »

Dans les Œuvres de Fontanes, de telles pensées ressortent et brillent ; on les cite. Dans les Œuvres de Joubert, ces mêmes pensées, avec encore plus de relief et d'éclat, — le relief et l'éclat premiers — ne trancheraient pas sur les autres ; elles seraient comme en famille.

Les fameux Extraits de Fontanes sur la *Littérature* de Mme de Staël, se terminent ainsi :

« Les conversations brillantes — vivent de saillies, — les bons livres, de méditations. — Quand on se trouve au milieu d'un cercle — il faut l'éblouir et non l'éclairer. — On demande alors aux paroles — plus de mouvement que de justesse, — plus d'effet que de vérité. — On leur permet tout, jusqu'à la folie. — Car elles s'envolent — avec les jeux qui les font naître, — et ne laissent plus de traces. — Mais un livre est une affaire sérieuse. — Il reste à jamais — pour accuser ou défendre son auteur ; — ce n'est plus à la fantaisie, — c'est à la raison qu'il faut obéir, — et ce qu'on peut dire avec grâce — ne peut toujours s'écrire avec succès.

Voilà ce qui explique — les irrégularités qu'on a relevées — dans l'ouvrage de Mme de Staël. — En écrivant, — elle croyait converser encore. — Ceux qui l'écoutent ne cessent de l'applaudir. — Je ne l'entendais point quand je l'ai critiquée ; — si j'avais eu cet avantage, — mon jugement eût été moins sévère — et j'aurais été plus heureux. »

Serait-ce trop hasardeux que de soupçonner la main de Joubert dans les traits de galanterie où s'adoucit la rudesse des précédentes critiques? « Les pensées font le mètre », ce qui n'est pas habituel à la prose de Fontanes.

« Fontanes, littérateur, aimait l'anonyme et même le pseudonyme. » C'est encore Sainte-Beuve qui le constate : « Il publia la première fois sa traduction en vers du passage de Juvénal sur Messaline sous le nom de Thomas, et, pour soutenir le jeu, il commenta le morceau avec une part d'éloges. Il essaya d'abord ses vers sur la Bible en les attribuant à Le Franc de Pompignan... Dans les *petites affiches* ou feuilles d'annonces du 1er thermidor an VI, se trouvent des vers sur une violette donnée dans un bal. La pièce est signée *Senatnof*, anagramme de Fontanes. Dans le *Journal littéraire*, il signait L, initiale de Louis. Il deviendrait presque piquant de donner le catalogue des journaux de toute sorte auxquels il a participé... on n'en finirait pas si l'on voulait tout rechercher : il serait presque aussi aisé de savoir le compte des journaux où Charles Nodier a mis des articles... On comprend maintenant ce que veut dire cette paresse de Fontanes, laquelle n'était souvent qu'un prêt facile et une dispersion active. »

Prêt ou emprunt? L'emprunt concilierait mieux la fécondité prodigieuse et la paresse légendaire, mais l'emprunt au seul Joubert.

IV

Au sujet de la paresse de Fontanes, j'ai à présenter une explication et une excuse. Ses yeux étaient malades, et il était condamné à les ménager beaucoup, d'autant qu'il y avait là vraisemblablement une faiblesse héréditaire. Il écrivait en août 1806 : « J'ai été encore aveugle, mon cher ami, depuis que j'ai reçu votre lettre, et voilà l'excuse d'un silence que je ne me pardonnerais pas, s'il n'avait été involontaire... » Et, en 1807 : « Mes yeux, qui sont toujours un peu faibles, m'obligent de dicter ma lettre ; c'est pour cela que je vous écris peu. » A sa sœur, atteinte du même mal, il recommandait vivement « de se bien garder de confier ses yeux à des charlatans. Ils augmentent quelquefois le mal au lieu de le diminuer. Nos oculistes de Paris ne sont guère plus heureux et plus habiles. *On a voulu souvent me les faire consulter*. Mais j'ai refusé leur secours. J'aime mieux *une vue très affaiblie que des ténèbres complètes*, et tel est presque le résultat de ces opérations si vantées (1) ».

Nous constaterons également, dans la suite de ces études, que la fille du poète craignait, elle aussi, pour sa vue. Elle vint à Genève consulter un oculiste renommé. C'était donc une faiblesse héréditaire, un mal de famille, une menace qui pesait sur les Fontanes.

Ainsi s'expliquerait, en partie du moins, une habi-

(1) Lettre autographe signée, à sa sœur, datée 20 mai. Catalogue de lettres autographes mises en vente à Paris, le 16 mai 1843.

tude singulière de Fontanes : « En composant, il n'écrivait jamais. Il attendait que l'œuvre poétique fût achevée et parachevée dans sa tête, et encore il la retenait ainsi en perfection sans la confier au papier.

« Ses brouillons, quand il s'y décidait, restaient informes, et ce qu'on a de manuscrits n'est le plus souvent qu'une dictée faite par lui à des amis, et sur leur instante prière. Plusieurs de ses ouvrages n'ont jamais été écrits de sa main (1). »

Il se peut très bien que cela tienne à une manière de travailler. Et toutefois, je présume que cette habitude lui vint surtout de l'affaiblissement de sa vue, toujours menacée, et de la nécessité de ménager ses yeux fatigués aussitôt qu'appliqués. Et quant au prodige, quelque peu contradictoire, de sa fécondité répandue en tant de journaux, avant 1800, je dis, par manière d'hypothèse : aux travaux de Fontanes s'ajoutaient les travaux de Joubert. Celui-ci refusant obstinément de signer, l'autre signait pour deux, ou du moins publiait pour deux. Ce que fit Langeac quelques rares fois, Fontanes le fit maintes fois, et par commerce d'amitié. Il adopta les œuvres de son ami et les produisit ici et là, et même à l'Institut. Avant la *Revue* projetée, nous savons qu'il y avait eu travail en commun. La *Revue* ne pouvant s'établir, ils continuèrent, sous des formes diverses, une collaboration qui comblait les vœux de l'un et de l'autre.

Il ne semble pas qu'il soit possible d'exagérer la portée de cette déclaration très explicite de Chateaubriand : « *Je rencontre, à chaque instant, dans les ébau-*

---

(1) Sainte-Beuve.

ches de M. Joubert, des choses adressées à *Fontanes*, et que celui-ci n'a pas connues. »

Qui sait s'il ne les a pas connues. Ne serait-ce pas précisément les brouillons fragmentaires des études livrées à Fontanes, et dont celui-ci aura fait son profit. Oh ! que je voudrais avoir à ma disposition ces papiers négligés, dédaignés, « ébauches adressées à Fontanes » !

Et d'autre part, vu la difficulté ou la paresse de Fontanes à écrire, ne trouvez-vous pas étonnant qu'il ait composé, à lui seul, à lui tout seul, une histoire de Louis XI, qu'il ait composée, à lui tout seul, une histoire de France ? Il avait donc, pour l'histoire, lui poète, le même goût passionné que Joubert ! « M. de Fontanes avait lu, à l'Institut, en 1796, un fragment historique de la Vie de Louis XI, faisant partie d'un travail sur les principales époques de l'histoire de France. Cet ouvrage passait pour être terminé depuis longtemps, et l'on croyait que la politique soupçonneuse de Bonaparte avait été un obstacle à sa publication (1). »

Joubert était-il étranger à cette Vie — à ce travail sur les principales époques de l'histoire de France ? Un détail me revient, où la réponse est peut-être engagée. Au lendemain de la mort du moraliste, Chateaubriand écrivit dans le *Journal des Débats*, que son ami « avait laissé un manuscrit à la manière de Platon et *des matériaux pour notre histoire.* »

Ce n'est que bien plus tard, et quand il recueillit cet article dans ses OEuvres, qu'il substitua *matériaux historiques* à *matériaux pour notre histoire.* La forme pre-

---

(1) *Biographie des hommes vivants*, 1819.

mière était plus explicite, et, je pense, plus véridique, étant plus voisine des choses; la correction n'aura été dictée que par un scrupule de style.

Joubert avait dû narrer les anecdotes les plus caractéristiques des trois histoires de France, d'Angleterre et d'Amérique, qui se pénètrent et se commandent en tant de points. Voilà, peut-être, l'explication de ce passage très suggestif de la *Notice Historique* : « M. Joubert fit connaissance avec M. de Langeac, l'un des protecteurs les plus éclairés des belles-lettres; il les cultivait lui-même avec beaucoup de succès et les encourageait avec magnificence; jamais on ne fit plus noble usage d'une grande fortune et d'un grand crédit. *Il distingua le mérite de M. Joubert et l'engagea à se charger d'un travail fort important que les événements politiques vinrent malheureusement interrompre.* Mais M. de Langeac resta son ami. »

Quel est ce travail fort important et interrompu par la Révolution? Les « principales époques de l'histoire de France », et de l'histoire d'Angleterre, et de l'histoire d'Amérique. Si, dans les *Pensées, Maximes et Essais de Joubert*, on ne trouve rien sur l'histoire proprement dite, c'est que tout ce qui sortait d'un certain cadre convenu — philosophique et littéraire — en aura été systématiquement exclu. Pourquoi ce rejet? Est-ce que l'histoire n'est pas le propre « gibbier » du moraliste?

Avec les Guizot, les Augustin Thierry et autres, le genre historique s'était renouvelé magnifiquement grâce à l'étude des documents originaux. On aura trouvé que les *Précis* de Joubert retardaient un peu, beaucoup.

Est-ce qu'il n'y a pas plusieurs manières d'écrire l'histoire ? Celle qui s'attache à l'étude des âmes et des caractères, et à l'examen des ressorts qui les meuvent, celle *qui s'amuse plus aux conseils qu'aux événements, plus à ce qui part du dedans que du dehors*, est-elle donc moins importante, et de moindre intérêt que celle qui s'attache aux archives, et leur demande le menu détail des événements avec les leçons ou les allusions de la politique ? Les deux peuvent coexister sans se nuire. Les études de Guizot sur Charles Ier et sur Cromwel — études surtout politiques et parlementaires — n'effacent aucunement les Extraits, surtout psychologiques, de Joubert sur les mêmes personnages. J'ose aller plus loin et je dis que l'on connaît mieux le Protecteur, ainsi que sa royale victime, après avoir lu l'*Essai* de Joubert, l'humble *Précis* daté de 1789.

V

Sous les auspices de Mme de Beaumont, Joubert se lie, en 1795, avec F. de Pange. Il le visite à Passy, et, au retour, il confie ses impressions à la grande amie. Quelques traits lui suffisent pour caractériser cette belle et énergique figure de penseur : « Esprit austère et fort, rire même profond. » — « Je le vis avec une grande utilité... mais, avec lui, mon imagination est un peu contrainte... Il veut qu'on marche... et j'aime à voler. » Dans ces mots si courts se découvre une estime parfaite, l'admiration même, mais aussi le contraste absolu des deux esprits, — l'opposition des deux natures et des deux méthodes : d'un côté solidité et lenteur de la marche ; de l'autre, rapidité de la pensée qui a des ailes, et caprices de l'imagination qui veut sourire.

« Triste comme la vérité », lui écrivait F. de Pange. Le mot n'agrée aucunement à Joubert, pour qui la vérité fut et sera toujours « lumière », « beauté », « joie », « délices ».

F. de Pange était assombri par un état maladif ; il n'avait plus longtemps à vivre. Leurs relations durèrent un an. Pange mourut au commencement de septembre 1796. Sa mort prématurée fut annoncée comme un deuil pour les Lettres. Il y eut, dans la presse, un concert d'éloges : notices rapides et insuffisantes. On en demanda une plus étendue et plus intime à Mme de Beaumont, cousine et amie de F. de Pange. J'ai lu et relu plusieurs fois ce morceau. L'éditeur des *Œuvres de F. de Pange* ne me semble pas avoir exagéré en le présentant comme « le plus beau et le plus touchant témoignage d'affection qui lui ait été rendu au moment de sa mort ».

Ni Rœderer ni Suard n'ont si bien dit. Ce sont pourtant des maîtres en ce genre.

Et, tout en admirant « la science de l'observation morale (1) », la concision élégante de l'ensemble et la précision de chaque trait, je me rappelais l'échange continuel de correspondances, de visites et de livres, précisément à cette époque, entre Mme de Beaumont, Mme de Pange et Joubert.

Et ces questions m'obsédaient :

---

(1) Bardoux. *La Comtesse de Beaumont*.

Est-ce bien là peinture et style de femme ? Et que de vers dans ces courtes pages : la pensée de l'auteur de cette notice faisait donc aussi le mètre ? Et d'où vint à Mᵐᵉ de Beaumont, qui n'avait jamais rien publié, cette assurance de préparer, pour le public, la difficile esquisse d'un caractère si noblement viril ? N'aurait-elle pas appelé au secours ? Et supposons qu'elle n'ait pas assumé toute seule la tâche de ce portrait, à quel penseur bienveillant, délicat et subtil, ayant fréquenté et compris F. de Pange, se sera-t-elle adressée, sinon à l'ami dévoué et discret par excellence, sinon à Joubert ?

Et si Joubert avait écrit quelques pages sur F. de Pange, à l'aide de notes fournies par Mᵐᵉ de Beaumont, ces pages auraient-elles un autre tour et une autre allure, une profondeur plus limpide, une plus mâle concision ? Et comment expliquer l'absence de toute allusion à cette notice dans la double correspondance de Joubert et de Mᵐᵉ de Beaumont ? Se pouvait-il sujet plus intéressant que cette publication, imprévue et unique, de l'amie et parente tendrement aimée ? Et sur un homme tant estimé de Joubert ? Toujours préoccupé de cacher sa vie, Joubert n'aura-t-il pas exigé la destruction des lettres où il était parlé de ce morceau ? Et, précisément, de même que nous n'avons pas une lettre de l'année où parut le *Génie du Christianisme*, — pas une lettre de Mᵐᵉ de Beaumont à Joubert ni de Joubert à Mᵐᵉ de Beaumont, — il n'y en a pas une seule non plus de l'année 1796. Or, ce fut le temps de leur plus grande intimité. En janvier 1797, lettres de Joubert à la veuve de F. de Pange ; puis, réponse à Mᵐᵉ de Beaumont : « Vos lettres m'ont fait un grand plaisir. » En juin, autre lettre à Mᵐᵉ de Pange ; elle commence ainsi : « Je ne suis pas digne de vous remercier, Madame ; j'ai une extinction d'esprit et de voix ; je n'en suis pas moins pénétré de reconnaissance pour tous les envois dont vous avez bien voulu m'honorer... j'avais eu l'honneur de vous écrire le jour de mon départ, en vous renvoyant le *don Quichotte* espagnol... Je rendrai grâces à la Providence si, dans la situation où je serai réduit [état maladif], elle me laisse toujours la capacité d'être heureux par des idées et des sentiments fort doux, qui me remplissent assez souvent de leurs délices, et si, à ce bienfait, elle ajoute celui de me laisser disposer librement, une fois par mois, de ma main et de ma pensée, pour écrire à votre cousine [Mme de Beaumont] et à vous quand je ne pourrai pas vous voir... » Dans une lettre de mai, il invite Mme de Beaumont : « Votre chambre verte [à Villeneuve-sur-Yonne] est à votre service... Vous faites ici des miracles. » Elle avait donc occupé déjà cette chambre, probablement en 1796. On voit ce qu'étaient les rapports de Joubert avec Mme de Pange comme avec Mme de Beaumont ; ils furent tels jusqu'à la mort de l'une et de l'autre.

La conclusion me tente ; je l'abandonne au jugement du lecteur. Plus d'un peut-être la tirera sans hésiter, après avoir lu la « *Notice sur F. de Pange* par une femme de ses amies » (1).

« Vous me demandez quelques traits — qui puissent donner une idée — du caractère de celui que nous pleurons, — mais la beauté même de ce caractère — rend votre demande — presque impossible à satisfaire ; — sa vie entière est le seul trait — qui puisse le carac-

---

(1) *Paris pendant l'année 1796*, par Peltier, vol. IX, n° 78, 15 octobre, p. 395.

tériser. — Un trait est un incident dans la vie — qui ne se détache du reste — que parce qu'il y fait contraste ; — qui n'est remarqué — que parce qu'il est extraordinaire. — Un homme dont une qualité — surpasse éminemment toutes les autres, — qui, par exemple, — est plus courageux que ne l'est — le commun des hommes — ou plus généreux ou plus humain — mais qui, d'ailleurs, — n'a rien d'extraordinaire, — cet homme brille — par cette qualité dominante — que le reste de son caractère, — ne donnait pas le droit d'attendre ; — mais lorsque tout est à l'unisson, — quand les qualités de l'âme, — et celles de l'esprit — sont tellement ordonnées que leur accord — règle tous les mouvements — de l'âme et de la pensée, — on n'est plus frappé que de cet accord — parce qu'il est rare ; — mais ses effets n'étonnent pas ; — ils sont prévus.

Quel homme, je ne dirai pas de ses amis mais de sa connaissance, a été surpris de son désintéressement, lorsqu'il perdit une somme considérable, la portion la plus solide de sa fortune et sur laquelle il avait dû compter si sûrement. A peine en parla-t-il, et personne ne s'en étonna ; de sa part, le contraire aurait étonné. On en peut dire autant de ce qui lui est arrivé le 15 vendémiaire dernier. Vous avez su qu'il courut alors de très grands dangers en prenant la défense d'un homme qu'il ne connaissait pas, mais qu'il voyait maltraité.

« Il fut menacé, frappé, traîné en prison ; il m'écrivit, et la première moitié de sa lettre contenait des réponses à quelques commissions que je lui avais données. Ce ne fut qu'à la fin qu'il me raconta son aventure avec une simplicité surprenante dans tout autre, mais que j'étais sûre de trouver en lui. Ce n'était pas la première fois qu'il s'exposait ainsi ; il aurait couru les mêmes dangers le lendemain ; son cœur le plaçait toujours dans le parti de l'opprimé, quel qu'il fût, et le péril était un aiguillon de plus.

« Cependant, malgré le besoin de secourir et cette vive sensibilité, personne mieux que lui n'a su employer chacune de ses facultés morales à son véritable usage. Né avec une âme brûlante, il éprouvait très vivement ces sensations de plaisir ou de peine qui portent presque toujours de la partialité dans les jugements. Son extrême amour pour la justice le préservait de cette faiblesse, si ordinaire qu'on pourrait la croire inséparable de l'humanité.

« Mais si la justice avait sur lui cet empire, elle n'empêchait pas l'action de toutes les émotions fortes et précipitées que produit une révolution sur des organes faibles. Obligé de se cacher pendant le règne de la Terreur, il apprit successivement dans sa retraite, souvent sans préparation, la mort de ses plus intimes amis. Les regrets qu'il leur donnait, l'indignation que lui inspirait l'injustice, ses craintes continuelles sur le sort de ceux qui lui restaient, déchiraient son cœur qui ne pouvait rien sentir médiocremment. Sa santé s'altéra. Le 9 thermidor, en lui rendant l'espérance de jours plus calmes, parut lui rendre aussi les moyens d'en jouir. Une émotion de bonheur arrêta pour quelques instants l'effet de tant d'émotions douloureuses ; mais cet effet avait été trop violent ; sa perte devait être ajoutée à tant de pertes, les combler toutes, et ne laisser à ses amis, c'est-à-dire à tous ceux qui l'ont connu, que le regret d'avoir vu disparaître si promptement un homme fait pour éclairer, pour servir, pour honorer son pays, par ses vertus et ses talents, et à qui le temps seul a manqué pour réaliser ces grandes espérances. Quand le dépérissement de ses forces le contraignit à s'occuper uniquement de sa santé, il disait : « *Il ne faut pas mourir ; je sens que je ne suis pas né pour ne rien laisser après moi.* »

« Il avait parfaitement la conscience de ses facultés intellectuelles, et pas du tout celle des facultés du cœur. Il savait bien qu'il avait plus d'esprit, une tête plus fortement organisée que le commun des hommes, mais il ne savait pas, ou du moins il ne s'était jamais dit, qu'il fût meilleur, plus généreux, qu'il sût mieux aimer qu'un autre. »

Joubert aura fait comme Rœderer.

Et que faisait donc Rœderer, en cette même année 1796 ?

« Il prenait les initiales d'une femme de ses amies, en imprimant un opuscule : *Conseils d'une mère à ses filles.* Il s'autorisait du déguisement et tenait assez bien la gageure dans ses préceptes maternels d'une raison modeste et solide. » — « Ce petit écrit est-il de Rœderer seul ? Est-il en partie de Mme Rousseau ? » se demandait Sainte-Beuve (1).

Encore un texte mystérieux à presser et à scruter, — une trace bien effacée à relever et à étudier. Sous la date du 15 mai 1798, Joubert écrit à Mme de Beaumont : « Je vous envoie un autre livre, c'est l'*Esprit des Journaux*, dont j'entends que vous soyez, ainsi que moi, l'abonnée à vie... Je ne savais pas que La Bruyère était si fort de vos amis. Je ne vous envoyais le petit livre que pour

---

(1) Articles sur Rœderer, *Causeries du Lundi*, t. VIII.

vous familiariser avec lui. Vous faites fort bien de l'aimer. Il y a d'aussi beaux, et de plus beaux livres que le sien, mais il n'en est point d'aussi absolument parfait. La notice qui vous a plu n'est point de l'auteur que vous voulez dire ; mais on l'a un peu imité. »

Pourquoi cet « on » mystérieux ? s'il ne s'était agi que de « la notice exquise de Suard, écrite en 1782 ». Quel motif aurait porté Joubert à taire, en 1798, le nom de Suard, ami de Mme de Beaumont et de F. de Pange ? Peut-être était-ce un *Extrait* de cette notice ; peut-être extrait et notice formaient-ils « le petit livre » duquel Joubert disait : « Je ne vous l'envoyais que pour vous familiariser avec La Bruyère. » Mais cet Extrait, autrement dit, cet article ? Le souvenir d'un passage que j'avais noté dans les *Portraits Littéraires* (1) me revient fort à propos. « On apprend d'un morceau qui se trouve dans *l'Esprit des Journaux* (février 1782), *et où l'auteur anonyme apprécie fort délicatement lui-même la notice de Suard*, que La Bruyère, déjà moins lu et moins recherché, au dire de d'Olivet, n'avait pas été complètement mis à sa place par le XVIIIe siècle. Voltaire en avait parlé légèrement dans le *Siècle de Louis XIV :*
« Le marquis de Vauvenargues, dit l'auteur anonyme,
« (qui serait digne d'être *Fontanes* ou Garat), est pres-
« que le seul, de tous ceux qui ont parlé de La
« Bruyère, qui ait bien senti ce talent vraiment grand
« et original. Mais Vauvenargues lui-même n'a pas
« l'estime et l'autorité qui devrait appartenir à un écri-
« vain qui participe à la fois de la sage étendue d'esprit
« de Locke, de la pensée originale de Montesquieu, de

---

(1) Sainte-Beuve. *Portraits littéraires*, t. I, p. 406.

« la verve de style de Pascal, mêlée au goût de la
« prose de Voltaire ; il n'a pu faire ni la réputation de
« La Bruyère ni la sienne. » Cinquante ans de plus, en
achevant de consacrer La Bruyère comme génie, ont
donné à Vauvenargues lui-même le vernis des maîtres. »

A la place du nom de Fontanes, trop jeune en 1782
et trop adonné à la poésie, je mettrais, dans la parenthèse, le nom de Joubert. Et désormais, il me semble
que j'entendrais mieux ce mot de Mme de Beaumont à
Mme Joubert : « J'ai aussi oublié de lui [à Joubert] faire
compliment des *Mélanges* de M. Suard ; il les attendait
avec impatience, et enfin, ils paraissent (1). »

VI

L'article de Fontanes où se détache la pensée que
nous avons retrouvée, mot pour mot, dans Joubert :
« Notre langue est une mine où l'or ne se trouve qu'à
de certaines profondeurs, » cet article est antérieur à
l'heureuse refonte du *Génie du Christianisme*. Datez les
Pensées de Joubert ; donnez des extraits de son journal :
quelles recherches intéressantes il nous serait permis
d'entreprendre pour mesurer l'influence décisive que
les communications, orales ou écrites, de Joubert exercèrent sur les idées les plus fécondes et les plus hardies
de ce livre régénérateur ! On ne sait pas assez que Chateaubriand refit courageusement son apologie, et par
deux fois, sur les conseils de Fontanes et de Joubert.

(1) Lettre du 3 sept. 1803.

L'édition publiée le 14 avril 1802 était la troisième, et non la première. L'auteur le déclarait dans sa préface : « J'étais encore à l'étranger lorsque je livrai à la presse le premier volume de mon ouvrage. Cette édition fut interrompue par mon retour en France, au mois de mai 1800.

« Je me déterminai à recommencer l'impression à Paris et à refondre le sujet en entier, d'après les nouvelles idées que mon changement de position me fit naître : on ne peut écrire avec mesure que dans sa patrie.

« Deux volumes de cette seconde édition étaient déjà imprimés, lorsqu'un accident me força de publier séparément l'épisode d'*Atala*, qui faisait partie du second volume et qui se trouve maintenant dans le troisième.

« L'indulgence avec laquelle on voulut bien accueillir cette petite anecdote ne me rendit que plus sévère pour moi-même. Je profitai de toutes les critiques, et, malgré le mauvais état de ma fortune, je rachetai les deux volumes imprimés du *Génie du Christianisme* dans le dessein de retoucher encore une fois tout l'ouvrage. C'est cette troisième édition que je supplie... etc. »

Pendant qu'il remaniait ainsi le *Génie du Christianisme*, Fontanes et Joubert l'aidaient de leurs conseils. Le premier, scrupuleux de goût, s'en tenait à la critique des mots et des phrases. Non « révolté », mais ébahi des « singularités », il indiquait maintes corrections et suppressions à opérer. Le second ajoutait à cette critique toute négative et superficielle, des suggestions d'idées, des aperçus de fond ; il ouvrait de nouvelles perspectives sur le grand art dans ses rapports avec le christianisme. Et quant à la forme, ses conseils étaient aux antipodes de ceux de Fontanes. Il lui disait de vive voix et la plume à la main : « Gardez avec soin les singularités qui vous sont propres... L'essentiel est d'être naturel pour soi. On le paraît bientôt aux autres... Soyez plus original que jamais et montrez-vous constamment ce que Dieu vous a fait. Les étrangers qui composent les trois quarts et demi de l'Europe ne trouveront que frappant ce que les habitudes de notre langue nous portent naturellement à croire bizarre dans le premier moment... On doit toute déférence à la raison ; on doit de la complaisance à la coutume ; mais on en doit aussi à sa coutume particulière, dont la pratique mêle à nos travaux un plaisir de caprice qui devient bientôt celui de nos lecteurs. L'accent personnel plaît toujours. Il n'y a que l'accent d'imitation qui déplaise, quand il n'est pas celui de tout le monde. »

On voit la différence, ou, pour mieux dire, l'opposition des deux critiques, celle de Fontanes et celle de Joubert. L'une et l'autre eurent leur part d'heureuse influence. Mais la plus féconde, et de beaucoup, la plus d'accord avec les conclusions de l'avenir, incontestablement, ce fut celle de Joubert.

En quoi le livre rapporté d'Angleterre était incomplet, et, partant, quelle aurait été la part de Joubert dans l'œuvre nouvelle et enrichie, il ne serait pas tout à fait chimérique de le rechercher. La lettre de Chateaubriand à Fontanes, datée de Londres, août 1799, énumère les sept parties dont l'ouvrage se composait alors, et celle qui suivit, du 27 octobre 1799, ne laisse pas supposer que l'addition de deux cent cinquante pages ait fait éclater le plan (1). A ces sept parties originaires, si l'on compare les quatre parties actuelles, il semble que l'édition de Londres ne contenait rien ou presque rien de ce qui forme notre troisième partie.

Joubert, critique d'art et moraliste chrétien, aurait donc plaidé la cause des beaux-arts (philosophie, histoire, éloquence) ; il aurait plus particulièrement rappelé la nécessité de faire une place aux *philosophes* et aux *moralistes*. De telles omissions eussent été graves dans un livre intitulé *Génie du Christianisme*.

Les lettres échangées entre Joubert et Mme de Beaumont nous apprennent que « la vue générale du clergé » (missions, ordres militaires, services rendus à la société par la religion chrétienne) fut composée à Savigny pendant l'année 1801. Elles prouvent aussi que Joubert connaissait à fond *Atala* et *le Génie du Christianisme* par les confidences antérieures ; elles permettent de dégager quelques-unes des critiques, quelques-uns des jugements et des pronostics qu'il avait formulés avant l'apparition d'*Atala*, quelques-uns des conseils qu'il avait donnés à l'apologiste avant le départ pour Savigny, conseils renouvelés à Savigny même, lorsque Joubert y vint avec sa femme et son fils.

On y retrouve enfin l'opposition des deux critiques, je dirais même le flagrant conflit, s'il ne s'agissait de tels amis, les plus unis qui fussent.

Pour ces diverses raisons les deux lettres que je vais citer (en partie) projetteront sur le point en question une lumière assez vive.

(1) Voyez dans *Chateaubriand, sa femme et ses amis*, les lettres de Chateaubriand à Fontanes.

« *A Madame de Beaumont, à Paris.*

« Villeneuve-sur-Yonne, 6 mars 1801.

« Je ne partage pas vos craintes ; car ce qui est beau ne peut manquer de plaire ; et il y a dans cet ouvrage une Vénus, céleste pour les uns, terrestre pour les autres, mais se faisant sentir à tous.

« Ce livre-ci n'est point un livre comme un autre. Son prix ne dépend point de sa matière, qui sera cependant regardée par les uns comme son mérite, et par les autres comme son défaut. Il ne dépend pas même de sa forme, objet plus important, et où les bons juges trouveront peut-être à reprendre, mais ne trouveront rien à désirer. Pourquoi ? Parce que, pour être content, le goût n'a pas besoin de trouver la perfection. Il y a un charme, un talisman qui tient aux doigts de l'ouvrier. Il l'aura mis partout, parce qu'il a tout manié, et partout où sera ce charme, cette empreinte, ce caractère, là sera aussi un plaisir dont l'esprit sera satisfait. Je voudrais avoir le temps de vous expliquer tout cela, et de vous le faire sentir, pour chasser vos poltronneries ; mais je n'ai qu'un moment à vous donner aujourd'hui, et je ne veux pas différer de vous dire combien vous êtes peu raisonnable dans vos défiances. Le livre est fait, et, par conséquent, le moment critique est passé. Il réussira parce qu'il est de l'enchanteur. S'il y a laissé des gaucheries, c'est à vous que je m'en prendrai ; mais vous m'avez paru si rassurée sur ce point, que je n'ai aucune inquiétude. Au surplus, eût-il cent mille défauts, il a tant de beautés qu'il réussira : voilà mon mot. J'irai vous le dire incessamment.

Si j'étais garçon, je serais déjà parti. Encore une quinzaine, et je pourrai vous gronder et vous regarder tout à mon aise. Portez-vous mieux, je vous en prie. »

« Villeneuve-sur-Yonne, 12 septembre 1801.

« ... Dites à M. de Chateaubriand qu'il en fait trop ; que le public se souciera fort peu de ses citations, mais beaucoup de ses pensées ; que c'est plus de son génie que de son savoir qu'on est curieux ; que c'est de la beauté, et non pas de la vérité, qu'on cherchera dans son ouvrage ; que son esprit seul, et non pas sa doctrine, en pourra faire la fortune ; qu'enfin, il compte sur Chateaubriand pour faire aimer le christianisme, et non pas sur le christianisme pour faire aimer Chateaubriand. J'avouerai, à la suite de ce blasphème, qu'il ne doit rien dire, lui, qu'il ne croie la vérité ; que, pour le croire, il faut qu'il se le prouve, et que, pour se le prouver, il a souvent besoin de lire, de consulter, de compulser, etc. Mais, hors de là, qu'il se souvienne bien que toute étude lui est inutile ; qu'il ait pour seul but, dans son livre, de *montrer la beauté de Dieu* dans le christianisme, et qu'il se prescrive une règle imposée à tout écrivain par la nécessité de plaire et d'être lu facilement, plus impérieusement imposée à lui qu'à tout autre par la nature même de son esprit, esprit à part, qui a le don de transporter les autres hors et loin de tout ce qui est connu. Cette règle trop négligée, et que les savants même, en titre d'office, devraient observer jusqu'à un certain point, est celle-ci : *Cache ton savoir.* Je ne veux pas qu'on soit un charlatan, et qu'on use en rien d'artifice ; mais je veux qu'on observe l'art,

L'art est de cacher l'art. Notre ami n'est point un tuyau, comme tant d'autres ; c'est une source, et je veux que tout paraisse jaillir de lui. Ses citations sont, pour la plupart, des maladresses ; quand elles deviennent des nécessités, il faut les jeter dans les notes. On se fâchait autrefois de ce qu'à l'Opéra on entendait le bruit du bâton qui battait les mesures. Que serait-ce si on interrompait la musique pour lire quelque pièce justificative à l'appui de chaque air ? Écrivain en prose, M. de Chateaubriand ne ressemble point aux autres prosateurs ; par la puissance de sa pensée et de ses mots, sa prose est de la musique et des vers. Qu'il fasse son métier : qu'il nous enchante. Il rompt trop souvent les cercles tracés par sa magie ; il y laisse entrer des voix qui n'ont rien de surhumain, et qui ne sont bonnes qu'à rompre le charme et à mettre en fuite les prestiges. Ses in-folio me font trembler. Recommandez-lui, je vous prie, d'en faire ce qu'il voudra dans sa chambre, mais de se garder bien d'en rien transporter dans ses opérations. Bossuet citait, mais il citait en chaire, en mitre et en croix pectorale ; il citait aux persuadés. Ces temps-ci ne sont pas les mêmes. Que notre ami nous raccoutume à regarder avec quelque faveur le christianisme ; à respirer, avec quelque plaisir, l'encens qu'il offre au ciel ; à entendre des cantiques avec quelque approbation : il aura fait ce qu'on peut faire de meilleur, et sa tâche sera remplie. Le reste sera l'œuvre de la religion. Si la poésie et la philosophie peuvent lui ramener l'homme une fois, elle s'en sera bientôt réemparée, car elle a ses séductions et ses puissances, qui sont grandes. On n'entre point dans ses temples, bien préparé, sans en sortir asservi. Le difficile est de rendre aujourd'hui aux hommes l'envie d'y revenir. C'est à quoi il faut se borner ; c'est ce que M. de Chateaubriand peut faire ; mais qu'il écarte la contrainte ; qu'il renonce aux autorités que l'on ne veut plus reconnaître ; qu'il ne mette en usage que des moyens qui soient nouveaux, qui soient siens, exclusivement, qui soient du temps et de l'auteur.

    Il me faut du nouveau, n'en fût-il plus au monde

a dit le siècle. Notre ami a été créé et mis au jour tout exprès pour les circonstances. Dites-lui de remplir son sort et d'agir selon son instinct. Qu'il file la soie de son sein ; qu'il pétrisse son propre miel ; qu'il chante son propre ramage : il a son arbre, sa ruche et son trou ; qu'a-t-il besoin d'appeler là tant de ressources étrangères ?

  « Je le reprends, au reste, et je le blâme avec une grande défiance de moi-même. Je sais que, dans le travail, on est quelquefois arrêté par des scrupules, des curiosités, même par de vains caprices qu'il est plus utile et plus aisé de satisfaire que de vaincre. Mais je sais aussi combien serait quelquefois profitable un bon avertissement qui viendrait à propos, et je vous charge de lui faire part du mien. S'il vous dit qu'il y aurait bien des choses à dire là-dessus, répondez-lui qu'il y aurait aussi bien des choses à répliquer à ce qu'il répondrait... Je suis las, je n'écrirai pas à M. de Chateaubriand, comme je me l'étais proposé... »

  Un mois avant, il lui avait écrit et lui avait rendu compte de tout ce qui le concernait.

  Réagir jusque par delà 1550, jusqu'au moyen âge méprisé, — « jusqu'aux Capétiens, sous lesquels naquit la langue (1) » afin d'avoir une littérature vraiment nationale, et non une littérature purement classique, nourrie d'emprunts progressivement appauvris, telles sont les idées littéraires qui dominent dans le *Génie du Christianisme*.

Un critique contemporain, au cours d'une belle étude sur Chateaubriand, la meilleure que je connaisse, très fouillée et très équitable (la chose est rare à l'endroit de l'illustre écrivain) (2), analyse les idées contenues dans la *poétique chrétienne* de ce livre, et il continue en ces termes : « Ces idées sont profondes, elles sont nouvelles et, en leur ensemble, elles sont justes. Pour leur temps, elles sont étonnantes. Qu'un ami de Fontanes, et très respectueux de ses conseils, les ait eues, cela marque une liberté d'esprit dont il y a peu d'exemples en littérature. Elles étaient infiniment fécondes. Elles détruisaient des préjugés tenaces et nuisibles. Elles affranchissaient les esprits. Elles indiquaient des sources d'inspirations presque nouvelles, ou délaissées, ou très sottement méprisées. Elles contenaient un appel puissant à la poésie qui semblait s'éloigner de nous. Elle frappait de discrédit un système littéraire épuisé. Elles annonçaient une littérature nouvelle, sans permettre qu'on méprisât l'ancienne, et en lui conservant un très haut rang. Elles prévoyaient en grande partie le xixe siècle littéraire, et elles lui permettaient de naître.

« Ces idées, Chateaubriand les a suivies lui-même et en a rempli le dessein. Nous verrons qu'il les a dépassées aussi, et que si, rien que par elles, il est déjà l'ini-

---

(1) Joubert.
(2) Emile Faguet. — *Etudes littéraires sur le dix-neuvième siècle*. H. Lecène et H. Oudin.

tiateur de l'art moderne, par le tour de son génie et l'influence qu'il a exercée sur les imaginations, il a ouvert plus de chemin encore, et encore agrandi l'empire de l'art. »

Qu'un ami de Fontanes les ait eues, ces idées profondes, nouvelles, hardies, infiniment fécondes, oui, sans doute, cela ne laisse pas de surprendre. Mais qu'un ami de Joubert les ait eues, cela cesse de m'étonner; et si le secours des dates, mises aux *Pensées*, nous était accordé, si surtout les lettres de Joubert à Chateaubriand nous étaient restituées, je crois fort que, textes en main, nous arriverions à de singulières trouvailles, ou du moins à des inductions très précieuses.

Je lis dans Chateaubriand : « Les peuples commencent par la poésie et finissent par les romans. » Et dans Joubert : « La littérature des peuples commence par des fables et finit par les romans. » C'est la même pensée. La formule de Chateaubriand compte un mot de moins. Sous une apparence de concision plus rapide, elle me semble inférieure : *fables* vaut mieux que *poésie*; la *littérature* des peuples est plus simple et plus exact que les *peuples*. Chateaubriand n'est pas plus concis; il est moins précis.

Est-ce lui ou Joubert qui est l'emprunteur ? La réponse n'est pas aussi facile qu'avec Fontanes. Et toutefois, volontiers, je répondrais : C'est Chateaubriand.

Je lis encore dans Chateaubriand : « Aussitôt qu'une pensée vraie est entrée dans notre esprit, elle jette une lumière qui nous fait voir une foule d'autres objets que nous n'apercevions pas auparavant. » Et dans Joubert: « ... Tout ce qui est lumineux a ce caractère. Une lampe éclaire à la fois l'objet auquel on l'applique, et vingt autres auxquels on ne songe pas à l'appliquer. » Même pensée dans l'un et dans l'autre : moins colorée et moins vive dans le premier; très expressive, et poétiquement imagée, plus belle dans Joubert. L'emprunteur?

D'où Chateaubriand aurait-il tiré ces pensées qu'il devait croire siennes? Des conversations à l'infini qu'il avait eues avec le plus parfait des amis, ou des lettres qu'il en avait reçues et qu'il avait conservées? A diverses époques, il les consulta pour la rédaction de ses *Mémoires*.

Prêtez aux deux lignes suivantes de Sainte-Beuve le sens absolu qu'elles n'avaient peut-être pas dans son esprit, le sens précis de nos conclusions, et vous aurez un aperçu du secours que Chateaubriand reçut de Joubert dans la rédaction définitive du *Génie du Christianisme*, surtout dans la nouveauté de la partie critique ; « Joubert, intime et inspirant, *suggérait mille pensées*, et insinuait bien des hardiesses. »

Et par contre, je crois qu'avec le secours des dates on arriverait à cette autre conclusion :

L'admirable imagination de Joubert sommeillait et s'ignorait pour ainsi dire. Elle fut réveillée, piquée d'émulation et fécondée au contact du génie créateur de Chateaubriand. Les *Pensées* les mieux colorées seraient postérieures à 1800. Il écrivait à Fontanes, en 1794 : « Je veux donner à mes pensées — plus de pureté que d'éclat, — sans pourtant bannir les couleurs — car mon esprit en est ami. » Après l'arrivée de Chateaubriand, les couleurs que le moraliste aime ne sont plus seulement tolérées, non bannies ; son esprit s'y complaît et s'y baigne, en tout abandon, avec délices ; il en est tout pénétré et tout réjoui.

Peut-être même Joubert devrait-il quelques maximes à l'auteur du *Génie du Christianisme*. On lit dans la préface d'*Atala*, première édition :

« Mon but n'a pas été d'arracher beaucoup de larmes ; il me semble que c'est une dangereuse erreur avancée, comme tant d'autres, par Voltaire, que « *les bons ouvrages sont ceux qui font pleurer* ». Il y a tel drame dont personne ne voudrait être l'auteur, et qui déchire le cœur bien autrement que l'*Enéide*. On n'est point un grand écrivain parce qu'on met l'âme à la torture. Les vraies larmes sont celles que fait couler une belle poésie ; il faut qu'il s'y mêle autant d'admiration que de douleur.

« C'est Priam disant à Achille : « Juge de l'excès de « mon malheur, puisque je baise la main qui a tué mon « fils. » C'est Joseph s'écriant : « Je suis Joseph, votre « frère, que vous avez vendu pour l'Égypte. »

« Voilà les seules larmes qui doivent mouiller les cordes de la lyre. Les Muses sont des femmes célestes qui ne défigurent point leurs traits par des grimaces ; quand elles pleurent, c'est avec un secret dessein de s'embellir » (1).

Le même passage se retrouve, avec des variantes curieuses à étudier, dans les articles de Chateaubriand sur Shakespeare (avril 1801). « Les *vraies larmes* sont celles que fait couler une *belle poésie* ; il faut qu'il s'y mêle autant d'admiration que de douleur. Si Sophocle me présente *Œdipe tout sanglant*, mon cœur est prêt

(1) Sur cette belle pensée, voyez *Chateaubriand et son groupe*, t. I. p. 193.

à se briser, mais mon oreille est frappée d'une douce mélodie, mes yeux sont enchantés par un spectacle souverainement beau ; j'éprouve à la fois du plaisir et de la peine ; j'ai devant moi une affreuse vérité, et cependant je sens que ce n'est qu'une ingénieuse imitation d'une action qui n'est plus, qui peut-être n'a jamais été. Alors mes larmes coulent avec délices ; je pleure, mais c'est au son de la lyre d'Orphée ; je pleure, mais c'est aux accents des Muses ; ces filles célestes pleurent aussi, mais elles ne défigurent point leurs traits divins par des grimaces. Les anciens donnaient aux Furies mêmes un beau visage, apparemment parce qu'il y a une beauté morale dans les remords. »

Voici bien la même pensée dans Joubert, mais la forme diffère absolument :

« Il faut, pour l'honneur du poète, que le rire qu'il excite soit agréable, et *que les larmes soient belles...*

« ... Pour être dramatiquement beau, l'homme flétri par le malheur doit l'être par un long malheur. Tel *Œdipe*. Il faut qu'on découvre dans ses traits la destinée qui l'attend, comme on prévoit le sacrifice jusque dans l'arrangement des fleurs dont la victime est couronnée. Niobé doit conserver la trace et pour ainsi dire la beauté de sa prospérité passée. »

Il ne s'agit plus ici que de libre inspiration, et non d'emprunt formel.

Quel a été l'inspirateur ?

J'allais me résigner à laisser la question sans réponse, lorsque me vint l'idée de revoir les variantes du *Génie du Christianisme*, dans le premier volume imprimé à Londres en 1799. Or, parmi les passages supprimés dans l'édition définitive, j'ai reconnu celui qui nous occupe. Il est donc antérieur à toute relation avec Joubert. C'est celui-ci qui s'est souvenu. La pensée de Chateaubriand se sera représentée à l'esprit de Joubert, réduite à l'état d'essence ; et il l'aura remise en cours sous une forme très originale et très belle, où se marque une vraie paternité.

Joubert a donné beaucoup. Il a dû recevoir aussi. Entre ces vrais amis, Chateaubriand, Joubert et Fontanes, ce fut un « vrai commerce ».

VII

Très inspirantes aussi, les lettres de Joubert à Molé, pendant que celui-ci composait ses *Essais de morale et de politique*. Le moraliste nota sur ses cahiers les pensées dont ces lettres abondent, et il les soumit plus tard au travail dont nous avons parlé (1) : « La vérité ou plutôt la matière où elle se trouve doit être remaniée jusqu'à ce qu'elle devienne clarté, air, lumière, forme, couleur. » A la fin d'une de ses lettres les plus riches en maximes, Joubert déclare à Molé qu'il est content d'*avoir jeté ce morceau de levain dans sa pâte* : « Sachez-moi gré de ce que je vous fais part, avec tant d'abandon et si peu d'amour-propre, de la portion de mes opinions qui se présente la première, vous les livrant tantôt avec leur lie, tantôt avec leur excès et leur extravagance. Je suis entré un moment dans ces

(1) Rapprochez, de la lettre du 30 mars 1804, à Molé, les pensées et maximes de Joubert sur l'illusion, la réalité, l'erreur, la vérité et les vérités, le vrai et le faux, etc. La conclusion s'impose.

idées pour vous en ouvrir la fenêtre, assuré que le coup d'œil que je vous fais jeter là se représentera plus d'une fois à votre esprit, et que, peut-être, dans un moment heureux, vous y démêlerez ce que j'aperçois depuis longtemps, mais ce que je n'ai pu parfaitement saisir. »

S'il est évident que Joubert notait à part, pour les remanier et consigner dans ses petits cahiers, certaines pensées de sa correspondance, il n'est pas moins certain qu'il puisait dans ses petits cahiers, pour en faire bénéficier sa correspondance. En pareil cas, une de ses formules est celle-ci : « Je me suis dit une fois, » et puis, viennent les pensées toutes rédigées et réduites à l'état d'essence. Souvent aussi, il procède à ces emprunts sans avertissement d'aucune sorte.

Entre Fontanes et Molé, par rapport au profit que l'un et l'autre tirèrent de leur commerce avec Joubert, il y a cette différence : Fontanes demandait les notes, avant d'avoir entrepris son œuvre et pour s'en inspirer ou s'en emparer. Molé consultait sur un livre fait en partie pour l'amender et l'enrichir.

Fontanes prenait à Joubert beaucoup plus que Molé dont l'activité et l'aptitude littéraires furent très secondaires. Celui-ci rêvait un rôle d'administrateur. Tout jeune, il aspirait aux grandes affaires : il y parvint et s'y distingua. Les *Essais*, pour lui, n'étaient pas un but, mais un moyen :

« Sannois, mardi, 1805. — A M. Joubert. — Je vous verrai vendredi ou samedi ; je vous en prie, ayez lu et jugé mes deux chapitres pour cette époque... Je voudrais avoir mis la dernière main avant l'hiver. Je ne vous ai jamais dit les raisons qui me rendent assez pressé de publier. J'en ai de tous les genres ; vous en jugerez ; j'en ai de bonnes, de mauvaises ; mais les mauvaises sont des raisons. »

Les *Essais* parurent, selon le désir de M. Molé, vers la fin de 1805. Peu après, il était nommé, par l'Empereur, auditeur de première classe au Conseil d'État.

« Conseiller d'État dans le sens élevé où le cardinal de Richelieu entend ce mot », voilà M. Molé très bien défini par Sainte-Beuve. Mais qu'il ne soit pas question de ses tendances littéraires. C'est lui qui écrivit ce mot, où s'accusent tout à la fois les prétentions et les limites de son goût : « Je vous ai dit que vous cherchiez trop en écrivant à vous donner du plaisir, des sensations agréables ; je le pense toujours. Examinez si vous ne feriez pas bien de choisir, pour les traiter, les sujets les plus sévères ? Ils auraient l'avantage de donner carrière à l'activité et à l'étendue de votre esprit et *de ne rien offrir à vos penchants. Pour juger de ce que vous faites, ne vous arrêtez pas au plaisir que vous vous causez, mais pensez aux jugements que porteront des hommes doués d'une manière tout à fait opposée à la vôtre.* Je me suis toujours imposé cette règle, et il m'a paru qu'elle m'était utile ; lorsque j'écris dans un genre, je le fais sous les yeux des gens les plus étrangers à ce genre-là. *Craignez le plaisir que vous vous donnez en écrivant*, et ce que vous écrirez sera admirable. »

Il serait difficile, ce semble, d'émettre une théorie plus fausse, plus antilittéraire, et mon étonnement est grand de voir le mot cité sans défaveur par un très habile écrivain.

Et c'était Molé qui parlait de la sorte à Joubert !

Joubert, dans ses *Pensées*, au chapitre « des qualités de l'écrivain » formulait un jugement tout opposé : « Ce ne serait peut-être pas un conseil peu important à donner aux écrivains que celui-ci : N'écrivez jamais rien qui ne vous fasse un grand plaisir. »

Bref, Molé devait tant à Joubert que, sur le point d'imprimer son livre, il le remerciait en ces termes : « Je n'espère pas faire dire jamais de mon ouvrage : *materiam superabat opus;* mais si l'on m'accordait cet éloge, je vous en ferais assurément bien l'hommage. »

A la réussite de ce livre, loué par Fontanes dans le *Journal des Débats* et par Chateaubriand dans le *Mercure,* se rattache, comme par un premier anneau, la haute et longue fortune politique de Molé sous les trois régimes successifs.

Même au point de vue des fonctions publiques, des places et des dignités, je crois que Joubert, par contre-coup, ne fut pas sans influence sur la destinée de Molé, non plus que sur la brillante carrière de Fontanes. Je m'explique : Le frère aîné de Joubert était le médecin de Mme Bacciochi. Peut-être le tout puissant patronage de cette dame, sœur de Bonaparte, ne fut-il ménagé et assuré à Fontanes, d'abord, et, par celui-ci, à Chateaubriand, que par les soins et le zèle de Joubert.

Le succès, la fortune, la gloire de ses amis, nulle autre ambition n'eut de prise sur le noble cœur du moraliste — vrai sage en paroles et en actions. De celle-là, il fut possédé : « Égoïste qui ne s'occupait que des autres. » Elle lui suffisait — et lui réussissait, parce qu'il plaçait bien ses affections.

LIVRE QUATRIÈME

LE CONSEILLER ET LE MORALISTE

I. Joubert, directeur laïque. Beauté souriante et utilité de sa morale. — II. L'œuvre rêvée. Lacunes apparentes; pensées envolées. But pratique et présent. — III. Lettres inédites de Joubert à Fontanes, Bonnevie et autres, et de Fontanes à un « hérétique » de Genève. — IV. Duel et mort du fils de Fontanes. Joubert consolateur. Mlle de Fontanes et sa passion pour Alexandre Ier. Lettres du directeur spirituel, l'abbé Nicolle. — V. Lettres du directeur laïque, l'ami Joubert, précédées d'un avant-propos. Cours de morale, belles maximes à l'usage d'une jeune fille. — IV. Mort de Fontanes. Lettres de Chateaubriand, Frayssinous, Villemain, Bonald. Négociation matrimoniale : Joubert y est mêlé. Langueur et visites; Joubert et J. de Maistre chez Mme de Duras. La dernière maladie et la mort. Articles et souvenirs.

LIVRE QUATRIÈME

LE CONSEILLER ET LE MORALISTE

I

« Quel fruit, de ce labeur, pouvait-il recueillir ? » Des pensées, des maximes, où l'abondance était réduite en excellence. Plus désireux d'être utile et agréable à ses amis que de laisser une œuvre aux arrière-neveux, il redemandait maximes et pensées à ses petits cahiers pour en nourrir son commerce épistolaire. On le vit se dévouer sans réserve, comme sans retour personnel, à la gloire de Fontanes et de Chateaubriand. Et encore était-il « plus intéressé à leur bonheur qu'à leurs succès, et plus à leurs vies qu'à leurs livres. » Lui-même régla son cœur et son âme d'après ses belles maximes.

Sa vraie vocation fut d'être une sorte de directeur laïque, un mentor « en habit de ville ». Elle s'éveilla dans son cœur avec la tendre affection qui le devait unir à Mlle Moreau de Bussy. Elle atteignit son plein développement avec la vive amitié qui l'attacha à Mme de Beaumont. Et combien d'autres auraient pu lui redire ce mot de l'amie préférée : « Je me félicite de vous avoir établi juge de mes sentiments. Votre indulgence passée m'encourage et empêche que l'ennui profond qui m'accable ne se répande jusque sur ma solitude. » Du jour où il connut Mme de Beaumont, son génie prit sa forme heureuse et acquit toute sa fécondité. Au lieu des remarques précédentes sur l'homme en général, à la façon des moralistes devanciers, ce furent, après 1794, des études particularisées, des leçons spéciales et vécues.

On peut lui appliquer sa maxime : « Le moraliste fait souvent la morale avec son caractère. » Et toutefois, le caractère de Joubert, l'aménité de sa nature, ne donneraient qu'une explication insuffisante de sa morale qui tranche si fort, par la sérénité et la douceur, avec l'amertume désespérée ou désespérante de La Rochefoucauld, de Pascal et même de La Bruyère. Eux ne disent guère que le mal. Ils ne se complaisent qu'aux travers et aux petitesses ; « ils usent leur esprits à démêler les vices et les ridicules » (1) ; ils étalent nos défauts et nos contradictions ; ils triomphent de notre misère ; ils en font des peintures appuyées, ironiques, je dirais immorales, s'il est vrai qu'elles portent au mépris des autres et au dégoût de soi. Corriger ne leur importe guère. Ils n'ont pas l'air de croire que ce soit chose possible. L'épigraphe des *Caractères*, non, je ne l'oublie pas ; c'est l'auteur qui ne s'en est pas assez souvenu, non plus que de ce mot : « Le philosophe... demande aux hommes un plus grand et un plus rare succès que les louanges et même les récompenses, qui est de les rendre meilleurs. »

---

(1) La Bruyère. *Des Ouvrages de l'esprit*.

Joubert, au contraire, ne parle du mal que pour en venir au bien. Il ne dévoile la plaie que pour suggérer le remède. Aux défauts et aux travers, il essaie de trouver un bon côté : « Quand mes amis sont borgnes, je les regarde de profil. » — « Un homme qui ne montre aucun défaut est un sot ou un hypocrite dont il faut se méfier. Il est des défauts tellement liés à de bonnes qualités qu'ils les annoncent et qu'on fait bien de ne pas s'en corriger. » Et de même pour l'erreur. Il prétend qu'il y en a de respectables et d'utiles et de bonnes : « Beaucoup d'erreurs sont moins des opinions que des vertus, moins des égarements de l'esprit que de beaux sentiments du cœur. » Joubert l'écrit à Molé et le prouve admirablement. C'est encore à Molé qu'il s'adresse : « Tâchons de donner au bien les plus beaux noms, et au mal les noms les plus doux... Souvenons-nous de Fénelon, lorsqu'il dit en parlant des bâtards de Lacédémone : « Nés de femmes qui avaient oublié leurs « maris absents pendant la guerre de Troie. »

Désirez-vous un exemple bien remarquable de ses euphémismes ? Voulant menacer un des vices qui prêtent le plus au ridicule et à la satire, il dit, avec autant de concision que d'atticisme, avec autant d'énergie dans la pensée que de douceur dans l'accent :

« Le châtiment de ceux qui ont trop aimé les femmes, c'est de les aimer toujours. » Je n'imagine pas qu'il soit possible de mieux dire. Tandis qu'à d'autres penseurs, l'expérience ne fut qu'amertume et misanthropie, à lui, si sévère dans la candide indignation de de ses débuts, elle n'avait apporté que paix et douceur croissantes.

Le bien, le beau, le juste, le saint, c'est cela qu'il

étudie et admire, qu'il chante et adore. Il y trouve tout à la fois des moyens d'action, des sources de joie et le but idéal.

Le bien, le beau, le juste, le saint, c'est cela qu'il veut qu'on embrasse, à cela qu'il veut qu'on se tienne.

En le lisant, on prend confiance en lui, on reprend confiance en soi. Déchu, mauvais, on aspire à remonter, on se promet d'être meilleur. S'il « corrige », ce n'est pas « en riant » d'un rire moqueur; c'est en estimant et en consolant. « Fonction du sage et marque de sa bonté », sa morale est faite d'indulgence et de pitié autant que de fine pénétration et de compréhension très large. Elle s'interdit ce détour et cette surprise, l'ironie, parce que l'ironie blesse et humilie. « L'ironie est une figure que je n'ai employée de ma vie qu'en plaisantant de pure joie. » Elle enseigne à se connaître soi-même, mais aussi à se supporter ; ou mieux, elle apprend à s'estimer, non point tel que l'on se trouve, mais tel que l'on sera, tel qu'on se voit en perspective. Elle apprend à aimer la vie avec ses devoirs, à l'aimer au milieu des peines, des afflictions et des infirmités. Elle apprend à ne pas plus désespérer des autres que de soi, à les aimer, eux aussi, ceux du moins qui nous touchent, dans une perspective d'amélioration. Surtout, elle nous enseigne à être heureux, à rendre heureux autour de nous. A l'appui des préceptes épars dans son œuvre, on peut appeler sa vie en témoignage. Il fut heureux où tant d'autres se seraient désespérés : toujours malade et retenu dans ses foyers, souvent même immobilisé dans son lit, il vécut de sentiments, de souvenirs, de pensées ; et c'est de cette vie, douloureuse et resserrée, inutile en apparence, qu'il a dit

avec un accent d'allégresse : « Elle est pleine de délices. »
— « C'est là vivre, certes. »

Voilà quelle fut l'utilité pratique de sa morale, pour lui d'abord et pour ses proches, pour Mmes de Beaumont et de Chateaubriand, pour Fontanes, Chateaubriand, et tant d'autres. Le bien qu'il leur fit, qui nous le dira? J'ai tenté une esquisse de cette analyse psychologique, au sujet de Madame de Chateaubriand, dans le livre qui porte ce titre.

Dieu merci! l'efficacité des leçons de Joubert subsiste dans son œuvre pour nombre de lecteurs : « Les écrits de Joubert ont gardé quelque chose du calme et doux rayonnement qu'apportait sa présence » ; c'est Sainte-Beuve qui l'a dit. « J'en parlerai au point de vue du goût et de la littérature ; mais, moralement, ils sont encore d'un effet singulièrement bienfaisant pour les âmes restées intègres et croyantes par quelque endroit. Lisez-les dans la solitude, dans la paix des champs ; *prenez-les comme il convient, à petite dose : ce sont des essences spirituelles ;* on n'a qu'à les respirer, on est remonté, ou mieux, calmé, apaisé, rasséréné, pour tout un jour. C'est un cordial dont la vertu est bienfaisante, pour les esprits distingués et fébriles, aux instants de lassitude. J'ai là-dessus les témoignages d'amis plus jeunes que moi et restés plus sensibles à ces bonnes influences (1). »

Inspirées par ses amitiés, qui devenaient ainsi tout à la fois le sujet et l'objet de ses observations, les pensées de Joubert ne pouvaient être que bonnes, douces et belles. C'est, je crois, une des raisons de leur sédui-

---

(1) *Chateaubriand et son groupe.*

sante beauté. Il y a sur elles, et à jamais, le rayonnement de l'âme de Joubert et le sourire des âmes étudiées. Le moraliste avait l'habitude de leur soumettre ses pensées avant de les adopter à titre définitif. « Je ne pensais rien qui, à quelque égard, ne fût dirigé de ce côté, et je ne pourrai plus rien penser qui ne me fasse apercevoir et sentir ce grand vide. Mᵐᵉ de Beaumont avait éminemment une qualité qui, sans donner aucun talent, sans imprimer à l'esprit aucune forme particulière, met une âme au niveau des talents les plus éclatants : une admirable intelligence. Elle entendait tout, et son esprit se nourrissait de pensées, comme son cœur de sentiments, sans chercher dans les premières les satisfactions de la vanité, ni un autre plaisir qu'eux-mêmes dans les seconds. Mais vous ne l'avez tous connue que malade, et vous ne pouvez pas savoir cela comme moi. *Nous nous étions liés dans un temps où nous étions tous les deux bien près d'être parfaits, de sorte qu'il se mêlait à notre amitié quelque chose de ce qui rend si délicieux tout ce qui rappelle l'enfance, je veux dire le souvenir de l'innocence.* Vous rencontrerez dans le monde beaucoup de femmes d'esprit, mais peu qui, comme elle, aient du mérite pour en jouir et non pour l'étaler. Ses amis disaient qu'elle avait une mauvaise tête ; cela peut être, mais aussi elle en avait une excellente et que nous ne trouverons pas à remplacer, vous et moi. Elle était, pour les choses intellectuelles, ce que Mᵐᵉ de Vintimille est pour les choses morales. L'une est excellente à consulter sur les actions, *l'autre l'était à consulter sur les idées. N'en ayant point de propres et de très fixes, elle entrait dans toutes celles qu'on pourrait lui présenter. Elle en jugeait bien, et l'on pouvait compter que tout ce qui l'avait charmée était exquis, sinon pour le public, au moins pour les parfaits* (1). »

A ses amis de prédilection, encore mieux qu'à Molé, il pouvait parler, dans ses lettres, des *petits cahiers*, parce qu'il les leur avait montrés dans les confidences du tête-à-tête : « Mon crayon se repose, et mes petits cahiers, qui ne m'avaient jamais quitté, restent dans un tiroir. Je n'ai plus aucun besoin de les mettre sur ma table de nuit ou dans ma poche. J'ai le cœur et l'esprit perclus (2). »

Un moraliste qui estime et aime les hommes, qui s'ingénie à leur être utile et à les rendre meilleurs, c'est encore une particularité de Joubert, et peut-être la plus originale.

« Comme Montaigne. » La charmante lettre de celui-ci à Mme de Duras, insérée sans façon au beau milieu d'un chapitre sur la médecine, et où l'auteur s'est peint au vif, peint mieux encore Joubert dans l'intime et définitive ambition de son aimable sagesse : « L'humeur de Tibère est ridicule, et commune pourtant, qui avoit plus de soing d'estendre sa renommée à l'advenir qu'il n'avoit de se rendre estimable et agréable aux hommes de son temps... Je ne fais nulle recepte des biens que je n'ay peu employer à l'usage de ma vie ; quelque je soye, je le veulx estre ailleurs qu'en papier ; mon art et mon industrie ont esté employez à me faire valoir moy-mesme ; mes estudes, à m'apprendre à faire, non à escrire. J'ay mis tous mes efforts à former

(1) Lettre du 30 mars 1804.
(2) Lettre du 18 novembre 1804.

ma vie. Voylà mon mestier et mon ouvrage ; je suis moins faiseur de livres que de nulle aultre besongne. J'ay désiré de la suffisance pour le service de mes commoditez présentes et essentielles, non pour en faire magasin et réserve à mes héritiers ; qui a de la valeur, si le face cognoistre en ses mœurs, en ses propos ordinaires. Ceulx que je veois faire de bons livres soubs de meschantes chausses eussent premièrement faict leurs chausses s'ils m'en eussent cru, » etc.

Disposez l'œuvre de Joubert en telle sorte que les Pensées formant chapitres soient précédées de Lettres à tel ou telle de ses correspondants, plus intéressé au sujet traité. Encadrez Lettres et Pensées, avec accompagnement d'anecdotes, dans le journal « confident habituel du moraliste », — « ce recueil où, pendant cinquante ans, et sous les formes les plus diverses, il a fidèlement consigné les impressions reçues », — faites cela, et vous aurez le portrait de Joubert par lui-même aux divers âges, avec l'*histoire de ses pensées* et de sa vie, dans un ensemble extrêmement original et curieux qui rappellerait les *Essais* de Montaigne, son compatriote.

II

Peut-être ce qui semble hypothèse, et rien autre, ne s'éloignerait-il pas beaucoup du monument rêvé par Joubert, au temps de sa juvénile et féconde activité. Sa correspondance nous le montre de bonne heure appliqué aux Pensées. Telle de ses maximes, belle de grâce ingénue et de fraîcheur printanière, est un souvenir de sa jeunesse. « Je me souviens qu'à l'âge de vingt-cinq ans, je prétendais que l'oiseau tirait la forme et la construction de son nid du sentiment qu'il avait de sa propre contexture, et que c'était sur ce modèle, touché par lui plutôt qu'aperçu, que son travail était moulé. Vous vous moquerez peut-être de cette imagination de ma jeunesse ; eh bien, moi, je ne m'en moque pas du tout. Longtemps après l'avoir oubliée, je me suis dit : l'âme se peint dans les machines qu'étalent nos inventions. La réflexion était favorable à la boutade et la fixait. »

Voyez tout le développement, dans la lettre du 10 août 1803 à M. Molé. Déjà penseur en 1774, ou possédé de l'ambition de le devenir. Noble ambition ! par sa précocité même, elle contient un indice de vocation, et décèle l'appel du génie familier.

De ma part, est-ce imagination gratuite ? Du côté de Joubert, y eut-il rêve ou réalité ?

Non, le rapprochement des Lettres et des Pensées n'est pas, de ma part, imagination gratuite. Oui, du côté de Joubert, il y eut tout à la fois rêve et réalité : rêve abandonné quant au public et à la postérité, mais réalisé par lui, dans la sphère de ses relations, en faveur de ses amis.

Je vais produire un chapitre de Pensées, avec lettres inédites formant préface et accompagnement, le tout adressé à une jeune fille qui lui tenait au cœur.

Cet exemple prêtera corps et figure à mon hypothèse ; il en sera la preuve. D'avance j'en tire cette conclusion, nullement hypothétique, et qui me semble avoir l'évidence d'un fait :

D'autres groupes de Pensées se sont envolés à d'autres adresses. Leur place est restée vide dans les cartons et dans l'œuvre. Les pauvrettes n'ont pas su faire retour. Et c'étaient les plus belles.

Est-il admissible, en effet, que l'observateur si pénétrant, ami de Mmes de Beaumont, de Vintimille, de Chateaubriand, de Lévis, de Bressieux, — une élite par la naissance, par le cœur et l'esprit, — n'ait rien *pensé* sur « les femmes »? Non, mille fois non, cela n'est pas admissible. Le chapitre a été fait et refait, d'après elles et pour elles. Celui de La Bruyère laissait beaucoup à dire; et à cela, rien d'étonnant. Le moraliste de Chantilly n'eut jamais charge d'âmes : les princesses, duchesses et marquises qu'il étudia, évoluaient pour lui comme sur un théâtre. Il fut spectateur, très attentif, il est vrai, mais non intime confident.

Ce que Joubert avait emprunté à ses amies de profond, d'ingénieux et de subtil, les inspirations qu'il leur devait, il les leur a rendues, sous forme de portraits ou de conseils, de compliments ou de reproches. Voilà pourquoi l'œuvre imprimée est muette, ou à peu près, sur les femmes. « *Je suis le peintre épris de son modèle,* » il le déclarera après avoir fait le portrait de Mlle de Fontanes, et en le lui envoyant. Avec combien d'autres n'avait-il pas agi et parlé de même. Délicieux profils! admirables croquis! dont il faut faire notre deuil.

Et combien d'autres titres manquent, de ceux précisément qui durent tenter et occuper Joubert.

Par exemple, où sont les pensées sur la perte des parents et amis et sur les regrets que nous leur devons? Et cependant, plusieurs de ses intimes avaient vu leurs familles marcher à l'échafaud : témoin Mme de Beaumont. Elles manquent parce qu'il les a produites et livrées, jusqu'à la dernière, dans ses lettres d'affectueuses condoléances. A ce point de vue, rien de plus curieux et de plus probant que les premières lettres du recueil. Adressées à Mlle de Bussy, qui allait devenir sa femme, elles seraient à citer en entier. Voici un passage un peu étendu de la dernière :

« Ce qui honore ceux qui ne sont plus, c'est une douleur modérée, à qui sa modération même permet d'être aussi durable que la vie de celui qui l'éprouve, parce qu'elle ne fatigue ni son âme ni son corps ; une douleur haute, qui permet aux occupations, et même aux délassements de la vie, de passer, en quelque sorte, sous elle ; une douleur calme, qui ne nous met en guerre ni avec le sort, ni avec le monde, ni avec nous-mêmes, et qui pénètre une âme en paix, dans les moments de son loisir, sans interrompre son commerce avec les vivants et avec les morts.

« Qu'il me soit permis un moment de dire comment je voudrais être regretté. J'expliquerai ainsi comment je trouve beau de l'être.

« Je voudrais que mon souvenir ne se présentât jamais à mes amis sans amener une larme d'attendrissement sous leurs paupières et le sourire sur leurs lèvres. Je voudrais qu'ils pussent penser à moi au sein de leurs plus vives joies sans qu'elles en fussent troublées, et qu'à table même, au milieu de leurs festins et en se réjouissant avec des étrangers, ils fissent quelque mention de moi, en comptant parmi leurs plaisirs le plaisir de m'avoir aimé et d'avoir été aimés de moi. Je voudrais avoir eu assez de bonheur et assez de bonnes qualités pour qu'il leur plût de citer souvent, à leurs nouveaux amis, quelque trait de ma bonne humeur, ou de mon bon sens, ou de mon bon cœur, ou de ma bonne volonté, et que ces citations rendissent tous les cœurs plus gais, mieux disposés et plus contents. Je voudrais que, jusqu'à la fin, ils se souvinssent ainsi de moi, qu'ils fussent heureux, et qu'ils eussent une longue vie pour s'en souvenir plus longtemps. Je voudrais avoir un tombeau où ils pussent venir en troupe, dans un beau temps, dans un beau jour, pour parler ensemble de moi, avec quelque tristesse, s'ils voulaient, mais avec une tristesse douce et qui n'exclût pas toute joie. Je voudrais surtout et j'ordonnerais, si je le pouvais, que, pendant cette triste cérémonie, pendant l'aller et le retour, il n'y eût, dans les sentiments et dans les contenances, rien de lugubre et rien de repoussant, en sorte qu'ils offrissent un spectacle qu'on fût bien aise d'avoir vu. Je voudrais, en un mot, exciter des regrets tels que ceux qui en seraient témoins ne craignissent ni de les éprouver ni de les inspirer eux-mêmes. C'est l'image des regrets affreux que l'on doit laisser après soi qui rend en partie la mort si amère ; ce sont les horreurs dont on a environné la mort qui rendent, à leur tour, les regrets des survivants si terribles. Ces deux causes agissent perpétuellement l'une sur l'autre et bouleversent les âmes dans leurs sentiments les plus louables et les plus inévitables. Nos passions ont fait de notre dernière heure un sujet de désespoir et d'effroi, un moment haï, d'où la prévoyance et le souvenir se détournent également. Nos institutions et nos coutumes en ont fait, à leur tour, un événement dont on se hâte d'oublier, le plus vite qu'on peut, l'épouvantable appareil. Au lieu de nous accoutumer dès l'enfance, par la pensée et par les sens, à ne regarder cette séparation que comme le moment du départ pour un voyage sans retour, voyage que nous ferons un jour nous-mêmes, sans doute pour nous réunir dans des régions invisibles, on n'a rien oublié de ce qui était propre à en faire un objet d'horreur. On nous l'a fait considérer comme un châtiment, comme le coup porté par un exécuteur tout puissant, comme un supplice, enfin ; et nos amis, nos proches, quand nous avons cessé de vivre, quittent notre lit de repos comme ils quitteraient l'échafaud où l'on nous aurait mis à mort. »

A la date de cette lettre, l'échafaud se dressait en permanence, et cinq jours plus tard, le couperet de la guillotine tranchait la tête de Louis XVI.

Les lettres à Fontanes, transcrites des originaux, nous fourniraient d'autres preuves. Voyez bien la portée de cette seule phrase : « Il me reste à vous dire, sur les livres et sur les styles, *une chose que j'ai toujours oubliée.* » Cet oubli, aussitôt réparé, ne prouve-t-il pas les « dires » antérieurs et la permanence de l'habitude ?

Il est clair que beaucoup de pensées, au lieu de venir à la suite des lettres et par groupes distincts, se sont glissées dans les lettres mêmes, dont elles doublent le prix. Au jugement des premiers critiques, la Corresdance serait supérieure aux Pensées. Je le crois bien ! Et la raison en est que la beauté des Pensées y est perpétuellement associée au charme du commerce épistolaire.

Parfois, en insérant les Pensées au milieu de ses lettres, il dit l'âge de ces pensées, la date précise de leur rédaction ; et c'est alors que lui vint cette expression, « l'histoire de mes Pensées ». Le passage est trop caractéristique pour que je ne le cite pas : « J'appliquais avec d'autant plus de plaisir, dans cette occasion, des idées qui ont chez moi trois ans d'âge, que cela me confirmait une autre idée qui m'était venue, il y a cinq ou six ans, et qui me faisait dire : La métaphysique est une espèce de poésie pour l'esprit, la dévotion en est l'ode. Il vous sera évident par ces faits de l'histoire de mes pensées », etc.

Ecrivant un jour à Mme de Beaumont, il appelle sa lettre, non sans sourire, *une pâte à maximes*. Le mot est vrai de toute sa correspondance : « La vie est un devoir ; il faut s'en faire un plaisir, tant qu'on peut, comme de tous les autres devoirs, et un demi-plaisir quand on ne peut pas mieux. Si le soin de l'entretenir est le seul dont il plaise au Ciel de nous charger, il faut s'en acquitter gaiement et de la meilleure grâce qu'il est possible, et attiser ce feu sacré, en s'y chauffant de son mieux, jusqu'à ce qu'on vienne nous dire : C'est assez. Je fais intervenir le Ciel comme un ingrédient nécessaire dans cette pâte à maximes. Si vous le séparez de la terre qu'il environne et de l'idée que vous en avez, je ne sais plus ce que c'est que le monde et la vie pour ceux qui n'ont pas de santé. Adoptez au moins par régime et par tolérance mon dire principal : La vie est un devoir. En vous obstinant à la regarder seulement comme une affaire ou comme un simple amusement, vous la trouverez avec raison insupportable, mais c'est la considérer mal. »

Et après la mort de Mme de Beaumont : « Quelle place cette femme aimable occupait pour moi dans le monde. Chateaubriand la regrette sûrement autant que moi, mais elle lui manquera moins longtemps. Je n'avais pas eu, *depuis neuf ans, une pensée où elle ne se trouvât*,

de manière ou d'autre, en perspective. » A Mme de Guitaut : « J'ai fait cependant autrefois une observation importante, et je veux vous la dédier. La voici : « On
« s'épargnerait bien des peines si l'on entrait dans la
« vie, déterminé à garder à tout prix les opinions qui
« nous rendent plus sages, et tous les sentiments qui,
« en nous rendant contents des autres, nous rendent
« plus contents de nous (1). »

Au point de vue qui nous occupe, et parmi les lettres dont la perte est le plus à regretter, je signalerai celles que Joubert adressa, vingt années durant, à Chateaubriand et à sa femme, et celles qu'il écrivit en qualité d'inspecteur général et de conseiller de l'Université.

Du fait de ces dernières, la perte est incalculable. Il aura semblé à Joubert que le trésor accumulé recevait tout à coup sa destination providentielle. Aussi le distribua-t-il, sans compter, au profit des « générations survenantes ». Contribuer à former et à *élever* les maîtres aussi bien que la jeunesse de la France nouvelle, bonheur idéal pour une âme de moraliste, et surtout pour l'âme d'un Joubert! « En dépit du siècle, écrivait-il, il n'y a rien de si docile et de si aisé à ramener au bien et aux anciens pâturages que ces troupeaux et ces bergers. De la fermeté, du bon sens, de la vigilance, mêlés d'aménité et de sourires, font fleurir partout où l'on passe les semences des bonnes mœurs, de la piété, de la politesse et du bon goût. » — « Il s'est fait peu de bien dans cette Université auquel il n'ait contribué de près ou de loin, et il est resté bien peu de mal qu'il n'ait essayé de déraciner... Il n'est pas de collège, de

---

(1) Lettre d'octobre 1807.

pension, même d'école un peu importante, dans les endroits par où il passa, qu'il n'ait inspecté avec le plus grand soin et où il n'ait laissé des traces et des souvenirs ineffaçables du bien qu'il faisait et du plaisir qu'on avait à recevoir ses instructions et ses avis (1). »

Les lettres de ce temps, que sont-elles devenues ? La réponse se pourrait dégager des lignes suivantes : « Mon père, son compatriote et presque son collègue, raconte M. de Raynal, entretenait avec lui, de Bourges, où le retenaient les fonctions du rectorat, une correspondance qui, engagée à l'occasion de détails universitaires, était devenue peu à peu, comme il arrive entre gens de cœur et d'esprit, plus personnelle et plus intime. Souvent, quoique fort jeune alors, j'avais été frappé du style et de la forme des lettres de M. Joubert, lettres qu'au surplus, *suivant le vœu trop bien exaucé de leur auteur*, mon père éprouve aujourd'hui le regret de n'avoir pas conservées. L'orthographe d'un grand nombre de mots, comme aucthorité, thrésors, manuscripts, sentait son vieil homme (2). »

Des lettres à Chateaubriand, un très petit nombre nous reste. Tout ce que Joubert avait de mieux dans l'esprit et dans le cœur dut alimenter sa correspondance avec l'homme de génie que nul n'avait plus vite et mieux compris, — auquel il désirait le plus, ce semble, être utile et plaire. Par des conseils stimulants et des critiques éclairées, comme par son admiration enthousiaste et indépendante, il lui fut plus secourable que

---

(1) *Notice historique.*
(2) Notice de M. Paul de Raynal. Un petit détail à rectifier : Joubert écrit authorité et non aucthorité.

personne au monde, sans excepter Fontanes. Aussi quel incomparable souvenir lui gardait Chateaubriand ! Avec quelle tendresse émue il en parla toujours !

La perte de cette correspondance est regrettable à tous égards. Elle l'est plus particulièrement en ce qui regarde les Pensées. Car elles durent affluer sous la plume de Joubert, pensées critiques et pensées morales, dans les lettres écrites pendant la refonte du *Génie du Christianisme*, et surtout pendant le séjour à Rome du jeune secrétaire. Non content de ce qui lui venait, il dut mettre à contribution ses petits cahiers, ceux précisément dont il était le plus satisfait.

En ces premières années décisives, et jusqu'à la Restauration, Chateaubriand eut si grand besoin d'être « conseillé », « dirigé », « encouragé », « repris et blâmé », « critiqué », « grondé », « averti », « égayé », « consolé », « défendu ».

« Je le reprends, au reste, et je le blâme avec une grande défiance de moi-même. » — « Je sais combien serait quelquefois profitable un bon avertissement qui viendrait à propos, et je vous charge de lui faire part du mien. » — « Ce que j'ai souligné ne peut s'entendre que de notre ami. Offrez à son esprit, à son talent et à son âme ce peu de justice qu'on lui a rendu en passant, et qui ne peut que lui faire du bien dans l'état d'abattement où le réduisent par-ci par là les rudesses de la critique. » — « J'ai écrit hier à ce pauvre garçon, par une voie indirecte, pour l'encourager. Je le soutiens, je tâche même de l'égayer ; deux de mes lettres avaient précédé votre nouvelle ; je grondais fort, mais elles ne lui parviendront pas probablement... Il y a un point essentiel, et dont il faut préalablement convenir entre nous : c'est que nous l'aimerons toujours, coupable ou non coupable ; que, dans le premier cas, nous le défendrons ; dans le second, nous le consolerons (1). »

Et n'est-ce pas d'après les lettres reçues que jugeait Chateaubriand, quand il écrivait, à propos de Joubert et à Joubert lui-même : « Qui m'aurait dit que dans cette petite ville (Villeneuve) demeurerait un homme que j'aimerais tendrement, un homme rare dont le cœur est de l'or, *qui a autant d'esprit que les plus spirituels, et qui a, par-ci par-là, du génie* (2). »

« Du génie », c'est une allusion à tant de maximes partout mêlées à la plus « spirituelle » des correspondances. Trésor de sagesse et merveilles de grâces, à jamais perdus !

Quand Fontanes écrivait à Joubert : « Je vous exhorte à écrire tous les jours en rentrant les méditations de votre journée ; vous choisirez au bout de quelque temps dans ces fantaisies de votre pensée, et vous serez surpris d'avoir fait, presque à votre insu, un fort bel ouvrage ; » quand Molé écrivait au même : « Il y a dans votre tête, et peut-être dans vos papiers, un volume composé, d'un bout à l'autre, des pensées les plus rares, des vues les plus ingénieuses et les plus étendues, exprimées dans les tours les plus heureux ; j'ai juré de l'en faire sortir » ; ils jugeaient, l'un et l'autre, d'après les lettres reçues, et ils avaient raison — sauf en ce point que ces « pensées rares », etc., ne sommeillaient pas au fond de la malle ; elles jaillissaient à leur profit, comme d'une source généreuse.

Ainsi Joubert utilisa sa vie et actualisa son œuvre.

(1) Lettre de Chateaubriand, lundi de la Pentecôte 1803.
(2) Lettres de Joubert (1803).

Il assigna, de bonne heure, à ses pensées, un but pratique et présent.

Jeune, il eut l'ambition très noble, et d'ailleurs parfaitement chimérique, de rendre les peuples et les rois meilleurs.

Homme mûr, et en se rapprochant du terme, il étudia les plus beaux types dans les délices de l'amitié. Il mit ses soins à les « former » autant qu'à les étudier ; il essaya de rendre ses amis parfaits dans leurs vies comme dans ses rêves. D'autre part, ses « bienveillances avaient la tendresse et les feux des passions », comme il l'a déclaré lui-même. Mais c'est encore lui qui disait dans un mouvement d'enthousiasme : « Dieu ! que la chasteté produit d'admirables amours ! Et de quels ravissements nous privent nos intempérances ! Il suffit de la raison pour être modéré ; mais la piété seule rend chaste. — La chasteté est la mère des vertus... »

Ne trouvez-vous pas plus clair, désormais, et bien plus significatif, le tout premier mot des Pensées : « *J'ai donné mes fleurs et mes fruits*, je ne suis plus qu'un tronc retentissant... »

En retour de la clarté nouvelle que peut-être il me devra, je demande à ce mot une dernière confirmation de mes hypothèses.

Le précédent passage des *Essais* convient mieux à Joubert qu'à Montaigne. Celui-ci travaillait en vue de l'avenir, alors même qu'il prétendait, avec tant de grâce, ne se soucier que du présent.

Joubert n'avait que ses amis en vue ; et encore avait-il en vue moins leurs éloges que leur plaisir et leur profit : « Quelques plaisirs que mon esprit aura donnés par-ci par là, *pendant ma vie*, seront la seule récompense ou le seul dédommagement des soins que j'aurai pris de sa culture. « Leur plaisir ». Ce n'est pas lui qui aurait osé ajouter « leur profit ».

« Apparemment, mon infirmité ne me permettra jamais d'être très utile ni à moi ni aux autres, et je mourrai rempli de beaux projets et de belles intentions qui n'aboutiront à rien. »

Lequel mérite davantage le titre de moraliste, et fut plus vraiment philosophe ? Questions oiseuses, essentiellement revisables, et que je n'ai nullement la prétention de trancher.

Entre Joubert et Montaigne, il se rencontre, au milieu de notables différences, quelques traits de ressemblance qu'il y aurait plaisir à relever. « Je suis comme Montaigne ; » ainsi coupée, la citation rend un sens autre que celui de l'auteur, et ne cesse pas d'être véridique. C'est tout ce qu'il me convient de dire.

Avant de clore cet ordre d'idées, je poserai une dernière question :

Dans l'œuvre imprimée du moraliste Joubert, avez-vous remarqué que ni Montaigne, ni La Rochefoucauld, ni Pascal, ni La Bruyère, ni Vauvenargues ne se rencontrent à l'état de portraits ou d'esquisses ? A peine obtiennent-ils quelques mots à la rencontre : « La plupart des pensées de Pascal sur les lois, les usages et les coutumes, ne sont que les Pensées de Montaigne qu'il a refaites. » — « Il y a d'aussi beaux et de plus beaux livres que le sien (La Bruyère), mais il n'en est point de plus parfait... Vous faites fort bien de l'aimer (1). »

---

(1) Lettre à Mme de Beaumont.

— « Pascal, La Bruyère, Vauvenargues, La Rochefoucauld, sont les délices des délicats. »

C'est tout, ou presque tout. Presque rien, non plus, sur Mme de Sévigné « qui, comme vous savez, » écrivait-il à Mme de Beaumont, « m'est toutes choses ».

Or, tant d'autres écrivains sont étudiés en détail, sous le titre XXIV : *Jugements littéraires*.

Comment expliquer cette lacune étrange ?

Vous pouvez m'en croire : les esquisses ou portraits furent composés avec amour. Mais, comme une multitude d'autres pensées et jugements, il furent publiés de 1778 à 1789, sous le voile de l'anonyme ; ou bien, ils se sont envolés joyeusement à des « adresses amies ».

Les *Pensées, maximes et essais* sont loin de représenter l'œuvre entière du moraliste. Ils n'en sont que la moindre partie, ce qu'il n'avait pas eu l'occasion d'actualiser dans son commerce ou ses prêts d'amitié.

« *J'ai donné mes fleurs et mon fruit*, je ne suis plus qu'un tronc retentissant. Mais quiconque s'assied à mon ombre et m'entend devient plus sage. »

Le Psalmiste avait dit : *Sub umbra illius sedi, et fructus ejus dulcis gutturi meo.*

Le mot convient à Joubert, admirablement ; il avait le droit de se l'approprier ; ou, s'il ne le connaissait pas, la rencontre est une rare bonne fortune.

III

En avril 1805, on lui offrit de faire partie d'une société littéraire. Ceux qui le lui proposèrent, à titre d'agrément, ou d'honneur, ou d'avantage, devaient ignorer tout à fait ses habitudes d'intimité et de vie cachée. Sa réponse est datée du 27 avril 1805 ; il refuse en termes polis (1). Quelle académie aurait valu pour lui la fréquentation de Fontanes, de Chateaubriand, de Clausel, de Molé, ou encore la société de Mmes de Chateaubriand et de Vintimille ?

Une lettre inédite va nous rappeler le critique d'art. Puis, après un charmant billet à Fontanes, et une épître également inédite et très aimable à l'abbé de Bonnevie, viendront deux lettres reproduites plus fidèlement que dans les Œuvres. Avec la suite des dates importantes, elles nous fourniront une transition naturelle aux lettres et aux maximes annoncées. Et celles-ci feront la preuve des assertions qui précèdent.

« 17 décembre 1806. »

A M. Menude-Chomorceau.

« Vous avez le droit de me trouver un correspondant bien inexact, mais on vous attendait à la Saint-Martin ; on vous a attendu à la Sainte-Catherine, et je me sentais peu pressé de vous donner des renseignements qui ne pourront vous servir de rien.

(1) Lettre autog., collection Alfred Bovet, décrite par Etienne Charavay.

« 1º Ce n'est pas Mᵐᵉ de Lumagne, c'est Mᵐᵉ Moreau et ses sœurs qui avaient fait présent à l'église du tableau qui est aujourd'hui au Muséum. Desjoliveaux et son frère l'ont vu longtemps sous notre angard (sic).

« Le sujet de cette peinture est « le Christ au tombeau ». Le style est évidemment de l'école italienne. Il est très élégant, très pur dans le dessin. C'est là surtout ce qui fait le mérite de ce tableau.

« Je crois qu'il n'est qu'une copie, et on a été d'abord tenté de le croire à l'Administration, mais, dans le doute, on a pris le parti le plus sûr et on l'a gardé comme original.

« Il est gravé dans Lavater « dessiné de mémoire par Fuezli » ainsi le dit le titre. Fuezli était un peintre de Zurich, et il avait vu le tableau en Italie. Il y a quelques différences légères dans la position des personnages. Je ne me souviens ni à quel peintre cet ouvrage est attribué dans Lavater, dont je n'ai pas le livre, ni de quel auteur on le soupçonne au Muséum.

« Quant au prix, c'est ce qu'il y a au monde de plus variable (1). Le Poussin ne vendait ses plus beaux tableaux que cinquante écus. Les peintres d'aujourd'hui se font payer par mille, mais, dans les ventes, ce qui coûtait la veille six mille francs, se donne souvent le lendemain pour cinquante louis, et ce qui valait cinquante louis ne vaut plus que cent francs deux jours après.

« Que s'il en est ainsi des peintures anciennes et estimées, à moins qu'il ne soit incontestablement établi que ce sont des originaux sortis de la main de grands

(1) En marge, et d'une autre écriture : « Ce tableau était estimé 10.000 francs. »

maîtres, dont le nom maintient fixes d'assez hauts prix, vous jugez que les tableaux modernes, et entre autres celui de Ménageot, n'ont qu'une valeur très arbitraire et presque uniquement dépendante du moment, du besoin, et de [la] position ou de l'opinion du vendeur et de l'acheteur.

« Cette *Adoration des Bergers* est agréable, brillante, de bon goût ; il y a même quelques personnages d'un excellent style, comme parlent les gens du métier. C'est entre les tableaux d'église de l'école française *un beau tableau*, et entre les tableaux des églises de province surtout un *tableau de premier ordre*; mais si on le comparait aux chefs-d'œuvre de l'art, ce n'est plus qu'une production infiniment médiocre.

« MM. J. (1) [Joubert] n'ont pas plus contribué à l'obtenir que Mlle Victoire Chomorceau, qui la première a mis en mouvement M. Ravinet, que M. l'abbé Legris, dont la robe et les sollicitations ont obtenu l'attention des administrateurs qui le croyaient curé du lieu. La place de mon frère nous a valu d'être servis plus promptement et plus poliment. Nous avons agréé le sujet et l'exécution. Voilà tout, et assurément tout cela ne mérite pas la moindre mention dans vos notices.

« Mme de Lumagne, d'après tous les renseignements que j'ai pu prendre, n'avait pas plus donné les diamants que le tableau. Ces diamants sont infiniment peu de chose et on les a encore. M. Bonneville pourra vous attester tout ceci.

« Nivard, pour se recommander à François de Neuf-

---

(1) Joubert est mis en toute lettre, par une autre main.

chateau, alors ministre de l'intérieur, lui annonça sa trouvaille du tableau, qu'il emballa lui-même et expédia d'après une lettre de ce ministre à la municipalité. Ce Nivard avait vu vingt fois le même tableau, sans en apercevoir le mérite. Ceci, autant que je puis en fixer l'époque, se passa en 1797.

« Voilà, mon cher ami, ce que vous vouliez savoir ; ainsi je vous *désapprends* quelque chose, mais je ne vous apprends rien.

« Je vous envoie le Buffier, 2 vol., et je vous en remercie.

« J'ai été bien aise de la bonne fortune de Mlle Janson [?]. J'ai écrit à Laffonds [Joubert] pour M. Coptan ; il ne m'a pas parlé de cette affaire, mais sans doute il vous en a écrit, à vous ou à l'intéressé.

« Je le presserai à Paris où nous serons samedi prochain. Adieu, mon très cher, et soyez toujours sûr que quand j'ai l'air de vous négliger, je ne vous oublie pas. »

Le 6 mars 1806, Fontanes atteignit la cinquantaine. Chateaubriand dut accourir. Joubert aussi était là. Pour fêter ce jour, il y eut des cris joyeux, des bouquets, des cantiques. La part du plus ancien ami se trouverait dans les bouquets : quelques fleurs avaient dû venir de celui qui ne manqua jamais d'envoyer des tubéreuses à Mme de Vintimille, le jour de Sainte-Madeleine ? Les cris joyeux étaient poussés par la fille de Fontanes, Christine, âgée de 6 à 7 ans. Les cantiques rappelleraient le talent musical et la belle voix de Mme de Fontanes.

Le poète a consacré le souvenir de cette fête dans

une poésie, la plus belle peut-être du recueil : elle est intitulé : *Mon anniversaire :*

> J'ai vu cinquante fois le jour de ma naissance (1).
> Pourquoi ces cris joyeux, ces bouquets, ces cantiques ?
> . . . .
> Que m'offre l'avenir ? De courtes espérances.
> Que m'offre le passé ? Des fautes, des regrets.

Dans les deux derniers vers, il ne tiendrait qu'à nous de voir un accès de tristesse prophétique et une sorte de confession un peu enveloppée. Le pressentiment devait se réaliser à échéance assez brève ; la confession allait recevoir des événements un commentaire d'une brutale clarté.

Dès que Fontanes fut grand maître de l'Université, il demanda Joubert pour conseiller : « Ce choix, disait-il à l'Empereur, est celui auquel j'attache le plus d'importance. M. Joubert, frère du procureur impérial de Votre Majesté, auprès du tribunal de première instance de Paris, est mon ami depuis trente ans. C'est le compagnon de ma vie, le confident de toutes mes pensées. Son âme et son esprit sont de la plus haute élévation. Je serai heureux si Votre-Majesté veut m'accepter pour sa caution. »

La lettre par laquelle Joubert félicita le Grand Maître et remercia l'ami dut être chaude et vibrante. Il est regrettable qu'elle ne nous soit pas parvenue.

Pour nous en dédommager, voici un petit billet de félicitations, qui a bien sa propre saveur, et qui nous dira la gaieté, la familiarité, le bonheur de la lettre perdue :

(1) Né le 6 mars 1756.

Joubert à Fontanes.

« On m'écrit que vous avez cent mille francs de traitement et que vous aurez deux cent mille francs de rente. Ma foi, je ne tiens pas à cette joye, et je veux vous la témoigner.

« Vous êtes en ce moment président du Corps législatif, et je vous traite familièrement ; quand vous redeviendrez Grand Maître, je vous accablerai de toute ma vénération.

« J.

« Inspecteur en fonction, et conseiller en titre, par votre longanimité (1).

« Villeneuve-sur-Yonne, 12 décembre 1809. »

La lettre suivante est de Fontanes. Une fois de plus, elle montre en lui l'homme obligeant et gracieux, qu'il fût investi de la présidence du Corps législatif ou qu'il parlât comme grand maître de l'Université.

« *A Monsieur Pictet Diodati*, premier Président de la Cour criminelle, à Chatelain, près et par Genève, département du Léman.

« Un hérétique comme vous, mon cher et ancien collègue, ne me fait pas la moindre peur. Léon X ne vous aurait jamais excommunié ; il vous eût trouvé trop aimable ; mais je crois fort que, dans ce temps-là, vous auriez mieux aimé la conversation du cardinal Bembo et de *Messer Ariosto* que celle de Luther lui-même, soit dit entre nous. Je suis fidèle à Rome, mais

(1) Orig. aut.

je ne veux pas offenser Genève, où j'ai tant d'amis recommandables.

« Savez-vous bien que vous me donnez une très agréable espérance ? Serait-il vrai que vous eussiez la fantaisie de revenir sous le drapeau du Président ? Que je retrouverais la place agréable. Mais la garderai-je longtemps ? Je n'en sais rien. Si le Président ne peut vous ravoir, soyez sûr que le Grand Maître n'oubliera rien pour vous conquérir. Je vous suis sincèrement attaché, et toute ma famille partage mes sentiments.

« Mon Dieu, que j'ai été affligé de la perte de ce malheureux et intéressant jeune homme ! Je me faisais un plaisir de l'avoir à côté de moi. Que son père est à plaindre ! Je lui ai écrit. Mais quel remède à de telles douleurs ! Vous y compatissez, vous qui êtes aussi bon qu'aimable. Conservez longtemps votre jeune fils ; il aura beaucoup d'esprit ; qu'il vive, qu'il fasse votre consolation et qu'il ne vous coûte jamais de pareilles larmes ! Permettez, mon ancien collègue et mon cher ami, que je vous embrasse, en exprimant le vœu le plus tendre que l'amitié puisse former pour un père.

« *Vale et me ama.*

« FONTANES (1). »

« *Joubert à M. l'abbé de Bonnevie,*
    Proviseur du Lycée à Lyon.

« Mon cher abbé, recevez de votre mieux, je vous prie, le respectable père de famille qui vous remettra cette lettre, et l'enfant qu'il va confier à vos soins.

(1) Original aut.

« La renommée du lycée de Lyon a passé les Alpes et est parvenue jusqu'à Draguignan par escalade ou à a sappe (*sic*); je ne sais pas au juste lequel des deux. On m'a demandé si je ne pensais pas, comme tout le monde, que ce fût là la meilleure école de l'Empire; j'ai répondu que cela n'était pas douteux, puisque vous la dirigiez. On m'a prié de vous recommander ce nouveau pensionnaire, et je vous le recommande de tout mon cœur.

« Son grand-oncle, l'abbé Laty, est un ancien grand vicaire, plein de mérite, plein d'esprit, et malheureusement *plein de jours*, comme dit l'Écriture : il faut que son petit-neveu lui fasse honneur. Dites à votre censeur, M. Astoud, que toute la Provence m'a parlé de lui, comme en pense M. Gayrard, et que je l'ai écrit au Grand Maître. Je vous félicite d'avoir un coopérateur digne de vous, et qui est si propre à maintenir l'excellente réputation dont jouit votre établissement.

« Portez-vous toujours bien, et mieux que moi, mon cher abbé, et soyez un heureux proviseur, en attendant que vous soyez un vénérable évêque, selon mes anciens pronostics où je persiste. J'irai vous voir incessamment; je passerai quelques jours auprès de vous et nous chercherons ensemble comment il est arrivé qu'avec le plus vif désir de vous écrire, je n'en ai rien fait depuis sept mois. Mon fils, ma femme et moi qui courons le monde ensemble depuis le 11 de septembre, vous embrassons à bride abattue et aussi cordialement que vous pouvez le désirer et l'imaginer. *Vale*.

« JOUBERT.

« Draguignan, 26 avril 1811. »

Joubert, conseiller, écrit des lettres officielles au Grand Maître. Certains passages ont été supprimés, dans la *Correspondance*, et ceux-là précisément qui auraient le mieux justifié la réflexion, d'ailleurs très amicale, de Fontanes : « Notre ami, M. Joubert, est un homme excellent ; mais je sais qu'il se prévient pour ou contre avec assez de facilité. Il a l'imagination vive et le cœur droit ; il soutient opiniâtrement ce qu'il a souvent imaginé de très bonne foi. *Je me défie quelquefois même de ses vertus.* »

UNIVERSITÉ IMPÉRIALE

« 11 octobre, vendredi 1811.

« Je demande officiellement et très expressément, Monsieur le Grand Maître, que M. d'Alphéran soit enfin et définitivement nommé économe à Marseille. Ceux qui l'ont proposé sont des hommes en place et des hommes connus ; leur suffrage est une caution suffisante du mérite du candidat. M. Boisson est révoqué dans toute la rigueur du droit et dans la vérité du fait. Vous l'avez rayé de vos mains, il y a longtemps, et le recteur et le proviseur n'ont cessé de solliciter son remplacement. Or, les décrets disent formellement qu'un économe cesse de l'être quand le proviseur et le recteur n'en veulent plus. Donnez donc au plus tôt à celui-ci un successeur en titre. Son poste doit irrévocablement être considéré comme vacant.

« Si un inspecteur nouveau-venu pense autrement, il ne doit pas l'emporter sur moi ; sur moi, dis-je, qui ai eu si longtemps l'honneur d'être votre résident auprès des hommes et dans les lieux dont il est question.

« Si un étranger à l'inspection et *à l'instruction* conspire avec cet inspecteur, il ne doit pas même être écouté.

« Que vos gens de finances y prennent garde ; s'ils disent leur avis sur nos proviseurs, je dirai mon avis sur eux.

« En voilà assez sur un point presque imperceptible, quoique fort important, et dont il est très ridicule qu'on ait parlé plus d'une fois. M. d'Alphéran serait à Marseille depuis un mois et demi sans « *l'art qu'ont les petites âmes d'intéresser les grandes* » à leurs projets. Il est fâcheux que vous ayez à cet égard le destin des autres puissances, mais on n'est jamais roi pour rien.

« Vous avez donc nommé Guidi, le jeune *inspecteur provisoire*, pour un an ? J'en suis charmé. Il pourra vivre et je vous décerne bien volontiers cette couronne que les soldats romains présentaient à leurs généraux, et dont les plus illustres généraux étaient si fiers, lorsqu'ils avaient pu l'obtenir : « *ob cives servatos.* » Mais quel génie aveugle gâte vos bonnes intentions et mêle toujours parmi nous quelque mal au bien le plus pur ? Pourquoi nommer Guidi à Caen ?

« Il serait possible à la rigueur que l'air épais de Normandie fût bon à un Napolitain dont la poitrine est délicate, mais il sera mortel aux finances de celui-ci. Sa bourse est plus malade que ses poumons, et voilà un long voyage à faire, un déménagement, des meubles à revendre et des meubles à acheter, qui l'achèveront. Il serait bien plus simple et bien plus aisé de le laisser à Aix, et cela serait aussi plus sage. M. Guidi ira peut-être avec plus de plaisir à Caen, mais il serait mieux placé dans le Midi.

« Vous savez ma maxime *qu'il faut confier l'éducation à des Français en France, et à des Italiens en Italie.* Or, la Provence est une seconde Italie, et la Neustrie est une espèce de Danemark. De plus, M. Guidi connaît très bien le lycée de Marseille, et, entre les mains de M. d'Eymar, il aurait pu faire de grands biens dans cette maison. Revirez les parties, et, en laissant M. Félix à Avignon, nommez M. Guidi à Aix.

« Quant à l'inspectorat de Caen, souvenez-vous d'un malheureux, d'un malheureux bien oublié et qui n'est pas en tout digne de l'être. Je parle de Chênedollé.

« Il avait autrefois sollicité cette inspection de Caen. On la lui avait même proposée. Il s'ennuie à mourir à Rouen, où il fait très bien son devoir, mais où il occupe une chaire trop inutile. Il aurait mérité la place d'Esménard, nul autre même ne la mérite comme lui. Mais quoiqu'un tel emploi soit l'objet de son ambition, il épouvante sa prudence. Il est trop pauvre pour vivre avec deux mille francs.

« Isnard est votre inspecteur général et Chênedollé est relégué dans une ville de commerce. O fortune ! ô Destin ! peut-être aussi, ô Providence ! Mais nous qui ne connaissons pas les décrets du Ciel, et à qui le Ciel a donné d'autres lumières pour juger et pour nous conduire, n'avons-nous pas de quoi nous étonner, et ne vous étonnez-vous pas vous-même ? Songez que ce pauvre garçon a été votre confident, le confident de votre muse ; qu'il a été votre disciple, et disciple de vos conseils, et disciple de votre exemple. Il a voulu vous imiter. Est-ce donc là ce qui vous a fâché ? Il vous a imité mieux que tout autre. Cela devrait vous appaiser (*sic*). Après vous et l'abbé Delille, et en comptant les morts et les vivants, c'est l'homme de son âge et d'un âge inférieur au sien qui écrit le mieux en vers, et qui a la plus savante et la plus saine littérature. Voilà entre vous un lien de plus. Un mot peu réfléchi, et peu convenable peut-être, mais certainement innocent, et qu'il avait cru honorable, est sorti de sa bouche un certain soir. O poète! avez-vous pu vous en souvenir si longtemps, et deviez-vous vous en offenser!

« *Tantœne animis cœlestibus irœ!* » (1).

« Il a fait un livret qui n'est pas excellent. Et M. D-l-m-u donc? Et MM. tels et tels, etc.? Le livret de Chênedollé ne porte point son nom, mais les lettres de M. D-l-m-u, et les oraisons funèbres de MM. tels portent le leur.

« Enfin Chênedollé est par nature votre admirateur; il le sera toujours, et malgré vous et malgré lui, jusqu'au fonds (*sic*) de ses moelles et de ses veines. C'est donc un client que Dieu et la nature vous ont donné et vous devez être son patron.

« Ah! Monsieur le Grand Maître, retenez bien deux vérités. La première (et je vous l'ai dit souvent), c'est qu'avec une certaine mesure d'esprit et de talent, on n'a réellement pour véritables amis que des admirateurs seuls, parce que la moitié de nous-même reste étrangère ou inconnue aux autres hommes.

« La deuxième, c'est qu'on n'est parfaitement goûté et apprécié que par les hommes de son âge et les hommes de son métier. »

(1) Voir lettre de Joubert à Chênedollé, du 10 juin 1803.

Deux autres lettres. L'une, sans suscription, est inédite ; c'est cette lettre, datée d'Aulnay, qui m'a permis, dans *Chateaubriand, sa femme et ses amis*, de noter la présence de Joubert à la Vallée aux Loups, le 4 octobre 1813, pour la saint François ; l'autre, adressée « à M. Roussel, secrétaire particulier de S. E. le grand maître de l'Université impériale » se présente ici, avec des phrases inédites, et une physionomie plus exacte que dans la *Correspondance*.

UNIVERSITÉ IMPÉRIALE

« M. Auguste Mutel, votre protégé, Monsieur, a été déclaré admis à l'École polytechnique le 27 de ce mois.

« Si vous ignorez le succès, j'ai un grand plaisir à vous l'apprendre. Si, comme je le présume, vous en êtes déjà instruit, j'ai du moins la satisfaction de vous prouver en ce moment que je n'ai pas à me reprocher de n'avoir pris aucune part à l'intérêt que vous portiez à cet élève, digne sans doute de toutes vos bontés.

« J'avais fait recommander son mérite à l'attention de tous les examinateurs dont la plupart me sont inconnus. L'un d'eux m'a annoncé son admission à l'instant même où elle venait d'être décidée et en sortant de ce qu'ils appellent le jury.

« Mon éloignement de Paris ne m'a permis de recevoir qu'hier au soir cette agréable nouvelle; sans cette fâcheuse circonstance, j'aurais eu le bonheur de vous la transmettre le premier.

« Vous êtes, Monsieur, si parfaitement obligeant qu'on serait, lorsqu'on a l'honneur de vous connaître, le plus abominable des hommes, si on ne saisissait pas avec un vif empressement toutes les occasions qu'on peut avoir de vous servir.

« Agréez les assurances de mon fidèle dévouement.

« JOUBERT.

« Aunay, 1ᵉʳ octobre 1813. »

UNIVERSITÉ IMPÉRIALE

A M. Roussel, secrétaire particulier de S. E. le grand maître de l'Université impériale.

« M. Mignon que vous avez vu hier matin est venu hier au soir, à heure indue, solliciter ma protection auprès de vous. Je n'ai pu la lui refuser.

« Il demanda pour toute grâce la permission de voir un instant le Grand Maître. Obtenez-lui cette faveur.

« Il y a dans l'entrevue de ce petit Mignon avec l'Empereur des circonstances qu'on est bien aisé de savoir, et qu'il raconte avec une grande naïveté.

« Cet élan d'un enfant, cette botte saisie, cette jambe héroïque secouée, l'entretien qui s'établit :

« — *Que me demandes-tu ?*

« — *Une recommandation pour entrer à l'École normale.*

« — *Bon ! à l'École normale. Entre plutôt à mon service, je te ferai sous-lieutenant.*

« — *Mon frère est au service de Votre Majesté depuis six ans, et nous n'en avons point de nouvelles. Je suis la seule consolation et la seule ressource de mes parents qui sont infirmes et âgés.*

« — *Eh bien ! entre à l'École polytechnique. Je faciliterai ton admission.*

« — *Votre Majesté n'ignore pas qu'il faut, pour l'École polytechnique, des études préparatoires, et je ne m'en suis pas occupé.*

« — *Qu'as-tu donc étudié ?*

« — *Le latin et le grec.*

« — *Et, as-tu fait de bonnes classes ?*

« — *Oui, sire, très bonnes.*

« — *Dans quel lycée?*

« — *J'ai suivi quelque temps le lycée impérial.*

« — *C'est bon.*

« Il se fait un grand silence, pendant lequel le petit jeune homme s'avisa d'improviser un distique latin à la louange de l'Empereur, qui, prenant son parti en habile homme, se met à dire en souriant :

« — *C'est bon, c'est bon; je t'entends, je t'entends.*

« Et puis, étendant gravement la main :

« — *Va, tu seras content de moi. Prenez son nom,* etc.

« Tout cela se passait sur le quai, un beau matin, et à la face du ciel et de la terre. L'Empereur était à cheval. Rien n'avait été préparé ni prémédité de la part du petit garçon qui est réellement un bon sujet, pieux et studieux à ce qu'on dit, et très hardi comme vous voyez, mais très décidé en même temps à n'être ni soldat ni prêtre.

« On pourrait lui donner une petite place de petit régent, ou de maître d'études. Le temps presse; il a dix-huit ans. Je sais bien que cela même offre difficulté. Mais l'obstacle est levé par une singularité qui n'est pas commune. L'Empereur a étendu sa main sur lui, en l'assurant qu'il serait content : « *cum bracchio (sic) extento* ». Vous savez quelle était la puissance de cette formalité chez les Orientaux, dont l'Empereur aime les mœurs et les manières. C'est là jurer par le Styx.

« Enfin, depuis Saint-Marcellin, il n'y a point eu d'homme, ni de jeune homme aussi hardi et aussi heureux avec le plus redoutable des mortels ; et ce rapprochement me touche.

« Obtenez de l'*oncle* qu'en mémoire du *neveu*, il accueille le suppliant, et qu'il écoute l'anecdote. Quant à l'objet de la requête, je ne demande rien ; mais j'observe qu'il ne s'agit que d'un bout de diplôme tel quel, et que je crois, vu les circonstances, qu'il serait *aussi politique* et *aussi prudent* de l'accorder que de le refuser.

« Vous savez que j'aime mieux dans tous les temps faire dix lieues qu'écrire dix lignes. Vous croirez donc facilement, en voyant cette longue lettre, qu'il m'est devenu impossible d'aller dîner à Courbevoye. J'avais pris mes mesures avec M. de Clarac, je me faisais une fête de ce voyage ; mais un peu d'air et d'humidité ont détruit ce rêve de bonheur. Je me suis couché enrhumé, j'ai peu dormi, et je me suis éveillé oppressé, enroué, la gorge en feu, la voix éteinte, ne pouvant enfin ni parler ni voyager. Faites agréer mes excuses. Je vais ruminer mes regrets. Oh ! qu'il est triste d'avoir une frêle santé.

« — Faites entrer M. Mignon.

« *Tibi totus*, ou *tibi tot*, comme dit M. Laborie.

« J.

« Ce dimanche 17 octobre 1813. »

« Depuis Saint-Marcellin. » L'explication se trouve dans un bel article de Chateaubriand sur le brillant et infortuné jeune homme : « Il avait fait l'apprentissage des armes dans la campagne de 1812, en Russie. Il donna les premières preuves de sa valeur dans le combat qui eut pour résultat la prise du village de Borodino et de la grande redoute que couvrait le centre de l'armée russe. Le rapport du prince Eugène au major-général sur cette journée se termine par cette phrase : « Mon aide de camp de Sève et le jeune « Fontanes de Saint-Marcellin méritent d'être cités dans ce rapport. »

« M. de Saint-Marcellin s'était précipité dans les retranchements de l'ennemi, et avait eu le crâne fendu de trois coups de sabre.

« Après le combat, il se présenta dans cet état à un hôpital encombré de quatre mille blessés, où il n'y avait que trois chirurgiens dénués de linge, de médicaments et de charpie; il ne put même obtenir d'y être reçu. Il s'en retournait, baigné dans son sang, lorsqu'il rencontra Bonaparte : « Je vais mourir, lui dit-il; accordez-moi la croix d'honneur, non pour me récompenser, mais pour consoler ma famille. » Bonaparte lui donna sa propre croix.

« M. de Saint-Marcellin, jeté sur des fourgons, arriva à moitié mort à Moscou; il y séjourna quelque temps, et fut assez heureux pour trouver le moyen de revenir en France, où nous l'avons vu, pendant plus de dix-huit mois, porter encore une large blessure à la tête. »

IV

« Depuis Saint-Marcellin, il n'y a point eu d'homme aussi hardi et aussi heureux avec le plus redoutable des mortels (Napoléon). Obtenez de l'*oncle* qu'en faveur du *neveu*, il accueille le suppliant. »

Les mots oncle et neveu se rapportent à Fontanes et à Saint-Marcellin. Ils sont soulignés dans l'original. Pourquoi soulignés ? En les employant, Joubert les savait inexacts. Il invitait M. Rousselle à rectifier mentalement ce langage de convention, rendu nécessaire par les convenances de famille, de société et de position.

Pour le monde, Saint-Marcellin était si bien le *neveu* du Grand Maître que nombre de notices biographiques perpétuent l'erreur. Mais Joubert en savait plus long. Et M. Rousselle était entré assez avant dans l'intimité de l'un et l'autre ami pour comprendre le soulignement. Sainte-Beuve, tenu encore à la réserve en 1839, disait dans la préface des Œuvres de Fontanes, par allusion à la mort tragique de M. de Saint-Marcellin : « En 1819, une grande douleur le (Fontanes) frappa. M. de Saint-Marcellin, jeune officier plein de qualités aimables et brillantes, fut tué dans un duel, à peine âgé de vingt-huit ans. La *tendresse* de M. de Fontanes en reçut un *coup d'autant plus sensible qu'il dut être plus renfermé* (1). »

(1) Saint-Marcellin (Jean-Victor Fontanes, dit) auteur dramatique et publiciste français, né en 1791, mort en 1819. Il était fils

Caractériser la douleur de M. de Fontanes en l'appelant douleur paternelle, n'était pas permis à l'auteur de la notice. Du moins, n'obtenait-on pas de lui qu'il consignât et perpétuât dans son étude les termes impropres d'oncle et de neveu. L'énigme de la fin n'en était pas une pour les intimes. Elle exprimait avec délicatesse, et en sauvant les convenances, ce que la contrainte avait ajouté d'amertume aux larmes d'un père.

A plus forte raison, un certain mystère devait-il régner dans l'article nécrologique publié par Chateaubriand, au lendemain de cette mort tragique. Le voici :

« Février 1819.

« ...Il consacra ses loisirs aux lettres ; *il avait de qui tenir*. M. de Saint-Marcellin n'a point démenti, à ses derniers moments, le courage français qui porte à traiter la vie comme la chose la plus indifférente en soi et l'affaire la moins importante de la journée. Il ne dit ni à ses parents ni à ses amis qu'il devait se battre, et il s'occupa tout le matin d'un bal qui devait avoir lieu le

---

naturel de Fontanes, grand maître de l'Université. Sorti en 1812 de l'École militaire établie à Fontainebleau, il prit part à l'expédition de Russie et se distingua à la Moskowa, et, jusqu'à la dernière heure, mit son épée au service de l'Empire. A la rentrée des Bourbons, un changement complet s'opéra dans ses opinions politiques ; il devint ardent royaliste, et, à la suite d'un duel à Orléans, duel dans lequel il fut blessé, il fut rappelé à Paris, où il fit représenter plusieurs pièces en même temps qu'il collaborait au journal le *Conservateur*. Dans un nouveau duel, atteint mortellement d'une balle au bas-ventre, il mourut à vingt-huit ans. On lui doit : *Les arrêts*, comédie-vaudeville ; le *Bal à la mode* ; *Wallace ou le Ménestrel écossais*, musique de Catel ; *Relation d'un voyage de Paris à Gand en 1815* (in-8°).

(*Grand dictionnaire universel du* XIXe *siècle*.)

soir chez M. le marquis de Fontanes. A trois heures, il se déroba aux apprêts du plaisir pour aller à la mort. Arrivé sur le champ de bataille, le sort ayant donné le premier feu à son adversaire, il se met tranquillement au blanc, reçoit le coup mortel, et tombe en disant : « Je devais pourtant danser ce soir. » Rapporté sans connaissance chez M. de Fontanes, on sait qu'il y rentra à la lueur des flambeaux déjà allumés pour la fête. Lorsqu'il revint à lui, on lui demanda le nom de son adversaire : « Cela ne se dit pas », répondit-il en souriant, « seulement c'est un homme qui tire bien. » M. de Saint-Marcellin ne se fit jamais d'illusion sur son état; il sentit qu'il était perdu, mais il n'en convenait pas et il ne cessait de dire à ses parents et à ses amis en pleurs : « Soyez tranquille, ce n'est rien. » Il n'a fait entendre aucune plainte, il n'a témoigné ni regrets de la vie, ni haine, ni même humeur contre celui qui la lui arrachait. Il est mort avec le sang-froid d'un vieux soldat et la facilité d'un jeune homme. Ajoutons qu'il est mort en chrétien.

« Les lettres et l'armée perdent, en M. de Saint-Marcellin, une de leurs plus brillantes espérances.

« Mille raisons nous commandaient de payer ce tribut d'éloges à la mémoire de Saint-Marcellin ; mais il y en a surtout une qu'une vieille amitié sentira. Cette amitié a été éprouvée par la bonne et la mauvaise fortune ; elle nous retrouvera toujours et particulièrement quand il s'agira de la consoler: *Illa dies utramque duxit ruinam.* »

Chateaubriand a déchiré le voile dans les *Mémoires d'outre-tombe.* « Fontanes n'est plus ; un chagrin profond, la mort tragique d'*un fils*, l'a jeté dans la tombe avant l'heure (1). » — Et, plus loin : « Je l'ai vue (Mme de Lévis) descendre sans bruit dans son tombeau, au cimetière du Père-Lachaise ; elle est placée au-dessus de M. de Fontanes, et celui-ci dort auprès de son *fils*, Saint-Marcellin, tué en duel. C'est ainsi qu'en m'in-

(1) Le duel apparaît comme une fatalité dans la famille des Fontanes. Le futur Grand Maître n'avait que dix ans quand son père se battit en duel avec M. de Sède et le tua, sur la place publique de Saint-Gaudens, un jour de marché.

Je dois à l'amitié de M. A. Couget, ancien magistrat, vice-président de la Société des *Études de Comminges*, le récit suivant, qu'il a rédigé d'après les papiers de la famille de Sède de Liéoux :

« M. de Fontanes, père du littérateur qui fut l'ami de Chateaubriand et grand maître de l'Université, habitait Saint-Gaudens. Il y remplissait les fonctions « d'inspecteur du commerce, arts et manufactures ». L'existence de cet emploi dans notre ville s'expliquait par le grand trafic de bois et de bestiaux qui se faisait alors entre notre contrée et la vallée d'Aran, et par les tanneries, les fouleries et les ateliers où se fabriquaient certaines étoffes appelées « draps de cadis ».

« Cela donnait à Saint-Gaudens une véritable importance commerciale et industrielle... On l'appelait la « capitale du païs de Nébouzan ».

« C'était un jour de marché. La foule encombrait la place de l'église et notre halle couverte ; le vieux « parloir aux bourgeois », après l'audience des consuls qui s'y tenait d'habitude, venait d'être envahi par les petits marchands et les acheteurs.

« Tout à coup un groupe se forme autour de deux hommes qui se querellent, deux hommes de qualité portant l'épée l'un et l'autre. Ils ne sont pas bruyants, mais leur excitation est grande. Les voilà qui croisent le fer sous les yeux des spectateurs interdits.

« L'un, c'est M. de Fontanes, dont nous venons de parler ; l'autre, M. de Sède, son beau-frère, s'intitulant « filleul de la ville de Saint-Gaudens ». Etait-ce parce qu'il avait été tenu, au baptême, par le premier consul de la ville, ou simplement parce qu'il portait le prénom de Saint-Gaudens ?

« Celui-ci, plus ardent, s'acharne. M. de Fontanes se borne d'abord à la défense. Il se laisse acculer contre un pilier de la

clinant au monument de Mme de Lévis, je suis venu me heurter à deux autres sépulcres ; l'homme ne peut éveiller une douleur sans en réveiller une autre. »

* * *

Celui que célébrait Fontanes dans ces beaux vers :

> Mais si Joubert, ami fidèle,
> Que depuis vingt ans je chéris,
> Des cœurs vrais le plus vrai modèle,
> Vers mes champs, accourt de Paris.
> Qu'on ouvre ! J'aime sa présence ;
> De la paix et de l'espérance
> Il a toujours les yeux sereins...
> Que de fois sa douce éloquence
> Apaisa mes plus noirs chagrins.

Joubert accourut auprès de son ami, plongé dans « le plus noir chagrin ». Il avait le droit de sonder la plaie, ayant le baume qui calme la douleur. En sa présence, les larmes coulèrent sans contrainte, celles de Mlle de Fontanes, aussi bien que celles du père. A quel

halte, mais alors, dégageant son arme, il atteint en pleine poitrine son adversaire, qui tombe inanimé.

« Et les témoins de cette scène meurtrière avaient laissé faire, n'osant pas probablement intervenir.

« Celui qui venait de succomber si malheureusement était de la maison des de Sède, seigneurs de Liéoux, l'une des plus considérables du Nébouzan, où elle avait les meilleures alliances, notamment avec les Barbazan-Faudoas, les de La Tour, etc. Un représentant de cette famille s'éteignait naguère au lieu natal, M. Gustave de Sède, homme de lettres, journaliste distingué.

« Quant à M. de Fontanes, il ne tarda pas à quitter Saint-Gaudens pour aller s'établir à Niort.

« Peu de temps après le tragique épisode qui avait déterminé M. de Fontanes père à s'éloigner de Saint-Gaudens, une demoiselle de Sède, de cette famille dont il était l'allié, épousait un

titre la jeune fille pleura-t-elle Saint-Marcellin ? Était-elle avertie qu'un lien fraternel la liait au brillant et infortuné jeune homme ? Toujours est-il qu'elle pleura. Joubert, témoin de ses larmes, en fut remué, attendri. Elle était dans l'épanouissement de la dix-neuvième année, « dans la fleur de ses plus beaux ans ». Les larmes communiquaient à sa jeunesse une « séduction » de plus. Et n'était-elle pas la fille de son plus ancien ami, de l'ami pour lequel il avait sollicité la main de Mlle de Cathelin, devenue Mme de Fontanes ? Il avait « vu les jeux de son enfance » ; il était témoin de sa « première affliction ». Rentré chez lui, le bon Joubert ne pouvait détacher sa pensée des amis qu'il avait laissés dans le désespoir. Obéissant au besoin de consoler qui l'avait lié à Mme de Beaumont, puis à Mme de Chateaubriand, il prend la plume avec le désir et l'espoir de relever de chères âmes abattues.

C'est dans ces lettres qu'il fait bon étudier à nouveau Joubert, ami, moraliste, écrivain. Afin de parler plus sûrement au cœur de Fontanes, il s'adresse à sa fille bien-aimée, fille unique. Elle est bonne, naturelle, charmante. Il le lui dira de façon à ne pas effaroucher sa modestie, de façon aussi à réveiller et à caresser l'orgueil paternel. Elle est charmante, mais non parfaite. Parmi les plus brillantes qualités percent quelques légers défauts. Nous les devinerons aux conseils du moraliste.

Rouget de l'Isle, oncle du célèbre auteur de l'hymne guerrier et patriotique.

« Un de Sède figure au catalogue de la noblesse de Nébouzan, lors de la réunion des trois ordres, à Muret, pour nommer les députés aux états généraux de 1789. »

Mais ce qu'on n'y découvrirait pas, sinon peut-être à quelque allusion du début, c'est la passion prodigieusement romanesque dont Mlle de Fontanes fut possédée à l'âge de quinze ans.

Comme à plusieurs autres, la tête et le cœur lui avaient tourné en 1814. Eperdument éprise du tsar Alexandre Ier, le chevaleresque vainqueur, elle aurait tout quitté pour lui ; elle l'aurait suivi aux derniers confins de la terre. Le fait n'est pas douteux : je le tiens de sa plus intime amie, Mme Charles Lenormant, et j'en ai trouvé une sorte de confirmation dans certaines lettres (inédites) que lui écrivit l'abbé Nicolle (1).

(1) L'abbé Nicolle (Charles), ancien professeur au collège de Sainte-Barbe, puis instituteur des enfants de M. de Choiseul-Gouffier, a formé à Pétersbourg un établissement pour l'éducation des jeunes gens et a obtenu un tel succès que tout ce que la jeune noblesse de Russie offre de plus distingué doit son éducation à un Français.

« En 1817, il revint à Paris ; il fut fait aumônier du roi, faveur qui lui fut annoncée par une lettre du duc de Richelieu. A la même époque, l'empereur Alexandre nomma M. l'abbé Nicolle directeur du nouveau collège fondé à Odessa et qui porte le nom de lycée Richelieu ; et, dans le mois suivant, ce monarque ayant fait un voyage en Crimée, l'abbé Nicolle reçut de sa main la décoration de l'ordre de Sainte-Anne en brillants. »

(B. M., *Biographie des hommes vivants*.)

« En 1820, il devint membre du Conseil royal de l'instruction publique. En 1821, recteur de l'Académie de Paris, place qui fut supprimée en 1824 ; auteur d'un *Plan d'éducation* ou collège nouveau, Paris, 1833, in-8° avec 5 planches. Né à Poville (Seine-Inférieure), le 4 août 1758. » (Quérard, *France littéraire*.)

« L'influence de l'abbé Nicolle était prépondérante au Conseil royal ; elle était puissante aussi au Château, où il avait une amie dévouée en Mme de Gontaut, gouvernante des enfants de France. Il est probable que c'est principalement à l'abbé Nicolle que Michelet dut d'être nommé à l'école préparatoire et désigné pour enseigner l'Histoire à la princesse Louise. »

(*Revue des Deux-Mondes* du 15 décembre 1894.)

Avant les conseils du directeur laïque, lisons la morale du directeur spirituel. Celui-ci va jusqu'à la conscience et recommande « l'accomplissement *des devoirs* d'état ». Le premier, limitant son rôle, dira formellement : « Je n'ai point vos *devoirs* en vue, mais seulement l'urbanité. »

« *L'abbé Nicolle à Mlle de Fontanes.*

« Mademoiselle,

« J'ignorais que vous eussiez pris la peine de venir à la Sorbonne, et je regrette vivement de n'en avoir pas profité. Je ne regrette pas moins de ne pouvoir me rendre aujourd'hui à votre invitation. Je suis obligé de vous faire par écrit une réponse que j'eusse mieux aimé vous porter moi-même.

« Vous pouvez, Mademoiselle, regarder comme certains tous les renseignements du *Journal des Débats*, datés de Varsovie. S'il m'en parvient de particuliers, je vous les transmettrai. *Je vous exhorte à réaliser votre projet et à former des vœux plus conformes à votre état. Vous n'en sortirez jamais impunément, Mademoiselle, et cela doit être, parce que, si vous en sortez, vous agissez contre la volonté de Dieu.*

« Pardonnez-moi cette franchise; vous savez quel en est le principe, vous savez combien je vous suis attaché. Personne au monde ne forme pour votre bonheur des vœux plus sincères que les miens, *et votre bonheur est uniquement dans l'accomplissement des devoirs de votre état.* Ayez du courage, ce qui paraît presque impossible devient facile avec le secours de

Dieu, qui ne le refuse jamais à ceux qui le lui demandent pieusement.

« Je suis avec le dévouement le plus respectueux, Mademoiselle, votre très humble et très obéissant serviteur.

« NICOLLE.

« Paris, le 27 décembre 1815 (1). »

« Madame la comtesse,

« Je voulais vous offrir aujourd'hui, à vous et à Madame votre mère, mes souhaits de bonne année. Mais je suis obligé de m'imposer une privation pénible. Je crains qu'elle ne se prolonge encore quelque temps, et je ne veux pas différer à vous souhaiter tout ce qui peut vous être agréable, *surtout ce qui peut vous être le plus utile, le calme de l'âme.* C'est, sur la terre, le seul moyen du bonheur ; c'est le seul gage d'un bonheur d'un autre genre, qui doit être le but de toute notre vie. Ne prenez pas cela pour une formule de sermon ; n'y voyez que l'expression des sentiments que je vous dois et dont je ne puis mieux vous prouver la sincérité qu'en vous parlant ainsi.

« Vous allez être, je l'espère, assez contente de moi, quand je vous dirai les renseignements que j'ai obtenus.

« D'abord, il n'est pas vrai que l'empereur Alexandre soit mort avec la connaissance des projets criminels formés contre lui. Il n'avait que des notions vagues de la conspiration. Les preuves ne sont arrivées que lorsqu'il avait déjà perdu connaissance. C'est du moins ce que m'a dit M. le comte de Woroutzoff (?). De plus, sur cent

(1) Original autographe.

vingt personnes condamnées, huit seulement sont en Sibérie; les autres ont été mises dans des forteresses. Il y en a encore beaucoup dans celle de Pétersbourg ; enfin, il paraît certain qu'aucun n'est entré dans les mines. La princesse Troubeskoï, en arrivant à Irkutsa, a été très agréablement surprise en apprenant qu'elle ne serait point obligée d'aller plus loin, et que son mari habitait une maison commode dans les environs, où elle a la permission d'aller le voir chaque jour. Le prince Serge Volkouski est aussi dans la même situation, à quelque distance d'I... (illisible). Vous voyez, Madame la comtesse, que l'empereur Nicolas a hérité de la clémence de son frère. Tout cela m'a été dit par une personne parfaitement instruite de ce qui se passe en Russie. Cependant, je crois qu'il est bon de n'en point parler jusqu'à ce que la chose soit connue officiellement.

« Recevez, Madame la comtesse, l'hommage de mon dévouement bien sincère et bien affectueux (1). »

V

Quatre ans après l'entrée triomphale d'Alexandre à Paris, et à la date des lettres de Joubert, la passion d'amour était tombée. Restaient, avec un souvenir trop enthousiaste encore, certains défauts ou demi-défauts de société. Joubert veut sa jeune amie parfaite. Il n'a médité toute sa vie les secrets de la perfection que pour les lui révéler en temps opportun. Il veut qu'elle béné-

---

(1) Original autographe, non signé.

ficie largement de sa science et de son art. A elle ses meilleures maximes, ses pensées « les plus rares, les plus neuves, les plus exquises ». Pour l'intéresser à sa morale et varier ses leçons, il jouera cinq ou six personnages très différents d'aspect : le sage et le moraliste, cela va de soi ; mais le sage « en habit de ville », et le moraliste en peintre « épris de son modèle » ; il fera surtout, et avant tout, le sorcier, l'astrologue, le diseur de bonne aventure. Et quelle jeune fille ne prêterait l'oreille, demi-moqueuse, demi-crédule, aux prophéties de la bonne aventure? Comme le sorcier est proche parent de la sibylle, ses oracles, animés et poussés d'un souffle d'enthousiasme, s'inscriront d'eux-mêmes sur d'étroites feuilles, en paroles rythmées — oracles poétiques et concis. Mlle de Fontanes ne surprendra peut-être pas, à la première lecture, le secret du mètre, sous l'apparence de la prose? Pas de rimes et des mesures mêlées. Qu'importe ! L'oreille aura toujours été sensible à la cadence des mots, au chant de la phrase. Et puis, le secret de la forme sera vite pénétré par le père. Curieux, en poète, de ces belles maximes, et attentif, en vrai père, à l'effet produit, Fontanes lira les lettres à son tour ; il en expliquera les beautés de forme ; il en exprimera le sens profond, le sens caché. Et puis encore, Joubert, le meilleur interprète de ses propres pensées, Joubert, paresseux à écrire, mais infatigable à causer, viendra s'expliquer à loisir. On causera de tout cela : conversations faciles et douces, faites pour plaire à Fontanes, à sa fille, à lui-même.

Ainsi s'efforce-t-il d'être tout à la fois le conseiller de la jeune fille et le consolateur du pauvre père. Distraire Fontanes de sa douleur en l'appliquant tout entier, et en s'appliquant avec lui, à l'éducation de sa chère Christine, tel est le double but de Joubert. Le délicat! raffiné en belles amitiés comme en belles pensées, il n'appelait que des abeilles de choix au suc de ses maximes.

Est-ce bien dit, cela ? Abeilles ou fleurs ? Abeilles qui pompaient le suc de ses fleurs, ou fleurs préférées à qui lui, l'industrieuse abeille, demandait le meilleur de son miel ?

Il prit sa meilleure plume, son plus beau papier, un gentil petit papier fil; et, n'ayant plus qu'à recopier, je pense, il écrivit, de sa plus belle main, une série de lettres à Mlle de Fontanes. Ces lettres font plaisir à voir : pas de ratures, « ce difforme tourment des yeux (1) » ; des lignes droites, des marges nettes, des alinéas nombreux, des blancs à souhait. Le tout vous a un air propret, coquet, régulier, souriant, qui captive et repose le regard.

Le *Sage*, qui se donnait de tels soins pour le plaisir d'autrui, pour l'instruction et l'agrément d'une jeune fille, comptait soixante-six ans. Sa fatigue était extrême. Il passait la plupart de ses journées au lit.

Dès la première des lettres projetées, vaincu par la fatigue, il écrivit au père en lui envoyant le feuillet du début : « Je n'en puis plus. » Et, dans la crainte de ne pouvoir achever son dire, il ajoutait : « C'eût été finir mes écritures (car je crois que je n'écrirai plus de ma vie) comme j'ai commencé ma jeunesse, à votre service. » Il l'acheva, son dire, et nous allons, sans plus de cérémonie, en avoir la confidence.

Voici ces lettres. Je ne crois pas exagérer en disant

---

(1) Expression de Joubert.

que la correspondance imprimée n'en contient aucune où l'aimable philosophe se peigne mieux dans la très originale beauté de son caractère, de ses pensées et de son style. Elles sont inédites, sauf la première à Mlle de Fontanes. Et encore pourrais-je présenter celle-là même comme inédite. On la trouve, il est vrai, dans le recueil, mais tellement abrégée et altérée qu'elle y perd sa physionomie distincte et son charme spécial : des phrases supprimées, les plus caractéristiques ; des mots déplacés ou changés ; le syllabisme dérangé ou détruit. Il ne reste qu'une lettre trop sérieuse, à peine réjouie d'un sourire, lettre didactique, et qui s'allonge démesurément, sans répit aucun, en une file de maximes serrées les unes contre les autres. « On voudrait plus d'intervalles et de repos. » La réflexion est de Sainte-Beuve, à propos de tout le volume des Pensées. « Ces livres de maximes et d'observations morales condensées, comme l'était déjà celui de La Bruyère, et comme l'est surtout celui de M. Joubert, ne se peuvent lire de suite sans fatigue. C'est de l'esprit distillé et fixé dans tout son suc. On n'en saurait prendre beaucoup à la fois (1). »

Est-ce ainsi qu'on écrit à une jeune fille de dix-huit ans, à la fille d'un poète, homme du monde, à la fille de son meilleur ami, quand soi-même on est l'homme des plus exquises délicatesses, qu'on « a presque le langage de la galanterie », qu'on se flatte d'être toujours jeune, même sous les cheveux blancs, et qu'on s'appelle Joubert (2) ? Ce mot n'est-il pas de lui :

(1) Sainte-Beuve.
(2) « Je ressemble au peuplier, cet arbre qui a toujours l'air jeune, même quand il est vieux. » (*L'Auteur peint par lui-même.*)

« L'attention est d'étroite embouchure. Il faut y verser ce qu'on dit avec précaution et pour ainsi dire goutte à goutte. »

Le moraliste s'est bien gardé de marquer le mètre dans cette correspondance. C'eût été trahir son jeu dès le début, ôter le charme du mystère à ses aimables caprices. Libre à chacun de constater la présence et la variété des vers. La coupe ne sera d'aucune difficulté avec le mètre de prédilection, l'octosyllabe ; mais quand les syllabes dépasseront cette mesure, ou resteront en deçà, la pause sera moins aisée à établir.

Un doute me vient, et j'en renouvelle ici l'expression. Peut-être Joubert jetait-il à dessein, et pour obéir à sa charmante théorie des *symétries brisées,* quelques phrases de simple prose, au milieu des phrases rythmées : dissonances calculées, destinées à réveiller l'oreille. Ainsi le lecteur apprécierait mieux, avec le retour du rythme, l'harmonie de l'ensemble.

Il est vrai que, pour obtenir ce résultat, il lui suffisait de mêler les mesures. C'est ce qu'il aura fait, peut-être. Impossible à moi de conclure. Un autre marquera, d'une main ferme, les pauses idéales.

Nous le savons : la poésie n'avait pas attendu, pour éclore en Joubert, que la brillante jeunesse de Mlle de Fontanes vînt illuminer, réchauffer et couronner de fleurs sa philosophie d'arrière-saison. Entendez l'*Auteur peint par lui-même :*

> Vous allez à la vérité
> Par la poésie ;
> Et j'arrive à la poésie
> Par la vérité.

Chateaubriand, à qui l'on a toujours reconnu le don

des mots puissants, n'a jamais été mieux inspiré que dans ce mot, merveilleusement concis et coloré comme le génie dont il voulait exprimer l'idée : « Profond métaphysicien, sa philosophie (de Joubert), par une élaboration qui lui était propre, devenait peinture ou poésie. Platon à cœur de La Fontaine... »

La correspondance s'ouvre par une lettre à M. de Fontanes. On y pourrait voir une sorte d'Avant-Propos : sentiment inspirateur, sujet à traiter, plaintes sur soi, travail qui sera le dernier et qui rejoint les premières « écritures », rien n'y manque de ce qui constituerait une préface modèle, concise et subjective, à la manière de cet « égoïste qui ne s'occupait que des autres ».

« J'écrivais à Mlle de Fontanes une lettre qu'il m'est impossible de continuer et dont je vous prie de lui remettre le premier feuillet, qui lui prouvera du moins ma bonne volonté.

« J'ai grand regret à cette lettre, car elle me plaisait ; mais mon mal est plus fort que mon inclination.

« Je n'en puis plus, mon cher ami. Tous ces retours de mes anciennes irritations ne me sont pas nouveaux, mais ils usent à la fin, et je ne sais pas combien de temps encore je pourrai y suffire.

« J'ai mis au bas de mon feuillet, sur un petit papier collé, la réclame du feuillet suivant, afin que je sache où me raccrocher s'il m'arrive de me mieux porter et de vouloir achever mon dire.

« J'aimerais assez à prouver à votre aimable fille que j'ai eu mes raisons pour être son enthousiaste, et je tenais à lui envoyer en peu de lignes un petit code de morale à son usage, qui l'aurait, je crois, amusée et qui aurait pu ne lui être pas inutile.

« C'eût été finir mes écritures (car je crois que je n'écrirai plus de ma vie), *comme j'ai commencé ma jeunesse*, à votre service.

« Mes respects à Mlle de Fontanes. Je pars desséché et exténué. Que ne pouvez-vous me céder un peu de votre superflu. Vous avez (quoi que vous en disiez) assez d'embonpoint, de vie et de force pour nous deux.

« Tout à vous jusqu'à mon entière extinction.

« J (1).

« 10 septembre 1819. »

« Comme j'ai commencé ma jeunesse », de tels mots ne sont pas pour infirmer les vues critiques ci-dessus. « A votre service » confirme aussi la pensée plus haut exprimée : Joubert, en s'adressant à la fille, ne cessait pas de s'occuper du père. Peut-être aussi est-il fait allusion à la lettre du 17 octobre 1788, dans laquelle Joubert demandait pour son ami la main de Mlle de Cathelin. Fontanes, très touché de cette lettre (il ne la connut que plus tard), déclarait que « Platon, écrivant pour marier son disciple, n'aurait pas pu tenir un langage plus beau et plus persuasif ». Toujours Platon, à propos de Joubert.

Mlle de Fontanes reçut donc, des mains de son père, l'épître annoncée. L'adresse en est très soignée : ce qui n'a pas empêché Joubert de commettre une petite faute dans le prénom :

(1) Original autographe.

« *A Mademoiselle,*
« *Mademoiselle Cristine de Fontanes, à Courberoye.*

« Septembre 1819.

I

« Mademoiselle,

« J'ai reçu votre aimable petite lettre avec un plaisir extrême, et je la conserverai avec soin parmi les légers monuments de cette espèce qui servent à me rappeler les moments heureux de ma vie.

« Mon seul regret est de ne pas posséder cette lettre tout entière. En la décachetant avec trop de précipitation, j'en ai déchiré deux ou trois mots, et cet accident m'a peiné. Je voudrais ne pas perdre une syllabe de ce que vous dites, de ce que vous faites et de ce que vous écrivez.

« Vous avez, Mademoiselle, pour partisans et pour admirateurs décidés, deux hommes qui peuvent se donner carrière. A la distance où ils seront toujours de vous, leurs hommages, quelque éclatants ou indiscrets qu'ils puissent être, ne pourront ni vous compromettre ni vous paraître intéressés ; car l'un habite aux extrémités de la terre et l'autre aux extrémités de la vie. C'est l'ambassadeur de Perse et moi.

« Je crois que nous avons été créés tous deux exprès pour vous donner la gloire de plaire à des goûts opposés.

« Ce demi-Turc est un franc étourdi qui s'est épris de vous à la première vue, tandis que vous avez été souvent l'objet de ma plus sérieuse attention. Vous aviez d'abord charmé ses yeux et vous charmez aussi les miens. Mais il vous a seulement regardée avec ceux qu'il a dans la tête, au lieu que je vous ai longtemps étudiée avec ceux que j'ai dans l'esprit, ce qui est plus sage et beaucoup plus respectueux.

« Cependant ce hardi rival a pris sur ma timidité des avantages que je prétends lui disputer. Je vais sortir de mon silence et regagner sur lui pied à pied tout le terrain qu'il m'a ravi par sa vitesse, en osant parler le premier. Tout ombre que je suis, je le battrai sur tous les points. Je ne veux lui céder sur rien.

« Il a fait ses déclarations et j'oserai faire les miennes. Il vous a dit ce que votre présence inspire ; je vous dirai ce que j'ai mille fois pensé en votre absence, dans le sens *(sic)* froid du souvenir et de la réflexion.

« On dit qu'il est prince et poète. Ce sont là des titres fort beaux. Mais je suis plus qu'un homme, je suis sorcier, ou du moins je me suis fait devin pour vous. Il compose pour vous une ode qu'il publiera dans son pays ; j'ai composé votre horoscope et je l'ai dite à tout venant. Enfin, Mademoiselle, il ne vous donnera que des louanges et je me permettrai de vous offrir quelques conseils. C'est un tribut qu'il semble que votre modestie exige et dont la stricte obligation m'est sévèrement imposée par la dignité de ma situation et de mon âge. J'appartiens presque à l'autre monde. C'est le lieu de la vérité.

« J'ai vu les jeux de votre enfance et j'ai vu les douleurs de votre première affliction...

« Je m'interromps, mademoiselle, je m'arrête à ces derniers mots. Ce sont là de grandes paroles qui pourraient me mener trop loin. Les souvenirs qu'elles réveillent forment une époque importante dans l'histoire encore en idée des sentiments que j'ai pour vous. Je l'écrirai sans doute un jour, mais je dois la placer ailleurs.

« Je suis plus que vous ne pensez, Mademoiselle,

« votre très humble et obéissant serviteur,

« JOUBERT (1). »

Le feuillet retenu par Joubert, et sur lequel était collée la réclame, m'est également venu dans les mains. Rapproché de la lettre, voici les menus propos qu'il me suggère.

Le brouillon est sur un papier moins beau, de même format ; l'écriture en est très soignée et sans ratures ; le texte ne présente, avec celui de la lettre, que de légères variantes, portant sur trois ou quatre mots.

Je lis dans la minute : « C'est un tribut plus convenable à votre modestie et dont l'obligation m'est d'ailleurs imposée par la dignité de ma situation et de mon âge. » Dans la lettre, nous avons lu : « C'est un tribut *qu'il semble que votre modestie* exige et dont la *stricte* obligation m'est *sévèrement* imposée par la dignité de ma situation et de mon âge. »

On voit que les nuances vont doucement à plus de délicatesse vis-à-vis de la destinataire, et, après les compliments du début, à une gravité progressive dans le commerce ou dans le rôle de l'enthousiaste correspondant.

Bien autres sont les différences avec le texte imprimé.

(1) Original autographe.

Bornons-nous à cette seule remarque. Presque tout ce qui concernait le « sorcier », le « devin », « l'ombre », a été impitoyablement biffé, sans égard aux effets de contraste entre les deux rivaux ; et c'était là le moindre inconvénient. Puisque tant on supprimait, au moins aurait-il fallu ne pas maintenir des membres de phrase qui n'ont plus de sens, le sorcier disparu, ou n'ont plus le sens de l'auteur.

A vingt jours de là, Mlle de Fontanes, ayant eu le temps de lire et de relire sa lettre, le temps aussi de désirer et de réclamer la suite, Joubert, à qui la campagne avait rendu des forces, lui adressa, de Villeneuve-sur-Yonne, une deuxième lettre. Celle-ci porte, dans le coin supérieur de gauche, et un peu au-dessous de la date, le chiffre romain II, entouré de points affectant la forme de croix. Je me demande si ce n'est pas en souvenir des signes cabalistiques.

La jeune fille put lire sans fatigue les pages calligraphiées à son intention ; la lumière y circule, abondante au milieu des lignes droites et régulièrement espacées ; les alinéas y sont très nombreux et je les reproduis tels que Joubert les avait établis.

II

« 1er octobre 1819.

« Mademoiselle,

« En ma qualité de devin, je suis parent de la Sibylle et je succède à tous ses droits.

« On sait quel était son usage, et qu'elle écrivait des oracles sur d'étroites feuilles de chêne afin de les rendre plus courts.

« Je réclame aujourd'hui pour moi ce privilège de famille dont j'userai plus largement. Je multiplierai mes réponses, et, afin de les circonscrire, je leur donnerai à chacune, pour étendue et pour limites, un feuillet de petit papier (et, dans les grandes circonstances, comme en ce moment par exemple, un petit feuillet et demi). Moins décrépit que ma savante devancière, je dois être plus généreux.

« Permettez-moi, Mademoiselle, cette répartition commode où vous êtes intéressée. C'est pour moi diviser ma peine ; mais pour vous qui devez me lire, (hélas ! j'ai peut-être à le craindre) c'est aussi diviser l'ennui.

« J'ai recours à cet expédient par une autre nécessité : celle de respirer souvent. Mon esprit est de peu d'haleine. Il est semblable à ma poitrine, dont on dit qu'elle a beaucoup d'air et assez de capacité, mais qui a besoin de longs repos et d'exercices variés (1).

« Je suis effrayé de la tâche que mes langueurs m'ont fabriquée et dont j'ai à venir à bout. Par vous avoir écrit trop tard (cette tournure est du bon temps), j'ai trop songé à vous écrire, j'ai trop ruminé mes pensées. J'ai trop souvent pensé à vous.

« Aussi ma tête est toute pleine de mots, d'images et d'idées, de matériaux de toute espèce dont je ne puis me dépêtrer, qui ne veulent pas se déprendre, qui s'agitent, qui se remuent comme les pierres d'Amphion ; qui se démènent malgré moi et cherchent à se faire jour.

« En leur ouvrant plusieurs issues, chaque chose ira à sa place, et tout s'arrangera tout seul.

(1) C'est dans le brouillon, qui est également sous mes yeux, que je lis cet alinéa, oublié ou supprimé dans la lettre.

« J'ai à écrire immensément. Je voudrais vous dire à la fois ce que j'ai auguré de vous, ce que je désire pour vous, et ce que j'ai pensé par vous, c'est-à-dire en songeant à vous.

« En divisant ma pièce en actes, afin que tout y soit à l'aise et puisse venir à son tour, je m'y suis donné plus d'un rôle, et je ferai auprès de vous, ou plutôt, je contreferai... Je vous dis tout, Mademoiselle, je ne veux rien dissimuler.

« Même, afin que vous puissiez lire jusque dans mes intentions, j'indiquerai ici pour vous l'esprit et le jeu de ces rôles, dont je vais vous livrer la liste. Tous mes secrets vous sont ouverts ; je ne veux rien vous déguiser, pas même mes déguisements.

« Je ferai donc auprès de vous :

« Le diseur de bonne aventure, animé par la certitude qu'il ne dit que la vérité ;

« Le sage instruit par le passé (1) qui, en regardant votre avenir et le point que vous occupez, parcourt le recueil de maximes qu'il reçut de l'expérience, et choisit pour vous les offrir, au moment de votre départ, celles qui, parmi les plus rares, les plus exquises, les plus neuves, vous sont le mieux appropriées ;

« Le guide attentif et soigneux qui, en mesurant votre carrière, n'y voyant à craindre pour vous que les aspérités fortuites que peut y jeter le hasard, les aplanit par ses souhaits ;

« Et le moraliste (2) attendri à l'aspect de votre jeu-

---

(1) Variante : Et le sage expérimenté qui, pour ne pas être trop grave, en parlant à votre jeunesse...

(2) Variante : Le moraliste ami des grâces, qui les croit pour vous un devoir, etc.

nesse, qui, n'ayant rien connu de vous et n'en pouvant rien présumer qui ne lui cause quelque joie, se plaît à se montrer plus riche en émotions qu'en leçons, et prescrit au littérateur qui est chargé de faire parler tant de différents personnages le soin de leur donner à tous, dans leur langage et dans leur ton (afin que l'œuvre se couronne et que tout vous soit assorti), un style relevé et grave, mais où tous les mots soient riants.

« On pourra voir aussi, sans doute, hors de masque et à chaque scène, au milieu de ces fictions et dans ce drame supposé, mon caractère véritable et mon personnage réel, *le peintre épris de son modèle*, mais appliqué à être exact, et qui, dans les objets qu'il aime, comme dans les sujets qu'il traite, voit tout en beau sans rien flatter. C'est ma grande prétention.

« Enfin, je ne saurais plus vivre (ou du moins prendre aucun repos) si je n'ai pas mis sous vos yeux et déposé entre vos mains, dans toute leur sincérité et par tous les moyens possibles, mes vœux pour vous, mes espérances, mes conseils et mon pronostic.

« Peut-être même mes adieux. Car, après avoir tant écrit, je ne voudrai plus rien écrire. Je briserai toutes mes plumes. Vous aurez mes derniers accents.

« Et tout cela en peu de mots ! Ce n'est pas l'affaire d'un jour, et encore moins d'une lettre. Vous en recevrez cinq ou six.

« Ne soyez pas trop effrayée, et remarquez, Mademoiselle, les dimensions de celle-ci, qui sera une des plus longues et servira de règle aux autres, dont elle est comme le prologue, l'exposition et le récit.

Le cadre en est encourageant et l'échantillon rassurant.

« Je suis très véritablement, comme vous l'apprendrez bientôt,

« Mademoiselle,

« Votre très humble et très obéissant serviteur.

« JOUBERT (1). »

Dix jours s'écoulent. Joubert prépare la suite. Dans le même mois de septembre 1819, et pendant que le devin, tout plein de son rôle, ou plutôt de ses rôles, mesurait, de huit en huit, les syllabes de ses oracles, il écrivait à Chateaubriand une lettre que des juges éminents ont comparée et préférée à la fameuse suspension de Mme de Sévigné annonçant le mariage de M. de Lauzun : « Joubert, dit M. Géruzez, est autrement ingénieux et piquant en introduisant auprès de M. de Chateaubriand un galant homme de ses amis. » Piquant pour tout lecteur, oui, certes, mais combien plus pour nous, initiés au grand travail qui l'occupa pendant les mois de septembre et d'octobre! S'il mêle, dans sa lettre de recommandation, sympathie et malices avec une grâce achevée, cela lui est d'autant mieux permis qu'en se moquant de son protégé, non sans son aveu, peut-être Joubert pensait-il aussi un peu à lui-même ; peut-être même voulait-il amuser Chateaubriand en se rappelant à lui à titre de métromane en prose.

---

(1) Original aut. — Variante : J'y trouve encore assez de place pour vous dire, Mademoiselle, que je suis véritablement votre embarrassé serviteur.

Lisez plutôt :

« Paris, septembre 1819.

« M. Maillet-Lacoste, *vrai métromane en prose*, et l'homme du monde le plus capable de bien écrire, si, ne voulant pas écrire trop bien, il pouvait quelquefois s'occuper d'autre chose que de ce qu'il écrit ; M. Maillet-Lacoste, qui sera jeune jusqu'à cent ans, et qui est le meilleur, le plus sensé, le plus honnête, le plus incorruptible et le plus naïf de tous les jeunes gens de tout âge, mais qui donne à sa candeur même un air de théâtre, parce que *sa chevelure hérissée, ses attitudes et le son même de sa voix se ressentent des habitudes qu'il a prises sur le trépied* où il est sans cesse monté..., etc. — Accueillez mon Maillet, le plus sage des fous et le plus fou des sages, mais un des meilleurs esprits du monde, si cet esprit était plus froid, et une des meilleures âmes que le Ciel ait jamais créées, quoiqu'il ne soit occupé que de son esprit ; espèce d'aigle sans bec, sans serres, sans fiel, mais non pas sans élévation assurément ; un jeune homme *de l'autre monde*, que les connaisseurs généreux, comme vous l'êtes, doivent apprécier dans celui-ci, afin que justice soit faite, car il n'y fera pas fortune. Rendez-le heureux avec un mot et un sourire. Cela me fera du bien. Adieu. »

Serait-il contestable que Joubert ne se fût pas oublié tout à fait en plaisantant de son Maillet, je dirais encore que les expressions typiques des lettres à Mlle de Fontanes se retrouvent dans l'épître à Chateaubriand, et qu'elles montrent à quel point le correspondant était possédé de son sujet, ou de son rôle : « trépied », « l'autre monde », « le sage ».

Dix jours donc. Une troisième lettre part de Villeneuve. Elle arrive à son adresse et met en rumeur la petite colonie de Courbevoie.

J'aime à me les représenter, père, mère, amie, groupés autour de Mlle de Fontanes, et lui demandant à qui mieux mieux de lire à haute voix.

« C'est le sorcier qui parle en ce moment. » A ce début plein de mystérieuses promesses, on ne peut s'empêcher de sourire ; et si, bientôt, à l'inévitable souvenir de « la première affliction », quelque larme tremble dans les yeux et dans la voix de l'aimable lectrice, l'émotion est rapide, comme le discret souvenir qui l'avait causée. A travers ses larmes, déjà reparait et brille le sourire du début.

Le père et la mère obtiennent au passage leur petit mot de compliment ; et puis, voici le portrait de la jeune fille, voici le fameux horoscope.

III

« 10 octobre 1819.

« Mademoiselle,

« C'est le sorcier qui parle en ce moment et qui vous dit à haute voix :

« J'ai vu les jeux de votre enfance et les douleurs de votre première affliction, dans la fleur de vos plus beaux ans.

« Tout ce que vous fûtes alors et tout ce que vous nous parûtes ; ce que vous fîtes d'imprévu, d'inattendu, d'involontaire et de touchant, à votre insu, dans cette triste occasion ; vos attentions, vos distractions, votre silence, vos paroles, vos larmes et votre sourire, vos mouvements et leur repos, vos souvenirs et vos oublis, tous ces rapides changements et toutes ces vicissitudes d'un naturel hors de lui-même et qui se montre tel qu'il est, me frappèrent subitement d'une foule d'impressions et d'une infinité d'idées qui étaient dès longtemps préparées et qui ne me quitteront plus.

« Vous êtes certainement, Mademoiselle, une personne extraordinaire, et, à mes yeux, c'est peu de chose. Mais vous êtes née excellente, ce qui est incontestablement la plus insigne et la plus haute de toutes les illustrations.

« Je ne vous dirai rien de votre esprit ; vous le tenez de votre mère et de votre père, et, comme dans un certain sens, il ne vous appartient pas encore, ou n'est pas à vous tout entier, je l'ai exclu de mes calculs. Vous en aurez beaucoup, sans doute, mais vous n'en avez pas besoin.

« Il y a évidemment en vous quelque chose qui est supérieur à l'esprit même, qui vous est venu de plus haut, qui vous classe, qui vous distingue, qui fait de vous un être à part, qui n'est pas bien développé, mais qu'on entrevoit, qu'on soupçonne, qu'on aperçoit confusément. Je l'ai démêlé mieux qu'un autre, et c'est là ce qui m'a ravi.

« J'en jure par mon Art, par mon discernement, par ma raison, par mon instinct, par toute mon intelligence, et par l'infaillibilité qui est attachée aux jugements qui se font en nous malgré nous, et aux convictions intimes quand elles sont indestructibles : ce que je dis est assuré.

« J'ai vu dans la *petite fille* qu'il vous plaît d'appeler ainsi et qui vient à peine, en effet, d'achever ses commencements ; j'ai vu, dis-je, dans cette enfant qui a depuis peu cessé de l'être, et qui vous ressemble si bien ; j'y ai vu très distinctement, en vous étudiant vous-même et en consultant vos destins (car vous êtes inséparables), toutes les marques d'un grand cœur qui, pour se montrer tout entier et nous paraître incomparable, n'attend plus que des sentiments qui soient dignes de le remplir ; tous les présages d'un bonheur qui, pour se rendre invariable et accompagner tous ses pas, quand elle entrera dans le monde, n'exige d'elle que des soins et des précautions légères, et tous les signes d'un mérite qui peut devenir accompli... aussitôt que vous le voudrez.

« Vous avez reçu en partage une très grande élévation ainsi qu'une très grande force d'esprit, d'âme et de caractère ; ce sont là vos traits distinctifs. Mes combinaisons me l'apprennent, et même d'autres me l'ont dit et ont su le conjecturer sans être aussi sorciers que moi. Ce fait est donc bien avéré.

« Or, Mademoiselle, avec la première de ces qualités, en lui laissant un libre essor, vous aurez toutes les vertus ; et, avec la seconde, en déployant son énergie et en la tournant sur vous-même, vous pourrez n'avoir aucun tort envers vous ni envers personne, pour peu que vous le désiriez.

« Et si des astres ennemis, qui me sont encore inconnus, mais que je cherche à découvrir pour en conjurer l'ascendant, ont mêlé, pour un peu de temps, aux véritables dons du Ciel dont vous avez été comblée au moment de votre naissance, quelque surcroît contrariant ou quelque influence maligne par leur aspect inopiné dont mon grimoire ne dit rien, vous effacerez aisément jusqu'à la moindre de leurs traces dès que vous l'aurez voulu ; et vous n'aurez aucun défaut que ceux qu'il vous plaira d'avoir. Mes supputations en font foi.

« Avec cet admirable ensemble, si rien n'en trouble le concours ou n'en dérègle l'harmonie, tous les succès vous sont promis, et vous remplirez votre sort.

« Vous charmerez tous les esprits par votre empire sur le vôtre; vous vous soumettrez tous les cœurs en laissant voir votre bonté; vous obtiendrez tous les suffrages et votre propre approbation.

« Vous ferez la félicité de vos retraites domestiques, en y cultivant en secret et sans aucune impatience tant de biens et tant d'agréments qui ont enfin donné leurs prémices et qui vont porter tous leurs fruits. Vous en deviendrez les délices et vous en serez l'ornement en consacrant à leur usage, comme vous le devez sans doute (nous sommes nés pour nos foyers), ces fruits trop peu pressés d'éclore et ces biens longtemps concentrés.

« On verra briller ces trésors. Vous leur permettrez d'éclater. Vous saurez les accroître encore. Ils seront comme amoncelés.

« Et quand le temps sera venu d'être répandue au dehors et de vous produire au grand jour, en sortant de tous ces nuages dont, à l'aide de ma lunette, j'ai su percer toutes les ombres et dissiper l'obscurité, vous serez tout à coup placée hors de ligne et au premier rang dans l'estime et dans l'affection de tous ceux qui vous auront vue. Voilà quel est mon pronostic.

« Maintenant voici mes conseils..., mais je sens que ma voix se lasse, toute ma vertu m'abandonne, et mon savoir est suspendu. J'ai dépassé toutes les bornes et surtout la sage limite qui était prescrite à mes réponses. J'en suis à la quatrième page, je touche au troisième feuillet. Un si long oracle m'éteint, et je descends de mon trépied, harassé, pâle et hors d'haleine, comme il convient à mon métier, mais non pas, certes, à mon dessein.

« Je ne puis plus dire qu'un mot, c'est que je suis passionnément, et vous en voyez la raison,

« Mademoiselle,

« Votre très humble et obéissant serviteur. »

Ici, en guise de signature, trois petits groupes de points symétriques : un vrai sorcier ne saurait signer autrement.

Un peu plus bas, il y a ce *post-scriptum* :

« *P.-S.* — Je suis de l'avis du sorcier.

« JOUBERT (1). »

Impossible d'imaginer portrait plus flatteur, destins plus heureux, rédaction plus soignée. Quels tons nuancés et profonds ! Et quelle poésie de moraliste !

Fontanes y dut trouver un grand charme. Il prit la lettre des mains de sa fille et la relut à son tour, pour en exprimer tout le sens, toute « l'essence », avec tous les parfums.

Certains mots, tels que ceux-ci : « d'autres me l'ont dit », autorisent la supposition. Dans ses confidences de père, Fontanes avait dévoilé à son ami les petits défauts de l'enfant. Aussi, distinguant le conseil sous le compliment, pouvait-il, dans son commentaire, renouveler ses avis personnels avec d'autant plus de chance

(1) **Original autographe.**

d'être écouté que ces avis n'avaient plus la forme directe des leçons coutumières.

La lettre suivante se résumerait d'un trait : « Je suis peut-être le sorcier. » Mais le détail, les nuances, les intentions aimables, le charme subtil, il les faut étudier curieusement et dégager avec soin, il faut s'en pénétrer par une lecture lente et réfléchie. C'est un pur chef-d'œuvre, dira le lecteur. Peut-être même quelqu'un se croira-t-il le droit d'aller plus loin : des quatre lettres à Mlle de Fontanes et des maximes qui firent l'objet d'un cinquième envoi, celui-là dira : c'est le chef-d'œuvre de Joubert ; c'est bien lui, dans la plénitude et le charme varié de ses dons ; lui tout entier : l'épistolier, l'ami, le galant homme, l'écrivain, le conseiller, le moraliste, non le moraliste sec et en théorie, mais le moraliste dans l'activité pratique et souriante de sa mission. Bienveillant, « attendri, enthousiaste », optimiste. Pourquoi ? Parce qu'il n'étudie que de beaux modèles, dont il rêve la perfection et dont il est épris. « Aussi voit-il tout en beau », ce qui ne l'empêche pas de voir à fond, « sans rien flatter, c'est sa grande prétention », lui-même l'a dit à Christine. Foin des moralistes chagrins et misanthropes ! Ils ajoutent au pessimisme, qui est bien assez développé en chacun de nous. Ils suggèrent un nouveau motif de lâcheté en nous insinuant que le mal est fatalité. Ils rendraient faibles les forts. Les plus encourageants, voilà les plus utiles, les seuls utiles, ceux qui fortifient les faibles. Les passions, toutes les passions, le moraliste doit les connaître. Aussi Joubert les connaissait-il pour les avoir étudiées dans la vie, et non seulement dans les livres ; mieux que cela, il les avait étudiées dans sa vie et observées dans son cœur : « Je les ai toutes connues » ; c'est son aveu formel. De bonne heure, il s'en était dégagé et assez éloigné pour les bien voir et les juger avec le recul et l'indépendance nécessaires.

Après avoir lu ces lettres, on comprend mieux et on admire davantage le portrait merveilleusement exact que Chateaubriand a tracé de son ami, et en particulier ce mot caractéristique : « Il avait une prise extraordinaire sur l'esprit et sur le cœur ; et quand une fois il s'était emparé de vous, son image était là comme un fait, comme une obsession qu'on ne pouvait plus chasser. »

IV

1ᵉʳ novembre 1819.

« Mademoiselle,

« J'ai regret à ce bon sorcier, qui est mort d'une extinction de voix, et qui parlait si bien de vous. Ne vous en souvenez-vous point ?

« Il n'a vécu que quatre pages. Mais il en fit un digne usage et méritait d'aller plus loin.

« Il me semble toujours le voir, avec son grand bonnet en tête, son ample robe à larges manches, sa longue baguette à la main et prêt à dire *je le jure* quand il venait de vous louer.

« Son geste alors était fort noble : on voyait qu'il venait du cœur et qu'il était fait à propos.

« C'était un esprit pénétrant, très franc, très ouvert, très sincère, et qui était même circonspect. Mais entraîné par le plaisir de vous avoir en perspective, et fier de parler plus longtemps qu'il n'y était autorisé par son costume et ses fonctions, il eut un tort impardonnable.

Il voulut sortir de sa sphère, ce qui porte toujours malheur.

« Vous savez que son mal le prit au commencement d'une phrase qui n'était pas faite pour lui (car elle était faite pour moi, et je l'ai remise à sa place, vous allez bientôt la revoir). Suffoqué par son imprudence, il voulut se débattre encore et ressaisir ses périodes. Mais il ne fit que bégayer.

« Il expira en se taisant trois ou quatre lignes après, ou plutôt il s'évapora et s'évanouit comme un songe dans mon imagination, à la fin du *votre très humble* où il s'était réfugié. Et je devins inconsolable, ne trouvant plus en moi qu'un vide qui m'a rendu longtemps muet.

« J'aimais cet être fantastique. Il m'avait servi d'interprète; j'étais habitué à lui. Il disait ce que je pensais, il le disait mieux que moi-même. Je n'osais plus parler tout seul.

« Enfin, après vingt jours d'attente, d'étonnement et de recherches, j'ai découvert quelques paroles dignes de vous, Mademoiselle, et c'est à lui que je les dois : je veux dire à ce bon sorcier. Il a laissé un manuscrit.

« Comme il était né dans ma tête et qu'il logeait dans mon cerveau, il en avait mis le brouillon dans un recoin de ma mémoire où je viens de le retrouver, et je l'ai copié pour vous.

« Daignez y jeter un coup d'œil.

« Vous y verrez, Mademoiselle, ce qu'il se proposait de dire quand sa syncope l'éteignit, et ce qu'il avait médité pour descendre avec bienséance des hauteurs de la prophétie au rang de simple conseiller, car il voulut être le vôtre, et c'est là ce qui le perdit. Vous ne l'aurez point oublié.

« Il eut tort et je l'ai blâmé Mais il eut du moins pour excuse son grand savoir, sa longue vue et son ravissement d'esprit. N'a pas ces excuses qui veut.

« Vous y reconnaîtrez son style, où l'emphase est toujours jouée, et le sentiment toujours vrai ; vous y démêlerez son plan semblable au mien en toutes choses, ce qui m'épargnera la peine d'en fatiguer votre attention.

« Vous y lirez son dernier mot, et que sa volonté dernière ou sa dernière fantaisie fut de vous léguer son secret par une préférence unique, dont la tournure m'a touché. Vous y rencontrerez partout (et entre autres dans un passage où il parle de sa durée et de son long pèlerinage) un langage et des sentiments tellement conformes aux miens, qu'on croirait qu'il s'est pris pour moi.

« Et pourquoi non, Mademoiselle ? Il a dit ce que j'ai pensé, j'ai pensé ce qu'il a écrit ; vous étiez la *petite fille*, je suis peut-être le sorcier.

« En ce cas-là, je le déclare (mais en ce cas-là seulement), les louanges qu'il a reçues (j'entends celles que j'ai données) étaient une feinte de plus.

« Enfin, en parcourant ces lignes qui orneront le bas de ma lettre, vous apprendrez à mieux connaître et peut-être à aimer un peu ce personnage indéfini qui n'a respiré que pour vous et n'eut que vous pour héroïne. Il est devenu mon héros.

« Je finis par des vœux pour lui.

« Puisse son ombre vénérable (si toutefois il a une ombre) errer avec quelque faveur dans vos spacieuses rêveries, quand vous ne rêverez à rien ! Puisse son nom (s'il a un nom) occuper avec quelque honneur le fond du petit portefeuille où je le crois enseveli !

« Puisse une épithète flatteuse, quand vous l'aurez lu tout entier, tomber sur lui de votre bouche et lui tenir lieu d'épitaphe! Quels qu'ils soient, quels qu'ils puissent être, ses mânes seront satisfaits.

« J'ai contrefait l'historien, et même l'orateur funèbre. Je vais contrefaire le sage, ce qui n'est pas aussi aisé. Je demande un peu de répit, et à placer, pour intervalle, un repos de vingt-quatre heures dans l'entr'acte de ces emplois. On ne peut me le refuser. L'ordre commun même l'exige, et la raison le veut aussi.

« Dans une lettre et dans un jour, c'est assez d'une mascarade. N'êtes-vous pas de cet avis?

« Je suis toujours,

Mademoiselle,

« Votre humble et obéissant serviteur,

« JOUBERT (1).

« *P.-S.* — La copie est à l'autre page, parfaitement conforme au texte, trait pour trait, et de point en point. »

« *Ou vous voudrez être en effet, ce que vous pouvez devenir, et alors vous serez parfaite (ce qui sans doute est le meilleur). Ou vous ne voudrez, au contraire, que demeurer ce que vous êtes, et vous ne serez que charmante (ce qui peut sembler suffisant).*

« *Quelque parti que vous preniez, entre les deux extrémités de cette rare alternative qui n'a pas pour vous de milieu, mon étoile est liée à la vôtre, et j'aurai servi vos destins.*

« *Si vous faites le premier choix, il fallait d'abord*

(1) Original autographe.

vous connaître ; je vous ai tenu le miroir. *Et si vous faites le second, vous voudrez un peu de parure ; je vais vous montrer vos atours.*

« *Oui, malgré ma haute science qui me sépare des mortels, et mon attirail un peu sombre qui semble me rendre inhabile à toutes les choses humaines, je puis (en ce genre du moins) être utile à votre toilette. Je n'y serai point déplacé.*

« *Car j'ai appris de quelques fées, et observé en divers lieux, dans le cours de mon long voyage, ce qui pare un beau naturel.*

« *Je ne l'ai jamais dit qu'à vous* (1). »

L'intervalle de vingt-quatre heures, réclamé par le *Sage*, au nom de l'ordre et de la raison, dut paraître infini à l'impatient désir de toute la famille. Sans doute, on trompa la longueur de l'attente en relisant la lettre de Joubert et le manuscrit du sorcier.

Enfin arriva le petit code de morale. On était préparé à lui faire fête, à l'étudier d'un esprit à la fois dispos et aiguisé. Il était inégalement réparti en deux cahiers. L'un de ces cahiers a disparu, après avoir été utilisé pour les Œuvres ; l'autre est sous mes yeux. Le premier se rattachait au second, sa place y est indiquée par le sens d'abord et ensuite par des points renfermés entre deux barres (2); il doit donc être considéré comme un fragment qui fait retour à l'ensemble. Dans les Œuvres, l'ordre de ces maximes, cousues tant bien que mal à la suite d'une lettre, elle-même trop défigurée,

(1) Original autographe. Le morceau tout entier est souligné dans l'original. — Voyez le fac-similé à l'Appendice.

(2) Voyez le fac-similé à l'Appendice.

n'est pas du tout celui que voulait l'auteur. J'aurai à le rétablir d'après le plan et les indications même de Joubert. D'ailleurs le copiste a changé ou supprimé des mots et négligé des pensées ; il n'a tenu aucun compte des notes et additions, non plus que des parenthèses, ni du syllabisme — qu'il ne soupçonnait pas, — en sorte que ce fragment paraît, pour la première fois, à sa vraie place et dans son vrai jour.

Beau papier, format élégant, écriture très soignée, très belle et plus forte que celle des lettres, avec plus de blanc entre les lignes ; soie verte rattachant les feuillets ; des chiffres arabes, au haut des pages pour en indiquer la suite ; des chiffres romains pour désigner les « agroupements » (1) ; des traits de plume fort appuyés pour séparer les diverses pensées d'un même groupe ; quelques ratures par-ci par-là ; plusieurs renvois aux marges et au bas des pages : à l'aide de ces détails, on peut se représenter le charmant petit recueil des maximes « choisies parmi les plus neuves, les plus rares, les plus exquises », à l'intention de Mlle de Fontanes.

En voyant les ratures et additions marginales, ainsi que les nota et *nota bene*, je crois l'hypothèse permise : Joubert comptait sur Fontanes, non seulement cette fois pour l'explication et le commentaire, mais même pour la première lecture.

D'abord les paroles du « sage ». Puis viendront celles du « conseiller ».

(1) P. 288.

« En ce moment je suis le sage, mais le sage en habit de ville.

« Je n'ai point vos devoirs en vue, mais seulement l'urbanité.

I

« Défiez-vous des mauvais plis, dont les effets sont si funestes et l'origine si petite. On les contracte sans les craindre, sans les vouloir et sans les voir.

« De jolis traits qui s'habituent à la grimace du dédain deviennent des traits renfrognés.

« Les paroles désagréables ont une certaine amertume ou une certaine âcreté qui, en se déposant sur les lèvres au moment où elles y passent, y impriment le rechignement.

« L'humeur aigre et l'aigreur d'esprit ont un inconvénient plus triste ; elles pénètrent les dents et toute la masse des muscles d'un agacement sardonique et hideux.

II

« L'attitude de la bravade opposée à l'autorité, quand elle est souvent répétée, ôte au col toute sa mollesse et au visage sa rondeur. Il y perd même son profil. Contournée invinciblement par cette expression véhémente, il n'est plus possible à la face que de se montrer de trois quarts, de travers et le menton haut.

« Tous ces contournements funestes ne sont pas toujours visibles ; mais il se font toujours sentir.

« Pourquoi y a-t-il tant de personnes qui, d'ailleurs bonnes et aimables, sont lentes à se faire aimer ? C'est qu'il y a quelque mauvais pli qui s'est placé dans les replis de leur ton, de leur visage, de leurs manières, et dont la présence invisible nous rebute, on ne sait comment. Un mauvais pli imperceptible déplaît imperceptiblement.

III

« L'air froid hérisse de glaçons toute une physionomie et y laisse des plaques larges et ternes que rien ne saurait effacer.

« L'air fier, l'air hautain, l'air superbe, ont une pointe de théâtre et de comique dignité qui inspirent à ceux qui les voient un mouvement de parodie dont tout le monde a le talent. On les singe en les regardant, du moins au dedans de soi-même, et malgré même qu'on en ait. Ils gravent leur caricature au moment même où ils paraissent : c'est leur inévitable lot.

« Fuyez les airs impertinents. La sottise, la petitesse et la bassesse y excellent ; cela seul doit en dégoûter.

« Les airs d'insouciance, d'impertinence ou de fierté dont de jeunes têtes s'affublent, comme d'un panache ou d'une armure, quand on attaque leurs défauts, et quelquefois par contenance ou par décontenance, sont un expédient qui leur nuit dans l'esprit de ceux qui les voient et qui s'en souviendront toujours. Ces amazones d'un quart d'heure s'exposent, par de telles équipées, à déplaire éternellement.

IV

« Mais que faire quand on est timide, qu'on se sent gauche, embarrassée? Il faut se résigner à l'être, et consentir à le paraître jusqu'à ce qu'on ne le soit plus.

Ce ne sont pas là des malheurs. L'air embarrassé et timide n'a jamais repoussé personne. Il est d'aimables gaucheries; et un embarras ingénu, une timidité naïve, ont leur mérite et leur attrait. Des yeux baissés ont de la grâce et de la dignité peut-être ; mais tout choque dans un œil hardi.

―――

« Maintenant voici mes conseils.

« Ces conseils ne sont pas vulgaires ; mais aussi vous ne l'êtes pas.

I

« Quelque parti que vous preniez, vous ne plairez médiocrement à aucun homme d'un goût vrai.

« J'ai bien pesé cette parole ; je l'ai dite et je la maintiens.

« Et si vous déplaisez aux femmes (vous me permettrez de le croire), ce sera toujours votre faute, et parce que vos apparences n'auront pas assez répondu à toutes vos réalités.

« Supprimez cette disparate. Évitez cette dissonance. Fuyez ce désaccord fâcheux.

« Ne vous faites pas méconnaître. Ne vous calomniez jamais.

II

« Si vous voulez garder quelques imperfections, n'ayez que des défauts aimables et propres à vous faire aimer.

« Tous les autres, quelque innocents ou inconnus qu'ils puissent être, seraient trop peu dignes de vous.

III

« Pardonnez-vous un peu d'humeur, de temps à autre, pour délasser votre raison. J'avoue ici, par amour pour la vérité et pour l'acquit de ma franchise, que ma première intention était, et que mon intention constante serait de dire, si je l'osais :

« Ayez souvent un peu d'humeur pour égayer votre raison, mais que cette humeur soit légère.

NOTA

« L'humeur d'une personne aimable ne doit être précisément à l'égalité de sa vie que ce qu'est leur verve aux poètes et ce que leur sève est aux plantes, où on ne les voit éclater que pour produire, en se jouant, quelque variété piquante ou hâter quelque utilité.

« Et n'en prenez que ce qu'il faut pour votre propre amusement et pour l'amusement des autres.

« Ce serait pour vous une tache dont vous seriez presque noircie, si elle devenait leur tourment.

« Permettez-vous quelques caprices, mais qui soient courts et peu marqués, et qui laissent apercevoir, comme un éclair dans le lointain, les agréments et le sourire de votre imagination.

« Gardez vos singularités, si vous en avez (je l'ignore).

NOTA

« J'entends vos singularités innées. Il faut les émonder peut-être, mais non vouloir les arracher. Elles servent de sauvegarde, de points d'appui et de défense au naturel que tout conspire à dévaster.

« C'est une haie et des buissons dont il faut cacher les épines.

« Faites-en des buissons de roses, et qu'elles soient, pour ainsi dire, autour de votre caractère, un rempart et un ornement.

« Mais tant que vous serez très jeune, ne les montrez qu'aux connaisseurs, et, qu'au dire des plus experts, elles vaillent mieux que l'usage, que la coutume et que la mode.

« Le monde n'en veut qu'à ce prix.

IV

« Conservez dans votre maintien, dans votre ton, dans vos manières et dans toutes vos habitudes (malgré votre vivacité) une certaine négligence, une apparence d'abandon et un air de distraction que j'ai cru remarquer en vous et qui m'ont plu infiniment : je ne puis en disconvenir.

« Mais soyez modèle en ce genre, ou du moins semblable aux modèles. Et voici comme je l'entends :

« Que cet abandon plein de grâces annonce de la confiance et non pas de l'indifférence.

« Que cette négligence, acquise par l'heureuse satiété de toutes les délicatesses et de toutes les élégances, soit une élégance de plus.

« Que cet air de distraction vienne de l'oubli de soi-même, par préoccupation des autres, et non pas de l'oubli des autres, par préoccupation de soi.

NOTA BENE

« Dans toutes ces condescendances, la condition est de rigueur.

V

Ce sont là des demi-défauts. Parlons des défauts décidés. Vous n'en aurez jamais aucun.

« Il y a des défauts fiers d'eux-mêmes ; ceux-là tiennent de l'impudence, et on les hait.

« Il y a des défauts affectés, et qu'on s'est donnés avec art ; ceux-là tiennent du ridicule, et on en rit.

« Il y a des défauts qui se blâment ; on les plaint. Il y en a qui sont invincibles, et qui se combattent sans cesse ; on les respecte.

« Il y en a qui demandent grâce ; on la leur fait. Il y en a enfin qui s'ignorent, qui sont naïfs et confiants ; on leur sourit.

« Il en est donc que l'on accueille. Il en est d'autres qu'on tolère. Il en est même qu'on révère ; mais il n'en est point qu'on estime et qui ne soit mésestimé.

« Je disais bien : vous n'en aurez jamais aucun.

« Avez-vous quelque mauvais pli ? Avez-vous des demi-défauts ? Avez-vous même des défauts, et voulez-vous de l'indulgence ? Voici le secret infaillible de l'obtenir à pleins souhaits.

« Donnez-vous trois demi-vertus, trois demi-beautés, trois grâces : l'accueil riant, les prévenances, et le désir d'être agréable, qui n'est pas celui de briller.

« Placez-les dans votre maintien, dans votre ton, dans vos manières ; mais ce n'est pas encore assez : dans votre esprit, dans votre cœur, dans vos regards, dans votre voix, dans tous vos traits.

« Entretenez-les avec soin ; ne vous en dépouillez jamais ; car c'est un atour nécessaire au négligé le plus hardi.

« Soyez-en donc toujours ornée, et tout vous sera pardonné (1). »

On aimerait à connaître la forme que prirent les remerciements du père et de la fille, et, par ces remerciements, les impressions de chacun, avec les particularités se rattachant aux diverses lectures. Le champ des hypothèses est ouvert.

Je laisse au lecteur le plaisir d'imaginer ces tableaux d'intérieur, avec la variété et la vivacité des physionomies : la jeune fille, rayonnante et fière ; le père, enthousiaste et rêveur ; la mère, l'amie ?...

« Si j'étais quelque peintre », disait le personnage de La Fontaine.

En m'inspirant des lettres qui suivent, je l'affirme sans crainte d'être démenti : désormais Joubert ne fut plus que le devin et le sorcier pour sa jeune amie. On fit de pressants appels à ses lumières astrologiques ; surtout on le pria de venir donner à la concision de son cours de morale l'abondant commentaire de sa parole vive et libre. J'affirme encore, avec une égale assurance, qu'appeler ainsi Joubert au secours de sa propre pensée et de ses plus chers amis, c'était faire au maximiste et au sage, comme à l'ami et au conseiller, le plus délicat et le plus sensible plaisir. Dans sa lettre de remerciements, Fontanes s'annonçait à date fixe. Après l'avoir attendu trois jours, Joubert n'y tient plus. Il reprend la plume et s'adresse encore « à Mlle de Fontanes » :

(1) Original autographe.

Novembre 1819.

« Il me sera toujours très difficile de vous écrire de sang-froid et en style ordinaire, Mademoiselle. Je m'y résous cependant en ce moment avec une sorte de répugnance et comme à une profanation pour vous dire,

« (avant d'avoir pu lire toute votre lettre, que je relirai certainement plus d'une fois)
que j'attends impatiemment depuis trois jours monsieur votre père, pour le prier de m'obtenir de vous un jour et une heure fixes où je puisse avoir l'honneur de vous voir.

« Je vous adresse aujourd'hui directement cette prière.

« Permettez donc que ce soit moi qui aille vous chercher. Accordez-moi le premier rendez-vous qu'un homme ait osé vous demander de votre vie.

« Et puisque vous êtes à ma porte (comme on me l'apprend à l'instant même), donnez-moi vos ordres ; je les attends (1). »

Mlle de Fontanes était donc là avec son père ; et la conversation sur tout sujet, mais d'abord sur les fameux oracles, se déroula chez l'astrologue.

Eu égard aux circonstances de ce singulier rendez-vous demandé et accordé en même temps, par elle comme par lui, lequel devait une lettre ou une visite ?

Il paraît bien qu'il y eut quelque négligence du côté de la jeune fille. Elle resta je ne sais combien de jours sans écrire.

(1) Original autographe.

A dix-huit ans, on est distraite, affairée, occupée d'une infinité de choses qui n'ont que de lointains rapports avec les pensées du moraliste, ce moraliste fût-il Joubert ; on est attirée par le monde quelque peu, répandue au dehors et entraînée plus ou moins par le mouvement général et par certaines attractions particulières ; surtout lorsqu'à l'éclat du nom et de la fortune s'ajoutent les avantages personnels et les brillantes relations d'un père très haut dignitaire.

On n'est pas ingrate pour être un peu négligente. Joubert le savait bien. Mais on a beau se dire et se croire *philosophe*, un homme de cœur n'est jamais philosophe par le cœur. Inquiet, affligé, le bon sorcier épuisait sa pénétration à percer le mystère de ce silence. Il n'osait pas s'arrêter aux vues rassurantes.

La lettre longtemps attendue, Joubert la reçut enfin. Il y répondit dès le lendemain. Aux termes de sa réponse, on devine le sens de la lettre : il y était question des « oracles » du « trépied », de « l'astrologue », et en paroles tout à fait aimables ; l'une d'elles, s'insinua, douce et calmante, au plus profond du cœur de Joubert. Convenons aussi que le mot est on ne peut plus gracieux, on ne peut mieux choisi, absolument dans le goût et dans la note du moraliste : *Nous devons avoir l'instinct l'un de l'autre*. Si le mot, câlin et rassurant, n'a pas été dicté par Fontanes, s'il est bien de la jeune fille, il témoigne grandement en faveur de son esprit ; aussi bien par la concision que par le sens, il était digne d'être remarqué et cité par Joubert.

A Mademoiselle Christine de Fontanes,
rue du Faux-bourg-Saint-Honoré, près l'Élysée.

« Je me hâte, Mademoiselle, de vous envoyer Malte-Brun. Je jure que vous ne m'avez point *repoussé* (et je transcris ce vilain mot avec horreur et détestation). J'avoue que vous m'avez inquiété et affligé, mais de la seule crainte de vous avoir déplu sans pouvoir imaginer ni par où ni comment. Je me perdais dans cette énigme dont je voulais trouver le mot.

« Votre lettre m'a pleinement satisfait. Je conçois malheureusement mieux qu'un autre comment on ne fait pas ce qu'on veut faire, en renvoyant toujours au lendemain. J'avais mis dans mes calculs les véritables raisons de votre silence. Mais comme cette idée était rassurante et terminait trop vite toutes mes alarmes, je n'osais pas m'y arrêter.

« Vous me faites plus de plaisir que vous ne le croirez en me disant que *nous devons avoir l'instinct l'un de l'autre.* Ce qu'il y a de bien certain, c'est que vous avez deviné juste en demeurant persuadée que le tendre et respectueux intérêt que vous m'inspirez n'a pas été diminué un seul instant, et que je suis resté inébranlable dans la haute opinion que j'ai de vous, même lorsque je me permettais de supposer que vous aviez pu être injuste à mon égard. Je ne vous jugeais point coupable, mais je me trouvais malheureux.

« D'ici à trois jours, vous me verrez au *rendez-vous,* joli mot que je vous remercie d'avoir écrit, et j'aurai l'honneur de vous en dire la raison. Il me plairait quand il ne ferait qu'effacer la noirceur de l'autre.

« J'aurai beaucoup de plaisir à me retrouver au

même lieu, à la même heure, et avec la même personne que dans ma visite d'hiver. Vous entendez bien que je veux parler de Mlle Mathilde. Vous m'avez transmis toute votre confiance en elle, et j'avais prié monsieur votre père de vous dire que j'avais tellement distingué votre amie que *je la préférais à l'auteur, au talent et à l'héroïne du roman qui porte son nom,* qu'au surplus vous trouveriez sans doute que je n'estimais pas trop votre compagne, mais trop peu Mme Cotin. Je ne sais s'il a pris la peine de bien s'acquitter de ma commission.

« S'il l'a oubliée, je lui pardonne en faveur de la colère qui lui a dicté ce qui m'a valu votre aimable lettre.

« Je n'ai pu la lire que tard ; j'y réponds avec un empressement qui m'oblige à être fort court.

« Quoi qu'il arrive et quoi qu'on puisse vous dire, ne doutez jamais, Mademoiselle, que je ne sois toujours terre-à-terre ce que j'étais sur mon trépied. Je fus trop bien inspiré par vous pour me démentir ni me dédire, même dans le secret de mes pensées. Et si vos excellentes qualités pouvaient s'obscurcir à mes yeux, si je n'étais plus forcé d'y croire par la force de l'évidence, j'y croirais encore fermement comme à un article de foi. Mon estime et mon attachement pour vous sont pour moi une religion.

« Malte-Brun a deux ouvrages importants : sa *Géographie* et ses *Annales géographiques*. Je vous envoie les premiers volumes de l'un et de l'autre. Vous choisirez. Tous les deux sont entièrement et absolument à votre disposition.

« Je vous aurais demandé la permission d'aller vous

voir dès demain, sans une boursouflure sur la joue, qui me rend trop peu présentable. J'espère en être quitte après-demain.

« Mes livres, mes paroles, ma présence, et tout ce dont je puis disposer, est et sera toujours, Mademoiselle, à votre service et à vos ordres.

« JOUBERT (1).

« Ce lundi 26 juin 1820. »

Nouvelle lettre de Mlle de Fontanes, le priant de lui procurer d'autres livres. Joubert, l'homme des attentions aimables, n'oublie pas, dans sa réponse, que le 24 juillet est sainte Christine, fête de sa correspondante : « J'aurais eu une joie indicible à la célébrer aujourd'hui en vous offrant un tel bouquet. » Quel bouquet aurait valu les lettres de Joubert ?

A Mademoiselle Christine de Fontanes,
rue du Faux-bourg-Saint-Honoré, n° 57.

« Plaignez-moi, Mademoiselle, car je n'ai plus ce Malte-Brun. Je l'ai prêté, il y a trois mois, à un politique de profession qui a oublié de me le rendre, ce qui me désespère à l'excès et m'étonne médiocrement. Quand on s'occupe perpétuellement à gouverner le monde, on se gouverne toujours fort mal.

« Celui-ci, dans ses immenses spéculations, a tellement négligé ses amis et s'est tellement négligé lui-même qu'il en a perdu la santé, et qu'il est parti brusquement, sans prendre congé de personne, pour aller la chercher aux eaux. Je viens de lui écrire à *Contrexéville*, où l'on m'apprend qu'il s'est réfugié, pour

(1) Original autographe.

lui recommander de vous envoyer à son retour le dépôt qu'il a retenu contre toutes les lois divines et humaines en s'occupant trop de ces lois.

« J'ai tout tenté pour réparer son omission, et je vous prie d'être persuadée que s'il avait été possible de trouver chez l'imprimeur, les libraires et l'éditeur, ce que vous avez désiré, vous l'auriez en ce moment entre vos mains. On a frappé aux portes de tous les magasins, de tous les cabinets, de toutes les boutiques. Ils disent unanimement, dans leur jargon de librairie, que ce *numéro est épuisé*...

« J'espère que Mlle Mathilde comprendra mon affliction et que vous n'en douterez pas. Sans ce contretemps, j'aurais eu une joie indicible à célébrer aujourd'hui votre fête en vous offrant un tel bouquet.

« A mon retour, Mademoiselle, je me trouverai dépiqué, consolé et dédommagé, si vous voulez bien me fournir l'occasion de vous chercher et de vous procurer beaucoup de livres. Je ne serai pas toujours aussi malheureux ou aussi maladroit.

« Agréez l'assurance des sentiments que vous savez que je vous ai voués.

« Joubert (1).

« Ce lundi 21 juillet 1820. »

Dernière lettre de Joubert, et c'est encore une réponse. Mlle de Fontanes avait contesté la ressemblance du portrait qu'il avait tracé d'elle ; il ne l'avait vue qu'à travers le prisme de ses illusions. Puisque le portrait était plus beau que nature, et qu'il n'y avait pas à le retoucher sous peine de gâter un chef-d'œuvre,

(1) Original autographe.

son devoir de peintre moraliste était de travailler à rendre le modèle ressemblant au portrait. En conséquence, elle le priait d'être moins rare et de lui continuer le bienfait de ses conseils. Il semble aussi qu'elle ait pris l'offensive et reproché à Joubert de se laisser trop prévenir.

A Mademoiselle Christine de Fontanes.

« Mes illusions, Mademoiselle, sont indestructibles; mes pronostics, irrévocables. Je suis sorcier plus que jamais.

« Mais je suis aujourd'hui malheureusement un sorcier asthmatique depuis vingt-quatre heures. Je ne puis ni parler ni écrire. Sans cet incident, j'aurais eu le bonheur de vous porter ma réponse en propre personne.

« J'userai et j'abuserai peut-être de la permission que vous voulez bien me donner, dès que je pourrai disposer de moi-même. Gardez les livres tant qu'il vous plaira. Je me trouverai toujours très flatté de contribuer à vos amusements et à ceux de Mlle Mathilde.

« Daignez vous charger de faire agréer nos remerciements à madame votre mère, et croyez bien, Mademoiselle, qu'aveugle ou éclairé, prévenu ou pénétrant [prévenant?], je serai à jamais invariable dans toutes les idées et les sentiments que j'ai eus et que j'ai pour vous.

« JOUBERT (1).

« Ce jeudi 14 décembre 1820. »

(1) Original autographe.

VI

Trois mois non écoulés depuis cette lettre, le 10 mars 1821, au milieu de la nuit, M. de Fontanes fut frappé d'une première attaque. Il demanda aussitôt le prêtre en même temps que le médecin : « En réponse aux questions (du premier), le malade s'écria avec ferveur : « O mon Jésus ! mon Jésus ! » Poète du *Jour des Morts* et de *la Chartreuse*, tout son cœur revenait dans ce cri suprême. Il expira le samedi 17 mars, à sept heures sonnantes du matin (1). »

On attribue la brusque fatalité de ce dénouement à la blessure reçue en 1819.

Tout ce que l'amitié la mieux inspirée peut imaginer de délicates pensées et d'ingénieuses diversions en pareilles conjonctures, n'est-il pas vrai que Joubert l'avait offert à Fontanes pleurant Saint-Marcellin ? Cette correspondance en est la preuve. Elle prouve aussi la légitimité du sens que j'attribue à la déclaration inaugurale des *Pensées* : « J'ai donné mes fleurs et mes fruits. »

Au terme d'une longue carrière, heureux qui retrouve, toujours affectueux et dévoué, le compagnon du départ, le confident des jeunes espérances, le témoin des triomphes et des gloires, le conseiller de la vie entière. Fontanes méritait ce bonheur, étant lui-même ami fidèle et dévoué. Aux jours de sa brillante fortune, — favori intellectuel de Napoléon, grand maître de l'Université impériale, président du Corps législatif,

(1) Sainte-Beuve.

orateur admiré de cette époque légendaire, — il s'était souvenu de Joubert; il l'avait associé à sa destinée d'une manière digne de l'un et de l'autre; mieux que cela, il l'avait associé à tous ses sentiments. Joubert, de son côté, sut lui rester uni comme un frère, nullement fasciné par l'éclat officiel, plus tendre et plus fréquent aux heures des douleurs.

La vivacité de son dévouement, lorsque Fontanes perdit un fils adoré, se mesurerait à la générosité de l'effort. Du 10 septembre 1819 au 14 décembre 1820, nous comptons dix lettres à Mlle de Fontanes, et nous savons qu'elles s'adressaient au père autant qu'à la fille. En quinze mois, dix lettres, avec accompagnement de maximes « les plus exquises et les plus rares », de belles maximes rythmées formant un cours de morale à l'usage spécial de la jeune fille ; dix lettres « quand la paresse de la main était devenue incurable à force d'être invétérée (1) ». Quel témoignage d'affection !

Nul de ses amis, à aucune époque, et pas même à l'époque de sa meilleure activité, ne reçut de Joubert un aussi grand nombre de lettres, dans un même laps de temps, du moins si l'on en juge par la correspondance imprimée.

« Un des plus violents chagrins de la vie de M. Joubert fut celui qu'il éprouva à la mort de M. de Fontanes. Il lui semblait que l'ordre de la nature était interverti :
« Était-ce à moi, faible et valétudinaire, disait-il, à
« survivre à cet homme si plein de force et de santé,
« et si nécessaire encore à la gloire de la patrie ? » Il avait si bien cru mourir avant M. de Fontanes « qu'il

---

(1) Lettre à Mme de Vintimille, 20 décembre 1820.

« avait marqué quelques uns des beaux livres de sa
« bibliothèque pour lui être remis après sa mort (1). »

L'affection qu'il partageait entre le père et la fille, de quel cœur il la reporta tout entière sur l'orpheline. Supposons à Joubert dix ans de vie encore, comme il aurait cultivé cette jeune amitié, heureux de voir refleurir en elle ses plus lointains et ses plus chers souvenirs! Son « délice » eût été de correspondre avec Mlle de Fontanes, d'être son conseiller, son tuteur intellectuel et moral, son éducateur au sens le plus élevé. Déjà leur correspondance s'annonçait vivement, comme l'amitié dont elle était l'expression : prêts de livres, « rendez-vous », « injustes sollicitudes innocemment causées », explications nécessaires, susceptibilités qui s'avouent, tout cela, comme dans les rapports avec Mmes de Beaumont et de Vintimille, nous le retrouvons au début de son commerce avec Mlle de Fontanes.

Épuisée de larmes, brisée de fatigue, accablée de condoléances, Mlle de Fontanes aura été dans l'impossibilité de soutenir l'échange épistolaire pendant les premiers mois de son deuil De son côté, Joubert n'avait plus que trois ans à végéter tristement dans son lit. Mourante vie que la sienne ! Comment s'exprimèrent ses douloureuses sympathies ? Par lettres ou de vive voix ?

Si, profitant d'un jour de beau temps et d'un semblant de force, il faisait de loin en loin quelque visite, il arrivait à bout de souffle et incapable de parler. Lisez la lettre à Mme de Vintimille :

(1) *Notice historique.*

« 22 juillet 1821. Vous avez pris ma confiance et mon abandon pour de la langueur de sentiment et mon recueillement pour un nuage. J'arrivais souffrant (car toutes mes faiblesses sont devenues douloureuses) ; je m'assis, je me calmai, je vous fis parler, je vous écoutai... Je vois avec douleur qu'il vient un temps où l'on ne ressemble plus à ce qu'on est et où, pour être apprécié, il vaut mieux employer la mémoire de nos amis que notre présence... J'entends plus difficilement ce qu'on me dit, je dis moins volontiers ce que je pense, parce que le parler m'ennuie quand je suis de sang-froid et me fatigue quand on m'échauffe. Je n'en pouvais plus en arrivant auprès de vous et je mis ma poitrine à l'aise par mon silence. »

Une pareille visite à la veuve et à la fille éplorées ne pouvait suffire à son cœur. Il dut l'épancher en écrivant. Dans le trouble et l'accablement d'un si grand malheur, ses consolations écrites auront été perdues. Elles devaient être bien touchantes, pleines d'une exquise sensibilité et rédigées avec une délicatesse infinie.

Les lettres antérieures n'ont échappé que pour avoir été soigneusement réunies par Fontanes lui-même à ses papiers les plus précieux. A propos de ces mêmes papiers, Joubert écrivait le 30 août 1821 : « Les manuscrits de Fontanes sont enterrés dans une espèce de coffre-fort où il n'est permis à personne de les voir. » Admis à les parcourir, Joubert y aurait retrouvé, avec un redoublement d'émotion, ses plus anciennes lettres à l'ami de sa jeunesse, aussi bien que les toutes récentes à Christine de Fontanes.

D'autres lettres de condoléances et d'affaires me sont venues, signées de noms illustres. A des titres divers, les hommes qui les écrivirent étaient les obligés et les amis de Fontanes.

Il convient de citer d'abord le plus illustre, et, avec Joubert, le plus aimé, Chateaubriand. Son premier billet était pour solliciter discrètement des nouvelles du malade.

Chateaubriand à Mme de Fontanes.

« Berlin, ce 27 mars 1821.

« J'ose à peine vous écrire, Madame, et vous demander des nouvelles.

« Je ne sais que vous dire. Je suis aussi malheureux que vous. Faites-moi écrire un mot. Je ne vivrai pas d'ici à l'arrivée du premier courrier. Il faut peut-être se résigner; mais il y a longtemps que la Providence nous éprouve.

« Mes hommages bien tendres à vous, Madame, et à Mlle de Fontanes.

« CHATEAUBRIAND (1). »

Ambassadeur à Berlin, quand il traçait ces quelques lignes d'une main que l'émotion et la crainte rendaient tremblante, le noble cœur qui l'avait tant aimé ne battait plus depuis six jours.

Tout ce que lui devait Chateaubriand, au point de vue de la considération morale, de la gloire littéraire, et à tant d'autres égards, je n'ai pas à le redire ici,

(1) Original autographe, sans suscription.

Chateaubriand à Mme de Fontanes.

« Berlin, 31 mars 1821.

« Je vous ai écrit, Madame, et mon billet vous sera arrivé!... J'ai autant besoin d'être consolé que vous. J'espère être à Paris vers la fin du mois d'avril. J'irai mêler mes larmes aux vôtres et à celles de Mlle de Fontanes. — Je demande à être l'*éditeur* et l'*historien*, s'il y a lieu.

« CHATEAUBRIAND (2). »

Le second est Mgr Frayssinous, futur successeur de Fontanes à la direction de l'Université.

Et lui aussi devait beaucoup aux généreuses initiatives de M. de Fontanes : « Quand M. Frayssinous vit interdire ses conférences de Saint-Sulpice, il se trouva momentanément sans ressources. M. de Fontanes, sur la demande d'une personne amie, le nomma aussitôt inspecteur de l'Académie de Paris. Sa générosité n'eut pas même l'idée qu'il pût y avoir inconvénient pour lui-même à venir ainsi en aide à ceux que l'Empereur frappait. »

M. Frayssinous, à son tour, professait pour M. de Fontanes une profonde estime, et la bienveillance dont il avait été honoré commandait sa reconnaissance. Il ne manqua point, quand M. de Fontanes cessa d'être à la tête du corps enseignant, d'exprimer à son ancien protecteur ses sentiments de gratitude et d'intérêt. Ce dernier lui répondit :

« Le plaisir de vous avoir été utile sera toujours le

---

(2) *Suscription* : Madame la marquise de Fontanes, rue du faubourg Saint-Honoré, n° 57, Paris

plus doux souvenir que me laissera mon administration. Je laisse le champ libre à la critique : votre suffrage dédommage de tout le reste.

« Ta seule opinion fera ma renommée. »

« Conservez-moi votre amitié, Monsieur, et comptez à jamais sur la mienne.

« Fontanes (1).

« 28 février 1815. »

Frayssinous à Mme de Fontanes.

« Paris, 22 mars 1821.

« Madame,

« Je sens bien qu'une marque d'intérêt de ma part n'est guère capable d'apporter quelque consolation à votre douleur et à celle de Mademoiselle votre fille ; mais je cède aux sentiments de mon cœur en vous disant que la mémoire de M. de Fontanes y sera toujours gravée et que je me souviens de lui à l'autel, pour demander à Dieu qu'il lui fasse paix et miséricorde ; c'est le seul moyen que j'aie de reconnoître ce qu'il a fait pour moi dans le temps, ; ses derniers moments ont été ceux d'un chrétien ; il y a là de quoi consoler ceux qui le regrettent, et le nombre en est grand.

« Veuillez, Madame, agréer mes hommages respectueux.

« L'abbé Frayssinous (2). »

Le troisième est M. Villemain : « M. de Fontanes avait distingué avec bonheur et produit sa précocité brillante (3). »

(1) *Vie de M. Frayssinous*, par M. le baron Henrion.
(2) Original autographe.
(3) Sainte-Beuve.

Villemain à Mme de Fontanes.

« Madame,

« M. le duc de Richelieu vient de me dire avec le plus extrême intérêt qu'il avoit reçu votre lettre et qu'il passerait ce matin chez vous. Il avoit laissé à M. de Lauriston le plaisir de vous annoncer ce qu'avait fait le Roi. Il m'a dit positivement que le Roi vous conservait entière la pension de 10.000 fr., avec moitié reversible à Mademoiselle votre fille. En recevant aujourd'hui la visite de M. le duc de Richelieu, vous pourrez, Madame, joindre à vos remercîmens votre prière si juste relative à l'avenir de Mlle de Fontanes. Je ne puis que vous dire, Madame, ce que j'ai ressenti bien vivement, la bienveillance très empressée de M. le duc de Richelieu, et son respect pour la mémoire de M. de Fontanes. Ce sont là, Madame, de bien faibles consolations dans une si grande douleur, mais, en la partageant, j'éprouve quelque bonheur à vous les annoncer.

« Veuillez, Madame, agréer mon respectueux dévouement.

« VILLEMAIN (1). »

La dernière lettre est de M. de Bonald : par le sens comme par la date, elle s'éloigne déjà des condoléances. A travers les bons offices qui s'y révèlent, il est aisé de reconnaître l'accent d'une sincère gratitude.

Aussi bien que Chateaubriand, Joubert, Clausel de Coussergues, Molé, Guéneau de Mussy, Frayssinous, Villemain et tant d'autres, l'illustre philosophe avait

---

(1) Original autographe.

trouvé dans le grand maître de l'Université protection prévenante et obstinée : « M. de Fontanes, en vue des générations survenantes, tendait à faire entrer dans l'Université l'esprit moral, religieux, conservateur, et la plupart de ses choix furent en ce sens. Il proposa ainsi M. de Bonald à l'Empereur comme conseiller à vie, et, durant plus d'un an, il eut à défendre la nomination contre l'Empereur et même contre M. de Bonald lui-même qui ne bougeait pas de Milhau (1). »

M. de Bonald à Mme de Fontanes.

« La note, Madame, insérée dans l'ouvrage de M. le comte de Maistre relative à feu M. le marquis de Fontanes et qui avoit dû faire tant de peine à vous, Madame, et aux personnes à qui sa mémoire est chère, disparoîtra de tous les exemplaires qui n'ont pas été distribués et qui ne sont pas en très grand nombre, et par conséquent des éditions subséquentes. J'en ai eu l'assurance sur mes vives réclamations.

« J'allai chez M. Dupuytren relativement à l'affaire dont nous avions parlé. Ne l'ayant pas trouvé chez lui, où on le trouve difficilement, je lui laissai une note relative à l'objet qui vous intéressoit. Je désire sincèrement qu'elle ait produit son effet.

« Agréez, Madame, l'hommage de mes sentiments respectueux.

« De Bonald (2).

« Ce 11 juin. »

---

(1) Sainte-Beuve.
(2) Original autographe Timbre postal paraissant porter la date du 11 juin 1821.

De quelle note s'agissait-il ? Et dans quel ouvrage du comte de Maistre ? La promesse faite par M. de Bonald fut tenue, j'ai lieu de le croire, ayant inutilement cherché cette note dans l'*Église gallicane* et les *Soirées de Saint-Pétersbourg*, derniers ouvrages du comte J. de Maistre, publiés en 1820 et 1821.

Deux mois seulement après la mort de Fontanes, une négociation s'ouvrit qui tendait à marier sa fille avec M. de Saint-Gervais. Joubert y fut associé par une de ses grandes amies, la baronne de Bressieux. La correspondance échangée à cette occasion m'a été remise avec tant d'autres papiers intimes. J'en détache d'abord ces deux traits : « Il paraît qu'on a de grandes prétentions », écrit M. de Saint-Gervais, par allusion à Mme et Mlle de Fontanes. Il ajoute : « La mort de M. le marquis de Fontanes avait détruit mes espérances pour le grand projet. » M. du Colombier, frère de Mme de Bressieux, répond au prétendant : « ... Voyez aussi M. Joubert : ma sœur vous mettra en relation... »

Il y avait eu déjà quelque chose comme une présentation au père de Christine, d'après la lettre de demande qu'adressa M. de Saint-Gervais à Mme de Fontanes :

« ... Lorsque j'eus l'honneur d'être reçu chez vous, je fus assez heureux pour fixer un instant l'attention de celui que toute la France pleure avec nous. Il prit plaisir à m'entretenir des deux personnages célèbres auxquels j'appartiens et dont j'ai recueilli l'héritage littéraire. Il m'applaudit d'avoir élevé à la mémoire de l'un des premiers maréchaux de France du siècle de Louis XIV, un monument que S. M. Louis XVIII bien voulu accueillir et trouver digne du sujet

« J'ai conservé, Madame, de cet entretien, un souvenir qui ne s'effacera jamais. Vous et tout ce qui vous touche êtes revenus souvent à ma pensée ; car il ne m'avait fallu que peu de temps pour apprécier l'ange qui maintenant est seul chargé de votre bonheur, cette fille chérie que tout le monde se plaît à trouver si digne de ses auteurs.

« Oserai-je vous l'avouer, Madame, il règne depuis ce temps dans mon âme une confusion de pensées et de sentiments qui me tourmente et que vous seule pouvez calmer.

« Mais comment un simple gentilhomme, ne possédant qu'une fortune assurée mais modeste, oserait-il prétendre à cet honneur ? Et cependant, Madame, à qui puis-je confier plus sûrement le secret de mon cœur *qu'à vous seule?*

« J'ignore vos vues, vos intentions, vos projets. J'ignore quelles sont les conditions de fortune, d'état, d'âge, de naissance que vous exigez ; j'ignore surtout si celle qu'il ne m'a fallu voir qu'un instant pour l'apprécier consentirait... Votre tâche, désormais, Madame, est de la rendre heureuse pour l'être vous-même ; dans cette idée, j'ai dû penser qu'il serait de votre sagesse de ne pas rejeter sans l'avoir examinée une proposition qui, toute singulière, toute inopinée qu'elle vous semblât, n'en est pas moins le résultat de mes plus profondes et de mes plus mûres réflexions.

« Personne, en pareil cas, n'étant meilleur juge qu'une mère, j'ai cru devoir m'adresser directement à vous, Madame, sans employer de tiers... Je mettrais tout mon bonheur à pouvoir passer ma vie auprès d'elle et de vous... Je serais fier, Madame, de joindre votre beau nom aux noms de Catinat et de Fontenelle... (1) »

La demande ne fut pas accueillie. Mme de Bressieux se fit un devoir d'en informer M. de Saint-Gervais, en lui renvoyant « les choses précieuses qu'il lui avait confiées », — titres de noblesse, papiers de famille, travaux historiques et littéraires, lettre de M. de Fontanes, louant ces derniers, à la date du 1er février 1820 : « J'ai lu avec un grand intérêt les mémoires du maréchal de Catinat que vous avez publiés. L'éclat de son nom et de ses vertus se réfléchit sur son éditeur, et il mérite sous plus d'un rapport de lui appartenir. »

« L'ami de M. de Fontanes [Joubert], écrit Mme de Bressieux, a regretté comme moi qu'il se fût écoulé autant de temps depuis la demande que j'avais faite à mon frère, jusqu'à votre retour à Paris. »

A deux reprises, raconte Sainte-Beuve, dans la

(1) M. de Saint-Gervais (Bernard Le Bouyer) avait publié en 1819, les *Mémoires et Correspondance du maréchal de Catinat*. On lit dans la préface : « Le dernier du nom de Catinat fut Pierre de Catinat, neveu du maréchal. Après la mort de celui-ci [Pierre de C.] les papiers de Catinat passèrent à M. l'abbé Jacques Morel, et revinrent ensuite [en 1797] à Pierre Nicolas de Bouyer de Saint-Gervais, dont le trisaïeul, Pierre de Saint-Gervais, lieutenant général civil de Mortagne et d'Alençon, chevalier gentilhomme ordinaire de Louis XIII, avait épousé Claire de Catinat le 17 février 1624 et avait reçu le 2 avril 1639 le collier de l'ordre de Saint-Michel. » — Bernard de Saint-Gervais, l'éditeur des *Mémoires et Correspondance* était « né à Mortagne le 8 juillet 1788, de Pierre Nicolas Le Bouyer, seigneur de Saint-Gervais, Le Chesnay, La Corneillère, etc. ; officier des mousquetaires noirs, chevalier de Saint-Louis, maire de Mortagne, blessé à Fontenoy ; — qui épousa le 17 septembre 1768 Louise Le Tessier de La Bersière ; — mort à Mortagne le 9 juin 1817. » Par quelle parenté, M. Bernard de Saint-Gervais se rattachait à Fontenelle, je l'ignore. Il avait donc bien près de trente-trois ans.

première nuit du samedi au dimanche (13 mars) et dans la nuit du mardi au mercredi (16), Fontanes avait brûlé, étant seul, des milliers de papiers. »

Scrupules de poète, d'homme du monde, ou de chrétien ? Vers ou correspondances ? Échos, témoins de ses jeunes égarements ?

Quant aux lettres de Joubert, elles ne risquaient rien. Longtemps gardées à titre de souvenirs personnels, en quoi auraient-elles alarmé la conscience la plus timorée, offusqué le goût le plus sévère ? Aussi les avait-il conservées comme une part, et non la moindre, de l'héritage qu'il destinait à sa fille. Celle-ci, tout me porte à le croire, sut les apprécier à leur juste valeur. Et, soit attachement pieux aux reliques de l'amitié, soit admiration littéraire, soit pudeur jalouse, jamais elle ne consentit à se dessaisir de ces lettres, où son nom revenait si souvent.

Voici un dernier petit billet de Joubert, tout gracieux, où reparait le nom de l'une de ses grandes amies :

« Reçu des mains de M. de Nevers cent francs pour l'hospice de Mᵐᵉ de Chateaubriand (1), et une lettre qui vaut un million.

« Je ferai passer la lettre et l'argent à la dame ; mais je redemanderai la lettre.

« Mille assurances de la plus tendre vénération à l'auteur du don et du billet.

« JOUBERT (2).

« Ce mercredi, 4 avril 1821. »

(1) L'infirmerie de Marie-Thérèse.
(2) Original autographe.

VII

D'une santé chancelante qu'il essayait de fortifier en la soumettant à des régimes variés, — et opposés, il restait à la merci de tout et de tous, nonobstant les précautions pour bien se porter : une conversation à laquelle il avait pris part avec vivacité, un service à rendre ou une démarche à faire, « le frais que quelques heures de pluie ramenaient » (1), « un souffle, une ombre, un rien, tout lui donnait la fièvre » ou du moins tout suffisait à l'abattre, surtout après 1819. L'esprit et l'âme restaient vifs et passionnés ; mais ils étaient « servis » ou plutôt « desservis » par des organes défaillants. C'est de l'homme encore vert, mais déjà très secoué, que Mme Victorine de Chastenay avait dit : « Il a l'air d'une âme qui a rencontré par hasard un corps et qui s'en tire comme elle peut. » La définition lui avait fort agréé. Aussi l'avait-il citée aux amis avec un plaisir manifeste. Chateaubriand s'en est souvenu à propos et l'a consignée dans ses Mémoires. Et Joubert aussi l'a recueillie et fixée dans le portrait de *l'Auteur peint par lui-même*, qui ouvre le volume des *Pensées* (2).

L'état de sa santé l'obligeait à garder le lit une partie de la journée. A la campagne, « ce lit était

(1) Lettre du 25 septembre 1820.
(2) On la retrouve dans les Mémoires de Mme Victorine de Chastenay, mais avec une variante qui la rend un peu moins expressive. Voir à l'Appendice.

entouré bien souvent des jeunes ecclésiastiques du canton qui venaient lui demander ses conseils et ses instructions, éclairer leur zèle au feu de sa belle âme, et en recevoir les émanations divines, comme ils auraient fait de celles de Bossuet et de Fénelon (1). »
A Paris, c'était « auprès de ce lit que venaient bien souvent les hommes et les femmes les plus distingués par leurs noms, leurs rangs, les places qu'ils occupaient... Nous avons déjà nommé Mme de Chateaubriand, et l'on a pu se faire une idée du charme que répandaient sur l'existence de M. Joubert les relations fréquentes et presque journalières qu'elle eut la bonté d'entretenir avec lui jusqu'à ses derniers moments. Nous croyons devoir faire encore mention particulière de Mme la duchesse de Lévis, qui lui donna aussi les marques du plus touchant intérêt et dont il pleura amèrement la mort prématurée ; de Mme la duchesse de Duras qu'il voyait un peu moins souvent, surtout dans les dernières années, mais qui ne laissa échapper aucune occasion de lui témoigner son estime et son amitié ; et surtout de Mme de Vintimille qu'il aimait comme la plus tendre sœur ; elle l'entendait si bien, il existait entre leurs deux âmes un tel unisson, une harmonie si parfaite que M. Joubert disait lui-même que le plaisir de converser avec elle avait pour lui la même douceur que le plus agréable concert (2). »

La mention est exacte pour Mmes de Chateaubriand, de Lévis et de Vintimille. Elle l'est moins en ce qui concerne Mme de Duras. Ce fut le désir de rendre service qui le mit ou plutôt le remit en rapports avec

(1) *Notice historique.*
(2) *Notice historique.*

celle-ci. Démarche touchante et méritoire, car un mois environ après cette sortie, il écrivait à Mme de Vintimille, qu'il voulait lui offrir enfin *les prémices de sa convalescence.* « Cet espoir, continuait-il, n'a été qu'un rêve, et mes essais de mouvement n'ont abouti qu'à quelques promenades qui m'ont nui. Il a fallu reprendre le repos et la réclusion. »

Essoufflé comme un malade qui commet l'imprudence de sortir trop tôt et qui va la payer par une rechute, « la faiblesse de sa poitrine ne lui permettait plus presque que d'être écouteur ». Un de ses mots était *« qu'il faut du temps pour être sincère »*, c'est-à-dire pour savoir exprimer tout ce qu'on pense et tout ce qu'on sent ; il lui en fallait d'abord pour reprendre haleine, « les oppressions où il vivait ne lui permettant que difficilement de respirer ». En juillet 1821, Mme de Vintimille se plaignit à lui, après une de ses visites. Elle avait remarqué sur son front je ne sais quel « nuage », et, dans ses paroles, comme « une langueur de sentiment » ; il avait eu l'air *gêné, embarrassé, mal à l'aise.* Il répondit : « J'allais vous écrire au moment où j'ai reçu votre lettre. Elle m'a fait grand plaisir, quoique elle ait fort étonné ma paisible sécurité. J'étais loin de penser que vous me demanderiez une explication ; mais j'avoue pourtant que je suis flatté de l'injuste sollicitude que je vous ai causée si innocemment. On n'a point cette susceptibilité pour les gens que l'on n'aime plus. »

C'est dans un tel état d'épuisement qu'il se présenta à Mme de Duras. Cette amie de Chateaubriand, très noble de cœur et d'âme, mais amie fort exigeante et très exclusive, n'adoptait que le moins possible ses meilleures amitiés; même, elle les lui « disputait » (1), ce qui n'est pas la manière d'aimer la plus délicate. Joubert en est une preuve, entre plusieurs autres, et en fit la douloureuse expérience. Il ne trouva auprès d'elle que froideur polie. Peut-être même, averti par la seconde vue qui est le propre des moralistes et des « sorciers », démêla-t-il, dans la physionomie ou dans les paroles de l'interlocutrice, quelque chose de la moqueuse pitié qu'elle allait traduire à l'ambassadeur de Londres. Elle écrivit à Chateaubriand le 2 juillet 1822 : « Je ne sais si je vous ai dit que j'avais vu M. Joubert; il voulait me recommander un jeune homme auquel il s'intéresse. *C'est certainement le plus grand effort qu'il ait fait de sa vie.* Il m'a écrit et m'a avoué qu'il avait recopié trois fois le brouillon ; à l'un, il avait oublié un mot ; à l'autre, une virgule. Quel original ! Enfin la lettre est venue tout entortillée. Je vous l'envoie par curiosité. Il arrive suant sang et eau. Il avait oublié son mouchoir ! *Enfin, il s'explique :* nous faisons une reconnaissance : il y avait sept ans que je ne l'avais vu. Nous nous sommes donné rendez-vous dans sept ans ; je ne sais s'il les emploiera à servir Lia, mais il n'aura pas Rachel. Vous savez que c'est un goût que je vous ai toujours disputé que M. Joubert. Il m'est quelque chose parce qu'il est votre ami ; mais il est trop affecté pour moi. »

Ni Mme de Beaumont, ni Mme de Chateaubriand, ni Mme de Lévis, ni Mme de Vintimille n'auraient signé des ironies si mordantes.

(1) Non seulement Mme de Duras « disputait » à Chateaubriand Joubert et Mme Récamier, mais elle décochait des traits à Mme de Chateaubriand, dans ses lettres à l'époux.

La première, « admirable intelligence », écrivait à Joubert : « Vous savez bien ce que j'éprouve en recevant une lettre de vous; mon plaisir serait trop vif si la crainte qu'il ne vous ait fatigué ne s'y mêlait. » — « De vous dire que votre lettre m'a fait un extrême plaisir, ce n'est pas vous donner une idée de ce que j'ai éprouvé en la recevant : toutes les inquiétudes, tous les brouillards se sont dissipés en un moment, et me voilà en état de causer avec vous. J'embrasse M. Joubert et vous, ma belle dame (Mme Joubert). » — « J'avais fait un effort de courage pour vous écrire de Clermont. Je n'y ai pas trouvé un mot de vous; je n'en ai point vu arriver à mon triste Mont-Dore, et, au lieu de jeter tout de suite les hauts cris, comme une sotte enfant j'ai attendu pour me plaindre que le chagrin inondât mon cœur. » — « J'écrirai de Clermont à Mme Joubert. Je lui demande pardon de vous avoir inquiétés ! Je vous en demande pardon à vous-même du fond de mon cœur; conservez-moi votre amitié, et soyez sûrs tous les deux qu'elle est peut-être le plus fort lien qui m'attache à la vie. Villeneuve et Rome renferment ce qui m'est le plus cher au monde. » — « J'embrasse vous et Mme Joubert; à présent que je suis moins enfant, le plaisir de voir l'écriture de M. Joubert est troublé par la crainte qu'il ne soit fatigué d'écrire. » Et ce dernier mot : « Comme je ne vous écrirai plus que de Rome, adieu. J'espère que le repos me rendra un peu moins imbécile. J'espère surtout que vous continuerez de m'aimer telle que je serai. Cela seul me rassure ; le reste est douteux. J'embrasse Mme Joubert. Mon cœur n'est que tristesse. Aucun rayon de joie n'y a encore pénétré. »

Elle écrivait ainsi de Milan, le 1ᵉʳ octobre 1803. Le 4 novembre, elle était morte.

Oh! la belle et parfaite amitié! Idéalement belle!

Mᵐᵉ de Beaumont avait pensé à Joubert dans son testament : « Je laisse tous mes livres sans exception à François-Auguste de Chateaubriand. S'il était absent, on les remettrait à M. Joubert que je chargerais de les lui garder jusqu'à son retour ou de les lui faire passer. Je laisse à M. Joubert ma bibliothèque en bois de rose (celle qui a des glaces), mon secrétaire en bois d'acajou, ainsi que les porcelaines qui sont dessus, à l'exception de l'écuelle en arabesques fond d'or, que je laisse à M. Jullien. »

Parcourez les lettres de Mᵐᵉ de Chateaubriand dans les *Correspondants de Joubert* : c'est une vraie merveille d'esprit fin, d'ironie aimable et de franche gaieté :

« Voilà la poste qui part et ne me laisse que le temps de vous dire une grande vérité, c'est que, vous et tous les vôtres, êtes tout ce que nous aimons au fond, sincèrement et *inaltérablement*. » — « Mon cher M. Joubert, je vous prie de vous ménager pendant notre absence, afin de pouvoir faire cet hiver les quatre pas de chez vous chez moi. Que voulez-vous que deviennent nos soirées si vous ne venez y veiller et y dormir! » — « J'ai grand besoin de vous ; car, depuis que je vous ai quitté, je n'ai pas dit une folie, ni une chose qui eût le sens commun, à mon aise. » — « Venez donc, si vous tenez encore à me voir ; car moi, sur le bord de ma tombe, je suis bien décidée à ne plus monter vos trente-six volées d'escalier pour garder dans son lit votre figure rubiconde. C'est dit. J'irai vous chercher à quatre heures. » Je mets la date à un dernier petit extrait. Quelques jours après la lettre cruelle de Mme de Duras, le 28 juillet 1822, Mme de Chateaubriand citait une lettre de son mari :

« Le pauvre Chat me dit mille tendresses pour vous. Voici comme il s'exprime dans sa dernière lettre : « Nos bons Joubert sont partis ; je m'en désole pour « toi. Voilà de vrais amis, et, au fond, les seules per- « sonnes qu'après toi j'aime et regrette véritablement. »

L'extrait, déjà lu, d'une lettre de Joubert à Mme de Vintimille, donne le ton de leurs relations si confiantes et si affectueuses. De Mme de Vintimille, nous avons vu que le moraliste disait, en l'associant au souvenir de la pauvre « hirondelle » envolée au printemps éternel :

« Mme de Beaumont était, pour les choses intellectuelles, ce que Mme de Vintimille était pour les choses morales. L'une était bonne à consulter sur les actions, l'autre l'était à consulter sur les idées (1). »

« Il n'aura pas Rachel ». Ce trait de Mme de Duras n'est pas moins aiguisé que les autres. Mais, convient-il de l'avouer ? je le trouve un peu « entortillé ». Il aura fallu quelques instants de réflexion au destinataire pour en dégager le sens ; et, l'ayant saisi, Chateaubriand n'aura pas réprimé la grimace qui venait allonger et assombrir sa figure mobile quand un mot lui avait fortement déplu. Mme de Duras voulait dire que Joubert n'en avait plus pour de longs jours, et que, s'il vivait encore sept ans, il ne verrait pas le terme du second septennat. L'ex-

(1) Mme de Duras écrivait à Chateaubriand : « Mme de Vintimille est, à mon avis, la femme la plus spirituelle qu'il y ait à Paris. »

trême faiblesse où elle l'avait vu ne rendait que trop facile la prophétie d'une mort prochaine. Avant que deux des années de la première série se fussent écoulées, le « fatal oracle » avait reçu son accomplissement.

De juin à juillet, Joubert fut malade, et par suite de l'effort qu'il s'était imposé pour rendre service. On pourrait ajouter que, prévenue contre lui d'une certaine manière, Mme de Duras n'avait pas su mettre à l'aise celui qui disait avec autant de vérité que de charme : « Je ressemble en beaucoup de choses au papillon ; — comme lui, j'aime la lumière, — comme lui, j'y brûle ma vie ; — comme lui, j'ai besoin pour déployer mes ailes — que, dans la société, — il fasse beau autour de moi, — et que mon esprit s'y sente — environné et comme pénétré — d'une douce température, — celle de l'indulgence ; — j'ai l'esprit et le caractère frileux ; — j'ai besoin — que les regards de la faveur brillent sur moi. »

Les épigrammes de la très spirituelle et mordante missive ne devaient diminuer en rien, au cœur de Chateaubriand, l'amitié qu'il avait conçue pour Joubert dès leur première entrevue.

C'est chez lui que, conduit par Fontanes, Chateaubriand trouva son « premier abri » sur la terre de France, après l'émigration. — Et les derniers mots de Mme de Beaumont avaient été pour engager l'auteur du *Génie du Christianisme* « surtout à vivre auprès de Mme de Chateaubriand et de M. Joubert ». Quel hommage au cœur, à l'esprit et à l'âme de leur ami commun! Nul homme, et pas même Fontanes, n'a été mieux traité que Joubert dans les *Mémoires d'outre-*

tombe; mieux traité, je veux dire portraituré avec plus de vérité, de réussite et d'affection.

Un homme d'esprit, qui se souvenait d'avoir discuté à l'infini avec Mme de Staël, — brillant causeur, merveilleux épistolier, polémiste hors de pair, philosophe de génie — Joseph de Maistre fut reçu par Mme de Duras à la fin de juin ou pendant le mois de juillet 1817. Lui qui n'était pas un timide, une sensitive, comme Joubert, lui qui n'avait ni l'esprit ni le caractère frileux, lui diplomate de carrière, et qui, de ce chef, exerçait sur soi et sur les mots une souveraine maîtrise, il fut, en présence de la duchesse de Duras, lié, glacé, paralysé, perclus de toutes ses facultés. Il faut croire que la dame de céans n'ajoutait pas à ses autres dons, très réels, celui de mettre à l'aise ses visiteurs. Joseph de Maistre rendit compte de ses impressions à Mme Swetchine. Le 26 octobre 1817, il lui demandait le plan de son cabinet, afin de se représenter la place de sa table, de son fauteuil et de ses livres, et, à propos de ces derniers, il ajoutait : « Je fais ce que je puis pour en ajouter deux à votre pacotille. Si je réussis, ce sera un beau tapage. La duchesse de Duras avait tranquillement oublié l'œuvre sur son bureau, sans y penser une seule fois, pas plus qu'à son auteur. Lorsque M. de Chateaubriand m'en a fait part dernièrement avec toutes les excuses de la courtoisie, je me suis mis à rire de la meilleure foi du monde. La duchesse de Duras a fort bien fait de m'oublier ; moi-même, je n'ai jamais pensé à elle que pour me rappeler à quel point j'avais mal réussi dans cet hôtel. Je m'y trouvais gauche, embarrassé, ridicule, ne sachant à qui parler, *et ne comprenant personne.* C'est une des plus singulières expériences que j'aie faites de ma vie. »

Joseph de Maistre était français de génie et de langue. Il est vrai, son exil prolongé à Saint-Pétersbourg n'avait pu lui suggérer ces tours plus rapides, ces caprices de mots qui durent une saison, ces usages de société qui font le Parisien, et encore le Parisien des salons aristocratiques.

Et Joubert non plus n'était pas de ces Parisiens qui s'asservissent à la mode et suivent le courant. Il aimait l'antiquité et la vieillesse, le permanent et l'absolu.

« Quel original ! » Trois brouillons ! A l'un, il manquait un mot, à l'autre, une virgule. C'est vrai, tout de même, il y avait bien là de l'excès ; mais n'est-ce pas le cas de rappeler le mot du fabuliste :

> Eh bien ! défendez-vous au sage
> De se donner des soins pour le plaisir d'autrui ?

Recommencer une lettre jusqu'à ce que nulle faute, nul accident d'écriture ne pût heurter l'œil de la correspondante, il y faut voir un raffinement de politesse, un excès de galanterie.

Quand il écrivait à Fontanes, une virgule ne l'inquiétait guère. Je viens de revoir les autographes : ils sont criblés de ratures. Les lettres à Mme de Fontanes en comptent très peu ; celle qu'il adressa à M. l'abbé de Vitry, pas une seule. Pas une, également, dans de longues épîtres à Mlle de Fontanes ; dans l'ensemble de cette correspondance, je n'en relève que trois ou quatre.

Que si Joubert attachait une telle importance à un

mot, à une virgule, n'avais-je pas le droit d'exprimer le regret que, dans les Œuvres, on eût supprimé ou altéré dates, mots, phrases, parenthèses, vieilles tournures.

Respect à ses « manies » de goût, à ses « originalités » de style et d'humeur. Ce qu'il fut, qu'il le soit et le demeure, tel quel, et non plus parfait : — nature.

Réduit par la maladie à une sorte de réclusion et séparé de ses amis, il faisait ce qu'il avait conseillé dans ses maximes : « Il faut compenser l'absence par le souvenir. La mémoire est le miroir où nous regardons les absents. »

Il regardait souvent dans le fidèle miroir de son cœur. Il y revoyait Fontanes, Chateaubriand, Clausel, Molé, Frisell, Chênedollé, Julien. Ils sont tous nommés dans les lettres de ses dernières années.

La vie, pour lui, avait été *cet ouvrage où*, selon sa familière et gracieuse parole, *il faut le moins qu'on peut raturer les affections tendres*.

Il écrivait à Mme de Vintimille le 22 juillet 1823, et c'est l'avant-dernière lettre de la *Correspondance* : « J'attends M. *Frisell*... Vous étiez plus jeune, il y a vingt ans, lorsque je marchais à vos côtés et que vous donniez le bras à *Chateaubriand*, à pareil jour, à pareille heure, en parcourant certaine allée que je vois presque de mon lit, mais vous n'étiez pas plus aimable. Votre présence et votre souvenir font également mes délices... Je ne vous parle ici que de mon souvenir, mais, dans ce souvenir, que de choses !... M. Frisell ne vient pas... J'ai vu ces jours-ci *feu Chênedollé*... qui ne m'a parlé que de notre ancien bon temps... Si vous avez autour de vous M. *Julien*, dites-lui que je ne l'ai pas oublié... Celui-ci aussi est fidèle à nos souvenirs. Adieu, adieu. »

Sa part, à lui, pauvre valétudinaire, sa part de bonheur ici-bas, ce fut de penser, d'aimer et de se souvenir. Si étroite qu'elle puisse paraître, il lui sembla toujours qu'elle était large, belle et digne d'envie.

« Le vrai, le beau, le juste, le saint » que Joubert saluait dans une sorte de transport, le 22 mars 1824 — et ce sont les derniers mots de son journal — allait devenir l'éternel aliment de son âme, l'éternel ravissement de sa pensée.

« M. Joubert supporta les maux de sa dernière maladie avec une résignation, une patience et un courage tout à fait chrétiens. Rien n'a pu faire croire cependant à sa famille qu'il se fût un seul instant aperçu de la gravité de cette maladie. Sa famille elle-même, malgré quelques symptômes inquiétants, avait bien de la peine à croire que le malheur qui la menaçait fût aussi imminent. La faiblesse et la langueur étaient depuis si longtemps devenues l'état habituel de M. Joubert; on était si accoutumé à le voir non seulement vivre, mais goûter, malgré cet état, les plus grandes douceurs de la vie, celles qui viennent de l'âme, que ce qui aurait été très alarmant pour un autre paraissait sans conséquence pour lui.

« Le temps pascal, que, depuis quelques années, il était obligé de célébrer dans sa chambre, fut une occasion toute naturelle de le munir, sans l'inquiéter, du pain des Anges. Quelques moments après l'avoir reçu, il crut s'endormir, et il s'endormit en effet d'un sommeil bien doux, bien glorieux pour lui, mais bien douloureux et bien cruel pour ceux qui s'en trouvaient ainsi séparés.

« Ce fut le 4 mai que cette belle âme regagna sa véritable patrie; ainsi, il lui manquait deux jours pour compléter sa soixante-dixième année. (1) »

*
* *

A la suite de la *Notice historique* se trouve un article de M. de Bonald (2), que le frère de Joubert présente comme « un portrait frappant de ressemblance ». L'introduction aux Œuvres n'en fait aucune mention, non plus que de la *Notice* elle-même. Accordons-nous « le plaisir de retrouver Joubert dans ces traits rendus presque vivants par une main savante » (3).

Cette page oubliée mérite de reparaître et de rester :

« J'apprends en arrivant à Paris la mort de M. Joubert, ancien inspecteur général de l'Université, et je me sens pressé du désir de consacrer quelques lignes à la mémoire d'un homme de bien qui fut mon ami, et d'associer ma juste douleur à celle de sa respectable famille et de ses nombreux amis.

« A toutes les qualités de l'esprit, trop souvent inutiles pour notre bonheur, et qui quelquefois éloignent les autres de nous, M. Joubert joignait les dons de l'âme et du cœur, qui les en rapprochent, et fait la

---

(1) *Notice historique.*
(2) Extrait de la *Quotidienne*, 24 mai 1824.
(3) *Notice historique.*

douceur de la vie et les délices de ceux qui nous entourent. Un esprit pénétrant, prompt à tout saisir et à tout juger, une imagination vive et brillante, une élocution facile et pittoresque, distiguaient M. Joubert entre les hommes qui mettent dans leur entretien le plus d'intérêt et de grâce; et l'humeur la plus obligeante, un accent de bonté qui se faisait sentir à la première vue, rendaient sa société aussi douce, aussi sûre, aussi aimable que sa conversation était agréable et intéressante.

« La passion de tout ce qui était bon et beau, et l'horreur du mal qu'il avait au même degré, s'exprimaient chez lui par des mots heureux et souvent profonds, d'une tournure vive et originale, qui semblait toute d'inspiration ; et la franchise de l'éloge et du blâme mettait à découvert cette âme expansive et toute en dehors, qui ne pouvait pas plus taire ses pensées que déguiser ses sentiments. Ces qualités, qui font trop souvent des hommes bizarres et fâcheux, unies dans cet excellent homme aux vertus religieuses les plus solides, au caractère le plus facile, au cœur le plus aimant, le rendaient l'objet d'une sorte de culte de la part de la meilleure des épouses, du plus digne fils, du plus tendre des frères, de deux familles unies par les liens du sang les plus étroits, et plus encore par ceux d'une tendresse mutuelle, deux familles qui n'en faisaient qu'une, entre lesquelles tout était commun, et dont M. Joubert était le père, le chef et l'exemple.

« Il suffit, au reste, pour juger son esprit et son âme, de nommer ses amis : les plus anciens ont été MM. de Fontanes et de Chateaubriand : il a pleuré l'un et a été pleuré par l'autre ; car, dans cette intimité, où il entrait de part et d'autre tant d'esprit, de goût et d'instruction, il y avait encore quelque chose de meilleur et de plus doux. Admis plus tard dans la société de M. Joubert, j'y ai trouvé tout ce qui peut laisser de touchants souvenirs et nourrir de longs regrets.

« Cette âme ardente avait usé de bonne heure une constitution naturellement faible et délicate, et cependant le ressort qui l'animait était si énergique et si puissant, qu'il semblait devoir encore prolonger son existence, cette existence que son excellente épouse entretenait comme le feu sacré, et avec des soins et une sollicitude à laquelle rien ne peut être comparé. Le Ciel en a ordonné autrement : il m'a enlevé un véritable ami, un de ces hommes à sentiments vrais et profonds, si rares aujourd'hui qu'il n'y a plus entre les hommes et dans la société que des *relations* et des opinions.

« *Signé* : Vicomte DE BONALD. »

Chateaubriand était ministre des affaires étrangères. Il se fit un devoir d'accompagner au dernier asile le corps de son ami ; et, rentré au ministère, il rédigea quelques lignes qui furent insérées, sans signature, le 8 mai, dans le *Journal des Débats*.

« M. Joubert aîné, conseiller honoraire de l'Université, et le plus ancien ami de M. de Fontanes, vient de mourir. Né avec des talents qui auraient pu le rendre célèbre comme son illustre ami, il a préféré passer une vie inconnue au milieu d'une société choisie qui a pu seule apprécier ce qu'il valait. C'était un de ces hommes qui attachent par la délicatesse de leurs sentiments, la bienveillance de leur âme, l'égalité de leur humeur, l'originalité de leur caractère, et par un esprit vif et éclairé qui s'intéresse à tout et comprend tout. Personne ne s'est plus oublié, et ne s'est plus occupé des autres. Celui qui déplore aujourd'hui sa perte ne peut s'empêcher de remarquer la rapidité avec laquelle disparaît le peu d'hommes qui, formés par les anciennes mœurs françaises, tiennent encore pour quelques moments le fil des traditions d'une société que la révolution a brisée. M. Joubert avait de vastes connaissances; il a laissé un manuscrit à la manière de Platon, et *des matériaux pour notre histoire*. On ne vit dans la mémoire du monde que par des travaux pour le monde; mais il y a d'autres souvenirs que l'amitié conserve, et elle ne fait ici mention des talents littéraires de M. Joubert que pour avoir le droit d'exprimer publiquement ses regrets. »

À diverses reprises, soit dans sa correspondance, soit dans ses ouvrages, l'illustre écrivain a reparlé de son ami :

En 1827, à la première page du *Voyage en Italie* : « M. Joubert (frère aîné de l'avocat général à la Cour de Cassation), homme d'un esprit rare, d'une âme supérieure et bienveillante, d'un commerce sûr et charmant, d'un talent qui lui aurait donné une réputation méritée, s'il n'avait voulu cacher sa vie; homme ravi trop tôt à sa famille, à la société choisie dont il était le lien; homme de qui la mort a laissé dans mon existence un de ces vides que font les années et qu'elles ne réparent point. »

A Madame Récamier :

Fontainebleau, dimanche soir, 4 septembre [1828].

« ... Il y a bien des choses dans ce Fontainebleau, mais je ne puis penser qu'à ce que j'ai perdu. Demain, un autre petit mot de Villeneuve. Ici je suis sans souvenir autre que le vôtre ; à Villeneuve, j'aurai celui de ce pauvre Joubert. Je m'efforce de me dire qu'en m'éloignant, je me rapproche... »

A la même.

Villeneuve-sur-Yonne, mardi matin, 6 septembre [1828].

« Je ne sais si je pourrai vous écrire jamais sur ce papier qu'on me donne à l'auberge. Je suis bien triste ici. J'ai vu en arrivant le château qu'avait habité Mme de Beaumont pendant les années de la Révolution.

« Le pauvre ami Joubert me montrait souvent un chemin de sable qu'on aperçoit sur une colline au milieu des bois, et par où il allait voir sa voisine fugitive.

« Quand il me racontait cela, Mme de Beaumont n'était déjà plus : nous la regrettions ensemble. Joubert a disparu à son tour ; le château a changé de maître ; toute la famille de Sérilly est dispersée. »

Après le memento confidentiel, voici la peinture de génie.

Certes, l'article de Bonald était admirablement expressif et fouillé, — portrait ressemblant, aussi digne du modèle que du peintre.

Et toutefois, soit pour la vérité des détails, soit pour

l'expression de la physionomie, soit pour la magie des couleurs et l'inspiration des souvenirs, qu'il y a loin, du portrait peint par Bonald, à cette page émue des *Mémoires d'outre-tombe*, rédigée en 1837 !

« Plein de manies et d'originalités, M. Joubert manquera éternellement à ceux qui l'ont connu. Il avait une prise extraordinaire sur l'esprit et sur le cœur, et quand une fois il s'était emparé de vous, son image était là comme un fait, comme une pensée fixe, comme une obsession qu'on ne pouvait plus chasser. Sa grande prétention était au calme, et personne n'était aussi troublé que lui ; il se surveillait pour arrêter ces émotions de l'âme qu'il croyait nuisibles à sa santé, et toujours ses amis venaient déranger les précautions qu'il avait prises pour se bien porter, car il ne pouvait s'empêcher d'être ému de leur tristesse ou de leur joie : c'était un égoïste qui ne s'occupait que des autres. Afin de retrouver des forces, il se croyait souvent obligé de fermer les yeux et de ne point parler pendant des heures entières. Dieu sait quel bruit et quels mouvements se passaient intérieurement pendant ce silence et ce repos qu'il s'ordonnait. M. Joubert changeait à chaque moment de diète et de régime : vivant un jour de lait, un autre jour de viande hachée, se faisant cahoter au grand trot sur les chemins les plus rudes, ou traîner au petit pas dans les allées les plus unies. Quand il lisait, il déchirait de ses livres les feuilles qui lui déplaisaient, ayant de la sorte une bibliothèque à son usage, composée d'ouvrages évidés renfermés dans des couvertures trop larges.

« Profond métaphysicien, sa philosophie, par une élaboration qui lui était propre, devenait peinture ou poésie. Platon à cœur de La Fontaine, il s'était fait l'idée d'une perfection qui l'empêchait de rien achever. Dans des manuscrits trouvées après sa mort, il dit : « Je suis comme une harpe éolienne, qui rend quelques beaux sons et qui n'exécute aucun air. » M*me* Victorine de Chastenay prétendait *qu'il avait l'air d'une âme qui avait rencontré par hasard un corps et qui s'en tirait comme elle pouvait* : définition charmante et vraie.

« Autrefois, pendant les vendanges, je visitais à Villeneuve M. Joubert ; je me promenais avec lui sur les coteaux de l'Yonne : il cueillait des oronges dans les taillis et moi des veilleuses dans les prés. Nous causions de toutes choses, et particulièrement de notre amie, M*me* de Beaumont, absente pour jamais : nous rappelions le souvenir de nos anciennes espérances. Le soir nous rentrions dans Villeneuve, ville entourée de murailles décrépites du temps de Philippe-Auguste, et de tours à demi rasées du haut desquelles s'élevait la fumée de l'âtre des vendangeurs. Joubert me montrait de loin sur la colline un sentier sablonneux au milieu des bois, et qu'il prenait lorsqu'il allait voir sa voisine cachée au château de Passy pendant la Terreur.

« Depuis la mort de mon cher hôte, j'ai traversé quatre ou cinq fois le Sénonais. Je voyais du grand chemin les coteaux : Joubert ne s'y promenait plus ; je reconnaissais les champs, les vignes, les petits tas de pierres où nous avions accoutumé de nous reposer. En passant dans Villeneuve, je jetais un regard sur la rue déserte et sur la maison fermée de mon ami. La dernière fois que cela m'arriva, j'allais en ambassade à Rome. Ah! s'il eût été à ses foyers, je l'aurais emmené à la tombe de Mme de Beaumont ! Il a plu à Dieu d'ouvrir à M. Joubert une Rome céleste, mieux appropriée encore à son âme platonique, devenue chrétienne. Je ne le rencontrerai plus là-bas : *Je m'en irai vers lui ; il ne reviendra pas vers moi* (1). »

(1) *Psalm.*

ÉPILOGUE

ÉPILOGUE

Que devint dans la suite l'amie de Joubert ? Ses « destins » furent-ils conformes aux oracles de l'astrologue ? La question ne saurait être indifférente aux lecteurs, et je suis sûr qu'il n'en est pas un dont je ne prévienne le désir en la posant : les sympathies de Joubert sont de celles qu'on ne se peut empêcher de partager.

La vie de Mlle de Fontanes se dérobe à peu près. Me fût-elle révélée dans la continuité de la trame et dans le détail familier, je ne consentirais pas volontiers à la produire au grand jour. Seul un intérêt général en pourrait soutenir les diverses particularités. Or, cet intérêt général fait défaut, sauf en un point (1). Et, d'autre part, imposer à l'attention publique mille petits incidents d'ordre privé me semblerait trop contraire aux aspirations de l'âme fière et délicate qui,

(1) Edition des *Œuvres de Fontanes*. Voir, à l'Appendice, les lettres de Chateaubriand, Sainte-Beuve, Roger, Villemain, Ballanche.

prenant Joubert pour modèle, mit son bonheur à suivre les sentiers couverts et à cacher sa vie.

... Secretum iter et fallentis semita vitæ (1).

Deux traits suffiront, et, si je les publie, c'est qu'ils rapprochent et associent encore une fois ces noms amis : Chateaubriand, Joubert, Fontanes.

Chateaubriand avait quitté depuis une quinzaine de jours le ministère des affaires étrangères, quand il adressa ce petit billet à Mme de Fontanes :

« Paris, ce 19 juin 1824.

« Mme de Chateaubriand est à la campagne ; il faut que notre jeune homme retourne à son régiment : comment pourrons-nous avoir l'entrevue ? Voilà, Madame, des questions que je prends la liberté de vous soumettre.

« Mille hommages.

« CHATEAUBRIAND (2). »

D'après ce billet, Mlle de Fontanes n'avait pas encore renoncé formellement au mariage. Faible et rapide lueur jetée sur sa vie ; elle ne perce pas le mystère. Quel était ce jeune homme qui se présentait sous les auspices de Chateaubriand ? La rencontre projetée eut-elle lieu, et dans quelles conditions ? Il semble, à bien lire le billet, que Mlle de Fontanes ne se prêtait pas avec beaucoup d'empressement à l'entrevue sollicitée. Déjà, un autre projet de mariage avec le jeune comte Achille de Guitaut, officier lui aussi, avait dû

---

(1) Horace.
(2) Original autographe ; sans suscription.

être abandonné, par suite de l'attitude décourageante de Christine. Nature aimante, mais vouée à la chimère, elle échappait au réel en tout genre, et ce fut le malheur de sa destinée. Tant que sa mère vécut, et jusqu'aux environs de 1830, je la vois mêlée à la plus brillante société de Paris, riche, heureuse et répandue. Puis l'obscurité tombe sur elle. Je la retrouve successivement à Lausanne, Vevey, Genève, Ferney, Composières, Rome. Elle revint plusieurs fois à Paris, notamment en 1839. Ses relations étaient des plus agréables avec les amis toujours fidèles de son père. Je n'en retiens qu'un détail qui revient à mon sujet et la fait mieux connaître. Elle accepta de quêter pour Bussy-le-Repos, en 1846. C'est à Bussy, tout près de Villeneuve-sur-Yonne, que la famille Joubert possédait un vignoble; là, que mûrissaient les raisins préférés de Mme de Beaumont « les plants de roi »; là, que se mangeait « la soupe [de vendange » dont s'était régalée Mme de Chateaubriand, et « que les bons dîners de Montgraham, ne l'empêchaient pas de regretter », après des années et des années.

« Mlle de Fontanes allait souvent chez M. Joubert, frère de l'auteur des *Pensées*, dans cette simple et jolie maison de Villeneuve-sur-Yonne où tant d'hommes d'esprit et de génie se plaisaient à se réunir. A l'époque où j'eus l'occasion de l'y voir, elle venait de perdre sa tendre amie Mathilde, et ce fut un déchirement affreux dans sa vie (1). »

Les fréquentes visites que rappelle M. Fraser eurent lieu vraisemblablement en cette même année 1846.

(1) *Le Correspondant*, mars 1898.

On voit que les rapports les plus affectueux subsistaient entre la comtesse Christine et la famille du moraliste.

En adressant une de ses sollicitations de quêteuse à M. Molé, elle n'avait pas manqué d'invoquer, à l'appui de sa demande, le souvenir de M. de Fontanes et de Joubert. Voici la réponse : elle était accompagnée d'une riche offrande.

« Je suis heureux de cette occasion de faire une chose agréable à Mme la comtesse de Fontanes. Le souvenir de son père et celui de notre ami commun, M. Joubert, vivront toujours dans ma mémoire et dans mon cœur.

« Je dépose entre ses mains mon offrande pour Bussy-le-Repos, et la prie d'agréer l'hommage de mon respect.

« MOLÉ.

« 19 mars 1846. »

La note suivante, où est expliquée l'œuvre à laquelle Christine se dévoue, donnera une idée de la précision élégante de sa parole et de son style :

« Chargée de quêter, jeudi prochain, jour de l'Ascension, à Saint-Roch, à l'issue du sermon, pour le presbytère de Bussy-le-Repos, près Villeneuve-le-Roi, je m'adresse avec confiance à la charité de Mgr Veyssière pour lui recommander une œuvre qui a déjà été annoncée et encouragée par l'*Ami de la religion*. Cette œuvre est d'autant plus intéressante pour un prêtre catholique qu'au malheur d'être privés de presque tout secours et de toute instruction religieuse, les pauvres habitants de Bussy-le-Repos joignent encore le triste privilège d'être exposés dans ce moment à tout le zèle d'une propagande protestante qui porte très habilement ses premiers coups sur ces brebis sans pasteur. Un petit billet imprimé aurait expliqué tout cela à Mgr Veyssière bien mieux que je ne puis le faire; mais il connaît déjà certainement la première notice publiée par un journal qu'il dirige. Comme, d'après la décision de M. l'archevêque de Paris sur les œuvres étrangères au diocèse, on n'a pu obtenir du curé et du prédicateur de Saint-Roch que quelques mots de recommandation à la fin du sermon, et non un sermon de charité, on ne s'est pas cru permis d'y donner plus de publicité. J'espère que la bonté de Mgr Veyssière suppléera au défaut du billet imprimé, et à l'insuffisance du mien, et il me sera doublement agréable de recevoir son offrande chez moi ou à Saint-Roch, parce que j'y verrai une nouvelle preuve de sa bienveillance. Je prie Mgr Veyssière d'agréer l'assurance de mon respect et de mes sentiments les plus distingués.

« La comtesse de FONTANES.

« Ce dimanche matin, 17 mai. »

On le devine à la vivacité de l'accent: celle qui sollicitait ainsi savait donner la première.

La charité fut en effet sa grande vertu, on pourrait presque dire, parce qu'il y eut excès, son grand défaut. Elle donnait sans cesse et sans mesure, trop oublieuse des lendemains.

L'unique fait saillant, dans sa vie, fut la publication des Œuvres de son père, publication à laquelle la comtesse Christine ne cessa de porter un intérêt passionné. Les lettres reçues à cette occasion, et signées Chateaubriand, Sainte-Beuve, Villemain, Roger, Ballanche seront mieux à leur place dans l'Appendice.

Sainte-Beuve, qui vit souvent Mlle de Fontanes à l'occasion des Œuvres dont il fut l'éditeur, affirme qu'elle lui rappelait « le poète son père ». « Par moments, il croyait revoir en elle l'enthousiasme, la chaleur d'âme, quelques-unes des qualités paternelles à l'état pur et intègre, et, pour ainsi dire, conservées dans de la vertu (1). »

Le cœur, ardent et pur, avait gardé ses élans romanesques et sa naïveté d'impressions. L'âme, grande et noble, s'était développée en religion et bonté, au milieu d'épreuves de toute sorte. Témoin attristé, à Genève, des divisions confessionnelles, et d'autant plus attachée au catholicisme, que de fois revint sur ses lèvres, non l'anathème de l'intolérance, mais la prière de Jésus : *Un troupeau et un Pasteur !*

Il est facile d'imaginer les motifs qui lui firent prendre la résolution de se fixer en Suisse. Madame la marquise de Fontanes étant morte (je ne sais au juste en quelle année) (2) la comtesse Christine, désormais sans

---

(1) *Nouveaux lundis*, 22 juillet 1862.

(2) L'abbé Nicolle lui écrit le 11 janvier 1830, et, dans sa lettre qu'on va lire, il n'y a pas un mot à l'adresse de la mère de Christine ; à cette date, la marquise de Fontanes devait être morte.

 « Madame la comtesse,

« Je m'empresse de vous dire que je n'ai point profité de la permission accordée de choisir entre le lundi et le mercredi. Nous irons, M. Rousselle et moi, au jour fixé, c'est-à-dire, mercredi, passer auprès de vous quelques moments qui sont pour l'un et l'autre d'un égal prix.

« Je m'étais proposé, en effet, Madame la comtesse, d'aller la semaine dernière vous présenter mes vœux de bonne année. Mais

famille, se sera décidée à fuir le bruyant Paris ; elle sera venue abriter son deuil et cacher ses larmes à Genève, peut-être rechercher les traces d'une parenté dont son père l'avait entretenue ; demander aux rives du beau lac et aux campagnes environnantes, avec un air plus salubre, une vie de retraite, de silence et d'obscurité. L'essai aura été également favorable au corps et à l'âme, et alors, elle se sera établie dans ces lieux enchanteurs pour y vivre et pour y mourir.

Un jour vint — ce fut peut-être à la mort de son inséparable amie, Mlle Mathilde Led'huy — où la solitude de ses errants foyers lui parut d'une tristesse insoutenable. Un nouveau besoin d'affection lui prit au cœur. Elle sentit s'éveiller en elle je ne sais quel rêve de famille, et comme un tardif instinct de maternité.

Alors, sans mesurer assez l'étroite limite de ses ressources, ayant rencontré aux eaux d'Enghien une petite fille pauvre qui lui plut, et qui avait frères et sœurs, elle la demanda aux parents, obtint de l'emmener, lui servit de mère, joignit à ses autres bienfaits celui d'une éducation très soignée, se fit même l'institutrice, et, la majorité venue, l'adopta dans les formes. Or, à l'époque de l'adoption, Mlle de Fontanes avait perdu sa fortune par le fait d'un mandataire infidèle

---

M. Rousselle me dit que je n'avais pas trop l'espoir de vous trouver le jour où j'étais libre, et c'est pour cela que je me suis imposé une privation plus pénible que je ne puis le dire. Il me tarde d'en être dédommagé et de pouvoir vous renouveler l'hommage de tous les sentiments que je vous ai voués, Madame la comtesse, et dont la sincérité vous est connue.

« Nicolle.

« Ce 11 janvier 1830. »

et trop peu surveillé, mais aussi par des charités incessantes qu'un juste souci d'avenir aurait dû suspendre ou limiter.

Comment elle s'y prit pour subvenir aux nouvelles charges, c'est le secret de son dévouement et de son amour. A coup sûr, ce ne fut qu'en se privant, en se retranchant quelques facilités et douceurs, les dernières de sa vie d'autrefois. Cela se fit sans qu'il y parût, sans même qu'elle y prît garde. S'il y avait surcroît de dépenses, au sein d'une gêne croissante, elle y pensait si peu que ses amis y durent penser pour elle (1).

On raconte qu'elle fut obligée d'aliéner bijoux, diamants et parures ; autant dire qu'elle avait tout perdu.

* * *

Et toutefois un trésor lui restait, qui l'avait suivie dans l'isolement de son exil, l'inaliénable trésor des chers souvenirs.

Cœur sensible autant que noble et fier, au lieu de se plaindre, elle se réfugiait dans le monde idéal en ses heures de mélancolie. Elle revoyait par la pensée l'intérieur de la famille, à Paris, à Courbevoie, et les amis de son père, parmi lesquels se distinguaient, visiteurs

---

(1) Je choisirai dans la double correspondance qu'elle écrivit et reçut les lettres les plus intéressantes, et je les donnerai dans l'Appendice. Elles sont signées Amélie [Mme Charles Lenormant] et Guizot. En nous révélant quelques circonstances de la vie de l'amie de Joubert, quelques habitudes et tendances de son âme généreuse, quelques traits et nuances de son charmant esprit, quelques *Essais littéraires* sur l'éducation des femmes et sur l'état de la religion en Suisse, — en cachant et laissant deviner les larmes versées, elles nous conduiront au terme, avec un charme triste et doux.

plus assidus, Mussy, Chênedollé, et le plus jeune de tous, Villemain, et le plus illustre, Chateaubriand, et le plus ancien comme le plus aimé, Joubert. Les deux derniers surtout. Ils l'avaient prise sur leurs genoux, toute petite ; ils l'avaient excitée aux jeux de l'enfance, encouragée aux premières études, félicitée de ses premiers succès ; ils l'avaient prévenue et provoquée, jeune fille, de leurs lettres aimables.

Joubert lui avait écrit les plus belles choses du monde, où se mêlaient, poétiquement confondus, amitiés, conseils, morale, prophéties.

Après la publication des Œuvres paternelles, les lettres des uns et des autres étaient venues la rejoindre dans la retraite. Vieux et discrets confidents des jours heureux, des jours passés.

Ayant vu mourir sa fille adoptive, hors de chez elle, dans une catastrophe deux fois cruelle à son cœur de mère, plus seule que jamais, et comme perdue en pays étranger, souvent malade et de plus en plus affaiblie, ne soutenant qu'avec effort le poids des années et du malheur, elle les reprenait, ces reliques — avec quels battements de cœur ! Elle les relisait, ces correspondances — avec quelle admiration attendrie !

Voici les lettres de M. de Chateaubriand :

Les unes, adressées à M. de Fontanes, — de Londres, d'abord : c'était le temps de la jeunesse, de la misère, et de l'exil ; de Paris et de Rome, ensuite, quand M. de Fontanes s'était constitué son protecteur et son défenseur.

Les autres, adressées à « la marquise de Fontanes », et à « sa fille Christine » : bien courtes, mais affectueuses, et se rattachant au grand deuil, à la gloire du cher défunt, à des propositions de mariage!...

Les lettres de M. Villemain. Quelle aimable et spirituelle politesse! Pas un mot qui ne soit flatteur et délicat!... Toujours fidèle, celui-là, après comme avant les grands succès, au souvenir des bienfaits reçus.

En voici d'autres, nombreuses : c'est la fine écriture de M. de Sainte-Beuve. Quels soins donnés à la publication des Œuvres! En ce temps-là, il était aimable, attentif, désireux de plaire, gracieusement empressé, et d'une apparente bonhomie dans les rapports familiers. « Je le prenais presque autrefois pour un de mes amis (1). » Mais, à dater de l'Empire, quel abus de confiance! quelles indiscrétions coupables! quelles méchancetés dans les *Causeries*, comme dans le livre sur Chateaubriand! Et quelle raideur dans sa dernière lettre de 1860! Peut-être l'a-t-il regrettée. Le mot de 1862 équivaudrait à des excuses, à une sorte de désaveu (2).

Sous cette enveloppe, les lettres de M. Roger : un ami bien reconnaissant et tout dévoué à la mémoire de M. de Fontanes.

Ici, grande et belle écriture de femme : la meilleure des amies, les plus aimables lettres du monde! Trésor qui s'accroît chaque année! Belle intelligence! Ame plus belle encore! Elle vit, celle-là. Mais que de fois la mort a visité ses foyers! Toujours voilée de deuil!

---

(1) Lettre inédite.
(2) Voir à l'Appendice.

Qu'elle vive longtemps pour le bonheur de ceux qu'elle aime! Aussi bien ne vit-elle que pour eux.

La correspondance de Joubert : adorables lettres! si caressantes au regard, si douces à la pensée! « Vous aurez mes derniers accents. » Pauvre Joubert!... A son tour, couronné d'autorité. Son nom, doucement, monte et grandit dans la gloire. Lui, si modeste, si retiré, si intérieur!

Jeune fille, les avait-elle bien comprises, ces lettres exquises, alors que l'aimable philosophe les lui adressait de quinzaine en quinzaine? Alors, c'était la vingtième année, l'âge des distractions, des fêtes et des rêves. Il fallait avoir vécu, réfléchi, comparé, il fallait avoir souffert, pour découvrir, à la lumière de l'expérience, tout ce que la sagesse du moraliste y avait condensé de bons conseils, tout ce que son génie littéraire y avait semé de beautés discrètes, tout ce que son cœur aimant avait pronostiqué, à sa jeune amie, d'heureux avenir.

Cet avenir, que l'astrologue s'essayait à démêler, et qu'il voulait prospère, à cette heure, les années ayant fui, hélas! c'était le passé, triste passé! Deuils, ruine, isolement, éternel exil. L'avenir! Le véritable et prochain avenir allait la rapprocher de lui, de son père, de sa mère, de Chateaubriand, des autres amis.

« Bientôt, communion de poussières, après union des cœurs (1). »

Que deviendraient ces lettres, elle disparue, ces

---

(1) Lettre de Chateaubriand à Christine de Fontanes.

chères lettres, qu'elle portait à ses lèvres et mouillait de ses larmes.

Question pleine de tristesse, qui revenait, obsédante, au commencement, au milieu, à la fin des rêveries solitaires. Mlle de Fontanes aurait dû la résoudre, — elle n'en eut pas le courage — et la résoudre en faveur de l'amie qui lui prodiguait les preuves d'un si tendre dévouement. Cette amie n'avait-elle pas connu et fréquenté les illustres correspondants de M. de Fontanes, joui familièrement de leur commerce, gardé au front comme un reflet de leur gloire ? Mieux que nul autre, n'était-elle pas en situation et en mesure de faire honneur aux chères reliques, de les enchâsser dans l'or le plus pur, de leur assurer l'encens d'un nouveau culte ?

Légués à Mme Charles Lenormant, les papiers de Fontanes n'auraient pas subi la dispute et la dispersion des enchères.

Ils ne me seraient pas venus, c'est vrai. Leurs « destins » n'en eussent été que meilleurs.

L'amie, toujours dévouée, les aurait liés les uns aux autres par une suite de pensées, de sentiments et de souvenirs en harmonie avec les souvenirs, les sentiments et les pensées des maîtres qui les écrivirent. Elle les aurait publiés comme un complément à d'autres correspondances, signées souvent des mêmes noms immortels.

Mlle DE FONTANES

I. Publication des Œuvres de Fontanes : — lettres inédites de Chateaubriand, Villemain, Sainte-Beuve, Roger, Laborie, Ballanche à Mme la comtesse Christine de Fontanes. — Indélicatesse de Sainte-Beuve. — Protestation de la fille de Fontanes et lettres de Mme Lenormant. — Colère et méchancetés du critique.

II. INCIDENCE. Autre indiscrétion de Sainte-Beuve : — Il publie et attribue aux *Mémoires d'outre-tombe* un texte devenu fameux. — Fausseté de l'attribution. — Qui l'a découverte, et qui s'en donne les gants? — Solution du problème littéraire — « De la gloire pour me faire aimer. » — Deux codicilles de Chateaubriand. — Ses volontés testamentaires n'ont pas été remplies. — Le dernier secrétaire intente un procès à la société, propriétaire des *Mémoires*. — Fac-similé décisif. — Du nouveau, à propos de Mme de Mouchy : — je la découvre dans les poésies, dans les articles et dans les ouvrages de Chateaubriand. — Pourquoi rappelle-t-il si souvent le souvenir de Mme de Mouchy? — Après l'indiscrétion, le cancan.

III. Protection délicate de Fontanes. — Reconnaissance de Villemain. — Lettres à Mlle de Fontanes. — Il prend la défense de Fontanes, contre Chateaubriand, croit-il, — et c'est contre une parole de Mme de Chateaubriand. — La preuve.

IV. Correspondance de Mme Lenormant et de la comtesse Christine. — Guizot, protégé de Fontanes, protège sa fille. — Pension tardive. — Lettres du docteur Dufresne à Mme Lenormant. — Les enchères. — Un dernier mot sur Mlle de Fontanes et Mme Lenormant.

MLLE DE FONTANES

I

Des lettres qui vont suivre, une pensée se dégage, vive et personnelle ; l'intérêt littéraire en est considérable. Au lendemain du deuil, cette pensée s'empara fortement de Mlle de Fontanes et domina toutes les autres, jusqu'à la complète réalisation : publier les œuvres de son père, et, pour que le monument fût durable, associer au nom de Fontanes le nom glorieux et fraternel de Chateaubriand.

Encouragée, prévenue même par l'illustre écrivain, c'est à lui que s'adressait la prière de sa piété filiale ; elle la renouvelait de temps en temps, unie à la prière de sa mère. Gloire incontestée de la France littéraire, Chateaubriand ajoutait à ses titres anciens des titres nouveaux. L'influence de ses écrits politiques était immense. Pour la louange ou pour le blâme, son nom revenait sur toutes les lèvres, dans toutes les feuilles. Le jour où des intrigues misérables le précipitèrent des hautes régions du pouvoir qu'il venait d'illustrer, bien loin de perdre en prestige, il montait dans l'opinion, si je l'osais dire, astre rayonnant et conducteur.

S'il voulait bien consentir à être l'éditeur ou l'*introducteur* du poète, comme en d'autres temps Fontanes avait été son panégyriste et son protecteur, la cause serait gagnée à jamais. Ainsi pensait Mlle de Fontanes. Et que de droits n'avait-elle pas à la complaisance de Chateaubriand !

Sans plus parler de la reconnaissance due à son père, n'était-elle pas, « la fille de son meilleur ami », lui-même se plaisait à le lui écrire ; il lui témoignait une bien particulière et presque paternelle affection ; il l'appelait « ma fille », « ma fille Christine » : à peine revenu de l'exil et rayé de la liste des émigrés, il avait signé son acte de naissance ; il s'intéressait à son avenir et la voulait marier. Aux charmes des vieux souvenirs et aux grâces tout aimables de la jeunesse s'unissaient, en Mlle de Fontanes, les avantages d'une brillante éducation joints aux attraits d'une belle et vive intelligence. Un juge incomparable, en matière d'esprit et de société, M. Villemain, écrivait ce mot explicite que nous retrouverons dans une lettre de 1858 : « L'expression de votre piété filiale m'a rappelé, si j'ose le dire, l'esprit et l'âme dont vous avez hérité. »

A notre point de vue, le fait important, l'unique fait saillant dans la vie de Mlle de Fontanes, fut donc la publication des œuvres de son père : œuvres très douces à lire, encore aujourd'hui, et intéressantes à étudier en ce qu'elles marquent, avec des nuances délicates, la transition de l'école dite classique à l'école dite romantique. Après Fontanes, voici venir les grands lyriques contemporains : Lamartine, Hugo, et les autres poètes de la Pléiade, — sans oublier Sainte-Beuve (1).

(1) Voir ce que dit M. Brunetière sur Sainte-Beuve poète dans l'*Évolution de la poésie lyrique en France*. La dixième leçon intitulée « Œuvre poétique

Les lettres qui suivent se rattachent à ce fait littéraire : elles nous racontent, avec l'attrait de l'inédit, les diverses phases de l'entreprise, la part des uns et des autres, et ce que furent les relations de chacun avec Mlle de Fontanes.

Chateaubriand est ministre des affaires étrangères. Il écrit :

Paris, le 26 juin 1823.

Je n'ai point répondu à Mlle de Fontanes, parce que je n'avois rien de sûr à lui mander. Aujourd'hui je lui annonce que M. Le D'huy est nommé élève consul, comme elle le désirait. Je suis désolé de n'avoir pu obtenir plus tôt cette nomination, mais ce n'est pas ma faute, et elle verra que je ne manque ni de souvenir ni de parole.

Je lui offre un million d'hommages, ainsi qu'à Mme de Fontanes.

CHATEAUBRIAND (1).

Chateaubriand était moins en retard que ne le ferait supposer son aimable politesse. M. Le D'huy, frère de Mlle Mathilde, n'avait alors que dix-neuf ans. L'entrée dans le monde littéraire et dans le journalisme lui fut ménagée et facilitée par l'illustre protecteur qui ne cessa, en considération de Mlle de Fontanes, de lui accorder son appui.

---

de Sainte-Beuve » est des plus suggestives, et, je crois, toute nouvelle. En voici la conclusion : « Dans une *Histoire* de la poésie lyrique au XIXe siècle, on pourrait presque passer Sainte-Beuve sous silence, ou du moins il suffirait de l'avoir nommé ; mais l'*Évolution* du genre, c'est autre chose, et j'espère vous avoir montré la réelle importance des *Consolations* et de *Joseph Delorme*... Telle est l'une des lois les plus certaines de l'histoire de l'art, que les grands maîtres, les Lamartine et les Hugo, si toute une littérature s'enrichit de leurs chefs-d'œuvre, ne sont pas cependant de vrais « maîtres » puisqu'ils ne suscitent guère que des exagérateurs ou des caricaturistes de leur propre génie ; mais ceux dont on profite, ceux qui font vraiment école, ce sont ceux qui ont eu plus d'idées ou de pressentiments qu'ils n'ont laissé de chefs-d'œuvre, qui ont eu plus d'intentions qu'ils n'en ont réalisé — et ç'a été précisément le cas de Sainte-Beuve. Il eut vraiment l'âme d'un poète, servie ou plutôt desservie et trahie par les organes d'un critique et d'un prosateur. »

(1) Original autographe sans suscription. [A Mlle Christine de Fontanes].

M. Le D'huy collabora à divers journaux légitimistes, notamment à la *Quotidienne* et à l'*Union*, où ses articles spirituels étaient fort goûtés.

Voici un petit billet de quatre lignes. Si court soit-il, il est tout aimable et fait honneur, plus qu'une page éloquente, à l'homme qui l'a tracé, à l'homme de cœur qu'était Chateaubriand avec ses vrais amis :

21 juillet 1823.

La Borie, Mademoiselle, vous porte dans le moment même le billet. Vous n'écrivez point au *ministre*, ni moi à Mlle de Fontanes, mais à la fille de mon meilleur ami.

Mille hommages,

Cn. (1).

Ce que l'illustre écrivain devait plus tard demander pour son œuvre de prédilection, les *Mémoires d'outre-tombe*, et ce que malheureusement il ne put obtenir, puisque l'œuvre posthume fut « donnée par lambeaux », c'est cela même qu'il demande pour les discours et les poésies de Fontanes. Il traite et tranche la question de mode et d'opportunité comme pour soi. On lira bientôt ce mot explicite et sincère : « Tout ce que je pourrai faire pour la gloire de Fontanes me semblera fait pour la mienne. » Il disait vrai, et dans un double sens ; car sa fidélité au souvenir de Fontanes, de Joubert et de ses autres amis, entre pour une part dans sa vraie gloire.

Paris, ce 7 novembre 1823.

J'ai reçu *notre trésor*, Madame. Je n'ai pu avoir l'honneur de vous répondre plus tôt, parce que j'étois absent. Je pense qu'il ne faudroit imprimer ce qui reste de cet excellent homme que quand tout seroit revu et préparé pour ne pas le donner par lambeaux. La chose dont je veux m'occuper aussitôt que j'aurai un moment

---

(1) *Suscription* : Mlle de Fontanes. — Original autographe.

à moi, c'est de la notice de sa vie. Mais pour cela il me faut encore quelques matériaux ; pourrez-vous me les procurer ? Recevez, Madame, la nouvelle assurance de mon vieil attachement, avec mes remercîmens et mes hommages.

CHATEAUBRIAND (1).

Dimanche 19.

Mille pardons, Madame ; le 25, j'aurai l'honneur de dîner avec vous. Je ne puis vous dire quand, avant ce jour, il me sera possible de vous voir, étant accablé d'affaires.

Mes hommages à vous et Mlle de Fontanes.

CHATEAUBRIAND (2).

Le 6 juin 1824, le Roi le chasse du ministère où il vient de s'illustrer en remettant la France à son rang et l'Angleterre à sa place. Il répond aussitôt à l'outrage, et recommence les combats d'opposition qu'il mènera avec une furie et une vigueur sans secondes. Il n'y eut de trêve que de la mort de Louis XVIII au sacre de Charles X. « Il resta dans l'arène », dit-il, et n'en sortit que victorieux, en 1828, après avoir abattu Villèle.

Mais quelle vie de travail incessant et fiévreux. Ajoutez aux articles des *Débats* et aux brochures politiques, la revision et la publication de ses Œuvres complètes. Nommé à l'ambassade de Rome, il quitte Paris pour aller au poste de la ville éternelle, le 16 septembre 1828. Pendant ces quatre années si remplies et si agitées, les œuvres de Fontanes ne pouvaient qu'être négligées. Mais aussitôt affranchi du labeur quotidien, la question est reprise, et il semble bien que l'initiative soit venue de Chateaubriand. Il écrit à la veuve de son ami :

(1) Original autographe sans suscription.
(2) Original autographe sans suscription.

24 mars 1828.

Puisque vous l'exigez, Madame, j'aurai donc l'honneur de vous attendre jeudi prochain 27 à deux heures.

Obéissance et respectueux hommages.

CHATEAUBRIAND (1).

Rome, ce 15 décembre 1828.

Vous avez raison, Madame, je n'avais pas bien calculé les embarras de ma position, et encore moins ceux de ma mauvaise santé. Sans matériaux, sans renseignements, il me seroit impossible de tracer ici quelques lignes qui fussent dignes de la mémoire de mon ami. Je vais bientôt demander un congé pour le printemps ; alors je verrai ma *fille* Christine ; et tout ce que je pourrai faire pour la gloire de Fontanes me semblera fait pour la mienne.

M. de Ganay est un excellent jeune homme auquel je suis tout dévoué.

Mille tendres hommages à Christine et à sa mère.

CHATEAUBRIAND (2).

1ᵉʳ juillet 1829.

Je vais partir pour les Pyrénées, et si ma fille Christine veut me donner quelques matériaux et que je ne sois pas trop souffrant, j'essaierai cette douzaine de pages qui ne suffiront pas à mon amitié. Je lui offre un million de tendres hommages.

CH. (3).

Lundi 13 juillet 1829.

Je suis bien honteux d'avoir tant tardé à vous répondre. Je pars ; je n'ai pas un seul moment à moi ; il seroit à vous. Envoyez-moi tout ce que voudrez : mais comment puis-je travailler en courant les chemins ? Enfin je suis à vos ordres, et recevez mon tendre et respectueux hommage (4).

Il part pour Cauterets. Les eaux lui font grand bien. O miracle ! En même temps que les douleurs coutu-

---

(1) Original autographe, sans suscription.

(2) Original autographe, sans suscription ; une tache d'encre rend quelque peu douteuse la date du jour et du mois.

(3) Original autographe, sans suscription.

(4) Original autographe, sans suscription.

mières, le fameux *ennui*, l'invincible ennui a disparu. Il est tout à la joie. Trop court fut le répit. A la nomination du funeste prince de Polignac, l'ambassadeur de Rome rentre précipitamment à Paris et donne sa démission.

« Il reprit à pied, par le boulevard des Invalides, le chemin de son infirmerie, pauvre blessé qu'il était. »
« Grâce à Dieu, a-t-il écrit dans ses *Mémoires*, je n'ai jamais eu besoin qu'on me donnât des conseils d'honneur ; ma vie a été une vie de sacrifices qui ne m'ont jamais été commandés par personne ; en fait de devoirs, j'ai l'esprit primesautier. Les chutes me sont des ruines ; car je ne possède rien que des dettes que je contracte dans des places où je ne demeure pas assez de temps pour les payer ; de sorte que, toutes les fois que je me retire, *je suis réduit à travailler aux gages d'un libraire.* » Le libraire, à qui les Œuvres complètes avaient été cédées, fit faillite et frustra le noble et vaillant auteur du fruit de son travail. La ruine devait être consommée par la révolution qu'il avait trop prévue — et peut-être trop favorisée.

A la date de la lettre suivante, il est en prison. Mlle de Fontanes a supplié la grande amie, Mme Récamier, de la tenir au courant des épreuves que subit l'illustre victime du gouvernement de juillet. C'est Ballanche qui répond :

Madame,

Mme Récamier a reçu la lettre que vous lui avez fait l'honneur de lui écrire. Vous avez bien jugé qu'il lui serait difficile de vous répondre aussi promptement que vous l'eussiez désiré. C'est pourquoi elle me charge de vous donner les nouvelles qui vous intéressent si vivement et à si juste titre ; et je me hâte de le faire en peu de mots.

Nous espérons que M. de Chateaubriand sortira aujourd'hui ou demain. Sa santé n'a point souffert ; il était aussi bien que possible. M. le Préfet de police lui a donné une petite chambre qui dépend de ses propres appartements, au point qu'il faut traverser son salon pour arriver dans la chambre de M. de Chateaubriand, et les fenêtres de l'illustre prisonnier donnent sur le jardin de la Préfecture. Mais ce qui nous donnait une inquiétude réelle, c'est la santé de Mme de Chateaubriand, qui était déjà fort mauvaise.

Mme Récamier a été fort troublée. Enfin nous espérons que tout ceci va finir. Les journaux vous ont instruite de tous les détails de cette malheureuse affaire, qui a donné à M. de Chateaubriand l'occasion de manifester une fois de plus son beau caractère, et au public, de manifester tout l'intérêt qu'il porte à une de nos gloires.

Vous avez très bien jugé, Madame, en pensant que M. de Chateaubriand ne pouvait être compromis. Il parle et agit à la face du soleil ; il n'a jamais rien de caché ni pour ses amis, ni pour ceux qui ne sont pas ses amis.

On croit être sûr que M. de Chateaubriand sortira aujourd'hui même, ou demain.

Mme Récamier me charge, Madame, de vous transmettre l'expression de ses sentiments ; et j'espère que vous voudrez bien me permettre d'y joindre celle des miens, que je vous prie d'agréer.

J'ai l'honneur d'être, Madame, votre très humble et très obéissant serviteur.

BALLANCHE.

25 juin 1832 (1).

Pendant les trente dernières années de sa vie, Mlle de Fontanes vécut presque constamment en Suisse.

Et quant aux motifs qui lui firent prendre une telle détermination, il est facile de les imaginer, un surtout que je n'ai pas dit dans le corps de l'ouvrage. Sans nul doute, Mlle de Fontanes avait entendu M. et Mme de Chateaubriand vanter le séjour de Genève et de Lausanne, former, à diverses époques, le projet de retourner en Suisse et même de s'y fixer. Comment leurs

---

(1) Mme la comtesse de Fontanes, chez Mme de Wezmann, à Prangins, près Nyon, canton de Vaux (Suisse).

récits n'auraient-ils pas éveillé, enflammé semblable désir dans le cœur enthousiaste de leur jeune amie?

Que si toute communication écrite paraît cesser entre l'orpheline et Chateaubriand, gardons-nous d'attribuer l'interruption à une rupture ou seulement à un refroidissement. Lettres perdues, et rien autre, j'en ai la certitude. — On a fouillé sans façon, et puisé sans scrupule, à plusieurs reprises, dans la riche collection d'autographes de Mlle de Fontanes. Le fait est attesté par le docteur Dufresne; on lira sa lettre qui clôt ces correspondances. Or, les autographes les plus convoités devaient être ceux de Chateaubriand.

D'ailleurs, à lire la *Correspondance* de Sainte-Beuve, ainsi que les lettres inédites qui vont suivre, on arrive bien vite à se faire une idée de leur situation respective : on s'aperçoit que les anciennes relations n'étaient pas le moins du monde altérées. Chateaubriand, c'est vrai, n'avait pas tenu sa promesse. La notice sur M. de Fontanes était encore à faire. Mais de si graves événements l'en avaient détourné; — et si précaire était sa vie, depuis 1830 : travaux absorbants, auxquels il demandait le pain de chaque jour; lointains voyages imposés au courtisan du malheur par sa chevaleresque fidélité; procès, prison, maladies tantôt de l'un, tantôt de l'autre époux. Mlle de Fontanes n'ignorait aucune de ces excuses trop légitimes. Elle l'excusait de grand cœur. Et si, de son côté, ses lettres furent rares (ce que j'ignore) elle ne s'abstenait que par délicatesse, voulant éviter à son vieil ami l'apparence même d'un reproche. Il était bien assez malheureux.

Donc, qu'il y ait eu, entre M. de Chateaubriand et Mlle de Fontanes, correspondance active, ou correspondance ralentie, et, dans l'un comme dans l'autre cas, correspondance perdue, leurs sentiments étaient toujours ceux de la confiance et de l'affection réciproques. Cela n'est pas douteux, à la manière dont MM. Roger, Sainte-Beuve, Ballanche, Laborie, Villemain parlent de Chateaubriand à Mlle de Fontanes.

Je donne ces lettres dans l'ordre des dates : elle s'expliquent d'elles-mêmes et n'ont que rarement besoin d'un rapide commentaire.

Des deux premières lettres de Sainte-Beuve à Mme de Fontanes, je détache les passages qui suivent.

Lyon le 26 [1837].

Madame, en regrettant de n'avoir pas eu l'honneur de vous rencontrer à Genève dans le peu de jours que j'y suis resté, je ne pensais pas avoir si tôt ce que j'ose croire une occasion de vous parler des œuvres de monsieur votre père. Mais en passant à Lyon, un de mes amis, M. Collombet, m'offre le petit écrit dont je vous adresse un exemplaire, et qui, en vous apprenant ce que M. de Chateaubriand a déjà écrit sur M. de Fontanes, vous prouvera aussi le juste intérêt qui s'attache toujours à ces productions si senties et si pures... — Paris, ce 7 septembre 1837. Madame, je réponds, pour vous obéir, à la réponse confiante que vous voulez bien m'adresser... Je ne crois pas du tout qu'il soit urgent que vous veniez à Paris cet hiver: il ne saurait y avoir urgence à cela. Une fois votre détermination prise de publier les œuvres de monsieur votre père, ce n'est plus quelques mois qui peuvent faire; l'essentiel, ce me semble, c'est que ce ne soit plus qu'une affaire de mois et non d'années. J'ai vu M. de Chateaubriand, mais non chez lui ; je lui ai pourtant parlé, et de vous, madame, dont il m'a demandé avec un intérêt marqué des nouvelles ainsi que de Mlle Le D'huy, et du projet de publication sur lequel il m'a d'abord exprimé tout son désir, et son conseil surtout de restreindre à deux volumes (l'un de prose, l'autre de vers) le choix des morceaux recueillis. Indépendamment du morceau que vous avez lu (dans la notice de M. Collombet) extrait des Mémoires, sur M. de Fontanes, M. de Chateaubriand a encore écrit dans ces mêmes Mémoires, à un autre endroit, une ou deux pages sur monsieur votre père, que je me rappelle fort bien ; c'est pour vous dire que le morceau qu'on citerait de lui, en tête des volumes, s'étendrait aisément, sans compter ce qu'il y ajouterait d'approprié. Je pense qu'une lettre de vous, précisant bien votre désir, indiquant que le soin de recueillir et de classer ne retomberait pas sur lui, ou n'y retomberait que comme consultation remise à son goût, je pense qu'une telle lettre, toute simple, déciderait la chose sans avoir besoin de négociation.

C'est également à Genève, et en 1837, que M. Roger adressait les lettres qu'il écrivit à Christine de Fontanes, sur le même sujet :

Paris, 11 septembre 1837.

Madame la comtesse,

Je vous croyais en Italie et je ne savais où avoir l'honneur de vous écrire. J'apprends à l'instant, par M. Ménard fils dont le père est toujours fort malade, que vous êtes revenue à Genève. Je vous en félicite, car le choléra italien est un mauvais compagnon de voyage, et j'espère qu'il épargnera les rives de votre lac. Je m'en félicite aussi, car je puis vous apprendre plus promptement ce que j'ai à vous dire.

J'ai été assez heureux pour empêcher M. Michaud, imprimeur et éditeur de la *Biographie universelle,* de confier l'article Fontanes, sinon à un ennemi, du moins à un indifférent, et j'ai même réussi à me le faire donner. Enfin pour comble de bonheur, j'ai, selon toute apparence, réussi à [si] bien peindre notre admirable et si regrettable ami qu'ayant lu hier ma notice à M. de Chateaubriand, il m'a serré dans ses bras, les larmes aux yeux, et avec des expressions dont je suis encore tout ému.

Mais après avoir parlé sciemment des ouvrages *imprimés* de votre illustre père, je n'ai pu parler qu'au hasard de ceux qui sont restés *inédits.* Je crains même d'avoir oublié les titres de quelques-uns. Enfin, (et c'est là l'essentiel), je n'ai pu affirmer si, à quelle époque, et par les soins de qui ces manuscrits verraient le jour.

J'ai donc recours, Madame la comtesse, à votre tendresse filiale pour savoir positivement, s'il est possible : 1° quel est le dépositaire de ces trésors ; 2° en quoi consistent tous ces manuscrits. J'en ai vu moi-même une partie dans les premiers jours de votre deuil, en présence de madame votre mère et de M. Villemain ;

mais nous fûmes tous trois confondus du peu d'ouvrages, la plupart inachevés, que nous trouvâmes dans un grand coffre qui nous fut ouvert. Il nous fut dit alors que tout se retrouverait chez une dame à qui M. de Fontanes les avait donnés à copier. Cette dame, dont le gendre vous a volé, vous aurait-elle aussi de son côté dérobé cette autre partie de l'héritage paternel ? Croyez-vous, Madame la comtesse, avoir entre vos mains, c'est-à-dire chez le dépositaire choisi par vous, le fidèle M. Ménard, *tous* les manuscrits de M. de Fontanes ? Votre mémoire vous rappellerait-elle au moins si vous avez la nouvelle version du *Verger*, le joli poème du château d'Anet, et des *chants complets* de la *Délivrance de la Grèce* ? Je ne vous cache pas que je suis bien pressé d'avoir réponse à tout cela, car l'imprimeur me talonne pour avoir ma notice qui doit paraître dans la plus prochaine livraison de la *Biographie*. Je ne me tirerai d'affaire qu'en ne lui en livrant que la première moitié, et je retiendrai l'autre jusqu'à votre réponse, pourvu qu'elle ne se fasse pas trop attendre.

Si vous étiez à Paris, Madame la comtesse, nous irions ensemble chez M. Ménard, et la vérification serait facile et prompte. Elle est impossible en votre absence. Mais je compte beaucoup sur la double mémoire de votre cœur et de votre esprit.

D'après l'avis de M. de Chateaubriand (et c'est aussi le mien) il importe d'autant plus de parler exactement dans ma notice de l'existence de tous les ouvrages *manuscrits* et de leur sort futur, qu'il paraît, nous a-t-on dit, à Lyon une édition frauduleuse des œuvres de M. de Fontanes, et qu'indépendamment de la saisie que vous en avez faite ou dû faire, aucune protestation ne saurait être mieux placée que dans la biographie qui va paraître.

Daignez, Madame la comtesse, me dire un mot aussi sur cette édition. Mais surtout n'oubliez pas d'éclaircir franchement mes doutes sur le dépositaire que je ne vous nomme pas.

Je vous prie d'agréer, Madame la comtesse, l'hommage de mon profond respect et de mon éternel dévouement,

Roger.

rue de Grenelle-Saint-Germain, n° 35.

P.-S. Voulez-vous bien permettre que votre inséparable amie trouve ici mes hommages respectueux, et son brave frère, que je voudrais embrasser, l'assurance de ma vieille amitié ?

Et notre correspondant de la *Gazette* ? Je ne vois plus de lettres de lui dans ce journal.

1ᵉʳ et 2 octobre 1837.

Madame la comtesse, (1)

Votre aimable et noble lettre m'est arrivée assez à temps pour que j'aie pu changer en certitude l'espoir que je donnais au public à la fin de ma notice. Nous aurons donc une édition. Cette nouvelle n'est pas seulement agréable à tous vos amis, tels que MM. de Chateaubriand, de Langeac, Laborie, Joubert, etc., à qui j'en ai fait part. Elle charmera, je n'en doute pas, tous les amis des lettres. J'ai écrit à M. de Sainte-Beuve, qui s'est empressé de me venir voir. Nous avons causé plus d'une heure. Il est bien vrai que le public pourra sourire un moment de voir un romantique se charger de l'édition du premier de nos classiques modernes. Mais c'est un homme d'esprit et de bonne foi, et c'est de bonne foi qu'il parle et parlera de M. de Fontanes avec admiration. Son nom d'ailleurs plaira peut-être plus à la jeunesse dont il se fera mieux entendre que d'autres n'auraient pu faire. Il espère, ainsi que moi, que M. de Chateaubriand donnera quelques pages nouvelles sur son ami. Je l'y excite de mon mieux à la fin de ma notice, et cette partie de mon travail ne lui a pas moins plu que les autres. Au surplus, si j'ai bien compris M. de Sainte-Beuve, il se donnera modestement au travail matériel de l'édition. Et il désire que M. de Chateaubriand en ait tout l'honneur. Ce serait là la perfection.

M. de Sainte-Beuve va bientôt partir pour la Suisse, d'où il ne reviendra qu'au mois d'avril. Ce n'est aussi qu'à cette époque, m'a-t-il dit, que vous pourriez, Madame, venir à Paris. Nous avons donc du temps devant nous. Je dis nous, car vous devinez bien que tous mes soins et tout mon temps seront à votre disposition, pour aider, vous, Madame, M. de Sainte-Beuve, et quiconque aura l'honneur d'être associé à vous, dans votre entreprise filiale.

D'ici là je verrai M. de Chateaubriand, comme de coutume, au moins une fois par semaine.

Voici pourtant douze jours que je n'ai pu le voir, pas même pour lui dire tout ce que votre lettre contient d'aimable pour lui. Pendant que lui-même était très préoccupé de la santé de Mᵐᵉ de Chateaubriand et de celle de Mᵐᵉ Récamier, j'ai été surpris par une maladie assez grave qui touche à sa fin, et qui cependant m'a forcé d'emprunter une main étrangère pour avoir l'honneur de vous écrire cette lettre. Si d'ici à trois jours les forces me

---

(1) A Madame la comtesse de Fontanes, poste restante, à Genève.

reviennent, je ne manquerai pas d'aller fêter la Saint-François (1) à Marie-Thérèse.

La biographie des *Hommes vivants* n'a jamais eu qu'une édition, et n'en aura probablement jamais une seconde. Il existe, en effet, quelques erreurs dans l'article de M. de Fontanes. Mais je les connaissais. Je n'y ai pris que ce que j'y ai trouvé de bon et de certain. MM. Joubert et de Langeac m'ont appris quelques faits que j'ignorais. En revanche, j'en savais beaucoup qu'ils ignoraient eux-mêmes. J'ai l'orgueil de croire que nul homme aujourd'hui vivant n'a mieux connu que moi l'excellent et admirable homme que nous avons perdu. MM. de Chateaubriand et Laborie m'en ont fait l'aveu, et le premier s'est écrié en m'embrassant, après ma lecture, et les larmes aux yeux : « C'est lui ! C'est bien lui ! »

Puissiez-vous en dire autant, Madame la comtesse ! Sans votre suffrage, les autres ne me seraient d'aucun prix.

J'ai heureusement pu corriger la seconde épreuve, avant l'indisposition qui me retient au lit. Et j'ai à l'imprimerie un ami sûr qui tiendra la main à ce qu'on n'ajoute ni ne retranche un mot à ma notice — ce qui est arrivé quelquefois.

Voilà, Madame la comtesse, une lettre qui me semble courte, et qui pourtant est déjà trop longue pour ma faible tête. Permettez que je remette à un autre jour l'honneur de compléter la réponse que je vous dois.

Daignez agréer, Madame la comtesse, l'hommage de mon respectueux et éternel dévouement.

ROGER.

Paris, le 1er octobre [1837] (2).

P. S. du 2 octobre. — Cette lettre n'ayant pu partir hier, et moi me trouvant un peu mieux ce matin, j'achève de vous dire, Madame la comtesse, ce qui me restait de plus pressé à vous répondre. C'est en effet du *Vieux Château* que je voulais parler en vous demandant des nouvelles du *Château d'Anet*. Je suis ravi que le manuscrit de ce joli poème, ainsi que tous les autres que je croyais perdus, soient entre vos mains. Mais si vous m'en croyez, vous ne publierez pas, d'abord et uniquement, tous les ouvrages inédits. Il ne faut faire qu'une seule et même édition et de l'ancien et du nouveau. Cela fera au moins deux volumes et peut-être trois. On

---

(1) Fête de Chateaubriand. — Hospice ou Infirmerie de Marie-Thérèse, fondé par Mme de Chateaubriand.

(2) Timbre postal de Paris, 2 octobre 1837 ; timbre de Genève, 5 octobre 1837.

pourrait, dès à présent, s'occuper de recueillir tout ce qui a été imprimé, pour faire ensuite un choix sévère entre tous les morceaux de prose et de vers. Rien n'est plus délicat que d'exclure les deux ou trois petites satires échappées à M. de Fontanes, mais il n'en est pas de même des articles du *Mercure*, sur l'ouvrage de Mme de Staël ; ce n'est point là de la satire : c'est de la belle et bonne critique qu'il n'appartient plus à personne de retirer du domaine public. Et ces articles ne peuvent manquer de figurer dans l'édition à côté des articles sur Thomas et sur M. de Chateaubriand. Loin que la réimpression de l'article sur Mme de Staël soit empêchée par M. de Chateaubriand, il serait le premier à la réclamer.

M. de Laborie a été bien touché de votre souvenir. Il m'a dit ce matin qu'il aurait l'honneur de vous en remercier lui-même au premier jour.

Mes respects, je vous prie, Madame, à Mlle Malthilde, et mes sincères compliments au spirituel correspondant de la *Gazette*.

Qu'est devenue l'édition en 3 volumes in-12 que M. de Fontanes voulait publier en 1800 et dont tous les exemplaires ont été retirés et rachetés par lui de chez l'imprimeur ? Est-ce qu'elle a été mise au pilon ? Si elle existe encore en feuilles, chez M. Mesnard ou ailleurs, elle vous sera fort utile pour l'édition filiale et abrégera beaucoup toutes vos recherches.

De M. Roger.

Paris, le 23 décembre 1837.

Madame la comtesse,

J'attendais, pour avoir l'honneur de répondre à vos deux aimables lettres, que l'imprimeur de la *Biographie universelle* me donnât quelques exemplaires de ma notice et que je pusse vous en adresser. C'est hier seulement qu'il m'a été permis de vous faire cet envoi, qui a dû vous parvenir sous bande, poste restante et franco.

M. Laborie m'a dit avoir eu l'honneur de vous écrire il y a quelques jours. J'imagine qu'il aura désavoué toute parole qui aurait pu vous faire soupçonner en moi le moindre refroidissement de zèle pour votre œuvre filiale. Je persiste à penser que M. de Sainte-Beuve s'acquittera de sa noble tâche de manière à satisfaire vos amis les plus difficiles, et, quant à moi, je me suis mis et je me mets encore à vos ordres pour tout ce dont il vous plaira de me charger.

Pour analyser les discours de M. de Fontanes, je n'ai pas eu besoin du livre de M. Fayot. M. de Langeac avait un manuscrit presque aussi complet, qu'il m'a prêté. Néanmoins, M. Fayot vous servira pour épargner des copies.

C'est dans le même but que j'aurais souhaité, Madame, que vous retrouvassiez l'édition détruite aussitôt qu'imprimée vers l'année 1800. Il nous faudra faire de nouvelles recherches.

M. de Chateaubriand n'était pas très bien portant ces jours passés. J'espère, ce soir, le trouver mieux. Je ne crois pas que nous obtenions de lui quelques lignes de préface. Cependant je ne cesse pas de lui en parler, comme d'une chose indispensable au succès de l'édition.

Je suis, Madame, bien ravi d'apprendre que vous avez auprès de vous le digne frère de Mlle Mathilde. Je vous demande la permission de leur offrir ici l'assurance de ma vieille amitié.

Veuillez, Madame la comtesse, agréer et faire agréer à vos amis l'hommage de mon respect et de mon entier dévouement.

Roger (1).

Paris, ce 2 février [1838].

Madame la comtesse,

Votre charmante lettre du 27 janvier m'a tiré d'une bien grande inquiétude. Je me suis empressé d'annoncer à nos amis qui, comme moi, vous croyaient malade, la bonne nouvelle de votre convalescence.

J'ai écrit à l'administration des Postes pour réclamer le paquet. On ne comprend pas qu'il ne vous soit point parvenu. Il a été expédié par Ferney, franco. On vient d'écrire à ce sujet au Directeur de cette ville. J'espère qu'il se retrouvera. En attendant, je viens de faire porter chez M. Lecointe un exemplaire sous enveloppe et à l'adresse que vous m'indiquez. M. Lecointe m'a répondu que cela vous arriverait sûrement par une occasion partant la semaine prochaine. Il me tarde bien que ma notice soit tout entière entre vos mains. Car elle a été fort mutilée par la *Gazette*. M. de Genoude, qui était absent pendant cette mutilation, m'a promis de réparer la contrariété que cela m'a donnée. Le préambule surtout l'a mis presque aussi en colère que moi. Nous serons tous vengés par une prochaine et complète publication.

(1) Madame la comtesse Christine de Fontanes, poste restante, à Genève. — Original autographe.

La *Quotidienne* donnera aussi ma notice dans son supplément littéraire de la semaine prochaine. L'*Écho français* a fait la même promesse, et M. de Chateaubriand a donné des ordres à ses anciens amis des *Débats* pour qu'il y soit parlé convenablement et de M. de Fontanes et de la notice.

Vous verrez par l'exemplaire que j'ai l'honneur de vous envoyer que la *Gazette* avait, sottement ou par malice, supprimé de ma notice tout ce qui pouvait le plus honorer M. de Chateaubriand, M. Villemain, etc.

Il ne me reste plus d'exemplaires disponibles, mais si le paquet ne se retrouve pas, j'aurai l'honneur de vous envoyer quelques exemplaires de la *Quotidienne* ou de l'*Écho*.

J'ai reçu, Madame, des félicitations de tous les hommes qui ont connu et aimé M. de Fontanes; mais quel suffrage peut m'être aussi précieux et aussi doux que le vôtre! J'en suis vivement touché, je vous assure; et je bénis chaque jour le Ciel de m'avoir laissé le temps de finir ma notice avant la grave maladie dont j'ai été atteint le 24 septembre et dont j'ai été sauvé par la providence de Dieu et de M. Récamier.

Daignez, Madame la comtesse, agréer de nouveau l'hommage de mon profond respect et de mon ancien et complet dévouement.

ROGER (1).

De M. de Laborie.

24 octobre.

Chère et si chère [mots déchirés] à tout ce qu'il y a de plus [déchirure]... de plus honorable et de plus regretté dans mon demi-siècle de vie, écoutez-moi; car c'est ici une de ces circonstances rares qui réveillent tous les sentiments que je viens de vous exprimer du fond du cœur.

Aucune mémoire ne m'est aussi chère et aussi sacrée que celle de votre illustre père.

Chateaubriand qui lui *doit tant*, a été ravi de l'article de Roger. Je l'ai entendu lire pour la troisième fois (pour moi déjà deux fois) à l'illustre ami de l'illustre mort. C'est un chef-d'œuvre, et, remarquez-le bien, c'est là l'histoire tout entière et le document de la postérité.

Nous aurons un bon nombre d'exemplaires et brochures à part.

(1) Dans le timbre postal d'arrivée : Genève, 5 février 1838. — Original autographe.

Personne au monde ne pouvait nous rendre à tous un tel service. Quant à ce bonheur, il est un fait accompli. Mais voici de l'avenir heureusement soumis à la plus intelligente et à la plus fervente piété filiale.

Je demande à la plus parfaite loyauté de moi connue...

— Je suis vieux ; vous êtes jeune ; je suis quasi-père ; l'ardeur passionnée de mon plus vif attachement est mon droit, mon devoir, mon excuse.

Écoutez-moi donc :

[N'êtes-vous pas allée un peu] (1) vite en promettant à Sainte-Beuve... la surveillance d'une telle [entreprise].

Vous frémirez au fond de votre esprit et de votre cœur, quand vous lirez ce que je vous envoie. Quelle prose! Quels vers! Quel Mécène! De grosses larmes roulent dans mes vieux yeux quand je pense à la profanation d'un tel contact! Quelle préface, s'il en fait une !

C'est à mourir de crainte.

C'est ce qu'il y a de plus pur en goût, en talent, en génie de l'expression, éclaboussé par ce jeune homme, pas sans talent sans doute, mais pétri d'orgueil.

Vous ne savez pas sa belle phrase sur ce Boileau, oracle de l'illustre père ? La voici : « Boileau, législateur d'un code abrogé. »

Hélas! l'immortel père lui semble aussi des exemples surannés, comme Boileau est détrôné.

Votre âme angélique ne soupçonne pas les férocités de ces orgueils-là. Je compte donc sur un silence absolu. Vous m'en feriez un ennemi implacable.

Comment faire ? Ici, je m'arrête. Je vous soumettrai mes vœux et aussi *de nobles moyens de vous en tirer*... Mais d'abord ma vieillesse a-t-elle été persuasive ?

Vous sentez qu'il ne faut correspondre qu'avec moi. Roger a trop payé son noble tribut pour n'être pas mis à part. Chateaubriand paiera aussi sa dette, dette sacrée. Mais il ne peut pas... sa femme, de plus en plus malade...

LABORIE (2).

---

(1) Déchirure du papier.
(2) Dictée : signature autographe, et aussi, la date, 24 oc[tobre].

De M. Roger.

Ce samedi, 17 mars [1838].

Madame la comtesse,

Je reçois à l'instant votre aimable lettre du 13 mars.

Le paquet de six notices que vous venez de recevoir n'est autre que celui que j'avais eu l'honneur de vous expédier, il y a plusieurs mois. Il était resté par erreur au bureau de Ferney, auquel, sur ma réclamation, l'administration des Postes de France a donné l'ordre de l'envoyer.

M. Charles de Bourmont m'avait donné de vos nouvelles, Madame, dès le premier jour que j'ai eu le plaisir de le voir. J'espère que votre santé se raffermira de plus en plus, et que vous tarderez le moins possible à revenir à Paris pour votre grande affaire.

M. de Sainte-Beuve sera-t-il aussi de retour pour la fin d'avril ? Je compte sur lui pour vous aider à obtenir quelques lignes de M. de Chateaubriand. En supposant que ma notice soit agréée par M. de Sainte-Beuve, et qu'il y en ajoute une de lui, alors détaillée sous le rapport littéraire, en supposant même, comme il me l'a dit, qu'il joigne à ces deux notices, l'éloge de M. de Fontanes par M. Villemain, tout cela ne vaudrait pas, pour le succès, un mot de M. de Chateaubriand, en tête de l'édition.

L'absence de ce nom serait peut-être d'ailleurs mal interprétée.

Je vous remercie, Madame, de m'avoir donné des nouvelles du lieutenant-colonel, et je prie les amies inséparables de vouloir bien agréer l'hommage de mes respects et de mon dévouement sans bornes.

ROGER.

Madame la comtesse Ch. de Fontanes, poste restante, à Genève (1).

De Villemain.

[Mai, 1838].

Madame,

Vous ne pouvez douter que je ne me trouve honoré de concourir à l'édition des œuvres de votre illustre père. Mon peu de loisir est un obstacle, mais j'ai un motif plus grave de souhaiter que votre principal choix ne tombe pas sur moi.

(1) Original autogaphe.

C'est l'intérêt d'une publication si précieuse, à laquelle le nom de M. de Chateaubriand ajouterait un nouvel éclat. Plus on a tardé, plus l'esprit de la littérature a changé, et plus il importe que les poésies si pures de M. de Fontanes soient annoncées et présentées au public avec l'autorité d'un grand suffrage. Je crois donc, Madame, que vous devez obtenir ce discours que M. de Chateaubriand vous a promis, et qui lui rappellera tant de souvenirs qui lui sont chers. Cela est nécessaire, je n'hésite point à le dire, au grand succès de l'édition. Je pense, comme j'ai eu l'honneur de vous le dire, qu'elle doit se composer d'un très petit nombre de pièces choisies. Il ne faut rien publier de M. de Fontanes qui ne soit parfait, et d'un goût exquis. Un ou deux volumes, ainsi formés de vers et de prose, et précédés d'une notice éloquente par M. de Chateaubriand, prendraient place dans toutes les bibliothèques. Voilà mon vœu, Madame, dicté par l'admiration la plus respectueuse pour la mémoire de M. de Fontanes. J'offrirai avec grand zèle mes soins pour quelques détails matériels, mais je ne pourrais, et je n'oserais dans aucune chance, suppléer le nom, les souvenirs personnels, et le talent inimitable de Chateaubriand; le public se plaindrait trop du mécompte.

Veuillez, Madame, agréer l'hommage de mon respect.

A. VILLEMAIN (1).

Du même.

Madame,

J'ai eu l'honneur de me présenter, il y a quelques jours, pour recevoir vos ordres. N'ayant pas été admis, j'ai laissé à votre porte mon nom et l'hommage de mon respect. Je serai toujours prêt, Madame, à me rendre avec empressement, à l'heure de la soirée qu'il vous plaira de m'indiquer.

Je regrette infiniment d'avoir paru différer une réponse que je m'étais fait un devoir de porter aussitôt moi-même.

Veuillez, Madame, agréer mon respect.

VILLEMAIN (2).

(1) *Suscription* : A Madame, Madame Christine de Fontanes, rue de Joubert n° 22 [Paris]. — Original autographe.
(2) *Suscription* : A Madame, Madame la comtesse Christine de Fontanes, rue de Joubert n° 22. — Original autographe.

De Sainte-Beuve.

Ce samedi.

J'ai à vous confirmer ce que je n'avais fait que vous annoncer l'autre jour sans savoir de détails. J'ai vu M. Hachette, qui m'a raconté sa conversation avec le ministre ; l'écueil qu'on pouvait craindre ne s'y est pas présenté. Les intentions, et même les promesses formelles, ont été excellentes. J'aurai l'honneur de vous aller raconter tout cela et ce que M. de Salvandy m'a dit à moi-même ; j'irai prendre en même temps votre jour pour vous conduire M. Hachette. Mais j'ai été hier, et je suis encore aujourd'hui et demain envahi ; mon premier moment libre sera vers vous.

Recevez, Madame, et veuillez rappeler à Mademoiselle Led'huy l'expression de mes habituels hommages.

SAINTE-BEUVE (1).

Du même.

Ce jeudi.

Madame,

J'aurais eu hier l'honneur de vous voir, si j'avais eu un résultat à vous annoncer. La table des matières très expliquée a été remise lundi matin au libraire, qui a dû voir mardi M. Ravaisson, secrétaire particulier de M. de Salvandy. M. Ravaisson lui aura sans doute donné une première réponse, mais en lui promettant d'en parler à M. de Salvandy. Les recommandations de MM. Rousselle et Rendu seront arrivées sur le temps, et il y a tout lieu de de croire que toutes ces *conjonctions* auront fait l'étoile favorable. Je passerai aujourd'hui chez le libraire ; et, dès que nous aurons avancé d'un pas encore, je courrai vous le dire. — Je n'ai pas encore reçu de réponse de Lyon.

Veuillez recevoir, Madame, l'expression de mon respectueux dévouement et offrir mon humble hommage à Mlle Led'huy.

SAINTE-BEUVE (2).

(1) Original autographe sans suscription.
(2) Original autographe sans suscription.

Du même.

17 juillet.

Madame,

Je retardais toujours d'avoir l'honneur de vous répondre ou de vous voir jusqu'au moment où je saurais la décision. Je n'eusse pourtant pas laissé s'écouler un si long temps si je n'avais été confisqué ces jours derniers par un article pour la *Revue*. Je compte avoir l'honneur d'aller chez vous jeudi, vers 4 heures un quart, avec M. Dourdain, notre copiste. J'espère du moins alors savoir que quelque chose est décidé et qu'il ne me reste plus qu'à marcher. J'ai vu l'autre jour M. Villemain, et j'ai causé de l'affaire, mais comme simple information et sans but. Veuillez recevoir, Madame, l'expression habituelle de mon respectueux hommage et dévouement.

SAINTE-BEUVE.

Je salue respectueusement Mlle Led'huy. — Si pourtant, Madame, vous aviez une solution avant jeudi, soyez assez bonne pour m'en écrire un petit mot (1).

Cependant Sainte-Beuve écrivait sa notice. Il « avançait lentement ». Lorsqu'elle fut terminée, il en voulut lire une partie, une moitié, à Mme Récamier ainsi qu'à M. de Chateaubriand. Il donnait avis de cette lecture, sans tarder, à Mme de Fontanes, et ajoutait que cela lui avait mis tellement la poitrine hors de combat qu'il n'avait pu encore leur faire entendre la fin : « Ce sera demain que j'achèverai de la leur lire ; j'aurai ainsi, avant de vous voir, l'avis de M. de Chateaubriand, et comme je n'avais jamais causé avec lui de la biographie, cela lui donne occasion de m'indiquer quelques faits au passage. Il a paru très content ; et en entendant l'usage assez abondant que j'ai fait en

(1) Original autographe sans suscription.

un endroit de ses lettres et de ses propres paroles, il a bien voulu se reconnaître sans s'inquiéter de la source. Il n'y avait, outre Mme Récamier et lui, que M. Ballanche, Mme Lenormant, et un ami à moi, M. Magnin, qui se trouvait prévenu par Mme Lenormant. Je serai donc à même, Madame, de vous communiquer mon travail désormais tout au complet. »

Bientôt *relevé*, comme il le dit, « de sa première lecture », il put achever la communication de sa notice à M. de Chateaubriand et à Mme Récamier : « M. de Chateaubriand a continué d'être content; il m'a fait deux ou trois remarques et rectifications. Je serais désolé que cette lecture faite à d'autres avant vous, Madame, vous parût un tort de ma part. *Je vous avouerai que je n'étais pas fâché d'avoir d'avance l'avis de M. de Chateaubriand, pour répondre d'emblée à d'autres avis qui pourraient être élevés vous savez d'où*. Pour les points littéraires, je tenais à son opinion et à son approbation, qui m'est une garantie. »

Du même.

[1838].

Madame,

Permettez que ce ne soit pas aujourd'hui que j'aie l'honneur de vous voir pour notre seconde séance. Je suis un peu souffrant. De plus, j'ai (pour notre édition même) à consulter la collection du *Mercure* à la bibliothèque de l'Institut qui va être fermée dans très peu de jours. — Ce serait dimanche, à trois heures, si vous le vouliez. — Mais voici autre chose : J'ai vu hier Mme Récamier. La lettre de M. de Chateaubriand, à vous adressée, est finie. On désire la lecture, on voudrait un mot de vous qui fixât un jour. L'heure de M. de Chateaubriand est de trois à cinq. Si, pour le jour, vous avez la bonté de vous entendre avec Mme Récamier, soit par lettre soit par visite, ce serait au mieux. — Vous auriez la bonté encore de m'en informer aussitôt par un billet. Il me semble que si vous vous entendiez aujourd'hui, la lecture pourrait être dès demain samedi.

Mille hommages, Madame, et à Mlle Led'huy.

SAINTE-BEUVE (1).

Une des lettres de Sainte-Beuve à Mme de Fontanes — lettres nombreuses et très aimables — se termine sur cet alinéa où je remarque avec plaisir le nom de Joubert, frère du moraliste : « J'ai le regret de ne pouvoir absolument ce soir me rendre à votre aimable invitation et à l'obligeant désir de M. Joubert. Lundi soir vous irait-il, Madame, ainsi qu'à lui, ou mardi ? lundi vers quatre heures ? Un mot de vous me dira si l'une ou l'autre de ces heures vous agrée. »

Le portrait de Fontanes, par Sainte-Beuve, compte parmi les meilleurs de la belle et riche galerie du maître.

Si le grand critique se heurta à des difficultés dans l'exécution de cette peinture, qu'il voulut sincère et ressemblante, bien que légèrement idéalisée, il faut noter ici qu'il trouva toujours aide et approbation du côté de Chateaubriand. C'est à lui qu'il avait recours, et c'est de lui qu'il s'autorisait contre les objections des classiques méticuleux et retardataires : Roger, Laborie, surtout, peut-être aussi Villemain.

Il n'eut qu'à se louer de l'attention, de la franchise et de la bonne grâce parfaite de l'illustre « ancien », — à qui même, certain jour, échappa le mot de *génie*, à l'adresse de Sainte-Beuve.

---

(1) Original autographe. — Madame, Madame la comtesse de Fontanes, n° 35, rue Godot-Mauroy, Paris. — L'adresse est d'une autre main, et collée à la lettre — Dans le timbre : Paris, 15, — distribution, 4 heures soir.

De Ballanche à Mme la comtesse Christine de Fontanes, rue Saint-Lazare, Paris.

6 septembre.

Madame,

Mme Récamier, tous ces jours-ci, espérait pouvoir avoir l'honneur d'aller vous voir ; mais elle a toujours été retenue chez elle par une migraine qui ne lui permet pas encore de sortir. Elle me charge, Madame, de vous engager à venir chez elle, dimanche prochain, à 4 heures, et elle me charge en même temps de faire la même invitation à Mlle Led'huy. Il doit y avoir de la musique. Mme Récamier me charge en même temps de vous exprimer et d'exprimer à Mlle Led'huy tous ses regrets de ne pouvoir vous faire elle-même ses invitations.

Daignez agréer, Madame, ainsi que Mlle Led'huy, l'hommage de mes sentiments les plus distingués et de mon respectueux dévouement.

BALLANCHE. (1)

Pendant que ces lettres se succédaient, Chateaubriand recueillait les *Pensées* de Joubert en un petit volume, que le nom prestigieux de l'éditeur allait introduire dans la gloire : « Désormais, disait-il avec ce sens merveilleux de l'avenir qui était en lui, les pensées de M. Joubert reposent dans la vie, comme ses cendres reposent dans la mort. »

Il ne fut pas moins fidèle et secourable à la mémoire de Fontanes. C'est une lettre de lui à « sa fille Christine » qui sert de préface aux Œuvres de son ami, lettre ou notice tant désirée et demandée d'une part, et, de l'autre, si sincèrement promise, bien que, par la fatalité des événements, trop longtemps ajournée.

Les Œuvres parurent en janvier 1839, précédées de l'épître dédicatoire. Je ne crois pas que ces pages éloquentes se trouvent ailleurs qu'en tête de « l'édition

(1) Original autographe.

filiale ». Or, je sais par expérience qu'il est assez difficile de se procurer cet ouvrage. Pour la très grande majorité des lecteurs, la belle lettre de Chateaubriand aura donc tout l'attrait du nouveau. La voici :

Paris, 1839.

J'aurais regardé, Madame, comme la récompense des fatigues de ma vie, l'honneur de parler au public de votre illustre père. Avec quel plaisir, arrêté au bord de ma tombe, j'eusse redemandé à une amitié fidèle les souvenirs dont elle est restée dépositaire! C'est M. de Fontanes qui encouragea mes premiers essais dans la littérature ; c'est lui qui annonça le *Génie du Christianisme ;* c'est sa muse qui, pleine d'un dévouement étonné, dirigea la mienne dans les voies nouvelles où elle s'était précipitée ; il m'apprit à dissimuler la difformité des objets par la manière de les éclairer ; à mettre, autant qu'il était en moi, la langue classique dans la bouche de mes personnages romantiques. Il y avait jadis des hommes conservateurs du goût, comme ces dragons qui gardaient les pommes d'or du jardin des Hespérides ; ils ne laissaient entrer la jeunesse que quand elle pouvait toucher au fruit sans le gâter.

Lorsqu'à la mort du fils des Condés, la politique m'eût jeté à l'écart, M. de Fontanes me sauva de la colère de l'homme que j'ai nommé *fastique*. Ce fut à l'occasion de cette mort qu'il fit un jour cette réponse courageuse : « — Vous pensez toujours à votre duc d'Enghien ? — Il me semble que l'Empereur y pense autant que moi. »

Votre père, Madame, vint encore à mon aide dans la carrière littéraire en 1810 ; il me releva le cœur par ces stances empreintes des félicités de l'école antique :

Le Tasse errant de ville en ville, etc.

J'ai adressé à M. de Fontanes ma *Lettre sur la Campagne romaine*. J'ai parlé de lui dans mon *Essai sur la littérature anglaise* : j'avais auparavant fait entendre mes regrets, lorsque la nouvelle inopinée de sa mort vint me frapper à Berlin.

Dans mes *Mémoires d'outre-tombe*, qui ne seront publiés qu'après ma mort, je me suis étendu avec effusion sur l'existence intime de mon ami ; mais voyez ma peine, Madame ; aujourd'hui, des engagements me lient à la société honorable devenue propriétaire de mes *ouvrages posthumes* et de mes *ouvrages inédits.* Je ne pourrais rien publier d'une certaine étendue qui n'appartînt à cette société. Je me trouve donc dans l'impossibilité de rédiger la notice de l'édition des œuvres de M. de Fontanes, votre illustre père.

Une chose sert à me consoler. M. de Sainte-Beuve vous prête son secours ; son talent fin et varié, par une condescendance charmante et une rare souplesse, s'applique, comme il lui plaît, au talent des autres, leur prête ou sait en tirer des grâces qu'on n'avait pas aperçues. Ce génie, merveilleusement doué, jugera, choisira, classera, avec habileté et délicatesse, une prose et des vers qu'on reconnaît pour jumeaux à leurs beautés fraternelles. L'article de M. Roger ne laisse rien à désirer touchant la vie de mon ami : on ne saurait ni mieux faire ni mieux dire.

M. de Fontanes revenant parmi les *doctes fées* fera événement si, dans ce temps-ci, quelque chose fait événement ; il causera du moins, sur le Parnasse moderne, ce scandale que produit l'apparition d'un homme sobre au milieu d'une orgie. Nous sommes si loin de la langue française d'autrefois, si étrangers au mouvement ordonné de ces sentiments qui naissent les uns des autres et ne cherchent point leur effet hors nature ! Les écrits de mon ami vous entraînent par un cours égal et limpide; l'âme éprouve un bien-être et se trouve dans une situation heureuse où tout charme et rien ne blesse.

M. de Fontanes revoyait sans cesse ses ouvrages. Nul plus que ce maître des vieux jours n'était convaincu de l'excellence de la maxime : *hâte-toi lentement.* Que dirait-il donc aujourd'hui, qu'au moral comme au physique on s'évertue à supprimer le chemin, on croit ne pouvoir aller jamais assez vite. M. de Fontanes préférait voyager au gré d'une mesure harmonieuse. Il m'a communiqué ses goûts, ou, si l'on veut, ses préjugés. Il faut être singulièrement pressé pour traverser le ciel à tire d'aile, sans avoir le temps de se livrer à une rêverie, ou de placer une idée sur la route. Il n'y a que Françoise de Rimini avec laquelle on peut fuir d'une fuite naturelle...

Le siècle littéraire, je le sais, ne retournera pas en arrière à la publication d'un livre classique. On s'ennuie de tout, lorsque l'ennui que l'on éprouve n'est pas dans la chose vue, mais dans l'esprit qui voit. Il suffira que les deux volumes de M. de Fontanes nous demeurent comme témoins de ce que nous avons perdu, en nous faisant juger de l'épaisseur de la terre végétale enlevée.

Quant au côté politique des choses, vous n'avez rien à craindre,

Madame, pour le succès de votre entreprise filiale. Votre père a servi Bonaparte. Eh bien ! tout le monde n'adore-t-il pas Bonaparte à cette heure ? Chacun n'en fait-il pas le type de son opinion ? Le royaliste dit : « C'est celui-là qui savait gouverner. » Le républicain s'écrie : « C'est celui-là qui était la source de toutes les libertés ! » Le militaire répète : « C'est celui-là qui nous rendait maîtres à Vienne, à Berlin, à Moscou. » Lorsque trois révolutions se sont opérées, l'humeur la plus susceptible pourrait-elle aller chercher dans les détails de la vie d'un homme un sujet d'injustice ou de colère d'opinion ? Les questions que l'on agite aujourd'hui sont puériles, parce qu'elles n'ont pas d'avenir : des intérêts individuels, que l'on érige en principes généraux, servent à remplir ces intervalles d'un repos apparent qui lient les grands événements passés aux grands événements futurs. Tout a changé ; tout continue de changer ; nous voyons venir sur nous avec impétuosité la société nouvelle, comme on voit venir le boulet sur le champ de bataille. Rien de ce qui existe, n'existera ; la vieille Europe est tombée avec la vieille monarchie française : la religion seule est debout. Ces couronnements dont on nous a donné le spectacle dans les dernières représentations ou les dernières parades d'un monde qui va disparaître, c'est un calque, une image ; ce n'est plus un original, une réalité. Les populations se substituent à leurs chefs ; l'esprit qui régit passe dans les masses ; deux cent mille hommes à Birmingham ont répondu aux génuflexions de Westminster. Le coup est porté ; l'effet peut n'être pas immédiat, mais il est sûr.

Tandis que vous érigez un monument funèbre, moi, Madame, je rassemble les pensées du plus ancien ami de votre père. Elles ne sont point destinées à voir le jour. La veuve de M. Joubert semble pénétrée du sentiment que j'exprimais en parlant de lui dans mon *Essai sur la littérature anglaise* : Un homme fut mon ami et l'ami de M. de Fontanes. Je ne sais si, au fond de sa tombe, il me saura gré de révéler la noble et pure existence qu'il a cachée... Quelques articles qu'il ne signait pas ont seulement paru dans diverses feuilles publiques. Qu'il soit permis à l'amitié d'en citer de courts fragments. C'est le seul vestige des pas qu'un talent solitaire et ignoré a laissés sur le rivage en traversant la vie... Je rencontre à chaque instant dans les ébauches de M. Joubert des choses adressées à M. de Fontanes et que celui-ci n'a pas connues. Ces confidences d'un ami à un ami, l'un et l'autre absents pour jamais ; ces pensées testamentaires recueillies sur des morceaux de papier destinés à périr, m'offrent une complication de tristesse d'une puissance extraordinaire. L'antiquaire déchiffre avec moins de religion les manuscrits d'Herculanum que je n'étudie les secrets d'une double amitié conservés sous des cendres.

Tels sont mes travaux, Madame. J'écoute derrière moi mes souvenirs, comme les bruissements de la vague sur une plage lointaine. En me promenant quelquefois dans les bois, ces vers du *Jour des morts* me reviennent en mémoire :

> D'un ami qui n'est plus la voix longtemps chérie
> Me semble murmurer dans la feuille flétrie.

Mais hélas ! j'ai tant de regrets que je ne sais auquel entendre. Resté le dernier, je m'occupe à tout arranger dans la maison vide, à fermer les portes et les fenêtres.

Ces pieux devoirs une fois remplis, si mes amis, lorsque je les irai rejoindre, me demandent ce que je faisais, je leur répondrai : « Je pensais à vous. » Il y aura bientôt entre eux et moi communion de poussières, après union des cœurs.

Les hommes d'autrefois, en vieillissant, étaient moins à plaindre et moins isolés que ceux d'aujourd'hui ; s'ils avaient perdu les objets de leur affection, peu de chose d'ailleurs avait changé autour d'eux ; étrangers à la jeunesse, ils ne l'étaient pas à la société. Maintenant un traînard dans ce monde a non seulement vu mourir les individus, mais il a vu mourir les idées : principes, mœurs, goûts, plaisirs, peines, sentiments, rien ne ressemble à ce qu'il a connu : il est d'une race différente de l'espèce humaine au milieu de laquelle il achève ses jours.

Et pourtant, France du dix-neuvième siècle, apprenez à estimer cette vieille France qui vous valait. Vous deviendrez vieille à votre tour, et l'on vous accusera, comme on nous accuse, de tenir à des notions surannées. Ne reniez pas vos pères. Vous êtes sorties de leur sang ; s'ils n'eussent été généreusement fidèles aux antiques mœurs, vous n'auriez pas puisé dans cette fidélité native l'énergie qui vous a rendus célèbres dans les mœurs nouvelles : ce n'est entre les deux Frances qu'une transformation de vertu.

Si je ne puis, Madame, entrer dans le détail des qualités éminentes qui distinguent votre père, je suis heureux du moins, en m'en allant, de signer mon nom au bas de sa gloire, comme j'ai signé l'acte de votre naissance.

On aura remarqué que cette lettre contenait de hautes et un peu hautaines leçons à l'adresse de la nouvelle école poétique ; leçons déjà données en termes

plus sanglants dans *l'Essai sur la littérature anglaise*:
« Les efforts infructueux que l'on a tentés dernièrement pour découvrir de nouvelles formes, pour trouver un nouveau nombre, une nouvelle césure, pour raviver la couleur, rajeunir le tour, le mot, l'idée, pour envieillir la phrase, pour revenir au naïf et au populaire, ne semblent-ils pas prouver que le cercle est parcouru ? Au lieu d'avancer, on a rétrogradé ; on ne s'est pas aperçu qu'on retournait au balbutiement de la langue, aux contes des nourrices, à l'enfance de l'art, etc. ».

Peut-être faudrait-il remonter jusque-là pour surprendre, à son vrai début, le germe d'amertume qui, longtemps couvé, ce dit-on, par une folle et impossible jalousie, a fini par éclater dans les articles du *Constitutionnel* et dans *Chateaubriand*. Car Sainte-Beuve en était, de cette jeune école, à titre de poète et de critique.

Entendez ses aveux : « En deux ou trois circonstances, M. de Chateaubriand a daigné prononcer mon nom avec éloge : j'y fus sensible comme je le dus, moins encore peut-être qu'à la crainte de me voir enchaîné par là comme par un carcan d'or au pied de sa statue. J'apprécie certainement les éloges personnels venant d'une telle plume ; *je n'ai pas moins ressenti combien, en toute circonstance, M. de Chateaubriand s'est montré peu favorable et même contraire à l'ordre d'idées et d'efforts poétiques auxquels ma jeunesse s'est associée, et que sa vieillesse était faite pour accueillir, puisque la source avait jailli sous son ombre et comme entre les pieds du vieux chêne* (1). »

---

(1) Préface de *Chateaubriand et son groupe*, septembre 1849.

Prudente rancune, longtemps dissimulée, et prudence longtemps intéressée. Il ne se donna carrière qu'après son élection à l'Académie française, ou, plus exactement, qu'après la mort de l'illustre et redoutable génie. Même en son dernier déclin, Chateaubriand, sous le coup d'une émotion un peu vive, avait de splendides réveils ; il n'écrivait plus, mais il parlait, il dictait, et quelque mots de lui, un de ces « mots puissants dont il avait le secret » aurait pu endommager bien fort l'imprudent critique.

D'ailleurs aucun de ceux qui eurent des rapports avec Sainte-Beuve, à l'occasion des Œuvres de M. de Fontanes, n'échappa finalement à ses coups de griffe !

Sur Chateaubriand, nous sommes renseignés. Contentons-nous de détacher de la *Correspondance* de Sainte-Beuve quelques phrases caractéristiques : « J'ai tenu à mesurer exactement l'écrivain, et à le maintenir plus grand qu'aucun de notre âge. *Quant à l'homme, je lui ai tiré le masque avec quelque plaisir, je l'avoue;* » — « il est bon de connaître un peu les hommes comme ils sont, *surtout quand ils se sont faits les champions et les apologistes officiels des grandes causes;* » — « j'ai à vous remercier du coup de main que vous donnez (dans le *Siècle*) à ces volumes où j'ai risqué beaucoup. »

Sur M. Roger, il y a les notes insérées plus haut, auxquelles on pourrait joindre celle-ci : « J'aime tant la poésie que je ne crois pas avoir trop payé de six mois de ma peine pour l'édition Fontanes (si incomplète pourtant, sans qu'il y ait de ma faute) le plaisir d'avoir introduit cinq ou six petites pièces charmantes de lui, et sans doute restées inconnues, dans les *Analecta* qui se feront un jour de la poésie française. *Ce sont ces pièces que les pédants en auraient précisément retranchées.* » Voici de plus l'appréciation de Sainte-Beuve sur la notice de Roger, qui précédait la sienne dans les Œuvres : « Aujourd'hui que M. Roger n'est plus, nous nous permettons d'ajouter que sa notice est empreinte d'une couleur royaliste exagérée et rétroactive. Elle sent l'homme de parti. » C'est bien un peu cela, mais cette vérité, fallait-il l'amener de la sorte : « *Aujourd'hui que M. Roger est mort...* », trouvez-vous que ce soit noblement et fièrement dit?

Avec Villemain (au moins celui-là vivait, il pouvait répondre, et il ne s'en priva pas), autre affaire dont on peut voir le début et savourer l'amertume, dans la *Correspondance* de Sainte-Beuve.

Ce 10 septembre 1839.
Monsieur,

Je trouve votre lettre en arrivant du Perche, ce matin même. Je crains de ne pouvoir me méprendre à vos remerciements, *non plus que vous-même ne vous êtes mépris à mes louanges :* beaucoup sont sincères, quelques-unes sont réservées. C'est vous dire que je crois être rentré à votre égard dans les termes d'une indépendance respectueuse, équitable, non plus amicale. Je crois que vous-même, Monsieur, m'avez délié le premier. En effet, depuis six mois que je n'ai eu l'honneur de vous rencontrer, il m'est revenu de plusieurs côtés des plaintes de vous sur moi. Mon travail sur M. de Fontanes en était l'objet... etc.

Avec Mlle de Fontanes, ce fut partie remise. Après la réalisation de son entreprise filiale, elle passa agréablement l'hiver à Paris, (1839-1840), heureuse de fréquenter les anciens et les nouveaux admirateurs de son père, Chateaubriand, Mme Récamier, Mme Lenormant, MM. de Langeac, de Laborie, Viennet, le frère du bon Joubert, Sainte-Beuve. Celui-ci la voyait tantôt chez elle, tantôt chez Mme Récamier, « sous le demi-jour enchanté » du « salon bleu », le salon de l'Abbaye-aux-Bois. Il y essayait, sur un auditoire extrêmement délicat et très sympathique, l'effet de son premier volume de *Port-Royal*. Un jour, il donnait avis de la prochaine lecture à Mlle de Fontanes ; un autre jour, il lui exprimait ses regrets de ne l'avoir pas eue pour auditrice : « Ce 26 septembre 1839. — Le plus vif regret a été pour moi, croyez-le bien. J'ai été malheureux aussi en ne vous trouvant pas avant mon départ. Vous nous restez cet hiver ; c'est à nous d'en profiter. J'aurai grand plaisir à vous entendre causer de l'Italie. Je n'ai fait que la voir, en apprendre le chemin, mais c'est assez pour prendre intérêt à tout. » — « Madame, vous savez certainement déjà par Mme Récamier que notre lecture continue, demain samedi, à trois heures ; ce n'est donc que pour vous témoigner le regret de n'avoir pu vous le dire moi-même et pour vous remercier de l'intérêt que vous voulez bien mettre à un travail que le lecteur devra beaucoup aider. C'est pour moi un aiguillon bien vif que d'être entendu comme je l'ai été l'autre jour. Mlle Mathilde ne sera-t-elle pas de la réunion de demain ? » — « ... Mme Récamier vous a regrettée aussi ; enfin vous nous manquiez. Heureusement c'est réparable, et mon gros livre (*Port-Royal*, 1er vol.) tardera tant à paraître qu'il y aura encore lieu à des lectures, et Mlle Mathilde en sera. »

La comtesse Christine quitta Paris, enchantée de Sainte-Beuve ; elle lui gardait un gracieux et confiant souvenir. Compter sur la durée et la fixité de ses sentiments, c'était se méprendre sur le fond de cette nature diverse et féline. Pour s'être fait attendre quinze ou vingt ans, les grifferies ne furent que plus cruelles. Il trouva le moyen de la blesser au vif, dans le culte d'affection filiale auquel Mlle de Fontanes l'avait en quelque sorte associé.

Le 17 avril 1854, le *Moniteur* contenait un article — presque pieux — de Sainte-Beuve, intitulé *Chateaubriand : anniversaire du Génie du Christianisme*.

Le sens et le but de l'article étaient très bien indiqués dans les lignes suivantes : « **La** sincérité de l'émotion dans laquelle Chateaubriand conçut la première idée du *Génie du Christianisme* est démontrée par la lettre suivante écrite à Fontanes, lettre que j'ai trouvée autrefois dans les papiers de celui-ci; dont Mme la comtesse Christine de Fontanes, fille du poète, possède l'original, et qui, n'étant destinée qu'à la seule amitié, en dit plus long que toutes les phrases écrites ensuite en présence et en vue du public. On me permettra de la donner ici tout entière : c'est un titre essentiel; c'est la seule réponse victorieuse qui se puisse opposer aux notes marginales qu'on invoque, et dont j'ai cité quelques-unes, du fameux exemplaire de l'*Essai*. Confidence intime contre confidence; et, à quelques mois de date, un cœur qui se retourne et qui se réfute éloquemment avec sanglots. »

Nous avons vu que les papiers de Fontanes n'avaient été mis aux mains de Sainte-Beuve qu'avec des réserves formelles. D'autres que lui décidaient.

Ni le temps écoulé, ni les services rendus n'avaient pu lui créer des droits en opposition avec la volonté de l'unique héritière. Mlle de Fontanes protesta contre l'abus de confiance; mais en quels termes? Je n'ai pu retrouver le texte de cette protestation, et j'en suis à me demander s'il y eut une publicité quelconque. Ce dont je suis parfaitement sûr, c'est qu'elle était rédigée non seulement avec la plus parfaite mesure, mais avec douceur, délicatesse et bonté ; nous allons même constater qu'elle ne l'écrivit que poussée par Mme Lenormant, et avec des atténuations, — et après des hésitations, et non sans quelque regret. On en peut très bien juger d'après la lettre confidentielle que j'ai sous mes yeux.

A Madame A. Lenormant.

Lausanne, ce 1er mai 1854.

Vous trouverez sous cette même enveloppe, chère Madame, la réclamation que j'adresse au *Moniteur*. Puisque vous me dites que M. Lenormant aura l'extrême bonté de se charger de la faire insérer, j'ai pensé qu'il était plus simple de la lui remettre que de l'envoyer directement. Je la laisse ouverte pour que vous, chère Madame, et votre mari en connaissiez le contenu, avant tout le monde ; n'oubliez pas seulement d'y mettre le cachet avant de la porter. *Vous la trouverez un peu trop faible, je le crains bien ;* car je n'ai pu me résoudre à parler d'abord de poursuites judiciaires, comme vous me le conseilliez. Il m'a semblé qu'après une interruption si longue de tout rapport, il serait un peu dur de les reprendre ainsi avec un homme avec qui j'en ai eu autrefois de si différents et de si agréables. M. de Sainte-Beuve est d'ailleurs, par excellence, l'homme des demi-teintes et des demi-mots, et il est juste de lui laisser le plaisir de deviner ce qui n'est que légèrement indiqué. Il va sans dire que j'en viendrais à des mesures plus énergiques si celle-ci ne suffisait pas. J'ai, du reste, exactement copié la formule que vous m'avez prescrite, pour être sûre d'obtenir l'insertion. Si elle tardait, contre toute attente, on pourrait peut-être envoyer une copie de cette lettre au *Journal des Débats*, et à l'*Univers*. Comme j'y suis abonnée, ils ne refuseraient vraisemblablement pas de l'insérer. Je laisse cela au bon jugement de votre mari.

Je ne puis assez vous remercier de votre réponse si prompte et si positive ; et ma docilité à suivre votre avis, chère Madame, vous prouve mieux ma reconnaissance que tout ce que je pourrais ajouter. Je parle de promptitude, et vous devez penser que j'aurais pu être moi-même plus prompte à vous répondre. Mais figurez-vous que, ne me souvenant plus de vous avoir dit le moment juste de mon départ pour Lausanne, je n'avais pas eu l'idée que vous me répondissiez ailleurs qu'à Chêne. N'attendant point de lettre de vous, je n'avais pas même envoyé à la poste depuis mon arrivée ici, et c'est parce que je me suis avisée d'envoyer voir s'il n'y aurait point quelque avis de chez moi, qu'on m'a rapporté votre obligeante lettre qui m'attendait depuis le 28 avril. J'ai remercié le Ciel de ma bonne inspiration et surtout de la vôtre. Car si vous aviez adressé votre lettre à Chêne, comme je ne m'en suis fait envoyer aucune ici, ma réclamation aurait été vraiment par trop vieille.

J'écris du bord de mon lit, que je garde depuis vendredi soir, étant tombée malade le lendemain même de mon arrivée ici, ce qui fait que je n'ai pu encore obtenir que des paroles du fameux oculiste, et qu'il a été impossible de commencer aucun remède : mais ses paroles me font déjà du bien, car elles me rassurent ; il espère que je serai assez bien pour commencer quelque chose après-demain. Si vous aviez l'obligeance de m'écrire deux lignes à Vevey, canton de Vaud, où je pense être au plus tard dans les derniers jours de cette semaine, vous mettriez le comble à votre bonté ; car autrement, je ne pourrai savoir quand et comment ma réclamation aura été insérée, étant aussi étrangère au *Moniteur* qu'à la gazette de Pékin.

Ce n'est qu'avec peine, chère Madame, que j'ai obtenu du médecin la permission d'écrire ; mais du moment qu'il vous semblait que ma délicatesse était intéressée, c'était un cas de force majeure, et il y avait *péril en la demeure*. Vous êtes le meilleur juge du cas, vous qui avez eu tant d'ennuis, et qui avez poursuivi avec une si admirable constance une cause à peu près semblable. Je serais fière de vous imiter ; mais je crois que ce ne sera que de loin, car laissez-moi penser que M. de Sainte-Beuve, que j'ai presque pris autrefois pour un de mes amis, a du moins l'avantage assez important en cette occasion d'être mieux élevé que Mme Collet et M. Émile de Girardin.

Je m'applaudirais encore plus de ma docilité si M. Lenormant m'envoyait quelques détails sur le sujet qui me tient tant au cœur. Mais je ne veux vous parler aujourd'hui à tous deux que de ma vive reconnaissance à laquelle j'ajoute, chère Madame, mes sentiments bien tendres et bien vrais.

Ch. de Fontanes (1).

Mme Lenormant écrivit à Sainte-Beuve, sur ce même sujet, une lettre que celui-ci trouva blessante, du moins il le prétendit, à quelques années de là : elle était très polie, en même temps que très habile.

Je la transcris de la minute originale :

> Vous n'ignorez pas, Monsieur, qu'une tendre et bien ancienne amitié m'attache à Mlle de Fontanes : l'absence n'a point rompu des liens consacrés par le temps et les plus chers souvenirs.
>
> Il y a à peu près dix jours que j'ai reçu d'elle une lettre qui en contenait une autre adressée au rédacteur en chef du *Moniteur*. Mlle de Fontanes me priait de réclamer l'insertion de sa lettre dans ce journal.
>
> L'objet de sa réclamation est la publication faite par vous sans son aveu d'une lettre de M. de Chateaubriand à M. de Fontanes.
>
> Cette réclamation est écrite avec la plus parfaite mesure, et elle est dictée par un devoir de conscience.
>
> Cette lettre, portée au ministère d'État, ministère du *Moniteur*, si je ne me trompe, n'a point reçu de publicité. C'est à vous aujourd'hui, Monsieur, c'est à votre honneur que je m'adresse, bien sûre que vous ne refuserez pas à Mlle de Fontanes, à une femme, la satisfaction qu'il est en votre pouvoir de lui donner.
>
> Veuillez agréer, Monsieur, l'expression des sentiments les plus distingués.

Sainte-Beuve devait des excuses à Mlle de Fontanes et des explications au public : il s'exécuta avec une apparente bonne grâce, dans une note mise après coup, au bas de l'article :

« On me dit que Mme la comtesse de Fontanes, qui depuis plusieurs années vit hors de France, a réclamé

---

(1) Autographe original.

dans un journal contre la publication de la lettre si honorable pour son père et, je dirai, si utile à la mémoire de M. de Chateaubriand. D'anciennes relations avec Mme de Fontanes, à l'occasion des œuvres de son père dont j'ai été l'éditeur empressé et tout volontaire, m'avaient fait compter avec trop de confiance, je le vois, sur une adhésion de sa part que je suis désolé et peiné de n'avoir pas obtenue. »

Le critique indiscret conçut de cette double réclamation un vif ressentiment. Dès lors, il y eut de sa part méconnaissance des anciens rapports. Cinq ans se passent. Il lance enfin *Chateaubriand et son groupe*, ce livre de si beau talent et de si vilain caractère (1849-1859). Le travail de 1849 ne comportait qu'un volume; une partie de ce qui s'y est glissé, sous l'Empire, et a fourni la matière d'un second volume, était de nature à froisser non seulement les amis de Chateaubriand et de Fontanes, mais encore les âmes délicates — d'autant que l'esprit de ces *ajoutés* tendait à flatter les passions régnantes : aussi les faveurs impériales ne se firent elles pas attendre : commandeur, sénateur. — Le livre fit coup double, si l'on veut bien me passer l'expression.

Voici une des notes :

« On lisait dans les premières versions *(Le Tasse errant de ville en ville)* les deux stances finales, où il était fait allusion à l'institution des Prix décennaux que l'Empereur venait de proposer... J'aurais indiqué ces variantes dans l'édition de Fontanes que j'ai donnée en 1839, mais j'y étais gêné par les scrupules royalistes de la fille de l'auteur *et par l'espèce de surveillant chicaneur qu'elle nous avait imposé, M. Roger. J'ai dû accepter ces entraves et subir ces ennuis* par amour et respect pour la mémoire de Fontanes. Les procédés ultérieurs de la comtesse Christine de Fontanes à mon égard m'ayant dégagé, je dis ce qui est vrai. »

La délicatesse et la sensibilité de Mlle de Fontanes en tout ce qui intéressait la réputation de son père était connues de Sainte-Beuve, mieux que de nul autre. C'était un point d'une extrême susceptibilité. Or, le voilà qui prête à M. de Fontanes des propos indécents ; il en cite d'autres, textuellement empruntés à des lettres que nous connaissons, et il en force le sens, tout en disant qu'il l'adoucit. Il ajoute : « *Il faut oser indiquer au moins le vice des hommes distingués.* »

Parce que M. de Fontanes, dans sa jeunesse, et sur la fin orageuse du XVIIIe siècle, avait perdu par intervalles le bon chemin, avait eu des écarts de paroles et de conduite — quand tout, en France, était sens dessus-dessous — ; parce que M. de Fontanes avait le bon appétit dont il est parlé très amicalement dans les lettres de Joubert et des autres intimes, Sainte-Beuve était-il autorisé à parler de *vice*? Admis au secret des papiers confidentiels, il était le dernier qui pût se permettre pareille accusation.

Un nouvel échange de lettres se produisit entre lui et Christine de Fontanes.

Du côté de celle-ci, ce furent des souvenirs aimablement invoqués et traduits, des compliments même, des louanges mêlées de plaintes douces et peut-être trempées de larmes. Cela se devine à la première et à la dernière phrase de la cruelle réponse.

A Madame la comtesse Christine de Fontanes.

Ce 19 novembre 1860.

Madame,

Je commencerai moi-même par vous remercier de votre lettre dans laquelle j'aime à retrouver les sentiments bienveillants et cœur de la personne que j'ai eu l'honneur de connaître autrefois.

Vous me permettrez maintenant, Madame, de rétablir ma situation personnelle à votre égard, telle du moins que j'avais lieu de croire que vous l'aviez faite.

Lorsque, dans le cours rapide de ces articles du *lundi*, je me trouvai amené, vers un jour de Pâques, s'il m'en souvient, à parler du *Génie du Christianisme* et à citer la lettre qui me paraissait nécessaire à la justification de M. de Chateaubriand, vous n'étiez pas à Paris ; je m'informai à ce sujet auprès d'un de vos amis, M. Viennet, qui me dit que vous n'étiez pas en France. Je ne pouvais donc vous demander une autorisation que je me flatte que vous ne m'auriez pas refusée.

Quelques jours après la publication de l'article, je reçus de Mme Lenormant, qui se disait votre fondée de pouvoirs, une lettre qui était dans des termes que je m'abstiendrai de qualifier ; Mme Lenormant est aujourd'hui dans une situation trop digne d'intérêt et de respect pour que je revienne là-dessus et pour que je vous envoie copie de sa lettre blessante, et copie de celle, de bonne encre, je vous assure, que je lui ai répondue.

Quant aux lettres mêmes que vous avez pu écrire, soit au *Moniteur*, soit à d'autres journaux, je ne les ai *jamais vues ni lues :* on m'en a parlé seulement ; mais il m'a semblé que, si vous aviez à écrire à quelqu'un à ce sujet, même pour vous plaindre, ce devait être à moi tout le premier.

J'en étais donc resté, Madame, sur ce que j'avais le droit d'appeler un mauvais procédé, et je ne croyais l'avoir en rien mérité. Si j'ai cessé de vous voir habituellement, après que nos rapports *littéraires* ont pris fin, c'est que je vis fort occupé, fort retiré ; mais je ne suis pas de ceux dont les sentiments s'altèrent dans l'absence et le silence, et j'estime volontiers qu'il en est des autres comme de moi. Je conserve d'excellents amis que je ne vois jamais.

J'ai mis, je vous l'avoue, sur le compte de l'esprit de parti cette altération à mon égard ; j'ai cru que la fille de M. de Fontanes s'était indignée de voir son nom écrit par moi dans le *Moniteur ;* et permettez-moi de le dire, malgré tous les royalismes du monde, ce scrupule m'avait paru singulier et piquant. Je suis si peu homme de parti, que j'aime avant tout ce qui est raisonnable. Or, le serait-il que la fille du comte de Fontanes, grand maître de l'Université impériale, eût rougi de voir son nom poliment cité dans le journal actuel de l'Empire ?

En ce qui est des paroles un peu lestes de M. de Fontanes que je me suis permis de rappeler, j'en aurais pu citer de plus vives encore. Les femmes ne savent pas ces choses-là, encore moins les filles des hommes distingués. Tout ce qui se dit, sans doute, n'est pas bon à écrire et à imprimer ; mais encore faut-il que la note réelle, la note vraie soit indiquée. Tranquillisez-vous, Madame, ces notes-là ne compromettent pas le goût de M. de Fontanes, et bien des gens que je connais, qui ont l'esprit viril et naturel, l'en estimeront mieux après.

Maintenant que j'ai tout dit, et avec une entière franchise, laissez-moi, Madame, finir comme j'ai commencé, en vous remerciant de votre indulgence, et en vous assurant des sentiments obligés et respectueux avec lesquels je demeure votre obéissant serviteur (1).

« *Le goût !* » C'est la dignité, c'est l'honneur, ce sont les bienséances auxquelles on tenait par-dessus tout, qui sont en jeu dans ces notes-là, dans ces paroles indécentes. Fontanes en eût rougi et pleuré de honte. Chateaubriand en eût rugi de colère et de vengeance. C'est lui qui a dit, dans son grand et beau style : « ... Erreurs de jeunesse, si pénibles au souvenir dans la pudeur des années ! »

Sainte-Beuve avait courtisé celui-ci, tant et plus, chez Mme Récamier. Il avait fréquenté celui-là dans ses papiers les plus intimes, grâce à la confiance de la comtesse Christine. Il écrivait à la fille du poète : « Je ne saurais vous dire combien je suis heureux de tout ce que vous m'avez confié de trésors biographiques. »

Sa lettre et sa conduite, vis-à-vis de Christine de Fontanes, abstenons-nous de les qualifier.

(1) *Correspondance* de Sainte-Beuve, t. Ier.

L'amer critique fut-il radouci peu à peu par l'amabilité des plaintes échappées à celle-ci ?

A la réflexion, éprouva-t-il quelque regret d'avoir brisé de la sorte avec une si délicate. et si généreuse nature ?

Deux ans plus tard, le 22 juillet 1862, au cours d'une longue causerie sur Chateaubriand, « jugé par un ami intime en 1803 » (Joubert), Sainte-Beuve rendit un public hommage à Mlle de Fontanes, sans rien de factice dans le rappel, ni rien de banal dans l'expression :

« Et n'est-ce pas ainsi de nos jours que certaines filles de poètes, morts il y a des années déjà, m'ont aidé à mieux comprendre et à mieux me représenter le poète leur père ? Par moments, je croyais revoir en elles l'enthousiasme, la chaleur d'âme, quelques-unes des qualités paternelles premières à l'état pur et intègre, et, pour ainsi dire, conservées dans de la vertu ? Par exemple la comtesse de Fontanes, chanoinesse, fille du poète (1). »

Certes, l'hommage aux anciennes relations est on ne peut plus explicite et gracieux. Amené très naturellement par la progression des idées et fort bien lié à l'ensemble, il dut causer une agréable surprise à Mlle de Fontanes. Où le public n'aura vu qu'un argument, étayé d'un exemple, la comtesse Christine aura surpris une sorte de réparation et d'excuse, un mouvement de regret, un intime retour aux sentiments d'autrefois. D'ailleurs l'éloge du père se retrouvait dans celui de la fille, et plus direct, plus marqué, inséparable l'un de l'autre, se supposant et s'appuyant mutuellement. Il était de nature à lui plaire.

(1) *Nouv. lundis*, t. III. p. 21.

Sur les rapports de Sainte-Beuve et de Mlle de Fontanes, mes renseignements s'arrêtent là : le beau rôle n'est pas du côté de l'homme de lettres.

M. Emile Faguet, dans la *Revue de Paris*, du 1er février 1897, commence ainsi une étude très pénétrante consacrée à Sainte-Beuve : « C'était un homme laid, sensuel, très curieux, et extrêmement intelligent. Il ne tient pas tout entier dans cette définition, mais ces quatre traits sont essentiels et le résument dans la plupart de ses aspects et de ses démarches... Très passionné, peu doué par la nature pour séduire, le sachant et en souffrant, horriblement jaloux, ses prétentions, ses déceptions et ses rancunes ont eu leur influence sur ses jugements et sa critique, et c'est précisément pour cela que je suis forcé d'en parler. Elles l'ont souvent rendu injuste et ont altéré la sûreté ordinaire de son goût. »

En ce qui concerne M. de Fontanes, il est évident qu'il n'a ni rétracté ni regretté ses notes corrosives. Je lis dans une lettre à M. Bersot, 9 mai 1863, et cette lettre le juge :

> Quoi ! Je ne verrai de M. de Fontanes que le Grand Maître poli, noble, élégant, fourré, religieux, non l'homme vif, impétueux, brusque et sensuel qu'il était !...
> Voilà trente-cinq ans et plus que je vis devant Villemain, si grand talent, si bel esprit, si déployé, et pavoisé en sentiments généreux, libéraux, philanthropiques, chrétiens, et l'âme la plus sordide, le plus méchant singe qui existe... — Tout homme qui concourt pour la louange et la célébrité est voué à toutes les infamies, par là même ; c'est la loi... Cette vue lucrécienne de la critique n'est pas gaie ; mais une fois qu'on y atteint, elle semble préférable, même avec sa haute [?] tristesse, au culte des idoles (1).

(1) *Correspondance* de Sainte-Beuve, t. Ier.

Encore une fois, tout commentaire serait faible, aussi bien que toute réfutation superflue.

II

Autre indiscrétion de Sainte-Beuve, et celle-ci à l'égard de Chateaubriand.

D'une thèse publiée sous le titre la *Sincérité religieuse de Chateaubriand*, un problème a surgi, lequel vient de mettre en rumeur le monde littéraire, après avoir surpris quelque peu l'aréopage de la Sorbonne. Les données en sont intéressantes.

Sainte-Beuve a cité plusieurs fois et rendu fameux un passage qu'il disait emprunté aux *Mémoires d'outre-tombe* : « Mais ai-je tout dit dans l'*Itinéraire ?* etc. » Or ce passage ne se retrouve ni dans les Mémoires, ni dans les œuvres de Chateaubriand.

Que penser de Sainte-Beuve et de ce texte ?

L'auteur de la thèse reprend la question dans un article du *Correspondant* (1).

En voici le début : «... Il se fait en ce moment quelque bruit autour d'une petite trouvaille que je dois tout ensemble au hasard et à la patience » ; et, quelques lignes plus loin, il cite M. Faguet : « C'est la découverte la plus curieuse du monde. »

Un autre avait fait la « trouvaille » avant lui, et non par un pur effet du « hasard », mais en vertu d'investigations méthodiques, dont les premiers résultats sont consignés dans l'ouvrage *Chateaubriand, sa femme et ses*

---

(1) 10 mars 1900.

amis. Or, celui-là qui avait trouvé, étudiait le problème avec « patience »; il en causait avec des érudits de la bonne marque, et il concluait avec M. Edmond Biré : « Fût-il introuvable dans les manuscrits aussi bien que dans les *Œuvres*, le passage est certainement authentique. »

De longues semaines s'écoulent. Un jour se présente à moi, chez moi, le futur candidat. Il désirait se renseigner et se documenter sur la sincérité religieuse de Chateaubriand. Je lui déclarai que cette sincérité ne faisait pas doute; qu'il suffirait d'une page, dégagée d'arguments, parce qu'on ne prouvait pas l'évidence; que d'ailleurs cette page se trouvait, et très décisive, dans la belle étude de M. Emile Faguet sur Chateaubriand (1). Et, à propos de Sainte-Beuve, je lui fis part de ma « découverte », en lui recommandant de ne pas l'ébruiter. Un an plus tard, mis en inquiétude par certains propos dont l'origine remontait au visiteur, je lui rappelai par écrit qu'il était tenu au secret; ou s'il touchait *un mot* de ma trouvaille dans sa thèse, je le priai d'ajouter en note que le second volume de *Chateaubriand, sa femme et ses amis* contiendrait un examen détaillé de la question. Cette prière, formule polie d'un droit absolu, on sait comment elle a été exaucée.

Toute réflexion sur le cas paraîtrait chagrine.

J'aurais moins de regrets si le nouveau docteur avait manié le problème avec compétence et dextérité, s'il l'avait acheminé doucement, et par degrés, à la conclusion définitive. Le malheur est que l'article ne tient

---

(1) *Études littéraires sur le dix-neuvième siècle*. H. Oudin et H. Lecène, Paris.

dans aucune de ses hypothèses. Et quelle suite contradictoire il fait au livre sur la *Sincérité !*

Tout bien considéré, ouï les contendants, et relu soit les pièces versées aux débats, soit les documents en ma possession, voici comment il me semble qu'on doit conclure :

Le passage attribué aux *Mémoires d'outre-tombe*, du vivant de l'illustre écrivain, est bien de Chateaubriand, tout entier de Chateaubriand. Sainte-Beuve ne l'a pas inventé, ne l'a pas reproduit de mémoire, ne l'a pas amplifié, à bonne ou maligne intention. Du chef de cette citation, non, Sainte-Beuve n'est pas un « faussaire ». La sincérité du critique n'en subit aucune atteinte.

L'indiscrétion de Sainte-Beuve, prenons-la au point de départ, et suivons-la dans sa marche ascendante. Dans la préface des *Lectures*, Nisard s'est exprimé ainsi : « Je demandai le voyage de Prague. M. de Chateaubriand sourit, et, me tendant le manuscrit : « On ne montre cela qu'aux hommes comme vous, » me dit-il, *m'imposant ainsi la discrétion sans me la demander.* » Sainte-Beuve n'a pas respecté cette convenance. Pas plus à lui qu'aux autres, Chateaubriand n'avait à demander la discrétion : elle allait de soi pour la partie politique du voyage ; elle s'imposait plus encore pour la partie romanesque. Il y avait là de telles confidences qu'elles réclamaient, avant d'aller au public, le passage des années, le recul du temps.

Chateaubriand s'était raconté lui-même et il avait parlé des autres, en supposant toujours que lui et les autres seraient morts depuis un demi-siècle à l'heure où paraîtraient ses Mémoires.

De là plus de liberté dans les récits auxquels il n'était pas seul intéressé. Et, d'autre part, de là surtout ses résistances désespérées au « triste marché » qui autorisait la publication, « sitôt que tinterait son glas ». — « Mon dessein, déclare-t-il, était de les laisser à Mme de Chateaubriand qui les eût fait connaître à sa volonté, ou les aurait supprimés, ce que je désirerais plus que jamais aujourd'hui... Ah! si, avant de quitter la terre, j'avais pu trouver quelqu'un d'assez riche, d'assez confiant pour racheter les actions de la *Société!*... si j'étais encore maître de ces *Mémoires*, ou je les garderais en manuscrit, ou j'en retarderais l'apparition de cinquante années (1). »

S'emparer d'un passage manifestement confidentiel et réservé, ce fut l'indiscrétion de Sainte-Beuve. L'indélicatesse commence en 1836. Il met le passage en note dans la première édition de ses *Critiques et Portraits littéraires*. Or, un aveu surpris dans une sorte d'intimité commandait le secret.

Quelque circonstance pourrait-elle expliquer le fait de cette divulgation très étonnante, perpétrée du vivant de l'auteur, et si peu de temps après les Lectures?

J'imagine que, voyant l'illustre écrivain faire allusion au voyage en Espagne, dans l'*Essai sur la littérature anglaise* (1836) (2), Sainte-Beuve se sera dit : « Je puis bien parler maintenant ; je puis bien citer les *Mémoires* sur cette rencontre à l'Alhambra. »

---

(1) « M. de Chateaubriand a continué les mémoires de sa vie... Il a raconté les sept ou huit années de sa jeunesse... C'est charmant à lire ;... dans son projet actuel, ses mémoires ne doivent paraître que cinquante ans après sa mort. » Lettre de Mme de Duras à Mme Swetchine, du 8 septembre 1817. *Madame Swetchine*, t. I.

(2) Voir ci-après.

Sainte-Beuve n'avait pas le droit de dépasser l'allusion à laquelle s'était arrêté celui qui pouvait tout dire et qui ne l'avait pas jugé à propos. En donnant à cette anecdote une publicité prématurée, il risquait de faire une blessure mortelle à la noble femme qui portait le nom de Chateaubriand ; il pouvait jeter dans un cruel émoi la famille des Noailles-Mouchy et rompre la vieille amitié qui la liait avec Chateaubriand. Aucune de ces considérations ne fut capable de le retenir sur la pente où il prenait l'habitude de se laisser glisser.

Que l'homme de génie ait fait au critique le moindre reproche, je n'y vois aucune vraisemblance. Il était bien trop fier de caractère ; il avait une trop grande horreur des explications : « Je n'ai jamais pu souffrir les explications, les raccommodements par protestations et éclaircissements, lamentations et pleurs, verbiage et reproche, détails et apologie. » — Nous avons vu, à propos des Œuvres de Fontanes, que leurs relations ne furent pas suspendues, qu'elles furent mêmes fréquentes en 1837, 1838, 1839.

Il est vrai que Chateaubriand a pu ignorer, en 1836 et plus tard, l'indiscrétion commise. Dès cette époque, il lisait peu et relisait moins encore. Est-il vraisemblable qu'il se soit mis à lire, par exception, ou plutôt à relire l'article de Sainte-Beuve, dans les *Critiques et Portraits* ? Il l'avait lu une première fois dans la *Revue des Deux-Mondes*. Il l'avait retrouvé, — je ne dis pas relu, — dans le recueil intitulé *Lectures des Mémoires*. Supposera-t-on qu'il eut la fantaisie de le revoir en 1836, et de s'appliquer même aux notes, imprimées en minuscules caractères ?

Oui, sans doute, des amis l'auront remarquée, cette

note accrochée à l'article ; mais par respect pour l'un et l'autre époux, ils se seront abstenus d'en parler devant eux. Veut-on qu'un indiscret ait parlé? Alors, celui que Sainte-Beuve avait ses particulières raisons d'appeler le *sublime indifférent* aura gardé un silence plein de dignité sur cette publication inattendue et fort indélicate.

L'indélicatesse devient abus de confiance lorsque, voyant en 1850 que le passage relatif à l'Alhambra avait été retranché des *Mémoires*, il continue d'en faire usage avec acharnement ; — lorsqu'il fait la lumière sur cette page volontairement obscure, en nommant Mme de Mouchy ; — lorsque, de cette page qu'il n'aurait jamais connue sans la confiance de Chateaubriand, il se fait une arme contre lui, mort, une arme déloyale.

Le maître critique, si prodigue de notes, nous en devait une sur le texte absent des *Mémoires*, et qu'il donnait comme leur appartenant. Il a cru s'en tirer en blâmant les retouches qu'il appelait, en style d'atelier, (et peut-être avec le narquois sourire du double sens) des *repentirs*.

Voilà ma petite analyse. Elle repose sur des vraisemblances, liées les unes aux autres, et que je crois solides.

Que Sainte-Beuve ait été très indélicat, et d'une rare malveillance à l'endroit de Chateaubriand, la chose n'est pas de nature à nous causer une vive surprise. Ce n'est pas cela qui justifierait le titre de ce livre: *Du nouveau*.

— Mais alors, comment expliquez-vous les « divergences » des deux textes, dans le cahier de Sainte-Beuve et dans la copie acquise par M. Champion ?

— Oh! le plus facilement et le plus naturellement du monde. Et d'abord, voulez-vous bien permettre qu'il ne soit pas question de « divergences »? Il n'y a que des différences. Les deux versions concordent parfaitement quant au sens ; elles diffèrent en ce que, dans la dernière copie, un goût plus sévère a supprimé trois phrases de passion et changé quelques mots moins heureux.

— Mais enfin, comment expliquez-vous que Sainte-Beuve ait pu citer textuellement?

Je pense qu'il avait obtenu la permission de prendre copie, séance tenante, chez Mme Récamier, entre deux lectures. On peut voir, à l'article du jeune critique, que c'est aux passages de mélancolie, de doute et d'amour, que la pente de son âge et de sa nature l'avait rendu plus particulièrement attentif. Les ayant notés pour les reproduire, il aura exprimé le désir de les avoir mot à mot, sans dire lesquels, et son désir aura été exaucé. Ainsi en fut-il pour le beau morceau : « Vingt fois depuis cette époque, j'ai fait la même observation ; vingt fois des sociétés se sont formées et dissoutes autour de moi. Cette impossibilité de durée et de longueur dans les liaisons humaines, cet oubli profond qui nous suit, cet invincible silence qui s'empare de notre tombe et s'étend de là sur notre maison, me ramène sans cesse à la nécessité de l'isolement. Toute main est bonne pour nous donner le verre d'eau dont nous pouvons avoir besoin dans la fièvre de la mort. Oh! qu'elle ne nous soit pas trop chère! Car comment abandonner sans désespoir la main que l'on a couverte de baisers et que l'on voudrait tenir éternellement sur son cœur. »

Dira-t-on que ces quatorze lignes, il les avait retenues de mémoire ou saisies au vol en des notes furtives? Non. Il les avait bel et bien copiées tout à son aise, et tout près de Chateaubriand. Ainsi, encore pour les suivantes : « Allons nous-en avant d'avoir vu fuir nos amis et ces années que le poète trouvait seules dignes de la vie : *rita dignior aetas*. Ce qui enchante dans l'âge des liaisons devient dans l'âge délaissé un objet de souffrance et de regret. On ne souhaite plus le retour des mois riants à la terre; on le craint plutôt. Les oiseaux, les fleurs, une belle soirée de la fin d'avril, une belle nuit lunaire commencée le soir avec le premier rossignol, achevée le matin avec la première hirondelle, ces choses, qui donnent le besoin et le désir du bonheur, vous tuent! » Avant de citer cet accès de « mélancolie cuisante », le critique, dans une parenthèse, déclarait : « C'est toujours avec les expressions dérobées au poète, avec la plume échappée au cygne que j'écris de lui. » Ainsi en fut-il pour le passage : « Ai-je tout dit dans l'*Itinéraire*? » Les autres auditeurs, qui avaient promis de traduire leurs impressions, obtinrent la même faveur.

Nettement, après avoir relu son article, éprouva quelques scrupules sur l'exactitude de ses souvenirs; « il eut de nouveau recours à la bienveillance de Chateaubriand qui consentit à lui ouvrir une seconde fois la source où il avait puisé ».

Pendant qu'il lisait ou copiait, « il apercevait le grand écrivain errant comme une mystérieuse apparition sous les arbres demi-verdoyants qu'il a plantés ».

Nisard déclare « qu'il a eu ces Mémoires dans les mains, et qu'il les a reçus des mains de M. de Chateaubriand: Je les ai feuilletés, je les ai lus devant lui, sur le fauteuil où il s'assied, à la table où il les a écrits... J'osai demander à M. de Chateaubriand... de m'abandonner son portefeuille, et de me laisser m'y plonger à discrétion, tout le temps que je ne me jugerais pas importun. Il y consentit... Je passai deux heures ainsi... deux heures de délices, amusé, instruit, intéressé, transporté. »

Sainte-Beuve n'a certainement pas été moins favorisé. Il aura copié à sa fantaisie, pendant que Chateaubriand écrivait, rêvait, ou se promenait dans son jardin. Nulle surveillance. Nulle entrave. Liberté pleine et entière. On s'en rapportait à son tact aussi bien qu'à son goût.

Ce qu'il faut penser de Sainte-Beuve, le simple exposé qui précède le dit assez.

Et maintenant, que penser du texte?

De 1834, date des lectures et des articles, à 1847, dernière date apposée au manuscrit qui devait faire loi, Chateaubriand ne cessa de relire et de corriger. Il y a des retouches en mille endroits; il y en a dans le passage en question. Vous demandez pourquoi? On aurait le droit de faire parler l'auteur et de vous répondre :

Sic volo, sic jubeo, sit pro ratione voluntas.

Et toutefois, une réponse moins sommaire est permise; elle ne sera pas déplaisante; elle sera même amusante. Examinons d'abord les deux textes. Les voici, mis en regard, avec les différences soulignées.

TEXTE DE SAINTE-BEUVE	TEXTE DU MANUSCRIT
Mais ai-je tout dit dans l'*Itinéraire*, sur ce voyage commencé au port de Desdémone et d'Othello? Alais-je au tombeau du Christ dans les dispositions du repentir? Une seule pensée *m'absorbait ; je comptais avec impatience* les moments. *Du bord de mon navire*, les regards attachés *sur* l'étoile du soir, je lui demandais *des vents* pour cingler plus vite, *de la gloire pour me faire aimer. J'espérais en trouver à Sparte, à Sion, à Memphis, à Carthage, et l'apporter à l'Alhambra*. Comme le cœur me battait en abordant les côtes d'Espagne! *Aurait-on gardé mon souvenir ainsi que j'avais traversé mes épreuves?* Que de malheurs ont suivi ce mystère! Le soleil les éclaire encore, la raison que je conserve me les rappelle. *Si je cueille à la dérobée un instant de bonheur, il est troublé par la mémoire de ces jours de séduction, d'enchantement et de délire* (1).	Mais ai-je tout dit dans l'*Itinéraire* sur ce voyage commencé au port de Desdémone *et fini au pays de Chimène?* Allais-je au tombeau du Christ dans les dispositions du repentir! Une seule pensée *remplissait mon âme ; je dévorais* les moments. *Sous ma voile impatiente*, les regards attachés à l'étoile du soir, je lui demandais l'*Aquilon* pour cingler plus vite. Comme le cœur me battait en abordant les côtes d'Espagne! Que de malheurs ont suivi ce mystère! Le soleil les éclaire encore, la raison que je conserve me les rappelle.

(1) M. Bertrin a lu *désir*. Autre grief contre la fidélité de Sainte-Beuve. C'est une chicane insoutenable basée sur une erreur matérielle.

Le fac-similé porte *délire*.

Toutes les fois qu'un mot se termine par un *r* dans la page qui contient l'extrait contesté, Sainte-Beuve représente cette lettre d'un coup de plume qui remonte et reste en l'air pour ainsi dire. J'en compte vingt-six, et pas un seul qui fasse exception, pas un.

Au contraire, quand un mot finit comme *délire* par *re* (et cette même page en contient dix-huit) ou bien la dernière lettre est tracée tout entière, et le trait final ne se relève pas, ne dépasse pas la ligne, mais pas du tout, ou bien elle est figurée par un petit trait tombant, toujours tombant.

L'opposition est-elle assez tranchée?

Pourquoi Chateaubriand se livra-t-il à de telles corrections?

Par scrupule de goût : « l'étoile du soir » ne se liant pas assez naturellement à la « gloire » qui lui était « demandée », la gloire aura été supprimée, et ce mot, en tombant, aura entraîné tout ce qui s'y rattachait : « ...*De la gloire pour me faire aimer.* J'espérais en trouver à Sparte, à Sion, à Memphis, à Carthage, et l'apporter à l'Alhambra. » Par scrupule de conscience : la fin de la confidence ayant paru trop voluptueuse à sa foi devenue pratique, il aura effacé : « Si je cueille à la dérobée un instant de bonheur, il est troublé par la mémoire de ces jours de séduction, d'enchantement et de délire. »

Y a-t-il lieu de tant regretter ces corrections? Et le texte dernier, le seul autorisé, serait-il inférieur à la version du premier jet? On a dit, et on répète à satiété que « l'auteur en y repassant, n'a pu se retenir de gâter une première ligne heureuse ». Je ne vois pas du tout que le texte amendé soit inférieur au premier; et, s'il fallait me prononcer sur les mérites respectifs de l'un et de l'autre, je dirais que Chateaubriand, à tous les points de vue, fut très bien inspiré en corrigeant et en supprimant. C'est la première version qui

---

Cela posé, il y a plaisir à remarquer que, de tout le morceau, *délire* est le mot le plus largement et le plus fortement tracé.

Voyez le fac-similé dans l'article de M. Troubat, *Revue Bleue*, 24 février 1900.

Ce qui m'étonne un peu, c'est que M. J. Troubat, lui aussi, lui le premier, ait lu *désir*, alors que son maître et ami, déchiffrant sa propre écriture, avait lu *délire*. C'est ce mot qui termine la citation dans *Chateaubriand et son groupe* et dans les *Causeries du Lundi*. *Désir* n'aurait plus de sens après « jours de séduction et d'enchantement ».

Peut-être Chateaubriand avait-il adopté *délire* pour indiquer, avec délicatesse, l'état d'âme et d'esprit, la menace lointaine, l'exaltation qui présageait et préparait le triste dénouement.

a provoqué certaines critiques, un peu sévères, il est vrai, dans le genre de celle qu'on va voir. M. Ernest Bertin, dans un article du *Journal des Débats* (5 janvier 1888) citait le passage fameux et s'exclamait : « Quel mélange, j'allais dire quel salmigondis d'impressions et d'images disparates! » Il ne l'aurait pas dit du texte établi en dernière révision et en vue de la postérité. Là, ni mélange, ni disparate; c'est la perfection de la forme.

On s'est écrié avec un accent d'ironie fait pour intimider : « Voyez-vous Chateaubriand s'*amusant* à remplacer, etc.? (1) »

Oui bien, je le « vois », et j'assiste même au travail de sa pensée. « Sous ma voile impatiente » lui apparaît plus expressif que « du bord de mon navire ». Il adopte aussitôt la gracieuse image. Mais il y a, quelques lignes plus haut, « je comptais avec *impatience* »; *impatiente* et *impatience*, répétition disgracieuse; il rature ce membre de phrase et le remplace par « je dévorais les moments ». Alors il relit : « *Sous* ma voile impatiente, les regards attachés *sur* l'étoile du soir; » *sous* et *sur*, dans la même phrase! il corrige et met : « les regards attachés à l'étoile du soir ». Il continue l'examen : « je lui demandais des vents pour cingler plus vite; » il écrit « *l'aquilon* », plus précis que « les vents », comme plus haut il avait écrit, pour plus de précision aussi : « commencé au port de Desdémone *et fini au pays* de Chimène » au lieu de « commencé au port de Desdémone *et d'Othello* ». — « Aurait-on

---

(1) *Le Correspondant*, 10 mars 1900, p. p. 943-944.

gardé mon souvenir, ainsi que j'avais traversé mes épreuves? » *Ainsi que* donne à la phrase un air un peu embarrassé, n'est pas d'une diction bien naturelle. Il vaudrait mieux : « Aurait-on gardé mon souvenir *comme* j'avais traversé mes épreuves. » Malheureusement « comme » se trouve déjà tout près, à toucher. Il barre d'un coup de plume, et d'autant plus résolu qu'ayant déjà sacrifié « de la gloire pour me faire aimer », le double motif qui l'avait déterminé lui commande encore ici, par voie de conséquence, pareil sacrifice. Les deux phrases s'appelaient confidentiellement ; l'une partie, l'autre devait suivre.

Et voilà !

Alors, dira quelqu'un, combien de copies ? La réponse va venir, très catégorique, et c'est de Chateaubriand lui-même que nous la tiendrons. Pour le moment, il suffit de constater ceci : Les corrections apportées au texte de 1834 se bornent à quelques mots changés et à quelques phrases supprimées. Cela ne rend nullement nécessaire la supposition d'une nouvelle copie de tout l'ouvrage, ou seulement d'une partie importante, d'un livre par exemple ; cela se peut concilier très bien avec l'aspect et la pagination du manuscrit actuel. Si peu que le copiste ait entendu son métier, il lui aura suffi, en resserrant ou relâchant son écriture, de remplacer un feuillet, ou deux, tout juste par un feuillet ou deux, portant la même pagination. Au cours du travail révisionniste, s'il y avait des suppressions, il y avait aussi des additions ; et, sur une même page, la balance était souvent rétablie. — Des preuves ? — Prenez le volume intitulé : *Souvenirs d'enfance et de jeunesse de Chateaubriand.*

Mme Lenormant, dans sa préface, (p. 12) met en regard une page du manuscrit de 1826 et la page correspondante de l'édition de 1849. De l'une à l'autre, pas un seul alinéa qui ait la même dimension : celui-ci a été diminué, cet autre a été développé. Après vingt ans de révisions et de retouches, je compte les lignes des deux pages correspondantes, et j'arrive à un total qui est sensiblement le même, dans la première copie et dans la dernière, celle de l'édition. Il y a une différence de deux lignes pleines. Une page recopiée pour cause de retouches pouvait donc en remplacer une autre, sans qu'il fût besoin de remanier la pagination d'avant et d'après, sans qu'il restât, dans l'ensemble du manuscrit, la moindre trace de la substitution. Je suppose, bien entendu, que l'écriture est la même.

Le passage fameux se lit dans le manuscrit Champion, et il ne figure dans aucune édition des *Mémoires*. Le pourquoi et le comment ne sont ni sans importance, ni sans intérêt. Je m'y arrête avec l'espoir d'y retenir aussi le lecteur. Faut-il attribuer cette disparition à une copie plus récente, et seule autorisée ? Je ne le pense pas, et ma conviction se fonde sur les volontés de l'auteur, exprimées dans les deux codicilles qui suivent :

Paris, 19 mars 1836, rue d'Enfer, n° 34.

Depuis la date de cette préface testamentaire écrite le 1ᵉʳ décembre 1833, il s'est passé plusieurs choses qui touchent aux dispositions et aux faits dont il est question dans cette préface.

D'abord la concession du terrain demandé au gouvernement par la ville de Saint-Malo pour ma sépulture n'a point encore été définitivement accordée. Ensuite mes malheureuses affaires ne m'ont pas permis jusqu'ici d'aller chercher, pour mourir, le soleil de l'Italie ; enfin tous mes arrangements relatifs au manuscrit de mes *Mémoires*, et indiqués dans ces *Mémoires*, ne peuvent avoir lieu. Je ne puis laisser ni un manuscrit des *Mémoires* à M™° Récamier comme je l'aurais voulu par un dernier rêve de ma vie, ni en laisser un autre à M™° de *Chateaubriand*. Une triste nécessité m'a forcé de vendre mes *Mémoires* de mon vivant, pour n'être publiés toutefois qu'après ma mort.

Aux charges et conditions stipulées dans l'acte de vente, il est dit qu'un manuscrit sera déposé chez un notaire et appartenant à la Société des acquéreurs ; qu'un autre restera entre mes mains pour y faire les corrections et les additions que je jugerais nécessaires ; à mesure que les corrections et les additions se multiplieront, je fournirai un nouveau manuscrit qui sera substitué au manuscrit déposé chez le notaire, lequel premier manuscrit déposé sera à l'instant brûlé sous mes yeux et devant les commissaires délégués par la Société devenue propriétaire des *Mémoires*.

Maintenant voici l'état des choses :

Le manuscrit déposé est écrit de la main de M. Poussin, dans mon cabinet, devant moi, sur le manuscrit qui me reste ; je n'ai pas eu le temps de le relire, et il s'y sera vraisemblablement glissé quelques fautes. Ces fautes seront corrigées dans le manuscrit [des mémoires] que je substituerai bientôt à la copie de M. Poussin, et qui les a augmentés d'un volume, à peu près fini. Ce nouveau volume contiendra l'histoire des cent jours à Gand et à Paris, et mon histoire dans les années 1830, 1831, 1832, jusqu'à mon premier et mon second voyage de Prague, lesquels voyages y sont écrits et se trouvent dans la copie de M. Poussin déposée chez le notaire, de sorte que la lacune depuis le mois de juillet 1830 jusqu'au mois de mai 1833 sera remplie. Au surplus, ces divers détails, les lacunes des manuscrits, les choses à ajouter qui ne sont pas encore composées, ou dont la première minute existe, sont déjà chronologiquement indiqués par des notes additionnelles dans la copie de M. Poussin.

Il est aussi convenu dans l'acte de cession qu'un autre manuscrit (formant le troisième, en comptant le manuscrit déposé chez le notaire et le manuscrit que je garde) sera remis le plus tôt possible à M. Delloye qui a formé la Société, pour le prémunir contre les accidents qui pourraient arriver au manuscrit déposé chez le notaire ou à celui qui reste entre mes mains pour mon travail.

Il est stipulé dans l'acte de cession, qu'après ma mort l'impression du manuscrit aura lieu sous les yeux de deux personnes désignées par moi, avec deux personnes contradictoirement délégnées par les actionnaires, afin qu'aucun changement, aucune addition ou suppression ne puissent être faits au manuscrit.

Il est entendu qu'à ma mort ce sera le manuscrit qui me reste (lequel appartient de droit à la Société) qui servira à l'impression. On collationnera sur ce manuscrit les deux autres qui se trouveront, comme il est dit ci-dessus, l'un déposé chez le notaire, l'autre chez M. Delloye.

C'est avant de déposer chez le notaire la copie des *Mémoires* faite sous mes yeux par M. Poussin, que j'ajoute ce codicille écrit de ma main à ma préface testamentaire. Si je venais à mourir bientôt, ce codicille ou cette note donnerait tous les éclaircissements qu'on pourrait désirer jusqu'à la date du dépôt chez le notaire.

Au surplus, si ce n'était à cause de Mme de Chateaubriand, je n'aurais jamais fait la cession de mes *Mémoires*. Mais mes affaires sont si malheureuses, et, à ma mort, on se serait trouvé dans un tel embarras, que j'ai dû sacrifier tout à cette considération : il est juste du moins que le repos de Mme de Chateaubriand sorte de ma tombe.

CHATEAUBRIAND.

Par un traité en date du 22 mars 1836, j'ai cédé à M. Delloye, lieutenant-colonel en retraite, agissant au nom d'une société en commandite, dont la composition m'était connue, le privilège d'acquérir et de publier tous mes ouvrages inédits.

L'acte porte que je conserverai dans mes mains une copie du manuscrit de mes œuvres, et il est ajouté que c'est sur cette même copie que sera faite l'impression de mes *Mémoires d'outre-tombe*, comme renfermant la dernière volonté de l'auteur.

Cet acte m'autorise à désigner une ou plusieurs personnes qui veilleront, quand je ne serai plus, à ce que le traité qui, de part et d'autre, a lieu de bonne foi, reçoive son exécution légale dans les choses qui peuvent intéresser ma mémoire et le repos de l'âme de Mme de Chateaubriand, si, comme je l'espère bien, elle est destinée à me survivre. Cette mission de pleine confiance et d'amitié, je la donne à M. Mandaroux-Vertamy, à M. le baron Hyde de Neuville, à mon neveu le comte Geoffroy-Louis de Chateaubriand et à M. le duc de Lévis.

La copie qui doit servir à l'impression de mes œuvres inédites porte en tête et à la fin de chaque volume la date du 25 février 1845 — (et de l'année 1846).

Ma volonté est que toutes les autres copies qui se trouveront déposées en différents lieux, à mon décès, soient brûlées, sans être lues, en présence de mes quatre exécuteurs testamentaires ci-dessus dénommés.

Ce codicille de mes dernières volontés sera déposé chez mon ami, M. Mandaroux-Vertamy.

CHATEAUBRIAND.

A Paris, ce 22 février 1845.

Le manuscrit vendu à M. Champion est bien celui que reconnaissait Chateaubriand, à l'exclusion de tous autres, pour l'impression de ses *Mémoires*. Or, c'est dans cette copie que le passage vient d'être retrouvé. Si, contrairement aux volontés dernières de l'auteur, ce morceau, et d'autres, furent omis dans l'édition de 1849 et suivantes, il le faut attribuer à la pression tantôt suppliante et tantôt menaçante des familles intéressées. Il se sera passé, pour les lignes relatives à Mme de Mouchy, ce qui se devine, pour quelques autres, aux extraits suivants.

M. Guizot écrivait à Mme Lenormant le 1er septembre 1849 :

« J'ai parlé au duc de Broglie du Xe livre des *Mémoires* de M. de Chateaubriand, et de la nécessité qu'il s'entendît avec vous pour agir sur les exécuteurs testamentaires de M. de Chateaubriand et les engager à intervenir pour empêcher la publication de ce livre. Il a bien compris, et croit avoir quelque action sur M. Hyde de Neuville et même sur M. Mandaroux-Vertamy. Il ne demande pas mieux que de s'entendre avec vous à ce sujet. Ce serait facile, soit à Paris où il retournera le 1er octobre, soit à Broglie même, où nous irons, moi et mes enfants, du 12 au 15 septembre, passer dix ou douze jours. » Et encore, le 29 octobre 1849 : « Vous avez bien fait de mettre fin par une transaction à ce triste embarras du Xe livre des *Mémoires* de M. de

Chateaubriand. Je ne sais pas, je ne conçois pas bien quelle a pu être votre transaction. Mais enfin, vous l'avez faite, et le duc de Broglie l'a approuvée, c'est tout ce qu'il faut (1). » Autre lettre de M. Guizot à Mme Lenormant, du 2 mai 1858 : « ... Mes mémoires sont pour moi non seulement un livre, mais un acte sérieux. Je ne puis pas n'y pas dire ce que je pense. J'ai dit de M. de Chateaubriand ce que j'en pense après y avoir bien pensé ; tout ce que je pense sur ses qualités, puis tout ce que je pense sur ses défauts. Je vais pousser la franchise jusqu'au bout. Entre nous, je soupçonne qu'il y avait çà et là, dans les *Mémoires d'outre-tombe*, plus d'humeur et de mauvais vouloir à mon sujet qu'il n'y en reste aujourd'hui. En corrigeant les épreuves, votre amitié pour moi aura adouci ou abrégé plus d'un passage. Je me permets de dire que j'en ai fait autant à cause de vous (2)... »

Le duc de Noailles, nommé dans une lettre antérieure de M. Guizot, et très lié aussi avec Mme Lenormant, aura fait comme le duc de Broglie ; et, sinon en grondant, du moins en insinuant, ou en priant, il aura obtenu la suppression du passage qui intéressait les Noailles-Mouchy. Et qui sait combien d'autres suppressions ou modifications auront été consenties de la sorte ?

Ah ! que Chateaubriand avait donc le flair de l'avenir, quand, dans sa préface testamentaire de 1833, et aussi dans l'avant-propos de 1846, il exprimait ce regret, sous la forme toute fantaisiste d'un impossible désir : « Je voudrais pouvoir ressusciter à l'heure des fantômes pour corriger au moins les épreuves. » Elles

---

(1) *Le Correspondant*, 25 février 1896.
(2) *Le Correspondant*, 25 juin 1896.

furent corrigées par des amis, certes, et bien dévoués ; mais enfin, il est évident que, dans l'intérêt présumé des *Mémoires d'outre-tombe* et de la mémoire de Chateaubriand, ils ne se sont pas strictement conformés au mandat reçu : « *Aucun changement, aucune addition ou suppression au manuscrit.* »

On voudrait croire que, laissés à leur seules inspirations, ils déférèrent mieux à cet autre point du dernier codicille : « Ma volonté est que toutes les autres copies qui se trouveront déposées en différents lieux, à mon décès, soient brûlées sans être lues, en présence de mes quatre exécuteurs testamentaires. »

Les suppositions vont leur train, quand on a lu cet extrait du journal le *Droit*, gazette des tribunaux, du 9 janvier 1851.

« Aussitôt M. de Chateaubriand décédé, 4 juillet 1848, la Société Sala se fit délivrer les manuscrits *(des Mémoires d'outre-tombe)* et les remit à MM. Pénaud, rue du Faubourg-Montmartre, n° 10, qui devaient être chargés de l'impression de l'ouvrage posthume.

« Les manuscrits ne présentaient pas alors la netteté et la correction désirables; *il y eut lieu à la mise en ordre* [!] *de certains livres, et à l'interprétation de certains passages.*

« L'exécuteur testamentaire, pour obvier à ces inconvénients, pria M. Lenormant et M. Ampère, de l'Institut national de France, de revoir ces manuscrits, de collationner les épreuves et de donner les bons à tirer. Mais il importait à la Société Sala d'avoir un représentant, pour veiller à ce qu'il ne fût rien supprimé du texte, et aussi pour lui servir d'intermédiaire entre

M. Lenormant et M. Ampère, les correcteurs et les imprimeurs.

« M. Sala et Cie choisirent pour cet emploi l'homme qui, dans les dernières années, avait été le secrétaire de M. de Chateaubriand; il s'adressèrent donc avec confiance à M. Maujard. Entré en fonction en août 1848, M. Maujard s'est constamment occupé de la publication des *Mémoires d'outre-tombe* jusqu'en novembre 1850.

« M. Maujard, remplacé à cette époque, a cru devoir réclamer une indemnité pour son travail.

« Il demanda trois mille francs. Le droit à cette indemnité fut reconnu en principe par M. Sala et compagnie; mais ces derniers n'offrirent à M. Maujard qu'une somme de huit cents francs. M. Maujard n'accepta pas et persista dans sa demande qu'il porta devant le tribunal de commerce. Le tribunal de commerce condamna M. Sala et Cie à payer quinze cents francs à M. Maujard à titre d'indemnité. M. Sala et Cie ont appelé de ce jugement; mais la deuxième Chambre de la cour, présidée par M. Delahaye, après avoir entendu Me Belloc pour les appelants et Me Malapert pour l'intimé, a purement et simplement confirmé le jugement du tribunal de commerce. » (Audience du 8 janvier 1851.)

M. Bertrin estime, et je suis de son avis, que le mot, *de la gloire pour me faire aimer*, est, de tout le passage, « la partie la plus caractéristique ». S'il avait retrouvé ce mot dans la copie de M. Champion, évidemment il aurait cessé de plaider contre l'authenticité; il se serait gardé d'affirmer que Sainte-Beuve l'avait écrit par amplification, et que cette amplification constituait une sorte de faux (1).

Or, ce mot, j'affirme qu'il émanait de Chateaubriand, et j'en apporte une preuve piquante : ici encore, c'est *du nouveau*.

Parmi les autographes en très grand nombre, et inédits, que j'ai sous la main, voici une lettre d'amour, où se retrouve « la partie la plus caractéristique » : — « Il ne faut rien moins que ton *ordre* pour me retenir. La peur que [de] gâter une vie qui est à toi, à toi à qui je dois *de la gloire pour me faire aimer*... » — C'était un des mots coutumiers du grand rêveur en pareille occurence. Il n'est pas dicté à un secrétaire, celui-là, et authentiqué seulement par la signature, comme la copie Champion — laquelle pourtant ferait loi. Il est tout entier de la main de Chateaubriand, et de sa plus grande, j'allais dire de sa plus belle écriture. Voyez-en la photographie.

---

(1) M. Bertrin est d'une intrépidité rare dans ses affirmations. Je cite : « Tout cela n'est que *l'amplification complaisante de ce qui est dit sur la gloire* dans le célèbre passage, *c'est-à-dire de ce que n'a pas écrit Chateaubriand.* C'est justement le point où Sainte-Beuve appuie; c'est ce qu'il a soin de mettre en relief, même typographiquement, au moyen de caractères italiques. L'attention du lecteur est appelée; *le commentaire porte sur la partie de la citation qui est du commentateur lui-même.* C'est assurément imprévu, étrange... et quelque chose de plus !

« Vais-je donc prétendre que Sainte-Beuve est un faussaire ? Non, le mot est trop gros et il me répugne. Je dis simplement [merci !] que Sainte-Beuve a donné une page, *dont la partie la plus caractéristique est de sa fabrication*, [la gloire], comme une page textuelle de Chateaubriand. » (*Le Correspondant*, 10 mars 1900, p. 945.)

Il ne faut rien moins que ton ordre pour me retenir. Tu peux que j'aie[?] une vie qui est à toi et toi à qui je dois[?] de la ghise[?] pour me faire aimer

FRAGMENT D'UNE LETTRE AUTOGRAPHE (6 pages grand in-quarto).

Rapprochée de cette phrase autographe, la citation de l'éminent critique se suffit désormais ; elle n'a plus besoin d'aucune autre preuve.

Le lecteur est-il suffisamment édifié sur la matérialité et la littéralité, sur l'authenticité du fragment publié par Sainte-Beuve? Et ne veut-il pas que nous entrions en quelques détails nouveaux sur l'héroïne du fameux couplet?

* * *

Chateaubriand était ainsi fait. Il appartenait à une autre société et à d'autres mœurs. Enfant du xviii° siècle, il gémissait sur « ses faiblesses de cœur » ; il s'en prenait tantôt à « cette nature molle et efféminée que mon siècle », disait-il, « a placée malgré moi dans mon sein », et tantôt à la religion qu'il accusait de ne savoir pas le brider, fortifier et guérir : « O religion, où sont donc tes puissances, tes freins, tes baumes ! »

Ceux de sa date, rois, grands seigneurs, gens de lettres, avaient à peu près les mêmes habitudes de galanterie, sinon les mêmes adorations féminines. L'indifférence et l'oubli les ont sauvés en partie des révélations posthumes. Et, au contraire, tout de Chateaubriand, tout avait été gardé avec une sorte de culte, d'adoration jalouse. Ses moindres billets reparaissent, accusant ses moindres caprices; et les petits secrets qu'il pouvait croire ensevelis sont jetés au grand jour de la publicité.

Malheur à ces dieux que leurs destins condamnent, en tout et pour tout, à la lumière et à l'immortalité !

En bien des cas, l'oubli serait une si bonne chose !

C'est la grande amnistie; c'est le sommeil sans rêve; c'est la paix sur une tombe.

« L'oubli, » disait Joubert, « comment ce mot est-il si doux? »

En ce qui concerne Mme de Mouchy, le passage n'a plus la valeur d'une révélation; car, pour qui sait voir, « l'enchanteresse » est partout dans les Œuvres de Chateaubriand. Déjà, en 1836, dans *l'Essai sur la littérature anglaise*, il avait murmuré quelque chose de la rencontre en Espagne : « Ce n'était pas là ces champs de l'Andalousie, où je trouvais les vieux chrétiens et les *jeunes amours*, parmi les débris voluptueux du palais des Maures, au milieu des aloès et des palmiers. »

Et, à la page précédente, Sainte-Beuve, déjà averti par les « lectures » de 1834, avait reconnu l'écho, ou mieux, le prologue du même chant d'amour, ainsi que certaines phrases notées alors dans son petit cahier : « O Venise, votre ciel voluptueux, la vénusté des flots qui vous lavent m'ont retrouvé dans ces derniers jours (voyage de 1833) aussi sensible à vos charmes que je le fus jamais. Inutilement je vieillis; l'énergie de ma nature s'est resserrée au fond de mon cœur. Les ans n'ont réussi qu'à chasser ma jeunesse extérieure, à la faire rentrer dans mon sein. Mais que me font ces brises du Lido, si chères au poète de la fille de Ravenne. Le vent qui souffle sur une tête à demi dépouillée ne vient d'aucun rivage heureux. » Un peu plus bas, l'auteur de *l'Essai* semblerait ne s'être pas oublié quand il disait de Byron : « S'il a d'ailleurs expié son génie par quelques faiblesses, l'avenir s'embarrassera peu de ces misères ou plutôt il les ignorera [?]; le poète cachera l'homme et interposera le talent entre l'homme et les races futures; à travers ce voile divin, la postérité n'apercevra que le dieu. »

Il y a çà et là, dans les *Mémoires d'outre-tombe*, des allusions à Mme de Mouchy, très poétiques et presque insaisissables. Je ne crois pas me tromper. Lisez : « Ma vie, creusée par la mort de Mme de Beaumont, était restée vide. Des formes aériennes, *houris* ou songes, sortant de cet abîme, me prenaient par la main et me ramenaient au temps de la Sylphide. *Je n'étais plus aux lieux que j'habitais;* je rêvais d'autres bords. *Quelque influence secrète me poussait aux régions de l'aurore*, où m'entretenaient d'ailleurs le plan de mon nouveau travail (*Les Martyrs*), et la voix religieuse qui me releva du vœu de la villageoise, ma nourrice. »

L'expression *houris* serait par trop bizarre, si elle n'était là pour caractériser un souvenir spécial. Ce nom des beautés célestes qui, d'après le Coran, récompenseront les musulmans fidèles, nous l'allons retrouver sur les lèvres d'Aben-Hamet; et c'est donc bien le souvenir de Blanca, (duchesse de Mouchy) qu'évoque ce mot, choisi avec un art consommé pour préciser et envelopper tout ensemble *l'influence secrète*.

Et encore dans les *Mémoires* : « Julien, indifférent à *Blanca*, remarque seulement que *l'Alhambra* et autres édifices élevés sont sur des rochers d'une hauteur immense. »

— « J'étais là (à Angerville, au terme du voyage), à une poste d'un château dont mon long voyage ne m'a point fait oublier les habitants (le comte Louis de Chateaubriand). *Mais les jardins d'Armide, où étaient-ils* ? Deux ou trois fois, en retournant aux Pyrénées, j'ai aperçu du grand chemin la *colonne de Méréville* ; ainsi que la colonne de Pompée, elle m'annonçait le désert : comme mes fortunes de mer, tout a changé. »

— « Au mois de juillet 1808, je tombai tout à fait malade... C'est peut-être le seul moment où, près de mourir, j'aie eu envie de vivre. Je perdais connaissance, mais avec une grande impatience intérieure, *car je tenais, Dieu sait à quoi. J'avais aussi la passion* d'achever ce que je croyais et ce que je crois encore être mon ouvrage le plus correct. » — « Mon père... fit naufrage sur la côte d'Espagne, traversa à pied le noble pays que son fils devait parcourir un jour, poussé par d'autres *passions* et d'autres malheurs. »

Avant la révélation de Sainte-Beuve, on n'ignorait pas, dans la haute société, que Chateaubriand avait visité l'Alhambra en compagnie de Mme de Mouchy, et l'on supposait qu'il l'avait peinte sous la fiction toute charmante de Blanca. Voici qu'une lettre publiée récemment contient la confidence formelle : « C'est Mme de Mouchy qui a inspiré *l'Abencérage*. Je suis charmé qu'il vous plaise tant. » Et, d'autre part, j'ai fait ailleurs (1) la remarque que le fameux article dans lequel Chateaubriand avait bravé la colère de Napoléon, (C'est en vain que Néron prospère, Tacite est déjà né dans l'Empire) que cet article contenait une allusion au rendez-vous ou à la rencontre, et qu'il était un appel et un hommage « *au talent* » de Mme de

(1) Dans *Chateaubriand, sa femme et ses amis.*

Mouchy. Il y disait : « On doit bien désirer qu'un talent délicat et heureux nous peigne quelque jour ces lieux magiques, nous en avons l'espérance. » Mme de Mouchy avait passé des mois à Grenade, pour y dessiner tous les monuments que les Maures y ont laissés.

Au témoignage de M. Hyde de Neuville, elle parlait de l'Alhambra avec l'enthousiasme d'une artiste. « Les Maures exaltaient son imagination. » Mme de Noailles-Mouchy devait collaborer au *Voyage pittoresque d'Espagne* de M. de Laborde ; et c'est à l'étude de ce *voyage* que l'article de Chateaubriand était consacré. Peut-être y faut-il voir surtout le geste du paladin, l'héroïque galanterie du chevalier qui brave la mort ou l'exil pour plaire à la « mieux aimée ».

Le duc de Laval se vantait, quinze ans plus tard, d'avoir effacé « sur les murs de l'Alhambra, des noms, des vers qui rappelaient le célèbre Voyage de Jérusalem ». Il a pu les effacer « sur le marbre de la fontaine » ; mais je crois bien qu'il est facile de les lire ailleurs, et qu'il n'est au pouvoir de personne de les effacer où ils se trouvent. Ils figurent dans les Œuvres, sous la date authentique de 1807. Au lieu de Tunis, mis pour dérouter le lecteur, il n'y a qu'à mettre Alhambra. Sainte-Beuve a signalé cette poésie dans *Chateaubriand et son groupe*. Lui, si friand de telles découvertes, il ne s'est pas douté qu'à travers le voile mauresque, il était permis de reconnaître « l'enchanteresse » du palais de Boabdil. « Chateaubriand, dit-il, en a trouvé quelques-uns [des vers] de tout à fait beaux et poétiques. Il est bien au-dessus de Marie-Joseph Chénier dans la traduction du *Cimetière* de Gray. Il a rencontré de lui-même quelques notes d'une belle venue », et, pour appuyer cette réflexion, il cite ; c'est moi qui souligne :

> *Musulmane* aux *longs yeux*, d'un maître que je brave
> Fille délicieuse, amante des *concerts*,
> Viens, sous tes *beaux pieds* nus, viens fouler ton *esclave*,
> Toi que je sers, toi que je sers.

Lisez cette pièce tout entière, en la rapprochant du *Dernier Abencérage,* et je ne crois pas que vous puissiez vous refuser à cette constatation.

«... Blanca choisit une Zambra, danse expressive que les Espagnols ont empruntée aux *Maures*... On n'apercevait de tout son visage, que *ses grands yeux* et sa *bouche de rose* (1). Son jupon court, étroit et sans plis, découvrait une jambe fine et *un pied charmant*... Cette *musique* et cette danse fixèrent sans retour le destin du dernier Abencérage ; elles auraient suffi pour troubler un cœur moins malade que le sien... Aben-Hamet répondit : « Je ne suis que *ton esclave*... *Houri* du Ciel, génie de l'amour et de la beauté, Aben-Hamet *sera ton esclave* jusqu'à son dernier soupir, etc. »

Chateaubriand n'a recueilli cette pièce, intitulée l'*Esclave*, qu'en vertu du cher et mélancolique souvenir. Il a semé quelque chose de son cœur et de sa vie dans ses moindres productions. A qui voudrait étudier l'*homme*, je conseillerais de lire aussi ses poésies, tantôt en tenant compte des dates, et tantôt en les négligeant. Ce qu'il glissait de lui-même dans ses Œuvres, il fallait bien qu'il l'enveloppât d'un certain mystère.

---

(1) Une *rose* au jardin moi je m'en vais cherchant.

J'en pourrais dire long là-dessus, et du plus piquant.
— Je me borne à ce qui relève de l'incidence.

La tragédie de *Moïse* fut composée au moment de sa plus violente passion pour Mme de Mouchy. Impossible qu'il n'ait pas exprimé son amour en quelques traits brûlants. Voici peut-être les plus beaux vers de la tragédie, ceux aussi où la châtelaine de Méréville aura reconnu les propos de l'Alhambra :

> Ce cœur que vous avez habité la première
> Vit l'amour se lever terrible et violent
> Comme l'astre de feu dans ce désert brûlant.
> Le repos pour jamais s'envola de mon âme ;
> Mon esprit s'égara dans des songes de flamme !...
> Dans les champs de l'Arabe, et loin des yeux jaloux,
> Mon bonheur eût été de me perdre avec vous.
> De toi seule connue, à toi seule asservie,
> L'Orient solitaire aurait caché ma vie.
> Pour appui, du dattier empruntant un rameau,
> Le jour j'aurais guidé ton paisible chameau ;
> Le soir, au bord riant d'une source ignorée,
> J'aurais offert la coupe à ta lèvre altérée,
> Et sous la simple tente oubliant Israël,
> Pressé contre mon cœur la nouvelle Rachel.

Mme de Mouchy est également dépeinte dans la Velléda des *Martyrs*. Les déclarations sont les mêmes qu'on vient de lire, mais telles qu'une Gauloise les pouvait exprimer.

Nous ne sommes plus ici « dans le champ de l'Arabe », mais dans les « chemins peu fréquentés », de la campagne bretonne : «...Je m'enivre de mes aveux, j'aime à me nourrir de ma flamme, à t'en faire connaître toute la *violence*... Quel bonheur d'errer avec toi dans ces routes solitaires...; au bord du ruisseau, au pied de l'arbre, le long de cette haie, de ces sillons où rit la première verdure des blés que je ne verrai pas mûrir, nous aurions admiré le coucher du soleil... Je n'ai jamais aperçu au coin d'un bois la hutte roulante d'un berger, sans songer qu'elle me suffirait avec toi, etc. »

Surtout, le caractère exalté dont M. Hyde de Neuville avait été frappé en 1807, et dont René-Eudore eut tant à souffrir, est noté avec une précision presque prophétique et qui ne laisse guère place au doute.

Le château où commandait Eudore, c'est évidemment Combourg : « Il était bâti sur un roc, appuyé par une forêt et baigné par un lac. » Les mots dont l'auteur se servira pour décrire le château paternel dans ses *Mémoires* sont les mêmes qu'il emploie pour représenter la forteresse où la fille de Ségénax est prisonnière : « J'allais chaque jour visiter le père et la fille dans la tour... je la rencontrais se promenant seule, avec un air de joie, dans la cour du château, *dans les salles, dans les galeries, les passages secrets, les escaliers tournants* qui conduisaient au haut de la forteresse... Elle se montrait tout à coup au fond d'un *corridor obscur*, comme une apparition. » Et, tout de suite après ces mots, voici le portrait de Velléda : « Cette femme était extraordinaire. Elle avait, ainsi que toutes les Gauloises, quelque chose de capricieux et d'attirant. Son regard était prompt, sa bouche un peu dédaigneuse, et son sourire singulièrement doux et spirituel. Ses manières étaient tantôt hautaines, tantôt voluptueuses; il y avait dans toute sa personne de l'abandon et de la dignité, de l'innocence et de l'art. J'aurais été étonné de trouver dans une espèce de sauvage une connaissance approfondie des lettres grecques et de l'histoire de son pays, si je n'avais su que Velléda descendait de la famille de l'archidruide... L'orgueil dominait chez cette Barbare, et *l'exaltation de ses sentiments allait souvent jusqu'au désordre*... Fille de roi a moins de beauté, de noblesse et de grandeur...

— « Sais-tu, me dit la jeune Barbare, que je suis Fée (1) ?

« J'eus pitié de cette insensée : elle lut ce sentiment sur mon visage. « Je te fais pitié, me dit-elle. Mais si tu me crois atteinte de folie, ne t'en prends qu'à toi. »

Le trait choisi pour corser le roman et donner le change est le suivant : « Je sentais, il est vrai, que Velléda ne m'inspirerait jamais un attachement véritable : elle manquait pour moi de ce charme secret qui fait le destin de notre vie. » Or Nathalie avait le charme aux yeux de René et de tous, le charme souverain (2).

Lisez les violents reproches de la druidesse (admirable poésie !) en vous souvenant des scènes que la « Fée » de Méréville faisait à l'auteur des *Martyrs*. C'est lui qui disait confidentiellement à Mme de Duras, en 1809 ou 1810 : « Mme de Mouchy sait que je l'aime, que rien ne peut me détacher d'elle. Je n'aurais à lui re-

---

(1) Remarquez bien ce mot, et lisez maintenant, dans les *Mémoires d'outre-tombe*, le passage consacré à Méréville : « Méréville était une oasis créée par le sourire d'une muse, mais d'une de ces muses que les poètes gaulois appellent les *doctes fées*. Ici, les aventures de *Blanca* et de *Velléda* furent lues devant d'élégantes générations, lesquelles, s'échappant les unes des autres comme des fleurs, écoutent aujourd'ui les plaintes de mes années. » A remarquer également le mot *oasis*, qui rappelle le ciel d'Orient, la terre d'Afrique, les « champs de l'Arabe ».
(2) « Et quand on a réuni tout ce que la beauté, la grâce, l'esprit, l'élégance des manières peuvent inspirer d'admiration, qu'on a joui de cette admiration, etc. » Lettre de Mme de Duras à Mme Swetchine (20 septembre 1817). (*Madame Swetchine*, par le comte de Falloux.)

procher que quelques injustices qui tenaient à la délicatesse de son attachement, et de ne m'avoir pas toujours cru assez sincère ; mais moi, n'ai-je pas mille défauts ? Et quelles amitiés ont été d'intelligence sur tous les points et n'ont pas été exposées à quelques orages (1). »

De 1810 à 1813, les accès se multiplièrent tant et tant qu'un jour Chateaubriand écrivit : « J'en ai par-dessus la tête. »

Il est bien vrai que Chateaubriand troublait, « éternel orage », les âmes qui se donnaient à lui. Avec Mme de Mouchy, et peut-être par suite du lent et sourd travail qui minait sa raison, ce fut l'orage, de part et d'autre, mais plus souvent déchaîné du côté de Méréville. C'est en janvier 1813, qu'il y eut « enfin » rupture, et par la volonté de *Blanca* : « J'ai reçu un congé en forme, écrivait Chateaubriand, le 20 janvier, et je l'ai accepté; car *enfin* il y a un terme à tout. » Et, quelques jours après : « J'ai rendu tout ce que je possédais, et il ne me reste pas une trace de ce qui a fait une partie du bonheur et des peines de ma vie. »

Dans le *Dernier Abencérage*, Blanca s'écrie : « Retourne au désert. »

« ...Elle ne se plaignit plus; elle ne pleurait point ; elle ne parlait jamais d'Aben Hamet; un étranger l'aurait crue heureuse. »

Au milieu de septembre 1817 — c'est Mme de Duras qui l'écrit à Mme Swetchine — « sa tête s'est égarée,

---

(1) *La duchesse de Duras*, par A. Bardoux.

son imagination s'est frappée, et elle a perdu la raison... Sa folie n'est point violente, mais elle est déchirante. La terreur la saisit, elle croit qu'on va l'assassiner, que tout ce qu'elle prend est empoisonné... Elle s'est confessée, elle croit toujours mourir la nuit qui va suivre ; mais *elle dit qu'elle est heureuse...* Je ne connais que M. de Chateaubriand et vous qui puissiez m'entendre sur ce sujet. Il sera bien affligé ; je ne lui ai écrit qu'il y a trois jours, j'espérais que cet horrible état s'améliorerait, mais il n'a fait qu'empirer. Je ne puis penser qu'à cela. »

Autre souvenir du voyage *commencé au port de Desdémone et fini au pays de Chimène,* et c'est dans les *Études historiques, analyse raisonnée de l'Histoire de France,* que je le trouve : « Tandis que l'architecture néo-grecque, infidèle au Parthénon abandonné s'emparait des édifices chrétiens, elle envahissait aussi les édifices mahométans. Les Arabes l'orientalisèrent pour le calife Aroun et les *Mille et une Nuits ;* ils l'emmenèrent avec eux dans leurs conquêtes ; elle arriva de la mosquée du Caire en Égypte à celle de Cordoue en Espagne, à peu près au même moment où les exarques de Ravenne l'introduisaient en Italie. Ainsi la puînée de l'Ionie parut dans l'Europe occidentale, portant d'une main l'étendard du prophète, de l'autre, celui du Christ : *l'Alhambra à Grenade,* et *Saint-Marc à Venise* témoignent de son inconstance et des merveilles de ses caprices. »

On pourrait relever une allusion également dans le *Congrès de Vérone* (1838).

L'épigramme décochée à Wellington par l'auteur des *Mémoires d'outre-tombe* pourrait lui être retournée sans trop d'injustice : « Il promenait *sa gloire* comme un piège à femmes... » Mais telle est, d'autre part, la complexité de ce cœur malade, que René se révolte à la pensée d'être aimé pour sa gloire ; il est jaloux de ses œuvres ; peut-être les aime-t-on au lieu de lui, ou plus que lui :

> L'amant de Velléda, le frère d'Amélie,
>   Mes fils ingrats m'ont-ils ravi ta foi ?
> Ton admiration me blesse et m'humilie.
>   Le croirais-tu ? Je suis jaloux de moi.
> Dédaigne, ô ma Beauté, cette gloire trompeuse...,
>   Pour moi-même, un seul jour, aime-moi... (1)

Dans un fragment des *Mémoires*, rédigé à Cauterets, en août 1829, et plus tard supprimé par l'auteur, à trop juste titre (2), je remarque de longs passages qu'il n'aura point tracés sans penser à Mme de Mouchy.

Observons d'abord « qu'au lever des Pyrénées sur l'horizon, *le cœur lui battait* ». Pourquoi ? « Du fond de vingt-trois années, sortirent des souvenirs embellis dans les lointains du temps ; je revenais de la Palestine et de l'Espagne (3). » Plus il était heureux à Cauterets, *plus la mélancolie de ce qui était fini lui plaisait*. Il composa quelques strophes sur les Pyrénées. Le sujet et le sentiment inspirateurs ? Lisez :

> J'avais vu fuir les mers de Solyme et d'Athènes,
> D'Ascalon et du Nil les mouvantes arènes,
> Carthage abandonnée et son port blanchissant :
> Le vent léger du soir arrondissait ma voile
>   Et de Vénus l'étoile
> Mêlait sa perle fine à l'or pur du couchant :

---

(1) Original autographe. — Quarante vers délirants.

(2) Publié en partie par Sainte-Beuve dans les *Nouveaux Lundis* t. II, p. 259, et reproduit en entier par M. Victor Giraud, au cours d'une impartiale et belle étude sur Chateaubriand, dans la *Revue des Deux-Mondes* 1er avril 1899.

(3) Il dira dans le fameux passage : « Comme *le cœur me battait* en abordant les côtes d'Espagne ! »

> Assis au pied du mât de mon vaisseau rapide
> Mes yeux cherchaient de loin ces colonnes d'Alcide
> Où choquent leurs tridents deux Neptune irrités.
> De l'antique Hespérie abordant le rivage
> Du noble Abencérage
> Le mystère (1) m'ouvrit les palais enchantés.

. . . .

> De l'âge délaissé quand survient la disgrâce
> Fuyons, fuyons les bords qui gardant notre trace,
> Nous font dire du temps en mesurant le cours :
> Alors j'avais un frère, une mère, *une amie* ;
> Félicité ravie !
> Combien me reste-t-il de parents et de jours ?

Nulle erreur possible ; nous voyons très clairement de quel souvenir il était obsédé dans les Pyrénées, à Cauterets.

Je puis ajouter encore à l'éclat de cette évidence. En la même année 1829, à Rome, il avait remarqué que l'ambassadrice d'Autriche ressemblait « à la pauvre Mme de Mouchy », et il n'avait pu se tenir de le confier à Mme Récamier. Et comme celle-ci avait pris ombrage de la ressemblance autant que du souvenir, l'ambassadeur avait répondu : « Soyez tranquille sur tous les points. La ressemblance n'est pas du tout parfaite. Et quand elle le serait, elle ne me rappellerait que des peines... » Voilà l'état d'âme et l'éternelle hantise.

C'est donc au milieu de telles évocations qu'il rencontre une jeune femme assise au bord du gave de Cauterets. L'aventure galante qui s'ensuivit fut l'occasion du fragment naguère exhumé par M. Victor Guiraud (2). Celui qui l'écrit se souvient de Mme de Mouchy, beaucoup plus qu'il ne pense à « la naïade du torrent ».

---

(1) C'est le même mot que dans le passage fameux : « Que de malheurs ont suivi ce mystère ! »

(2) *Revue des Deux-Mondes*, 1er avril 1899.

« Il faut remonter haut pour trouver l'origine de mon supplice ; il faut retourner à cette aurore de ma jeunesse où je me créai un fantôme de femme pour l'adorer. Je vis passer cette idéale image, puis vinrent les amours réelles qui n'atteignirent jamais à cette félicité imaginaire dont la pensée était dans mon âme.

« J'ai su ce que c'était que de vivre pour une seule idée, et avec une seule idée, de s'isoler dans un sentiment, de perdre de vue l'univers, de mettre son existence entière dans un sourire, dans un mot, dans un regard.

« Mais, alors même, une inquiétude insurmontable troublait mes délices. Je me disais : M'aimera-t-elle demain comme aujourd'hui ? Un mot qui n'était pas prononcé avec autant d'ardeur que la veille, un regard distrait, un sourire adressé à un autre que moi me faisait à l'instant désespérer de mon bonheur. J'en croyais l'enfer, et je m'en prenais à moi-même de mon ennui. Je n'ai jamais eu l'envie de tuer mon rival ou la femme dont je croyais entendre (?) l'amour : toujours destructeur de moi-même, je me croyais coupable parce que je n'étais plus aimé.

« Repoussé dans le désert de ma vie, j'y rentrais avec toute la poésie du désespoir. Je cherchais pourquoi Dieu m'avait mis sur la terre, et je ne pouvais le comprendre. Quelle petite place j'occupais ici-bas ! Quand tout mon sang se serait écoulé dans les solitudes où je m'enfonçais, combien rougirait-il de brins de bruyère ? Je vis passer devant moi de nouvelles enchanteresses : les unes étaient trop belles pour moi, les autres ne m'aimaient pas... Le spectacle du bonheur des générations nouvelles qui s'élevaient autour de moi m'inspirait les transports de la plus noire jalousie : si j'avais pu les anéantir, je l'aurais fait avec le plaisir de la vengeance et du désespoir... Lorsque tu chantes, ta voix me rend fou et me fait mal ; tu as l'air de la mélodie elle-même rendue visible et accomplissant ses propres lois (1).

---

(1) Ce trait ne semble pas convenir à la jeune étrangère de seize ans. Au contraire, il rappelle Nathalie-Blanca : « ...Il entendit les sons d'une voix et d'une guitare. Entre la voix, les traits et les regards d'une femme, il y a des rapports qui ne trompent jamais un homme que l'amour possède : « C'est ma « houri ! dit Aben-Hamet ; et il écoute, le cœur palpitant. » — « Tout était séduction dans cette femme enchanteresse : sa voix était ravissante, sa danse plus légère que le zéphir : tantôt elle se plaisait à guider un char comme *Armide*, tantôt elle volait sur le dos du plus rapide coursier d'Andalousie, comme ces *Fées* charmantes qui apparaissaient à Tristan et à Galaor dans les forêts. » — « L'harmonie de ses pas, de ses chants et des sons de sa guitare était parfaite. La voix de Blanca, légèrement voilée, avait cette sorte d'accent qui remue les passions jusqu'au fond de l'âme. »

27.

« ...Mais un vieil *esclave*, qu'en ferais-tu ? Pourrais-tu, du matin au soir, supporter la solitude avec moi, les fureurs de ma jalousie prévue, mes longs silences, mes tristesses de cœur et tous les caprices d'une nature malheureuse qui se déplaît et croit déplaire aux autres ?... Le chaos de ma nature où le ciel et l'enfer, la haine et l'amour, l'indifférence et la passion se mêlent dans une confusion pitoyable.

« ...Réduit à cacher ma double défaite, à mourir de jalousie, je me représenterais tes plaisirs, je me dirais : à présent, à cette heure où elle me parlait, elle meurt de volupté dans les bras d'un autre ; elle lui redit ces mots tendres qu'elle m'a dits, avec cette ardeur de la passion qu'elle n'a pu jamais sentir pour moi. Alors tous les tourments de l'enfer entreraient dans mon âme, et je ne pourrais les apaiser que par des crimes.

« Vieilli sur la terre sans avoir rien perdu de mes rêves, de mes folies, de mes vagues tristesses ; cherchant toujours ce que je ne puis trouver ; joignant à mes anciens maux le désenchantement de l'expérience, la solitude des déserts à l'ennui du cœur et la disgrâce des années, dis, n'aurai-je pas fourni aux démons, dans ma personne, l'idée d'un supplice qu'ils n'avaient point encore inventé dans la région des douleurs éternelles ? »

On comprendra mieux, maintenant, ces vers « trouvés sur le pont du Rhône », et *datés de 1811*.

> Il est minuit, et tu sommeilles
> Tu dors, et moi je vais mourir.
> Que dis-je, hélas ! peut-être que tu veilles !
> Pour qui ?... l'enfer me fera moins souffrir.
> Demain, quand, appuyée au bras de ta conquête,
> Lasse de trop d'amour et cherchant le repos,
> Tu passeras le fleuve, avance un peu la tête,
> Et regarde couler ces flots (1).

Mme de Beaumont et Mme Récamier semblaient être les deux héroïnes privilégiées des *Mémoires d'outre-*

---

(1) Œuvres de Chateaubriand, *poésies* ; — En cette même année 1811, l'auteur de ces vers écrivait à son ami Frisell : « ...Je deviens vieux ; [déjà il se disait *vieux*,] je n'ai pas un sou, et ne pouvant plus parcourir le monde, je ne cherche plus qu'à le quitter. Il faut faire une fin, et je vous attends pour savoir si c'est La Trappe ou la rivière qui doit finir la tragi-comédie. » (Lettre du 10 mai 1811.)

tombe. Je puis dire (ce dont personne ne s'était douté) que Mme de Mouchy est *derrière le voile, invisible et présente,* qu'elle est l'âme de bien des pages, et en particulier de celle-là.

Je crois même que plusieurs passages de ce morceau délirant sont repris des lettres adressées à Mme de Mouchy, et rendues par elle à Chateaubriand, lorsque se produisit la rupture. Il y a là des traits que je reconnais pour les avoir surpris ailleurs : ils n'avaient pas pour objet « la jeune occitanienne ».

Ce morceau est comme un résumé des passions antérieures, comme un memento collectif, comme un chant d'adieu aux folies romanesques.

Pauvre chrétien que René ! Cœur faible, incroyablement. « Nature molle et efféminée » : — « Le ciel et l'enfer, la haine et l'amour, l'indifférence et la passion s'y mêlent dans une confusion pitoyable. » Ce qu'il faut penser de Chateaubriand à ce point de vue, dès 1887 je l'ai dit avec une rude sévérité — la sévérité de la jeunesse — dans *Mme de Chateaubriand.* Voyez, en particulier, pp. 109-117.

Chateaubriand s'est souvenu de la pauvre Nathalie, même dans son dernier livre qui n'est autre que la *Vie de Rancé.* Il y parle *de Grenade et de l'Alhambra.* S'il affirme que « Voiture, quoi qu'on en dise, ne les a pas décrits », c'est évidemment qu'il se souvient de les avoir décrits, lui, dans le *Dernier Abencérage,* et après les avoir visités, et en quelle compagnie.

Une dernière question se pose, et je crois que c'est la plus intéressante; c'est du moins celle à laquelle j'attache le plus de prix.

Pourquoi, toujours et partout, Chateaubriand revient-il au même souvenir?

Dans un dernier billet à sa cousine, Mme de Duras, la pauvre duchesse de Mouchy, de plus en plus souffrante, disait avec une émotion mal contenue, et qui remue le cœur.

« *Parlez de moi quelquefois! Que je ne sois ni trop méconnue, ni trop oubliée! Si notre ami peut conserver mon souvenir, je suis sûre qu'il me plaindra et aimera ma mémoire. Adieu! soyez heureuse ainsi que vos aimables filles! Que ceux qui ont eu quelque amitié pour moi retrouvent mon souvenir auprès de vous.* »

Dernier éclair d'un « esprit supérieur! » Dernière tendresse d'une « âme douce! (1) ». Dernier adieu conscient et angoissé!

Il dut rappeler à Chateaubriand la dernière lettre « si poignante et tout admirable » de sa sœur Lucile, cette autre infortunée, morte folle, et qui l'avait aimé sans partage:

« Mon frère, ma vie jette sa dernière clarté, lampe qui s'est consumée dans les ténèbres d'une longue nuit, et qui voit naître l'aurore où elle va mourir... Si je te retrace le passé, je t'avoue ingénument, mon frère, que *c'est pour me faire revivre davantage dans ton cœur.* »

A la lecture de l'un comme de l'autre adieu, Chateaubriand n'aura pu retenir ses larmes. Il aura juré de *conserver* le cher *souvenir*. Et nous venons de voir s'il fut fidèle à son serment.

Avec le suprême désir de Nathalie de Laborde de

---

(1) Expressions de Mme de Duras.

Méréville, duchesse de Mouchy, nous sont révélées la raison d'être, la noble inspiration, l'excuse touchante du morceau « Ai-je tout dit dans *l'Itinéraire* » et de tant d'autres allusions. En les semant un peu partout dans ses œuvres, il espérait sans doute que, tôt ou tard, un lecteur attentif en favoriserait l'éclosion, et que la *mémoire* toujours *aimée* s'épanouirait dans un rayon d'immortalité.

Après l'indiscrétion, voici le cancan : « A Vichy, aux eaux, à une certaine année, M*** qui me l'a dit, était avec Chateaubriand et Mmes de D*** et de Mouchy, que ce Jupiter-René dévorait toutes deux à petit feu, et qu'il se plaisait à consumer; car la sensibilité de Chateaubriand n'est pas moins compliquée que le reste. »

Pourquoi nommer en toutes lettres la seule Mme de Mouchy, et refuser au lecteur la garantie ou la discussion des deux autres noms?

Tant vaut le narrateur, tant vaut le récit. Qui donc est ce M. M***? Peut-être M. Molé. Et cette dame de D***? Sans doute, Mme de Duras.

Nonobstant les réticences affectées, et malgré la difficulté de serrer de près une historiette de ce genre, on peut la soumettre à l'épreuve des témoignages et des dates.

Chateaubriand vint à Vichy en 1805, et je n'ai vu nulle part qu'il y soit revenu. Il y parut dans les circonstances qu'a racontées Mme de Chateaubriand. Est-ce en présence de l'épouse, sans illusion mais non sans fierté, que le Jupiter-René se fût passé la fantaisie de consumer à la fois ses deux adoratrices ? Et l'expression « à petit feu » ne suppose-t-elle pas un séjour de quelque durée ? Or, Chateaubriand ne fit que passer à Vichy ; il venait prendre sa femme pour visiter la Suisse avec elle. Au surplus, il ne connut Mme de Duras qu'en 1808, et la rupture avec Mme de Mouchy était consommée en janvier 1813. Je crois pouvoir affirmer, d'après les souvenirs, lettres et mémoires de l'un et de l'autre époux, que Chateaubriand ne revint pas à Vichy de 1808 à 1813, et même qu'il n'y revint jamais. D'ailleurs, pour montrer à quel point Sainte-Beuve a faussé la situation et l'attitude de Chateaubriand vis-à-vis des deux cousines, il suffit de citer une lettre de lui à Mme de Duras : « Quelle folie, chère sœur ! Mme de Mouchy sait que je l'aime, que rien ne peut me détacher d'elle... Sûre ainsi de moi, Mme de Mouchy ne me défend ni de vous voir, ni de vous écrire, ni même d'aller à Ussé avec ou sans elle. Si elle me le commandait, sans doute elle serait obéie, comme je vous l'ai dit cent fois. Vous ne le trouvez pas mauvais (1)... » De telles anecdotes, que n'appuient ni l'autorité d'un nom, ni la précision des dates, n'auraient pas dû trouver place dans le livre de l'éminent critique.

III

« Fontanes était essentiellement bon. » Attentif aux jeunes talents, il les encourageait, les produisait, leur enseignait le long espoir et les vastes pensées, leur ouvrait largement la carrière, les stimulait de ses conseils et de ses applaudissements.

---

(1) *Mme de Duras*, pp. 103-104.

« *Il aimait l'espérance* », et sa manière d'obliger était en tout conforme à sa nature : c'était la bonne. Ses obligés devenaient ou restaient ses amis. Avec lui jamais la reconnaissance ne fut un poids, encore moins un joug, mais bien plutôt un honneur et une joie, un souvenir allègre et affectueux, *o et præsidium et dulce decus meum*. Ses protégés, comme ses amis, témoignaient de son jugement et de son goût, autant que de son cœur. Comme ils étaient de premier choix, l'appui que leur prêtait Fontanes tournait à l'avantage des Lettres et de l'État ; si bien qu'à de tels choix, l'admiration, l'inclination et le devoir trouvaient leur compte. Chateaubriand, Joubert, Guéneau de Mussy, Rendu, Chênedollé, Bonald, Frayssinous, Guizot, Villemain, quelle resplendissante couronne ces noms illustres forment au premier grand maître de l'Université impériale !

Villemain n'avait que vingt ans. Fontanes lui attribua d'emblée la suppléance d'une chaire de rhétorique au Lycée Charlemagne (1810). On sait l'importance d'un début heureux ; toute la carrière s'en ressent. À peine âgé de trente-un an, il fut élu membre de l'Académie française. Fontanes l'avait recommandé aux suffrages de ses collègues, et l'eut en effet pour successeur dans la docte compagnie. — Professeur à la Sorbonne, et avec quel éclat ! en même temps que ses illustres rivaux, MM. Guizot et Cousin, la politique le détourna des Lettres, en 1836, et en fit, bientôt après, un ministre de l'Instruction publique. En 1852, la politique le rejeta dans les Lettres ; il se démit même de son titre de professeur à la Sorbonne après le coup d'État. On le vit utiliser noblement ses loisirs. En 1856, il publia ses *Souvenirs contemporains d'histoire et de littérature*, et, l'année suivante, son livre sur Chateaubriand. Dans l'un et l'autre de ces deux livres revient souvent, et toujours avec sympathie, honneur et louanges, le nom de Fontanes.

L'auteur s'empressa de les offrir à la comtesse Christine. Celle-ci sut répondre avec une telle vivacité de sentiments et un tel bonheur d'expressions qu'elle mérita de recevoir la belle lettre suivante, inspirée de la sienne.

> Madame,
>
> Une absence de quelques jours m'a privé de répondre immédiatement au témoignage le plus précieux dont je puis être honoré : j'entends la satisfaction que vous avez bien voulu m'exprimer sur la manière dont j'ai parlé d'un acte de la vie de votre illustre père. Je vous l'avoue, Madame, c'était surtout pour avoir occasion de mettre au grand jour cette vérité, que j'avais entrepris un travail difficile et contentieux. En lisant les volumineux *Mémoires* du grand écrivain auquel vous gardez le souvenir si noblement indiqué par vous, j'avais souffert, plus que je ne puis dire, de son langage incomplet ou de sa réticence sur l'admirable conduite de M. de Fontanes, devant un crime du Pouvoir absolu, et aussi sur quelques autres procédés de généreuse amitié qui m'étoient connus (1).
>
> La reconnaissance, vous le savez, Madame, m'imposait ce devoir : et j'aurais voulu seulement avoir plus d'autorité pour le remplir. Je suis heureux du moins d'avoir pu rencontrer, à quelque degré, votre propre impression et le sentiment si juste de votre piété filiale. L'expression même que vous lui donnez, Madame, m'a rappellé, si j'ose le dire, l'esprit et l'âme dont vous avez hérité : et je souhaite de pouvoir un jour m'honorer, et, au besoin, me défendre par ce seul suffrage.

---

(1) Il y eut, chez Mᵐᵉ Lenormant, lecture du livre que Villemain allait publier, *M. de Chateaubriand et la tribune moderne*, comme il y avait eu, chez Mᵐᵉ Récamier, lecture de la notice de Sainte-Beuve sur Fontanes, et plus tard, du volume de *Port-Royal*. Guizot écrivait à Mᵐᵉ Lenormant, le 24 février 1857 : « J'ai regretté la lecture chez vous (de M. Villemain) plus que le bal chez Mᵐᵉ Duchâtel. »

Je ne discuterai pas, Madame, un autre point de la lettre dont vous m'avez honoré. J'ai toujours écrit avec sincérité. Mais peut-être me suis-je mépris dans quelque interprétation historique sur un grand souverain étranger. Je regretterais doublement un défaut de justesse qui aurait pu blesser des souvenirs si respectables en vous.

Veuillez, Madame, agréer, avec mes remercîmens de votre indulgence, mes bien dévoués respects.

VILLEMAIN.

Ce 4 février [1858] (1).

On aimera, je suppose, à trouver ici le passage auquel faisaient allusion les deux correspondants :

Quelques détails sont encore à recueillir dans les Mémoires de l'auteur sur ce noble élan d'une âme généreuse, sur ce *verdict* de la conscience publique représentée par un homme. Un ami de M. de Chateaubriand, M. Clausel de Coussergues, fort attaché au souvenir des Bourbons et indigné, comme l'étaient alors de plus modérés que lui, étant survenu sous l'impression de la nouvelle funèbre (2) dont retentissait Paris, fit supprimer quelques phrases de la lettre [de démission] au ministre des relations extérieures. Puis la lettre fut envoyée sans retard, *assez expressive par le fait et la date de la démisssion*.

A Dieu ne plaise que notre véracité historique ait rien à retrancher de l'estime due à cet acte de M. de Chateaubriand! L'effet moral en fut grand, même sous l'enivrement ou l'abaissement servile qu'imposaient alors la gloire et la force. Une telle protestation était un service rendu à l'honneur français et à l'humanité, dont elle maintenait les droits. Rien le lendemain ne démentit, dans le démissionnaire, ce courage du premier jour. Appelé chez la sœur du premier Consul, qui, avec plus d'intérêt de femme que de colère, lui reprochait sa défection, il demeura calme et digne, à la hauteur du devoir qu'il avait accompli, *ne désavouant rien de ses motifs* et ne détournant pas la persécution qu'il avait bravée.

Le seul regret qui, dans notre admiration impartiale, se mêle à ce souvenir, ne porte que sur un injuste oubli de M. de Chateau-

---

(1) *La Tribune moderne. M. de Chateaubriand*, par M. Villemain. La préface est datée de décembre 1857. Le volume porte la date de 1858. — Original autographe, sans suscription, [à Madame Christine de Fontanes].

(2) Exécution du duc d'Enghien.

briand pour d'autres que pour lui-même. On souffre de lire dans ses Mémoires, à la date de ce glorieux jour de sa vie : « M. de Fontanes devint presque fou de peur, au premier moment ; il me réputait fusillé avec toutes les personnes qui m'étaient attachées. »

Je ne sais ce que la sollicitude d'une vive amitié, le mélange d'éblouissement et d'effroi que ressentait M. de Fontanes pour d'autres actes de Napoléon, put jeter, cette fois, d'agitation dans son esprit et d'intérêt passionné dans son langage. Mais si sa peur pour un autre fut trop grande, elle ne l'atteignit pas, du moins, pour lui-même. Jamais son attachement ne se montra plus assidu, son admiration plus vive pour M. de Chateaubriand qu'à ce moment d'épreuve. J'ajouterai qu'il ne *déguisa* pas plus son douloureux blâme que sa fidélité à son ami, en face du puissant coupable lui-même.

Deux jours après le crime, venant, à la tête d'une députation du Corps législatif féliciter le premier Consul de l'achèvement du Code civil, il avait dit au nom de ce Corps : « Citoyen premier Consul, un empire immense repose, depuis quatre ans, sous l'abri de votre puissante administration. *La sage uniformité de vos lois* en va réunir de plus en plus tous les habitants. » Le lendemain, par une de ces fraudes où s'abaisse le despotisme, le *Moniteur* imprima : « *La sage uniformité de vos mesures* », comme pour extorquer, en faveur de la sanglante *mesure* du 20 mars, l'approbation du Corps législatif. M. de Fontanes, indigné, courut au *Moniteur* et exigea, dans un *Erratum* publié le 27 mars, le rétablissement de ses propres paroles, dont le contraste, avec le texte mensonger, devenait un accablant reproche. En effet, cette complicité d'un apparent éloge, qu'on n'avait pas eu honte de dérober ainsi, le premier Consul avait voulu d'abord l'obtenir de son président du Corps législatif.

Le 21 mars, dès le point du jour, M. de Fontanes avait été mandé aux Tuileries ; et le premier Consul, lui annonçant avec calme l'arrestation du duc d'Enghien, avait paru le consulter. A la réponse de M. de Fontanes, « qu'il fallait renvoyer ce jeune homme, au nom des victoires gagnées par son grand aïeul », le premier Consul s'était écrié, « que ce jeune homme était coupable et traduit devant un conseil de guerre ». Puis, aux vives réclamations du président du Corps législatif qui le suppliait « d'avoir soin de sa gloire, et de ne pas sacrifier une telle victime aux Jacobins », il avait répondu : « Nous ne sommes plus à temps : il est mort. » Certes, celui qui, tenté et averti par semblable confidence, loin de rien changer à son prochain langage public, en revendiqua par un démenti le texte véritable, n'était pas devenu « fou de peur au premier moment ».

M. de Chateaubriand, du reste, avait ailleurs, dans une disposition d'esprit plus équitable, rendu plus de justice au courage de son ami. C'est lui qui nous raconte que, plusieurs mois après le crime accompli, lorsque les flots aveugles de la foule et les dernières pompes du Sacre impérial avaient déjà couvert et comme enseveli ce souvenir, le Maître, béni et couronné, disant un jour à M. de Fontanes : « Eh bien, Fontanes, vous pensez toujours à votre duc d'Enghien ! » celui-ci osa répondre : « Il me semble que l'Empereur y pense autant que moi. » Laissons à l'homme de cœur qui persévérait ainsi jusqu'à la fin, le mérite d'avoir été bien inspiré, dès le premier jour...

Que la gloire de M. de Chateaubriand, que son immortel talent popularisent sa belle action et la rendent à jamais instructive !.. C'est parce que de tels actes sont trop rares devant la force et la prospérité que le génie s'emporte à ces attentats qui, plus tard, servent à sa ruine... La représaille de la mort du duc d'Enghien ne s'est rencontrée qu'à plus de dix années du fait accompli. Il est beau d'avoir devancé cette date par une déclaration périlleuse (1).

Villemain, si bien renseigné d'ordinaire, l'était imparfaitement cette fois. Plus explicite que l'hommage indirect cité à décharge, il est un autre mot qui figure, sous une date significative, et au bon endroit des *Mémoires d'outre-tombe* : « Fontanes, timide en ce qui le regardait,... *devenait tout courage pour l'amitié :* il me le prouva lors de ma démission à l'occasion de la mort du duc d'Enghien. »

L'hommage est formel et absolu, comme on voit. Il a été rendu à Fontanes par Chateaubriand, ambassadeur à Londres, et il est daté de 1822. Impossible à lui de donner, et à nous de désirer, déclaration plus précise.

Mais alors que penser du mot contre lequel proteste

(1) Pages 140-144.

Villemain, avec une noble et sympathique éloquence? Comment expliquer les deux mots contradictoires? Tout l'esprit de Villemain n'y aurait pas suffi. Or la chose nous est facile, et la réponse ne laisse pas d'être piquante.

C'est dans l'émotion toujours reconnaissante de son cœur, et dans l'intègre fraîcheur de ses souvenirs, que Chateaubriand avait trouvé la formule du véridique hommage, — émotion et souvenirs renouvelés aux lieux mêmes où les deux amis, jeunes alors, s'étaient rencontrés et liés dans la commune misère de l'exil.

Le mot « fou de peur » est d'une date postérieure et d'une autre plume. Il a été transcrit de confiance, comme tant d'autres qui font également partie des notes ou petits mémoires de Mme de Chateaubriand (1) :

« Mon mari ne balança pas; il envoya de suite sa démission à M. de Talleyrand qui, par bienveillance, la garda plusieurs jours avant d'en parler au premier Consul. Mme Bacciochi, qui nous était fort attachée, jeta les hauts cris en apprenant ce qu'elle appelait une défection. *Pour Fontanes, il devint fou de peur, il se voyait déjà fusillé de compagnie avec M. de Chateaubriand et tous nos amis.* La chose cependant se passa le plus tranquillement du monde, et lorsque M. de Talleyrand crut enfin devoir remettre la démission à Bonaparte, celui-ci se contenta de dire : « C'est bon! » mais il en garda une rancune dont nous nous sommes ressentis depuis. Il dit plus tard à sa sœur : « Vous

---

(1) Sur la collaboration de Mme de Chateaubriand aux *Mémoires d'outre-tombe*, voyez *Mme de Chateaubriand d'après ses Mémoires et sa Correspondance*, par G. Pailhès.

« avez eu bien peur pour votre ami? » Et il n'en fut plus question. »

Au moment où Chateaubriand copiait ce passage dans le cahier de sa femme, quinze ans avaient passé sur le mot écrit à Londres par l'ambassadeur — le mot véridique — trente ans et plus, sur l'événement. L'auteur des *Mémoires* avait eu le temps d'oublier soit le détail des faits, soit le récit qu'il en avait tracé. Charmé de la spirituelle et vive narration de Mme de Chateaubriand, il s'en était emparé avec plaisir, non sans l'amender et l'adoucir un peu.

Cette remarque établie, je crois permis en passant de conclure à la véracité des dates mises en tête des divers chapitres des *Mémoires d'outre-tombe*. On l'a contestée, cette véracité, en s'appuyant sur des considérations de style, bien vagues et bien faibles, à ce qu'il me semble.

Autre remarque : je vois assez qu'on dit beaucoup de mal de ces *Mémoires;* mais je vois aussi qu'on ne cesse de les citer : ce qui, pour un livre publié en 1849, est une manière d'en dire beaucoup de bien ; ce qu'on en cite, à bonne ou maligne intention, fait grand plaisir à lire, et relève, quand il ne l'écrase pas, le texte où les citations s'encadrent.

Sur « le grand souverain étranger », qui ne peut être qu'Alexandre, j'ai dit plus haut ce que m'ont raconté des personnes très bien renseignées; leurs récits, ainsi que les lettres de l'abbé Nicolle, éclairent le mystérieux paragraphe.

Très romanesque, dès ses jeunes ans, et d'ailleurs très réservée, Christine de Fontanes s'était éprise d'une folle passion pour Alexandre, à qui, vraisemblablement, elle n'adressa jamais la parole.

Cette pure et chimérique flamme avait résisté aux propos doucement moqueurs de l'entourage, aussi bien qu'à l'éloignement et au temps. A la date de la lettre que nous venons de lire (1858), on voit que la comtesse Christine de Fontanes restait fidèle à l'amour exalté qui avait fait battre son cœur d'adolescente, et avec quelle vivacité charmante elle défendait la mémoire du grand homme adoré. Loin de m'offusquer, ce trait me plaît, ce trait d'idéal que quarante-quatre ans n'avaient pas effacé.

IV

Les lettres qui suivent me viennent de Mme Lenormant. Elle a écrit sur la bande qui les enveloppe : « Quelques-unes des lettres que j'avais adressées à Christine de Fontanes, et qui m'ont été renvoyées après sa mort. »

De Mme Lenormant à la comtesse Christine de Fontanes.

Ce 21 décembre 1859.

Que puis-je vous dire, chère Madame, sinon que je vis, et que ce n'est pas le moindre étonnement pour moi que le coup de foudre qui m'a frappée au cœur ne m'ait pas tuée à l'instant (1).

---

(1) Je crois être agréable au lecteur et fidèle aux amitiés de Christine de Fontanes, en reproduisant ici les principaux passages d'un article de M. Vitet sur Charles Lenormant.

Je ne choisis pas ceux qui détaillent les travaux et les titres du savant, mais plutôt les traits qui nous rendent la physionomie morale de l'homme.

Ce sera la meilleure introduction aux lettres qui suivent; les deux premières surtout en recevront une lumière très favorable :

« Il n'est personne que la mort de M. Lenormant n'ait vivement ému. Mourir sitôt, loin des siens, sur la terre étrangère, passer en quelques heures des plaisirs du voyage, des joies de la science, de l'espoir du prochain retour aux suprêmes angoisses, c'est là un de ces coups qui étonnent

C'est le jour même où j'attendais le retour de mon mari et de mon fils que la nouvelle de mon irréparable malheur me parvenait par le télégraphe. Le lendemain, je partais avec mon gendre, M. B..., pour aller à Marseille chercher le corps de mon pauvre

et consternent même les plus indifférents. Mais l'émotion serait autrement profonde si chacun savait comme nous quels liens cette mort a brisés, quels travaux elle laisse interrompus, quel esprit généreux, quel noble cœur nous sont ravis!...

« Né en 1802, il eut dès 1815 le malheur de perdre son père... Un voyage entrepris vers la fin de 1824 et continué pendant près d'un an à travers l'Italie et la Sicile décida sans retour non seulement de sa vocation mais du bonheur de sa vie. Ce fut en effet pendant ce long voyage, où la vue des chefs-d'œuvre de l'art antique et moderne lui avait révélé toute la vivacité de sa passion d'archéologue, de critique et d'artiste, ce fut en Italie, en 1825, qu'il rencontra pour la première fois Mme Récamier et sa nièce. Les deux jeunes gens s'engagèrent leur foi presque en même temps qu'ils se virent : l'année suivante ils étaient mariés.

« Bientôt après, par dévouement pour la science, il fallut s'imposer un cruel sacrifice, une séparation. Celle-là du moins devait avoir un terme! On était en 1828 : Champollion partait pour l'Egypte, occasion peut-être unique (l'événement l'a prouvé) de l'entendre exposer, d'étudier avec lui, sur les parois des monuments eux-mêmes, sa merveilleuse découverte. M. Lenormant, qui s'était déjà fait son élève, pouvait-il abandonner son maître? Il s'arma de courage et suivit Champollion. Pendant toute une année, il vécut avec lui sur le Nil, sans mission officielle, en amateur et à ses frais, mais associé à tous les travaux de la nouvelle expédition d'Egypte, compagnon assidu de son chef, dépositaire de toutes ses pensées.

« L'Egypte une fois explorée, il se rendit en Grèce. C'était le temps où tous les cœurs battaient pour ce noble pays. Jeune, ardent, généreux, M. Lenormant, plus que tout autre, devait embrasser avec feu cette sainte et glorieuse cause. Je ne crois pas qu'en 1828 il y eût un philhellène plus chaleureux que lui ; et cet amour filial pour la Grèce n'était pas seulement un enthousiasme passager ; chez lui le philhellène de 1828 vivait encore en 1859. Cette constance, il la devait aux souvenirs ineffaçables que lui avait laissés son premier séjour en Morée. Il avait assisté, même il avait pris part aux dernières luttes de l'indépendance, et lorsque, après la victoire, il put, en paix, sans distraction, étudier les monuments antiques, il n'en fut pas moins chaque jour mêlé à ces populations ivres de joie et d'espérance. Autour de chaque ruine et de chaque chef-d'œuvre, il entendait des cris et des chants de triomphe. De là, pour lui, deux impressions inséparables : la Grèce antique et la Grèce moderne s'étaient identifiées dans son esprit, et son admiration pour l'une ne cessa plus d'entretenir sa sympathie pour l'autre... Il ne fit dans l'administration (après 1830) qu'une apparition de trois mois comme chef de la section des beaux-arts au ministère de l'Intérieur. C'était ne pas sortir de son cercle d'études et continuer d'une façon sédentaire les fonctions d'inspecteur des musées qu'il avait exercées jusque-là. Il sortit de ce poste où l'avait appelé la confiance de M. Guizot, le jour où celui-ci quitta le ministère, et il entra pour n'en plus sortir dans la calme retraite des bibliothèques publiques. D'abord il fit à l'*Arsenal* un séjour de deux ans, puis il passa comme adjoint en 1832 à ce cabinet des médailles dont il devait, en 1840, devenir le conservateur.

« En 1835, M. Guizot le désigna pour faire à la Sorbonne, comme son sup-

Charles et mon fils que je savais avoir eu trois accès de fièvre, en même temps que son père. Ces vingt-deux heures de route, je puis vous le dire, ont été vingt-deux heures d'agonie. A la douleur

pléant, le cours d'histoire moderne, il accepta sans hésiter... Une ère nouvelle commençait pour lui. Sans négliger l'érudition, sans manquer à l'archéologie, il allait prendre au sérieux sa mission de professeur d'histoire. Par nature, il aimait passionnément la vérité, et c'est en la cherchant avec une ardente bonne foi pour éclairer ses auditeurs qu'il sentit naître ou plutôt se réveiller en lui, à la clarté de la science, les croyances de son jeune âge, heureux don qui devait rendre sa vie sereine et lui garantir le bienfait d'une tranquille mort.

« Ce ne fut pas dès les premières années de son professorat que ce changement se laissa voir. On lui avait d'abord permis de faire, par exception, un cours d'histoire *ancienne*, et sur le sol antique, devant le paganisme incontesté, rien ne pouvait encore provoquer ses scrupules. Mais lorsque, après trois ou quatre ans de tolérance, il fallut en venir à professer l'histoire moderne, au seuil même de cette histoire, il trouva devant lui, sans pouvoir l'éluder, un mystérieux problème. Qu'allait-il dire du Christianisme? Sous quel jour l'allait-il présenter à cette jeunesse des écoles? N'en ferait-il que la plus grande des révolutions humaines? Y verrait-il l'œuvre de Dieu? Pour trouver la réponse, il consulta les textes saints, compara, contrôla les divers témoignages, puis, lorsque pièce à pièce il eut sondé le fondement de l'édifice et reconnu, sans en pouvoir douter, que ce n'était pas l'homme qui seul l'avait pu construire, il se soumit et crut que c'était Dieu.

« Mais un degré lui restait à franchir. La conviction chez lui, si vive et si peu cachée qu'elle fût, n'était encore que théorique. Il croyait et ne pratiquait pas : inconséquence assez commune dont il se hâta de sortir, sans faste comme sans effort. De ce jour, dans ses moindres paroles, on sentit l'empreinte de sa foi. Son genre d'esprit ne lui permettait pas soit de garder en lui la vérité lorsqu'il pensait l'avoir acquise, soit même d'en tempérer quelque peu, d'en atténuer l'expression, encore moins de prendre des détours pour marcher à son but; il cherchait le chemin le plus droit et s'y lançait tête baissée... En 1849, tous ses protecteurs en exil et ses amis hors du pouvoir, une libre élection, vœu spontané de ses émules et de ses pairs, le mit en possession de la chaire d'archéologie que la mort de M. Latronne laissait vacante au Collège de France...; président aussi, par libre vote, de la Commission des monuments historiques...

« Ce zèle infatigable, cette prodigalité de ses forces et de son temps n'était au fond que l'entraînement d'une nature généreuse, prédisposée au dévouement. Il avait le cœur chaud autant que la tête active, et ne savait faire rien à demi, pas plus aimer que travailler.

« Le cadre étroit où je me renferme ici, et que déjà peut-être je dépasse, ne permet pas que j'entre dans l'intérieur de cette vie. Où serais-je conduit si je voulais faire voir comment il savait obliger, ce que c'était pour lui que servir ses amis; un seul exemple dira tout :

« Lorsque l'émeute, en février, menaçait d'envahir l'hôtel des affaires étrangères, chez qui M. Guizot mettait-il en sûreté ce qu'il avait de plus cher, sa mère et ses trois enfants? Qui lui en répondait, et qui, après de sinistres journées et de longues angoisses, lui rendait son précieux dépôt? Nous l'apprendrons sans doute dans les Mémoires de M. Guizot; il y aura là une page qui en dira plus sur le cœur de M. Lenormant que toutes nos paroles.

« Cette pente au dévouement n'a-t-elle pas abrégé sa vie? Je crains de

poignante, atroce, de tout le bonheur de ma vie, se joignait l'anxiété de la situation où je pouvais trouver François.

La terreur qui me remplissait le cœur augmentait à mesure que nous approchions de Marseille. J'ai revu mon fils beaucoup

ranimer une plaie encore vive; mais pourquoi s'en allait-il en Grèce? N'était-ce que pour revoir une troisième fois cette terre vénérée? Un devoir plus sacré l'entraînait : ne pas laisser son fils seul, sans guide, sans secours, dans ces climats lointains; initier lui-même, conduire aux sources vives de l'archéologie cette jeune intelligence avide de savoir, déjà si riche, et si bien préparée, voilà ce qui l'a poussé, on peut dire malgré lui. La saison n'était guère favorable, et quelques noirs pressentiments semblaient lui traverser l'esprit, à lui d'ordinaire si serein. Peut-être aussi regrettait-il de partir le jour même où paraissait un livre inspiré par un autre devoir, [*Souvenirs et correspondance tirés des papiers de Mme Récamier*, par Mme Charles Lenormant], et dont il avait sans doute quelque sollicitude... N'eût-il pas mieux aimé rester là comme pour protéger cette vie jusque-là si cachée qui allait se laisser voir au jour? Tout cela pouvait l'agiter; mais ces nuages eurent bientôt disparu; une rapide traversée, le succès de ce livre qui, plus rapide encore, le précéda pour ainsi dire, le soleil de l'Attique, la vue du Parthénon, l'accueil cordial et fraternel d'anciens et nombreux amis, des soins, des égards, des honneurs inespérés, tout avait fait comme un enchantement de cette expédition hasardeuse. C'est à la veille du retour, dans une dernière excursion, que devait commencer la série déplorable d'accidents et de fatalités dont le récit fait mal. Ce brusque changement du ciel amenant l'invasion du mal, cette mer devenue furieuse qui s'oppose au retour et à tout moyen de salut, ces trois jours de cheval et de route accablants, et lorsque enfin on touche Athènes, les secours devenus impuissants dès qu'ils commencent à devenir possibles, c'est un trop désolant spectacle, il faut s'en écarter.

« Si je m'y arrêtais, ce serait seulement pour recueillir les témoignages unanimes de la résignation forte et calme qu'a laissé voir pendant ces dix jours d'agonie celui qui se sentait mourir. Pas une plainte, pas un soupir. C'est là, pour ceux qui le pleurent, la vraie, la seule consolation. Ils n'ont pu lui fermer les yeux; mais ils savent qu'à ce moment suprême, il avait pour le soutenir et pour veiller à son chevet l'énergie de ses espérances. Et si nous descendons de ces hauteurs pour regarder la terre, n'auront-ils pas aussi quelque douceur à voir quelle éclatante fin couronne cette modeste vie? Qui sait s'il n'avait pas lui-même rêvé de mourir là, au champ d'honneur, dans la force de l'âge, comme cet autre antiquaire, l'honneur de l'Allemagne?

« Les voilà réunis, leurs noms inséparables sont gravés sur ce marbre qui ne peut plus périr, tant que le sol d'Athènes sera foulé par un voyageur, tant que vivra le souvenir de *l'Académie de Platon.* »

18 décembre 1859.

Études sur l'histoire de l'art, deuxième série, moyen âge. (pp. 418-430.)

De M. Guizot à Mme Lenormant.

Val-Richer, 11 décembre 1859.

«... Écrivez-moi souvent, je vous prie, en attendant que j'aille vous voir. Parlez-moi de l'état de votre âme comme de votre santé; vous ne me direz rien que je ne comprenne, que je ne trouve naturel et juste. Votre mari a mérité de vous tout ce que vous souffrez, tout ce que vous souffrirez pour lui. J'ai été et je reste ému jusqu'au fond du cœur du courage chrétien avec lequel, loin de vous, il a renoncé à l'espoir de vous revoir ici-bas. Et aussi

mieux portant que je ne l'osais espérer, et j'ai su de lui tous les détails de la maladie de mon bien-aimé mari.

Après douze heures passées à Marseille dans de funèbres et bien cruels arrangements, je suis revenue à Paris, les ramenant tous deux, mais tout autrement, hélas ! que je ne le prévoyais. Je sais mon malheur ; eh bien ! je n'y crois pas encore, le sentiment de l'attente, l'espoir insensé de le voir tout à coup arriver ne m'ont pas encore abandonnée ; ou si je parviens à comprendre que les jours, les mois, les années peut-être s'écouleront sans me ramener celui qui a rempli ma vie et uniquement occupé mon cœur, je sens le désespoir prêt à me saisir. Pardonnez-moi de ne vous occuper que de mon irrévocable malheur ; vous êtes la première personne à qui j'écris, excepté M. Foisset auquel j'ai envoyé à plusieurs reprises des renseignements, des détails, pour une biographie qu'il fera pour le *Correspondant* de janvier, et à laquelle j'attache un prix infini. Mon fils est presque aussi à plaindre que moi ; il sent ce qu'il perd en perdant ce père, tout à la fois son guide, son maître, son ami, son bouclier. Le pauvre enfant me fait pitié, tant je le sens dénué pour le présent et pour l'avenir. Il a reçu des circonstances, si frappantes, si attendrissantes qui ont accompagné ce cruel malheur, une impression qui, je l'espère, sera ineffaçable, et ces dernières semaines lui ont donné une maturité chèrement payée. Mais à son âge, peut-il y avoir un deuil éternel ? C'est pour moi que le deuil ne finira plus, et ceux qui m'aiment doivent me souhaiter de survivre le moins possible.

Mme Lenormant qui avait vécu auprès de Mme Récamier, et joui de l'amitié de Chateaubriand, n'aura pu s'empêcher de lire et de relire l'*Itinéraire*, et surtout depuis le départ de son mari pour la Grèce. Que de fois, pendant ce trajet, elle dut se rappeler la page où le voyageur raconte qu'il avait failli mourir de la fièvre à

---

d'une autre chose : de l'explosion du sentiment national en Grèce à son sujet. Que le courage de votre mari vous soit un exemple, et le sentiment de la Grèce une douceur. Dieu vous commande ce courage et vous permet ce soulagement.

« Mon fils est venu passer vingt-quatre heures avec moi et retourne à Paris. Ayez un peu d'amitié pour lui, de votre amitié maternelle.

« Il vous est tendrement dévoué.
GUIZOT (1). »

(1) *Le Correspondant*, 10 juillet 1896.

Kératia : « Si j'ai jamais eu un moment de désespoir dans ma vie, je crois que ce fut celui où, saisi d'une fièvre violente, je sentis que mes idées se brouillaient et que je tombais dans le délire. Mon impatience redoubla mon mal. Me voir tout à coup arrêté dans mon voyage par cet accident ! La fièvre me retenir à Kératia, dans un endroit inconnu, dans la cabane d'un Albanais ! *Encore si j'étais resté à Athènes ! si j'étais mort au lit d'honneur en voyant le Parthénon !* »

De la même.

Képhissio, près d'Athènes, le 13 août 1860.

J'aurais mérité votre oubli, chère Madame, si le long silence que j'ai gardé avec vous avait pu vous donner l'idée que votre souvenir et votre amitié me sont ici moins présents qu'en France. Mais que vous dirai-je ? Je suis partie depuis le 1ᵉʳ avril. Nous avons passé à Rome la fin de la semaine sainte et toute la semaine de Pâques. J'ai eu à Rome une impression personnelle à la fois douce et douloureuse. J'ai beaucoup vécu dans le passé et avec mes chers morts dans ces beaux lieux où j'ai connu celui que j'ai perdu. Les vivants ne valaient pas les ombres qui, là comme ailleurs, et encore plus qu'ailleurs, marchaient à mes côtés (1). La Rome présente, vivante, m'a produit un effet de grande tristesse et de peu d'espérance. Oserai-je vous l'avouer ? Les réserves obligées faites pour le temporel, j'ai trouvé que la question du pouvoir terrestre, matériel, préoccupait trop exclusivement. Je le pense plus encore, hélas ! depuis que nous sommes en Orient, que nous y sommes témoins de la corruption et de l'abaissement du clergé latin, des persécutions et des égorgements que le fanatisme musulman inflige aux chrétiens de tous les rites. Je désire avec ardeur que Pie IX, ému des terribles événements de Syrie, suive l'exemple de son saint précédesseur Pie VII, le premier des souverains de l'Europe qui ait envoyé des secours aux chrétiens Grecs qui combattaient pour s'affranchir de la servitude des Turcs.

Si Pie IX, oubliant les dangers qui concernent plus le Souverain

(1) Mᵐᵉ Récamier, MM. de Chateaubriand, Ballanche et J.J. Ampère. Voir *Souvenirs et correspondance de Mᵐᵉ Récamier et André-Marie Ampère et J.J. Ampère*, t. I, p. 243 et suivantes.

que le Pontife, prêchait une croisade en ce moment, je crois vraiment, chère Madame, qu'il eût fait la réunion des deux Églises. — Nous parlons souvent des préjugés de l'Église orientale, et nous n'avons pas tort. Mais nos préjugés, à nous autres, catholiques occidentaux, sont-ils moindres ? Mais j'entame là un sujet sur lequel j'aimerais à causer avec vous, et qui ne doit pas remplir ma lettre.

Je reviens donc à notre odyssée, à mon fils et à moi. Notre traversée de Civita-Vecchia au Pirée a été heureuse ; un seul jour de gros temps m'a rendue malade. J'ai passé deux jours au Pirée dans un pauvre, incomparablement pauvre couvent de religieuses dont la supérieure, sœur Véronique, femme rare et charmante, m'a reçue comme une amie connue depuis longtemps. Elle a donné à mon cher mari ses soins nuit et jour pendant sa courte et fatale maladie. Et il semblait qu'elle eût été placée, après sa mort, au Pirée, pour veiller et prier comme un ange protecteur sur *le cœur* déposé dans l'église. Il y a deux mois que la sœur Véronique a été appelée à Rome par la supérieure générale ; son départ a été pour moi une véritable peine.

Athènes, l'acropole, l'Attique et ses belles lignes de montagnes, toute cette nature dont les descriptions depuis l'enfance charment nos imaginations (1) ont dépassé ce que j'attendais. Mon fils a commencé ses fouilles à Éleusis. Elles ont été heureuses. En quittant la Grèce, il aura attaché le nom de la France à la mise à découvert d'un monument architectural très important, là où le sol ne laissait rien deviner de ce qu'il renfermait. On a déblayé les petits propylées du temple de Cérès, et la moitié des grands propylées du même temple ; on achèvera ce second travail en reprenant les excavations dans quinze jours (2) ; puis les chaleurs sont

(1) Mme Lenormant se rappelle ici, et vers la fin de sa lettre, les belles pages de l'*Itinéraire* sur l'Attique et en particulier sur le Taygète « justement comparé aux Alpes, par Polybe, mais aux Alpes sous un plus beau ciel ».

(2) «... Pendant son dernier séjour à Athènes, peu de temps avant cette fatale maladie qui devait l'emporter, M. Charles Lenormant apprit qu'à Éleusis, en creusant les fondations d'une maison d'école, on venait de découvrir un bas-relief d'une rare beauté. Un peu plus loin, toujours à Éleusis, on avait retrouvé, dans la maçonnerie d'un vieux mur, une tête d'homme colossale, travail hardi et plein de feu. M. Lenormant vit ces sculptures et aussitôt sollicita du gouvernement grec la permission de les faire mouler et d'en envoyer les bons creux à notre école des Beaux-Arts... Je ne crois pas que le sol de la Grèce, depuis son affranchissement, nous ait encore rien révélé de comparable à ces sculptures... (ici très belle étude du bas-relief et de la tête...) Un jeune archéologue est chargé, nous dit-on, de continuer pendant six mois, en Grèce, les savantes recherches commencées par lui sous l'aile de son père, et tristement interrompues par le plus cruel des devoirs.

devenues si fortes qu'il a fallu suspendre les travaux. C'est alors que François est parti pour Beyrouth, porteur des premiers secours pour les victimes des massacres. Vous connaissez mon fils, vous savez qu'il a hérité de l'ardeur et d la résolution de son père.

L'idée de cette mission aura l'approbation de tous... Ne serait-ce pas l'occasion d'essayer ces grands travaux de découverte dont je voudrais que la France revendiquât l'honneur? Le lieu est clairement indiqué. C'est à Eleusis, ce me semble, que tout d'abord devra se rendre M. François Lenormant. Pour lui, le premier devoir est de découvrir ou du moins de chercher le complément de ce chef-d'œuvre auquel le nom de son père restera désormais attaché... » (Les marbres d'Eleusis. — *Études sur l'histoire de l'art*, 1re série, par L. Vitet.)

« Nos souhaits sont accomplis. Cette mission, donnée l'année dernière (1860) à M. François Lenormant, pour continuer en Grèce l'œuvre commencée par son père, s'est heureusement terminée. Le jeune archéologue a exploré une partie notable des ruines d'Eleusis, et il rapporte en France une collection de plâtres reproduisant les principaux détails des monuments qu'il a mis au jour, et même aussi d'autres sculptures découvertes antérieurement, mais jusqu'ici inconnues à Paris.

« Encore une preuve nouvelle des trésors que nous promet la Grèce. On peut le dire sans hyperbole, depuis qu'elle est affranchie, depuis que, sans trop d'obstacles, il est permis d'en visiter et d'en fouiller le sol, chaque année nous apporte quelques lumières de plus sur l'art grec et sur son histoire. Aussi, c'est une étude à reprendre en sous-œuvre, un édifice à reconstruire... La science, aussi bien que l'art, a donc un puissant intérêt à fouiller les débris d'Eleusis.

« La première chose à faire est donc de déterminer d'une manière certaine l'emplacement des cinq temples dont parle Pausanias. Une partie de cette tâche est accomplie depuis 1859. Dans ce fatal voyage qui l'enleva si brusquement à la science et à ses amis, M. Charles Lenormant, grâce à cette découverte du bas-relief colossal dont nous avons parlé plus haut, a fixé indubitablement la place où était bâti le temple de Triptolème; mais le sanctuaire principal, l'édifice qui dominait tous les autres à Eleusis, l'asile où se célébraient les grands mystères, le temple de Cérès et de Proserpine, où était-il situé? Ce temple et ses dépendances couvraient un espace immense; c'était presque une ville. Il était entouré de deux enceintes sacrées, auxquelles donnaient accès deux *propylées successifs*, placés chacun dans un axe différent afin que, du dehors, un œil curieux ne pût même de loin entrevoir les mystères. L'intervalle de la première à la seconde enceinte était rempli de statues et d'édifices religieux. Enfin le temple était si vaste qu'il pouvait contenir trente mille personnes. C'est Vitruve qui le dit, et il ajoute que l'architecte du Parthénon, Ictinus, en était l'auteur. Voilà bien des raisons pour que depuis longtemps les antiquaires et les artistes aient un ardent désir de déblayer et de sonder les fondations d'un édifice aussi extraordinaire.

« C'est ce travail qu'a entrepris M. Lenormant et qu'il a en partie mené à bonne fin...

« Les fouilles ont mis à découvert:

1° Les substructions du temple de *Diane Propylœa* et la grande place pavée en marbre, au milieu de laquelle il était bâti, place qui s'étend en avant des propylées de l'enceinte extérieure;

2° Les substructions de ces mêmes propylées, grand édifice entièrement construit en marbre pentélique, d'ordre dorique sur les deux faces, avec

Jeune et robuste, il a pu rendre quelques services à nos chrétiens. Les quatre semaines de son absence m'ont été dures, et d'autant plus qu'absolument seule à sept cents lieues de chez moi, inquiète de mon fils dont j'avais autorisé le départ, mais que je savais bien qui ne s'épargnerait pas, j'ai appris pendant ce temps la mort de mon vieil ami Paul David, et que Mme Blanchet a été au même moment dangereusement malade. On ne connaît ses forces qu'à l'épreuve, ou plutôt Dieu nous prête des forces qui ne sont point nôtres. Sa grâce aidant, j'ai encore surmonté ceci. Mme Blanchet est en convalescence ; François est revenu sain et sauf. Mais la torture morale et le climat m'avaient mise à bout, et j'ai dû quitter Athènes ; car je sentais que j'allais y tomber malade. Nous sommes venus dans une chaumière, sur le versant du Pentélique, où, à défaut des commodités de la vie, inconnues et je dirais presque inutiles sous ce beau ciel, nous avons de la verdure, de l'ombre et quelque chose de l'air délié et sain des Alpes avec un soleil d'Orient.

Et vous, chère Madame, êtes-vous à Chêne ou à Genève ? Êtes-vous contente de votre santé ? Avez-vous quelques projets de Paris ? Nous comptons revenir en France au milieu de novembre, après avoir inauguré à *Colonne* le monument élevé à la mémoire de mon mari. Je veux être à Paris pour le service du bout de l'an,

---

colonnade ionique à l'intérieur, reproduisant, à peu de chose près, le plan, l'ornementation et la dimension des propylées de l'Acropole d'Athènes ;

3° La partie du mur d'enceinte faisant face à la place pavée en marbre ;

4° L'espace compris entre les deux enceintes, sur une largeur correspondant à la partie déblayée du mur extérieur, et dans une direction qui rejoint les propylées de la seconde enceinte ;

5° Ces propylées eux-mêmes, édifice plus petit que les premiers propylées, mais d'un travail beaucoup plus élégant et construit sur un plan et dans un style de la plus grande originalité.

« Là se sont arrêtées les fouilles. Elles sont donc parvenues jusqu'à l'entrée du mystérieux parvis, jusqu'aux abords du temple : le siège est fait ; il n'y a plus qu'à pénétrer au cœur même de la place.

« Le résultat de ce grand travail, qui n'a pas demandé moins de cinq à six mille mètres cubes de déblais, est d'avoir, pour la première fois, fait connaître le plan et les dispositions du vaste ensemble de constructions dont se composait le principal temple d'Eleusis ; d'avoir, plus particulièrement dans l'espace compris entre les deux propylées, mis au jour un nombre considérable d'inscriptions et de fragments de sculptures ; d'avoir fait découvrir un *puits* antique, qui, selon toute apparence, doit être le fameux puits nommé *Callichoron*, autour duquel les initiés exécutaient de si belles danses en l'honneur de Cérès et de sa fille ; d'avoir enfin, ce qui touche essentiellement à l'histoire de l'art, donné des notions précises sur ces deux édifices servant tous deux de propylées, bien que de caractères si différents... » (*Études sur l'histoire de l'art*. « Nouvelles fouilles à Eleusis », par L. Vitet).

22 novembre. J'essayerai alors de faire un établissement définitif conforme à mon étroite fortune. Je comprends que la carrière de mon fils a besoin de Paris, mais comment parviendrons-nous à y vivre ?

Veuillez parler de moi à M. et à Mme Dufresne et à Mlle d'Angeville. Conservez-moi votre bienveillante amitié, et agréez l'expression des plus tendres sentiments.

Amélie Lenormant.

De la même.

Ce 18 mars au soir [1862].

La chaleur de votre âme vous aveugle sur vos amis, chère Madame, et vous me gâtez d'une façon que je trouve bien douce, quoique je ne puisse m'empêcher de sourire à vos illusions. Ce qui est charmant, ce sont vos lettres, et mon fils en est aussi avide que moi. Votre tendre souvenir m'est arrivé au retour d'un petit voyage à Orléans où j'avais été voir quelques parents de mon mari, beaucoup d'amis, et Mgr Dupanloup. Orléans est la ville originaire de la famille Lenormant, et, quoique né à Paris, mon pauvre Charles regardait encore cette ville comme une patrie. Mgr Dupanloup a dans son diocèse la plus belle situation d'évêque : il est adoré de son troupeau ; mais il est interdit, sous peine de destitution, à tout fonctionnaire grand ou petit d'avoir des rapports avec lui. Un garde-champêtre ne pourrait, sans se compromettre, avoir des communications avec son évêque ; la magistrature assise étant inamovible, ou à peu près, s'émancipe jusqu'à l'évêché.

Le premier président s'est fait beaucoup d'honneur en prenant ouvertement le parti de l'indépendance. Ces petitesses d'un pouvoir ombrageux ne donnent pas grand souci à Mgr Dupanloup ; il est plus occupé de Rome que de lui-même, et se distrait au milieu des enfants de son petit séminaire. Il venait de leur faire jouer l'*Avare* de Plaute, et il prépare la représentation des *Perses* d'Eschyle. Il a déjà fait exécuter *Œdipe à Colonne* et le *Philoctète*.

Vous aurez eu, j'en suis certaine, la même impression que nous au sujet des aventures de M. Renan au Collège de France. Vous aurez désapprouvé vivement sa nomination et déploré sa suspension. Le seul résultat de cette dernière mesure a été de faire vendre à 7.000 son lamentable discours d'ouverture, et de donner à un favori de ce régime une apparence de victime qu'il exploite avec beaucoup de savoir faire. Oui, il y a eu beaucoup de mouvement dans les écoles ; il y en a eu dans les faubourgs à l'anniversaire du 24 février. Beaucoup d'arrestations ont été faites; on instruit deux procès : l'un, d'attentat contre l'Empereur, ourdi par des sociétés secrètes, et où se trouvent impliqués Miot, Greppo et une soixantaine d'autres ; on a parlé de bombes fulminantes. L'autre procès serait pour la manifestation du 24 février à la Colonne de Juillet.

En ce moment tout est tranquille dans la rue. Je ne sais si un certain chant intitulé : *Le livre du Quartier latin* a pénétré en Suisse ; on l'avait d'abord attribué à Hugo ; mais il est composé par un étudiant rédacteur d'un petit journal, *Le Travail*.

Demain, je pars pour la Normandie ; je crois vous avoir mandé que j'ai vendu mon *cottage* de Saint-Éloi. La course que je vais y faire pour la dernière fois a pour but de trier et de ramener à Paris les livres, le linge et les meubles ou gravures d'affection que je ne veux pas laisser vendre ; et puis le reste de mon mobilier sera vendu aux enchères. J'ai le cœur navré de me séparer de tout ce qui a été témoin d'un long et, j'ose dire, respectable bonheur. Et puis je trouve misérable que cela me soit si pénible. Devrait-on sentir ces piqûres d'épingles quand on a perdu ce qui était l'âme et la vie.

Je vais copier sur l'autre page une lettre que j'ai reçue de M. le comte de Chambord ; elle vous intéressera. Adieu, chère Madame, je vous embrasse, et François vous offre ses tendres hommages.

Le comte de Chambord à Mme Lenormant.

Venise, le 4 mars 1862.

J'ai reçu, Madame, le volume que vous venez de m'adresser, et je vous en remercie. Nul doute qu'en livrant ces lettres à l'impression, vous n'ayez parfaitement interprété les dernières intentions de celle qui vous a confié le soin de les remplir, et qui, toute sa vie, a été occupée du bonheur et de la gloire de ses amis. Cette correspondance intime où se montrent sous un nouveau jour, avec une grâce et un naturel pleins de charme, l'esprit, le talent et, ce qui vaut mieux encore, l'âme et le cœur de Mme de Staël, prouve clairement que, toujours fidèle à ses convictions et à elle-même, elle n'a jamais fléchi ni devant les iniques violences ni devant les tardives et vaines promesses d'un pouvoir oppresseur de toute liberté. Non moins utile à la vérité de l'histoire qu'importante pour le caractère d'une femme justement célèbre, cette publication était un suprême hommage que vous deviez à sa mémoire, et vous

vous êtes dignement acquittée de cette noble tâche (1). Je veux vous dire aussi combien j'ai été touché de ce que vous m'écrivez sur mon voyage d'Orient, où j'ai été si heureux de rencontrer à chaque pas, avec les souvenirs les plus augustes de la religion, les glorieux souvenirs de la France et de ses plus grands comme de ses plus saints Rois.

Faites mes affectueux compliments à votre fils, et recevez vous-même la nouvelle assurance de tous mes sentiments bien sincères.

HENRY.

De Mme *Lenormant à M*^{me} *de Fontanes.*

Ce 8 avril 1862.

Êtes-vous donc encore souffrante, chère Madame, que je ne reçois pas de lettre de vous ? J'ai accompli mon triste voyage par un temps exécrable, qui, à lui seul, m'aurait rendu pénible une course moins désagréable. J'ai été malade quelques jours à mon retour, et me revoilà mieux, et au moins maîtresse de moi-même, c'est-à-dire en état de montrer aux indifférents le visage serein qui seul leur convient. Le Père Gratry nous a fait à l'Oratoire quatre belles conférences. Son plan était une sorte de réfutation du discours d'ouverture de M. Renan ; et il nous avait conviés à la recherche de la vérité, en promettant les preuves de la divinité de Notre Seigneur Jésus-Christ. Je ne dirai pas qu'il n'a pas suivi ce plan ; il ne l'a même pas abordé, et c'est une magnifique démonstration de l'existence de Dieu, une très vive et spirituelle réfutation des doctrines de Hegel qu'il nous a données. On reproche au P. Gratry de manquer un peu d'ordre et de suite. L'abondance des idées, l'entraînement d'une imagination très ardente disposent de lui, il est vrai, souvent malgré lui ; mais il y a tant d'élévation, de générosité, de foi, de candeur dans son âme qu'il vous emmène à sa suite, et on ne songe à la critique que par réflexion. Son auditoire était aussi nombreux que le comporte l'enceinte de la chapelle de l'Oratoire ; et, pour la qualité, on ne saurait fournir un

---

(1) *Madame de Staël, Coppet et Weimar*, par l'auteur des *Souvenirs de Madame Récamier*. — « L'auteur des *Souvenirs de Madame Récamier*, une personne de beaucoup d'esprit et d'exactitude, Mme Lenormant, vient de donner, en les combinant et en les liant par un récit, deux séries de correspondance de Mme de Staël, les lettres à la grande-duchesse Louise de Weimar, et les lettres à Mme Récamier. C'est en effet une lecture agréable, intéressante et qui fait pénétrer, une fois de plus, dans ce monde d'élite. » (Sainte-Beuve, *Nouveaux lundis*, 5 mai 1862).

public plus imposant : MM. Guizot, Saint-Marc-Girardin, Legouvé, duc de Noailles, Broglie, Jules Simon, Buffet, Cochin, Montalembert, etc., etc.

Votre curé de Genève, M. Mermillod, a un succès très grand ici. On se presse à Sainte-Clotilde pour l'entendre, et j'y vais demain à mon tour.

M. Dufresne avait eu la bonté de me dire qu'il ferait ce mois-ci un article sur les lettres de Mme de Staël que j'ai publiées. Est-ce que ce travail a paru ? J'ai donné au *Correspondant* un article sur le volume que M. Faugère vient d'imprimer « Journal d'un voyage à Paris de 1657 à 1658 ». La comparaison de Paris d'il y a deux siècles avec le nôtre m'a tentée. Je voudrais avoir réussi à donner le désir de lire ce voyage qui est fort curieux. L'article sera signé Léon Arbaud.

Donnez-moi de vos nouvelles. N'oubliez pas, chère Madame, une personne qui vous aime et qui est bien malheureuse.

De la même.

Paris, ce 24 juillet 1862.

« Chère Madame, j'aurais bien dû vous remercier plus tôt de vos intéressantes lettres qui n'ont pas fait seulement mon amusement et ma distraction, mais qui intéressaient vivement M. Guizot et ses filles. Il y en a une où vous exprimez, à l'occasion de M. Mermillod, des idées si libérales, si larges, si tolérantes en matières religieuses, qu'elle a trouvé un profond écho dans les âmes de tous les habitants de Val-Richer. Les détails sur Lucerne étaient extrêmement curieux, à ce point que je les faisais passer à Londres à mon fils, après que nous en avions pris notre bonne part. Je vous trouve pourtant un peu sévère pour le prince que nous aimons. Je lui crois beaucoup plus de bon sens politique qu'aux personnes qui l'entourent, et, par exemple, le projet d'adoption dont vous me parliez, s'il a passé par la cervelle de quelques fanatiques de l'entourage, n'a jamais pu, j'en suis persuadée, aborder la pensée du prince. J'aimerais fort à causer avec vous, et de cela, et de ce que mon fils a vu en Angleterre, et de toutes choses en général. Il n'y a point d'esprit avec lequel je me sente plus en sympathie que le vôtre, même quand nous sommes d'avis différents ; mais l'absence est une cruelle chose. Enfin nous nous retrouverons, je l'espère, d'après ce que vous me mandez, au mois d'octobre. Je suis très curieuse de connaître votre Zélie. Je n'ai jamais vu une jeune fille sans parents adoptée par une affection maternelle *élective*, sans que ce rapport de situation avec ma propre destinée ne m'ait inspiré intérêt et sympathie. Je suis dans ce moment très occupée, je devrais dire très préoccupée d'une affaire qui, si elle réussit, aura une grande importance sur l'avenir de mon fils.

M. Loudresse, le bibliothécaire de l'Institut, est mort. On l'a remplacé par le sous-bibliothécaire, M. Roulin [?], et ce choix laisse vacante une place de sous-bibliothécaire. C'est l'Institut qui règle souverainement sa bibliothèque ; on n'y relève que des cinq classes de ce grand corps, et vous comprenez combien ces conditions d'indépendance politique séduisent et mon fils et moi. François est donc sur les rangs, et j'ose dire qu'il a bien des titres pour se recommander aux suffrages de ce docte aréopage. Nous comptons de chauds amis dans presque toutes les académies. Celui où je suis le plus dépourvue de relations est l'académie des sciences, et celle-là est aussi celle où les convictions religieuses de mon mari et de mon fils trouvent le moins de bienveillance. Du reste, l'époque de la nomination n'est pas encore fixée ; elle peut avoir lieu dans 15 jours ou dans trois mois.

Avez-vous lu les articles de Sainte-Beuve sur M. de Chateaubriand ? (1) Quel étrange esprit !

Adieu, chère Madame, mille tendres amitiés.

De Villemain à Mme de Fontanes.

Ce 6 février 1863.

Madame,

Je suis trop honoré d'un mot de vous, pour ne pas vous obéir avec empressement. Ce n'est pas le 19, mais le 26 de ce mois que devra rester fixée la séance de la réception académique de M. le

---

(1) *Nouveaux lundis.* Je pense que ce sont les articles intitulés : « Chateaubriand jugé par un ami intime en 1803 ». Cet ami intime n'est autre que Joubert. «... Sa lettre [à Molé] qui ne visait qu'à excuser leur ami commun. [Chateaubriand] et à chercher à sa conduite des raisons atténuantes est devenue, sous cette plume ingénieuse et subtile, le portrait le plus merveilleux, le plus achevé du moral de Chateaubriand à toutes les époques. La psychologie entière de l'homme est là, ou elle n'est nulle part. Il avait alors trente-cinq ans, et l'on n'est jamais plus soi-même tout entier qu'à cet âge. Voici cette lettre, inappréciable de finesse et de sagacité et qui convaincra tous les lecteurs de bonne foi que, dans nos apparentes sévérités d'hier, nous n'avons rien inventé, rien ajouté du nôtre, et que nous n'avons fait que nous tenir sur les anciennes traces. »
Non, Sainte-Beuve n'a pas fait que se tenir sur les anciennes traces, et, très particulièrement, en interprétant cette lettre admirable de Joubert, il en a faussé les données et les conclusions, il est sorti du droit chemin. J'espère que le lecteur en tombera d'accord avec moi s'il veut bien se reporter à l'ouvrage *Chateaubriand, sa femme et ses amis,* pp. 245-252.

prince Albert de Broglie. Pour ce jour, les deux billets que vous voulez bien demander seront réservés les premiers de ceux qu'il m'est permis d'offrir.

Mon langage, à plusieurs époques, pouvait être trop faible, en célébrant une mémoire illustre et chère. Mais mon cœur, toujours fidèle à cette mémoire, est dévoué à la personne qui la représente et qui en est si digne.

Veuillez, Madame, agréer mes sentiments de respect et de dévouement.

VILLEMAIN (1).

De Mme Lenormant à Mme de Fontanes.

Ce 5 avril 1864.

Aux quelques détails que je vous ai donnés l'autre jour, chère Madame, je veux ajouter ceci qui m'a vivement touchée. Le testament de notre pauvre ami commence ainsi : « Je déclare mourir dans les sentiments de la plus humble confiance dans la miséricorde divine. » Et, après une longue énumération de dispositions relatives à la publication de ses papiers et de ceux de son père, il finit en disant : « Je désire que l'on grave sur mon tombeau : Il fut le fils de André-Marie Ampère, l'ami de Ballanche, de Tocqueville et de Mme Récamier. » (2).

Quel touchant oubli de sa propre importance!

Vous aurez lu les discours prononcés par M. Guizot et par mon gendre [M. de Loménie]. Tout admirables qu'aient dû vous paraître, comme à moi, ces chrétiennes et graves paroles de M. Guizot, vous ne vous imaginez pas l'effet produit par cette voix pleine et sonore. C'était une improvisation, et ceux qui l'ont entendue disent qu'en la reproduisant on l'a un peu écourtée.

Le *Correspondant* voudrait pouvoir publier le Saint-Paul et cherche qui pourrait faire un bon article sur M. Ampère.

Hélas! celui qui aurait le mieux parlé de lui l'a précédé dans l'autre vie, quoiqu'il fût un peu plus jeune; c'est mon pauvre mari.

Vous lisez sans doute le nouveau volume des lettres du Père Lacordaire que vient de publier M. de Falloux. C'est bien beau.

Adieu, chère Madame. Tout ce qui m'entoure se rappelle à votre bienveillant souvenir.

(1) *Suscription : A Madame la comtesse de Fontanes*, rue de Clichy, n° 45. — Original autographe.
(2) Voir dans *André Ampère et Jean-Jacques Ampère*, correspondance et souvenirs (de 1805 à 1864) recueillis par Mme H. C., t. II pp. 425-439. Détails sur les derniers moments de J.-J. Ampère. — Testament. — Dispositions relatives à ses ouvrages et à ses manuscrits, etc.

De Mme Lenormant à Mme de Fontanes.

Paris, le 26 juillet 1870.

Bien chère Madame, je ne suis pas moins troublée que vous du résultat trop prévu du Concile; mais je fais tous mes efforts pour suivre tous les conseils du père Gratry et de l'évêque d'Orléans. En gardant ma foi ancienne, j'attends le moment où tout s'éclaircira dans le sens d'une tradition de 1800 ans. A cet égard, la foi et la confiance du père Gratry sont très fermes et très calmes. Les légitimes appréhensions d'une guerre où se joue peut-être le sort de la France, l'intérêt passionné pour le succès de nos armes, les souvenirs, réveillés de mon enfance, de l'invasion étrangère qui, en 1816, me causa une telle horreur que j'en fis une grave maladie, ces sentiments-là n'ont jamais certes diminué à mes yeux le malheur des divisions de l'Église, mais empêchent que ce malheur ne devienne une idée fixe. La diversité et la multiplicité de nos inquiétudes en atténue l'intensité.

Je suis d'ailleurs, au milieu de ces grandes préoccupations générales, dans de grandes et heureuses préoccupations personnelles. Je marie mon fils. Il épousera, à la fin de septembre, Mlle Edith de Chastillon, une jeune et charmante enfant des montagnes où je suis née; car vous savez peut-être que les Récamier sont originaires du Bugey. Ma future belle-fille n'a pas connu son père, mort quelques semaines avant sa naissance. Sa mère, Mme de Chastillon, s'est remariée à un magistrat, homme de mérite, actuellement avocat général à Lyon. Il n'y a point eu d'enfant de ce second mariage, et Edith est aimée avec la même tendresse par son beau-père, M. Gay, que par sa mère. Elle a pour tuteur son grand-père, ancien représentant du peuple jusqu'à l'avènement de l'Empire, homme de cœur et d'esprit que mon mari aimait beaucoup; rien de plus honorable que cette famille; rien de plus en harmonie avec nos sentiments, nos goûts et nos habitudes. François est fort amoureux de sa prétendue, qui l'a choisi et montre avec autant de franchise que de mesure le sentiment qu'elle a pour lui. Vous le voyez, chère Madame, tout se réunit pour que ce mariage satisfasse le plus cher de mes vœux.

Je suis depuis quelques années si peu accoutumée à la joie que je me demande parfois si ce n'est point un rêve que je fais. François et moi venons de passer une semaine à Lyon dans la famille de ma future belle-fille. Nous sommes revenus lundi. Le train qui nous ramenait comptait huit pères du Concile, tant français qu'étrangers, et, parmi eux, se trouvait l'évêque de Meaux et l'évêque d'Orléans. Nous avons été bien heureux de le revoir: il est très maigri ; ses cheveux sont absolument blancs, et son teint plus enflammé que jamais ; en tout, il est très fatigué, navré de ce qu'il laisse à Rome, et de ce qu'il trouve en France; mais ferme et confiant dans l'avenir.

Adieu, chère Madame, croyez à mon inaltérable et vive amitié. François met ses hommages à vos pieds.

De Mme Christine de Fontanes à Mme Lenormant.

Genève, le 18 décembre 1871.

Chère Madame, après tant de malheurs, je viens d'être frappée du dernier et du plus grand qui pouvait encore m'atteindre. Ma pauvre Zélie n'est plus. Je l'ai perdue jeudi dernier, 15 décembre, et, pour comble de malheur, elle est morte chez une amie où elle était allée passer quelques semaines de plaisir; et comme elle ne craignait rien tant que de m'inquiéter, et qu'elle et son médecin ont cru longtemps qu'elle guérirait, elle a exigé qu'on ne m'avertît que quand il y aurait un véritable danger ; ce danger est devenu si pressant que je n'ai eu que le temps de recevoir le télégramme (qui a eu la mauvaise chance d'être retardé) et de partir en une heure pour Annecy où elle était en visite. En arrivant dans cette petite ville, j'ai trouvé ma pauvre fille mourante. Elle m'a reconnue ; elle a témoigné de la joie de nous revoir, ma pauvre femme de chambre qui l'a élevée et moi ; mais elle ne pouvait plus parler et elle est morte quatre heures seulement après m'avoir revue.

Je ne sais comment je suis faite pour résister à tant de malheurs. Mais c'est mon sort de survivre à tout ce que j'aime... Je vous prie de faire part de mon malheur à tous les vôtres, et je suis sûre d'avance de la part qu'ils y prendront. Ils tiennent de vous. Je vous écrirai plus longuement quand je serai plus en état. Je regrette amèrement la peine que je vais vous faire, et je me recommande plus que jamais, bien chère Madame, à votre amitié dont j'ai tant besoin.

Ch. DE FONTANES.

— Ma fille a fait une mort de véritable sainte. Le prêtre qui l'a exhortée m'a dit qu'il en avait peu vu de semblables, et jamais tant de courage en face de la mort. J'en remercie Dieu, et devrais en être consolée : mais je suis faible, et la consolation ne vient pas.

 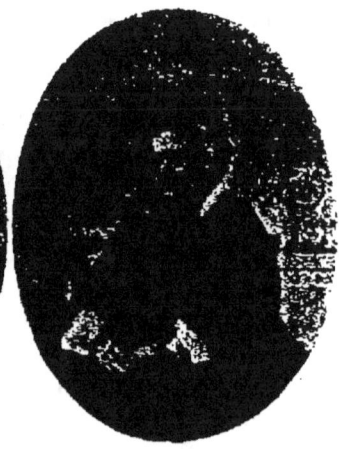

ZÉLIE, Fille adoptive de　　　Comtesse CHRISTINE
CHRISTINE DE FONTANES　　　DE FONTANES

De Mme Lenormant à Mme de Fontanes.

Paris, ce 13 juin 1872.

... Mon ménage François est dans tous les embarras de l'emballage d'une très nombreuse bibliothèque qu'ils vont faire diriger à Bossieu ; c'est le nom de la propriété de ma belle-fille (1), à peu de distance de la gare de Culoz. Eux-mêmes partiront pour ce pays dans les premiers jours de juillet. Pour moi, ce ne sera pas avant septembre que je pourrai aller les retrouver. Vous savez que, de Culoz à Genève, il ne faut pas plus d'une heure, et je serai votre proche voisine.

Nous causerons alors de vos projets sur lesquels il ne m'est pas possible d'avoir un avis en ce moment. M. Guizot est ici tout absorbé par les séances de leur synode protestant. Ce Vatican hérétique est aussi divisé que l'a été notre Vatican catholique (1870). M. Guizot et ses amis voudraient arriver à faire rédiger un symbole de foi hors duquel on ne serait pas orthodoxe. Cette prétention d'unité dans une communion qui a pris pour base le libre et personnel examen me semble étrange. Nous vivons à une époque triste et bizarre.

Ce qui n'est pas douteux, c'est l'affection vive et profonde que je vous ai vouée ; le désir que j'aurais de vous voir sinon heureuse, calme du moins, et la joie que j'aurai à vous revoir.

Adieu, chère Madame, et mille tendres compliments.

De la même.

Château de Bossieu, 2 septembre 1872.

Chère Madame, je reviens du Dauphiné, et je trouve en arrivant une lettre de M. Guizot dont je copie le passage qui vous concerne : « Je partage tout à fait votre sentiment sur Mme de Fon-
« tanes. Je trouverais inique et scandaleux que la fille du premier
« grand maître de l'Université, et d'un tel Grand Maître, fût dé-
« laissée par des générations dont son père a commencé l'éduca-
« tion. Je suis, pour moi-même, l'obligé de M. de Fontanes, et il
« m'a obligé dans ma première jeunesse avec une grâce parfaite.
« Je serais heureux de prouver à sa fille que je ne l'ai pas oublié,

---

(1) Mme Lenormant a publié, en 1874, *Esquisse d'un Maître — Souvenirs d'enfance et de jeunesse de Chateaubriand*, — manuscrit de 1826 suivi de lettres inédites et d'une étude par Charles Lenormant. La préface de cet intéressant volume est datée de Bossieu, 1er septembre 1873.

« Nous causerons, dès que nous nous reverrons, de ce qu'il y aura à
« faire pour elle et de la façon de s'y prendre. »

Courage donc, chère amie, et croyez que je ferai tout ce qui dépendra de moi pour que les bonnes volontés aboutissent.

Mille tendresses.

De la même.

Ce 30 décembre 1872.

Bien chère Madame, je ne veux pas que cette année finisse sans que je vous aie exprimé mes si tendres et si anciens sentiments d'attachement. C'est toujours un moment solennel que ces derniers jours de l'année qui expire, et j'ai trop souffert en ma vie pour n'avoir pas une respectueuse terreur de l'avenir inconnu. Hélas ! Dieu seul sait ce que cet inconnu renferme. Confions-nous à sa miséricorde, et *(illisible)* vers les amis qui nous restent en attendant que nous rejoignions ceux qui sont partis les premiers. Il y a bien des jours que je veux vous écrire, et, quoique cela puisse paraître ridicule à dire, je n'en ai pas trouvé le temps. Mon cher et excellent ami, M. Guizot, a été très souffrant depuis son retour à Paris : il demeure fort loin de chez moi. J'en ai été tout à fait inquiète quelques jours, et comme il voulait bien me mettre au rang de sa famille, il me recevait et j'y allais bien souvent. C'était une bronchite et une grande prostration. Sa pauvre mère, que j'ai tendrement aimée, s'est éteinte de la sorte à quatre-vingt-trois ans, et je tremblais en pensant que notre excellent ami en a quatre-vingt-cinq passés.

Grâce à Dieu, le voilà remis. Mais il lui faudra désormais de grandes précautions. Je ne veux pas oublier de vous dire que M. Guizot m'a répété que votre lettre de remerciments l'avait profondément touché, et qu'elle était aussi gracieusement écrite qu'elle semblait dictée par un sentiment vrai.

Je vous ai déjà dit que malheureusement votre article sur la question religieuse de Genève était trop modéré, trop sensé, pour être admis au *Correspondant*. François, qui l'a lu comme moi avec beaucoup d'intérêt, disait qu'il trouverait à l'employer ailleurs, mais ce serait sans profit pour vous, et j'y tiens moins.

On me dit que M. Foisset est fort atteint dans sa santé ! est-ce vrai ? M. Dufresne vous paraît-il inquiet ? Le dernier article qu'il a donné au *Correspondant* sur M. de Montalembert était bien distingué et bien supérieur à toutes les appréciations de M{ʳᵉ} Oliphant et de M{ᵐᵉ} Craven. J'ai depuis un mois mon fils et ma belle-fille chez moi. Je jouis extrêmement de cette réunion que la distribution de mon appartement a rendue possible en me gênant un peu. Les nouvelles que je reçois de Montpellier sont très bonnes. M⁽ᵐᵉ⁾ B... a pu quitter son mari pendant une semaine et aller à Menton voir Mme Cornelis de Witt, la seconde fille de M. Guizot que les médecins ont envoyée dans le midi et qui s'en trouve bien. M. de Loménie termine son éloge de Mérimée, et sa réception aura lieu, je le suppose, en février (1). Ecrivez-moi, bien chère Madame; donnez-moi de vos nouvelles. Agréez mes tendres vœux, dont le premier pour votre santé, et le second pour que la pension soit portée à 3.000 francs.

De Mme de Fontanes à Mme Lenormant.

Genève, le 8 mars 1873.

Je viens de recevoir, chère Madame, votre lettre d'hier et celle qui l'accompagnait. Vous êtes la meilleure comme la plus aimable des amies, et j'ai besoin de vous dire tout de suite ma vive et tendre reconnaissance. Mais cette excellente et chère lettre m'arrive dans un moment où, par surcroît à mes maux ordinaires, j'ai les yeux si fatigués qu'il m'est impossible d'écrire et de m'occuper longtemps.

Et cependant les bonnes nouvelles que vous me donnez et la lettre que vous avez la bonté de me communiquer m'obligent d'en écrire une ou peut-être même deux ou trois, pour lesquelles je désirerais avoir sous les yeux celle que vous avez bien voulu m'envoyer ; et je ne suis pas sûre d'être encore en état après-demain lundi. Je viens donc vous demander la permission de garder la lettre jusqu'à la fin de la semaine prochaine au plus tard et je prendrai votre silence pour un consentement.

J'ai un notaire à Ferney, et Ferney est la petite ville française la plus rapprochée de Genève. Je pense donc que c'est là où il faudra recevoir la [pension ?]. Cependant je ne me déciderai tout à fait qu'après avoir écrit les lettres dont je vous parlais tout à l'heure.

Dès que cette décision sera prise, je vous la ferai connaître. En attendant, je vous remercie mille fois de votre proposition pour Culoz, et si je me décidais enfin pour Culoz, je m'adresserais certainement au notaire que vous avez la bonté de m'indiquer...

---

(1) Voir dans *Études et Portraits*, de M. Edmond Biré (Paris, Vic et Amat, libraires, rue Cassette, 11), Louis et Charles de Loménie : *Mirabeau*. Études sur la société française au xviiie siècle, par Louis de Loménie, de l'Académie française, continuées par son fils. Cinq vol. in-8°, E. Dentu éditeur. — Louis de Loménie est également l'auteur de *Beaumarchais et son temps*.

Vous ne pouviez choisir une meilleure occasion que celle de monsieur votre fils pour me renvoyer mes papiers, et je vous en remercie d'avance, ainsi que lui. J'ajoute que je suis très contente que vous ne me répondiez pas sur *l'Instruction des Femmes* tant que Mme Bl. sera à Paris, car je ne me pardonnerais pas de vous ôter un seul des trop courts moments que vous passez maintenant avec elle. Seulement, comme nouvelle preuve d'amitié, donnez-moi, après son départ, les explications, les conseils et les indications dont ma vieille inexpérience a tant besoin. — Si la véritable supériorité n'était toujours indulgente et bienveillante, je n'oserais plus vous écrire en pensant que mes lettres pourraient quelquefois courir la chance d'être montrées à M. Guizot; mais ce qui m'afflige pour cette fois, c'est que mon jugement sur M. le comte de Chambord était assez sévère, et qu'il me semble que je ne pouvais le faire connaître qu'à des légitimistes ou à une amie comme vous. Heureusement que je suis trop obscure pour qu'on cite mon jugement et même pour qu'on s'en souvienne, et que l'âme si élevée de M. Guizot comprend tous les scrupules et toutes les délicatesses.

Je vous reviendrai bientôt, chère Madame, mais suivez bien votre résolution de ne m'envoyer votre *critique* qu'après le départ de Mme Bl., et recevez en attendant l'expression de la plus vive reconnaissance et de la plus tendre amitié.

Ch. de FONTANES.

De Mme Lenormant à Mme de Fontanes.

Ce 21 mars 1873.

Vous ferez bien, chère amie, d'écrire quelques lignes à M. Jourdain; il les mérite par le zèle qu'il a mis dans vos affaires et l'admiration qu'il a pour M. de Fontanes, qu'il n'a pourtant pas connu. C'est un homme actif, intelligent, obligeant, très bon catholique et membre de l'académie des inscriptions. J'ai beaucoup d'amitié et de confiance en lui. J'ai été comme vous fort émue à la pensée que notre chère France serait délivrée de la présence de l'étranger, et je m'imagine que le succès et la paix où nous vivons à l'intérieur profiteront à l'établissement d'une république honnête. Je sais bien tous les avantages de la monarchie, mais si elle est morte, qu'y faire?

Je suis en plein dans une session d'examens; subir cette épreuve, passer cette espèce de baccalauréat féminin est devenu une coutume si générale, un complément d'éducation si admis que nous avons pour cette session de printemps 806 aspirantes inscrites....

Ma fille est partie lundi dernier. Je ne la reverrai plus qu'en mai pour le mariage de sa fille Amélie. Quant à François, qui a été passer huit jours à Londres, avant de prendre la route du département de l'Ain, c'est à peine s'il arrive chez lui hier, à Bossieu, d'où il vous enverra vos papiers. N'en ayez nul souci.

Adieu, chère Madame, croyez à ma tendre amitié.

De M. Edouard Dufresne à Mme Lenormant.

Genève, le 2 juin 1873.

Vous me voyez, Madame, bien reconnaissant du souvenir immédiat que vous voulez bien accorder à ma lettre. Je vous réponds incontinent pour vous dire que nous ne comptons pas quitter Genève avant le mois de juillet, époque à laquelle mes enfants et leur mère se rendront à la montagne.

Mme de Fontanes, plutôt un peu mieux, se rendra en villégiature seulement en juillet. Votre vieille amie se réjouit fort de votre visite. J'espère bien que vous lui donnerez cette satisfaction; mais comme elle ne serait pas en état de vous donner l'hospitalité, vous permettrez à Mme Dufresne de la suppléer à cet égard, et de réclamer l'honneur de vous offrir à déjeuner le jour de votre visite à Genève. Nous demeurons fort près de Mme de Fontanes, ce qui rend tout facile; seulement le pauvre docteur réclame d'être prévenu, s'il se peut, quarante-huit heures à l'avance. Je désire me ménager du temps. Je compte bien que M. François sera du voyage et que je pourrai le remercier en personne du plaisir que j'ai éprouvé à lire ses derniers travaux.

Vous recevrez, Madame, en même temps que cette lettre, un ancien numéro du *Journal de Genève* qui pourrait être de quelque intérêt pour M. de Loménie. Vous trouverez à la dernière page une notice sur des papiers provenant de la succession d'un des secrétaires de Mirabeau. Il me semble que le nouvel académicien pourrait utiliser avec quelque profit cette mine. Je la crois non encore explorée par lui. Je me mets volontiers à son service pour compléter ses informations, s'il le souhaite.

Quels événements dans notre chère France, et quelle impression partout! Je reçois des lettres de Paris et de Versailles. On est stupéfait de l'aisance avec laquelle s'opère le changement. Mais les plus satisfaits ne se font aucune illusion sur la gravité de la situation.

Le rare de l'affaire, c'est de voir en France, pour la première fois depuis cent ans, un gouvernement changer sans révolution. Il en est qui voient dans ce fait un présage excellent pour la forme républicaine. Je serais tenté d'être de cet avis. Quant au dernier discours de M. Thiers, il n'y a qu'une voix, parmi les avisés, pour l'estimer des plus remarquables. Pour moi, j'ai mis une petite part d'égoïsme dans l'affaire.

Le chute de M. Thiers a provoqué la retraite de M. Lanfrey, l'ambassadeur de France à Berne. Ce dernier événement est heureux pour nos affaires religieuses de Genève et du Jura. M. Lanfrey a été détestable pour nous. Mais trève à ces récriminations, assurément inutiles. Je préfère en terminant m'associer à la satisfaction que vous inspire le mariage de votre petite-fille. Vous voulez bien, Madame, que mes plus cordiales félicitations s'unissent ici à l'hommage de tout mon respect?

Le plus dévoué de vos serviteurs.

Dr Edouard DUFRESNE.

La rente que la noble intervention de M. Guizot lui avait obtenue du gouvernement français, Christine de Fontanes en aura bien peu profité, si même il y eut commencement de jouissance. Elle mourut, à Genève, au cours de cette même année 1873, le 12 novembre, âgée de soixante-douze ans. Son corps repose à Compesières. C'est là qu'elle venait depuis plusieurs années passer les mois de villégiature, dont le Dr Dufresne parlait dans sa lettre à Mme Lenormant.

Du même à la même.

Genève, le 16 janvier 1875.

C'est aujourd'hui, Madame, qu'a eu lieu la vente des autographes de notre vieille amie. Je ne puis vous dire encore le chiffre définitif obtenu par les enchères, mais je n'ai pas la satisfaction de vous dire que j'ai acquis pour vous le bloc Chateaubriand. Toutes les lettres réunies ont dépassé de cent et quelques francs la somme que vous aviez mise à ma disposition. C'est la bibliothèque de Genève qui a acquis cette collection curieuse et d'un véritable intérêt littéraire. Il est assurément regrettable que ces témoins des premières pensées littéraires de l'illustre écrivain ne soient pas en France, mais en définitive, à Genève, ils seront moins enfouis qu'ailleurs.

J'ai misé aussi la lettre de Mme de Beaumont, mais dès qu'elle a eu dépassé le prix de 12 francs, j'ai lâché pied, la bibliothèque étant décidée à acquérir tout ce qui concernait M. de Chateaubriand.

Maintenant que ces monuments écrits sont en lieu sûr, ils pourront être lus et consultés beaucoup plus aisément que lorsqu'ils étaient pêle-mêle au fond d'une cassette chez la comtesse, où d'ailleurs il leur est arrivé plus d'une funeste aventure, en particulier, celle d'être furetés par une des plus sottes et des plus indiscrètes collectionneuses qui aient jamais existé, Mlle d'Angeville.

Je ne saurais dire combien de pièces elle a soustraites, mais ce n'est qu'à elle que l'on peut attribuer la soustraction de nombreuses signatures dont vous constatez le défaut dans le catalogue.

Quant au produit précis de ces enchères, il n'aura pas été énorme, tant s'en faut. Si la vente avait eu lieu à Paris, il en eût été tout autrement. Mais la succession ayant été ouverte à Genève, la vente devait avoir lieu à Genève.

Les lettres de Chateaubriand sont donc à la bibliothèque. Si vous désirez qu'un moment ou l'autre je vous en fasse une analyse, je me mets à votre disposition, mais pas avant que notre détestable affaire de l'église Notre-Dame ne soit terminée. C'est le 7 février que le suffrage populaire de tous les citoyens catholiques de Genève, les bons comme les mauvais, décidera d'une question de propriété sur laquelle il n'y a pour personne aucun doute possible. Mais les journaux vous tiendront au courant de cette affaire, dans laquelle vous ne devez voir que la plus audacieuse tentative faite par le protestantisme Genevois pour anéantir l'élément catholique que les traités de 1815 ont eu la faiblesse de lui livrer...

Portez l'hommage de mon souvenir à Mme et à M. de Loménie.

Mes enfants et leur mère (1) s'unissent à moi pour vous envoyer, Madame, l'expression de nos sentiments les plus profondément dévoués.

Dr Edouard DUFRESNE.

Ces études sur Chateaubriand et sur Joubert furent la cause première et l'aliment varié d'une correspon-

---

(1) On annonce la mort (février 1900) de Mme Ed. Dufresne, née Foisset. Pendant cinquante ans, Mme Dufresne s'est dépensée à Genève dans les œuvres de charité avec un dévouement admirable. Elle est morte à Tain où elle passait l'hiver. — M. le Dr Dufresne, grand homme de bien, est mort, lui aussi, récemment.

dance qui a fait pendant plus de dix ans l'appui, le délassement et le bonheur de ma vie. C'est à cette source mystérieuse et spontanément ouverte que je n'ai cessé de puiser mes pièces inédites. Mon regret est grand de n'avoir pas obtenu l'autorisation de dire publiquement à qui je renouvelle ici l'expression de mon affectueuse reconnaissance. Je vais détacher de cette correspondance quelques passages, quelques lignes où peut-être seront prévenues certaines curiosités du lecteur.

A Mlle de Fontanes sont adresssées les belles lettres de Joubert que nous avons lues. Sous couleur d'horoscope, elle y est étudiée et peinte. Mais le portrait n'est que miniature. Pouvais-je ne pas éprouver le désir de la mieux connaître, cette figure idéale et fuyante? Une longue suite de jours heureux avait-elle réalisé l'avenir prédit par l'aimable philosophe? quel caractère? quel esprit? quel cœur? quelle âme? quelles relations? quelle activité? quelles épreuves? quelle destinée? Voici la réponse à quelques-unes de mes questions :

Ce 8 août 1888.

J'ai pensé à Mme Lenormant. Voici les renseignements définitifs : « La photographie est malheureusement très ressemblante ; on pourrait même remonter au temps de la jeunesse sans qu'elle cessât de l'être. Mlle de Fontanes, parfaitement distinguée, douée assurément de beaucoup d'esprit, d'une intelligence vive, d'une âme tendre, de sentiments généreux et élevés, d'une rare bonté, a toujours été un peu engoncée, comme dans le portrait dont vous avez une épreuve. Très romanesque dès l'extrême jeunesse, mais pure et réservée, à seize ans elle s'est éprise de l'Empereur Alexandre, à qui elle n'a jamais parlé, et cette fantaisie a duré assez longtemps. Esprit sagace et charmant, caractère peu pondéré, elle n'a pas su organiser sa vie, se faire, au moins par les côtés indispensables, la vie de tout le monde. Après 1830 (sa mère était morte depuis quelque temps), la comtesse Christine, chanoinesse du chapitre royal de Sainte-Anne de Bavière, se retire à Genève, laissant sa fortune entre les mains d'un agent d'affaires qui la ruina. Ses lettres font preuve de talent, et donnent à penser qu'elle eût pu réussir dans la critique littéraire.

« Zélie est l'enfant de pauvres gens. Mlle de Fontanes, lors d'une saison à Enghien, s'est attachée à elle, a obtenu de l'emmener ; puis, la majorité venue, et malgré les objections de ses amis, elle s'est décidée à une adoption en règle déjà fort onéreuse par les formalités. Le nom de Fontanes pouvait être un commencement de fortune pour un garçon, mais pour une fille !...

« La faute de Zélie a été ignorée de Mlle de Fontanes; elle racontait l'histoire d'une maladie subite chez une amie. Zélie est morte en couches, après avoir été trompée par des promesses de mariage qu'on était bien résolu à ne pas tenir. C'est un sujet douloureux à traiter que celui d'une vie pure, mais où la raison a manqué. Voilà ma sincère et triste impression. Croyez-vous nécessaire de la communiquer à votre ami ? Si vous voulez, nous en causerons avec lui. »

— Mme Lenormant est la personne la plus distinguée de tous points, la plus charmante qu'on puisse imaginer : elle a mis la meilleure grâce à me renseigner, et aussi à me prêter le petit dossier ci-inclus.

— Les deux lettres que Mme Lenormant vous a écrites (1) sont charmantes et d'une bienveillance sincère, n'en doutez pas. L'esprit est indépendant et libéral, quoi qu'on en ait dit ; elle n'est nullement aveuglée, elle est simplement tendre et respectueuse à l'égard de magnifiques souvenirs, et pense franchement...

— J'ai été bien vite sous le charme de cette amabilité affectueuse, de cette intelligence qui échappe à la vieillesse, bienveillante, indépendante, ouverte à tout.

— Par son esprit, par son caractère, par son cœur surtout, elle a voulu prendre, elle a pris dans ma vie, elle m'a donné dans la sienne, une bien plus grande part, une part bien autre que je n'aurais pu imaginer... Elle a plus de quatre-vingts ans ; elle est infirme, immobilisée sur un fauteuil à la suite d'une fracture du fémur, remontant déjà à quelques années ; le visage est plus jeune de vingt ans au moins, l'esprit, aussi libre, aussi vif, la voix aussi nette que dans la force de l'âge, la mémoire, entière et présente, la plus sincère amabilité, très entourée, très aimée d'amis,

(1) En 1887, à l'occasion du livre intitulé *Mme de Chateaubriand, d'après ses mémoires et sa correspondance*.

d'amies, qui datent de toutes les époques de sa vie ; j'ajoute la plus rare bienveillance. Vous êtes impatiemment attendu...

— Ne pourriez-vous venir nous voir en hâte quelques jours? Mme Lenormant, pour qui il est très pénible d'écrire, qui réellement n'écrit plus, dit que, s'il le faut, elle s'exécutera pour vous décider... Elle désire vous donner un témoignage de ses sentiments tout sympathiques; elle me charge de vous adresser un exemplaire de son *Chateaubriand,* avec quelques mots de sa main...

— Je suis chargé de vous envoyer le paquet des lettres qui vous avait déjà été communiqué. Vous êtes autorisé à publier comme vous l'entendrez. Elle s'en rapporte à votre tact et à votre goût pour les restrictions, s'il y a lieu. Ce « s'il y a lieu », est bien sincère; car Mme Lenormant dit avoir oublié les détails, et n'a pas relu.

— Mme Lenormant est très souffrante, très menacée même, depuis bien des jours (février 1893). Le confesseur de Mme Lenormant est un abbé Séguin. J'ai appris, il y a peu de temps, que cet abbé Séguin est petit-neveu de celui qui a ordonné à Chateaubriand d'écrire la vie de Rancé (1).

Mme Lenormant a bien voulu le questionner et avec insistance. Il avait promis de chercher dans ses souvenirs et dans ses papiers; finalement tout se borne à une brochure que je vous expédie...

— Mme Lenormant s'affaiblit bien rapidement et se plaint si je n'y vais pas tous les jours...

— Mme Lenormant ne pense presque plus, mais ses terribles douleurs ne cessent pas un instant...

— Mme Lenormant est morte ce matin (17 juillet 1893) ; elle a souffert cruellement, sans trêve, jusqu'à la dernière minute.

---

(1) C'est pour obéir aux ordres du directeur de ma vie, que j'ai écrit l'histoire de l'abbé de Rancé. L'abbé Séguin me parlait souvent de ce travail. (Préface de la *Vie de Rancé.*)

APPENDICE

I

M. de Langeac

La Réole, le 29 août 1891.

Monsieur,

Je me fais un véritable plaisir de vous communiquer la copie d'une lettre, portant la signature du chevalier de Langeac, que je viens de retrouver. Cette lettre est adressée à M. Cassannet notaire royal à la Réole. Le cachet en cire rouge, où sont empreintes les armoiries du chevalier, y adhère encore. Ces armoiries peuvent être blasonnées de la façon suivante :

D'argent à trois fasces de gueule, au chef du même chargé de la Croix de Malte à l'écusson sur le tout de gueule à la bande d'argent avec lambel à croix pendante du même ; l'écu posé sur la grande croix de Saint-Jean de Jérusalem et timbré de la couronne de marquis ; devise : sans chimère et sans reproche.

Il s'appelait Lespinasse, chevalier de Langeac, et avait été nommé prieur commendataire du monastère Saint-Pierre de la Réole en 1770.

Veuillez agréer, etc.

Daspit de Saint-Amand.

De M. de Langeac à M. Cassannet.

Il est inouï, Monsieur, que non seulement je ne puisse obtenir de vous l'état de mes baux avec l'époque de leurs payements, l'état des arrerages que je sollicite depuis six mois au moins, mais que je ne puisse même obtenir une réponse à mes lettres : voilà plus de quatre fois que je vous écris pour sçavoir ce que sont devenues le 2200 l.

des fermiers de Saint-Martin d'Arconque et de Saint-Jean de Bordes que vous m'avés annoncé par votre lettre du 3 février, ce qui fait juste trois mois aujourd'hui sans que je sois assés heureux pour recevoir un seul mot de votre part; il me semble cependant que mes lettres ne devoient pas éprouver ce sort. Ce qui se passe même à la Réolle dans ce moment exigeroit une correspondance un peu suivie et je ne m'attendois pas à dire vrai que vous souffririés que ce fut par le notaire des moines que je reçusse les premières nouvelles de mon expertage (sic) et l'état des frais de cette procédure. Il me semble aussi que la cure de Meilhan méritoit assés de consideration pour que vous voulussiés bien prendre la peine de m'instruire de tout ce qui regarderoit cet objet. Il faut apparement que vous ayez quelque raisons secrètes que je ne puis pénétrer et qui vous engagent a garder un silence aussi obstiné. Je vous prie de me marquer clairement vos intentions parce qu'il m'est impossible de laisser mes affaires dans une semblable inaction. M. l'abbé d'Hornebach me tourmente et me fait des frais pour sa pension. Je ne puis le payer qu'avec ce que je reçois et je ne reçois rien. Je vous renvoye, Monsieur, votre lettre du trois février pour que je n'aye pas l'air d'avoir imaginé ce qu'elle contient et que vous me fassiés la grace de m'expliquer ce qui peut avoir causé ce délais de trois mois. Je vous demande instament, Monsieur, une réponse à tous ces objets, satisfaisante ou non. Je ne désire que de sçavoir à quoi m'en tenir. Mais vous conviendrés vous même avec un peu de reflexion que je n'ai pas tort de m'inquietter.

J'ai l'honneur d'être, Monsieur, votre très humble et très obéissant serviteur.

Le chevalier de LANGEAC (1).

Ce 3 mai 1783.

Précis sur Délibéré pour le Prieur claustral et religieux du Prieuré conventuel de la Réolle, contre le sieur chevalier de Langeac, prieur commendataire du même Prieuré, (à Paris, chez Noyon, imprimeur du Parlement, rue Mignon Saint-André-des-Arts, 1789), 26 p. in-4°.

Suivant le procès-verbal d'Experts, fait le 18 janvier 1706, la Maison prieurale fut déclarée *inhabitable* ; il fut dit qu'elle menaçait une ruine prochaine, qu'elle ne pouvait être réparée qu'en

---

(1) Original autographe.

démolissant d'un bout à l'autre le mur du côté du midi, et qu'elle n'avait ni cour d'entrée, ni écurie, ni office, ni jardin. Les Religieux soutenaient même qu'une partie du terrain leur appartenait, et qu'une portion de leur dortoir avait été comprise dans l'édifice.

Pour recouvrer leur terrain, ils offrirent à M. l'abbé de Lorraine la maison de *Sansos*, qu'ils avaient achetée. Ce Prieur commendataire trouva l'opération avantageuse pour lui. Il la consomma, par acte du 8 mars 1706. L'échange fut fait sans soulte ni retour, quoique la maison cédée par le Prieur fût de moindre valeur, à raison de son mauvais état. Son prix devait être bien modique, puisqu'elle n'avait été estimée, dès 1670, que 2.100 livres quoiqu'elle fût moins dégradée qu'en 1706.

Les choses sont restées en cet état jusqu'à l'arrêt du Parlement de Bordeaux, rendu en 1722, qui évinça le Prieur de la maison de Sansos.

Les avocats arbitres avaient jugé légitime l'offre faite par les Religieux d'une somme de 8.000 livres pour la maison prieurale. L'arrêt du 5 septembre 1781 ordonna que les Experts constateraient, dans leur procès-verbal, s'il était possible de prendre sur quelque portion des biens claustraux et dépendances, un logement pour le Prieur commendataire, « tel, et de la même consistance que celui qui existait en 1707, et ce, sans nuire à la régularité ».

Les Experts qui ont procédé au partage, ont écrit, sous la dictée du fondé de pouvoirs du chevalier de Langeac, qu'on pouvait retrancher de la maison conventuelle le pavillon du côté du couchant, pour en faire un logement prieural.

L'adversaire veut faire croire que ce procès-verbal des Experts formera nécessairement la règle de décision du Conseil.

Mais ce procès-verbal n'est qu'un simple avis qui ne peut lier les magistrats. Il ne peut même jamais être intérimé dans la partie qui concerne la maison prieurale, parce qu'il est entièrement contraire à l'arrêt du 5 septembre 1781 qui fixait la mission des Experts. Cet arrêt avait ordonné que le logement prieural, qui serait indiqué par les Experts, serait « tel, et de la même consistance que celui qui existait en 1707 ». Celui qui existait alors ne valait pas 2.100 livres et était en ruines, ainsi qu'il fut constaté par les Experts. Ceux qui ont opéré en 1787 pouvaient-ils remplacer ce bâtiment de la valeur de 2.100 livres, par un pavillon dont la construction a coûté 60 à 80.000 livres ? Pouvaient-ils donner généreusement au Prieur commendataire un édifice considérable, et en bon état, pour lui tenir lieu d'une maison angustiée et tombant en ruines ?

Pouvaient-ils dépouiller les Religieux d'une partie de leur maison conventuelle, bâtie par eux et à leurs frais, pour en gratifier le Prieur commendataire ?

L'adversaire rebute la maison du chambrier qui lui est offerte ; il n'y serait logé, dit-il, que comme un garde-chasse et il lui faut un palais.

Mais les Religieux ne sont tenus que de lui donner un bâtiment semblable à celui qui existait en 1707, et non un édifice somptueux. La maison qu'ils lui offrent est quatre fois plus belle, plus vaste, plus logeable et plus commode que le logement prieural existant en 1707.

En second lieu, l'arrêt du 5 septembre 1781, n'a permis de prendre sur les lieux réguliers un logement prieural qu'autant que cela pourrait se faire *sans nuire à la régularité*.

Le pavillon que le chevalier de Langeac veut s'attribuer pour lui tenir lieu de maison prieurale, contient au rez-de-chaussée du cloître une chambre honnête qui sert de logement à M. l'Évêque de Bazas, quand il fait ses visites, et aux personnes de considération qui passent à la Réolle.

Le même pavillon contient quelques autres chambres d'hôte, celle du syndic des Religieux et la *Bibliotheque*.

Les Religieux de la Réolle ne peuvent concevoir comment on ose avancer, sous le nom du chevalier de Laugeac, que le pavillon dont il s'agit est désert, qu'il n'y a pas même de châssis aux fenêtres ; qu'il n'existe aucune bibliothèque dans leur maison, qu'il y a seulement quelques livres épars dans les chambres des Religieux.

C'est sans doute le grand éloignement des lieux qui donne aux agents du chevalier de Langeac la témérité d'outrager ainsi la vérité.

Le pavillon est en très bon état, les fenêtres sont garnies de châssis et de vitres. Il contient les chambres d'hôte dont on a parlé, meublées proprement, le logement du syndic et surtout la bibliothèque. Elle occupe un étage entier du pavillon. Elle est éclairée par quatre croisées. Les livres y sont rangés sur des tablettes qui règnent du haut en bas de la pièce, et, dans divers endroits, ils sont à double et triple rang. Il y a, outre cela, un certain nombre de volumes dans la chambre de chaque Religieux. Les ouvrages des Pères de l'Église, des livres de théologie en grand nombre, des traités scientifiques *et des historiens*, voilà les livres qui composent la plus grande partie de cette bibliothèque.

Si le chevalier de Langeac ne l'a pas vue, c'est qu'il n'a pas voulu la voir. Probablement les livres qu'elle contient n'eussent pas fixé son attention. Les Religieux n'avaient garde de soupçonner qu'il eût ce goût décidé pour la littérature dont on fait parade dans son Mémoire. Ils croyaient qu'il s'occupait à la Réolle d'objets tout différents. S'ils avaient pu deviner son goût, ils lui eussent offert l'entrée de leur bibliothèque. Il eût vu que le pavillon qu'il veut retrancher de la maison conventuelle est employé aux destinations indiquées par les Religieux.

Quant au compte définitif des jouissances, les religieux ont fait voir qu'ils n'ont point à l'appréhender. Lorsqu'on aura fait voir, sur les répétitions de l'adversaire, les déductions que la justice prescrit, ses demandes se trouveront réduites de la somme de 141.514 livres 14 sols 10 deniers, à laquelle il les porte, à celle de 48.978 livres 14 sols 9 deniers.

Il faudra surtout qu'il tienne compte aux religieux d'une grande partie des revenus du Prieuré qui leur appartenait et dont il s'empara en 1771 ; du tiers des rentes, censives et droits de lods qu'il a perçus seul, depuis dix-huit ans ; des frais des repas dus aux officiers municipaux que les religieux ont acquittés à sa décharge, et de ceux qu'il leur doit à eux-mêmes ; de la totalité des charges claustrales, depuis 18 ans ; de l'honoraire de vingt-deux grand'messes de fondation, chaque année ; des décimes qu'ils ont payés pour divers biens dont il jouit ; des deux tiers des aumônes et d'une multitude d'autres objets qui tous réunis pendant un aussi long espace de temps montent, à plus de 108.000 livres. Il s'en faudra donc beaucoup que les religieux soient débiteurs.

Dans cette position, il n'est pas possible d'ordonner, sur la demande du chevalier de Langeac, l'exécution de l'arrêt du 10 février 1789, par lequel il s'est fait adjuger, sans contradicteur, une somme de plus de 140.000 livres.

M. Urguet de Valleroy, rapporteur.

Me Denos de la Grée, avocat.

Carteron, procureur (1).

---

(1) L'ironie du mémoire contre le littérateur insoupçonné est cruelle. Et, d'autre part, on a pu constater que la phrase de Langeac est tout l'opposé du style métrique.

II

Madame de Beaumont

Des personnes qui ont le droit d'émettre un avis en semblable matière m'assurent que la pièce suivante peut intéresser à plus d'un titre, et non pas seulement parce qu'elle est inédite. Je me range donc à leur avis.

En marge de la première page, et de la main de Chateaubriand :

Nous, commissaires nommés par le ministre (cardinal Fesch) pour prendre connaissance des affaires et effets de Mme de Beaumont, née Montmorin, morte à Rome le 4 de novembre, à trois heures de l'après-midi, pour prendre soin de son convoi, veiller (?) aux intérêts de ses héritiers et remplir ses dernières volontés, nous sommes transportés au lieu de sa résidence, à l'aigle, rue du Babuino, samedi, 5 du courant, et procédant à l'inventaire des effets :

Inventaire et procès-verbal des papiers, effets et argent trouvés chez Mme de Beaumont, née Montmorin, après son décès ; emploi des fonds, et disposition des effets inventoriés :

Un paquet à l'adresse de Mme Saint-Germain. Sur la deuxième enveloppe, fermée de trois cachets, une note indique que le paquet renferme une copie du testament, qui doit être ouvert par Mme Saint-Germain, en présence de deux témoins. Une autre note prévient que cette copie griffonnée de son testament doit en tenir lieu, s'il venait à se perdre.

M. Guillaume de La Luzerne est nommé, dans la copie du testament, exécuteur testamentaire ; cette copie est tout entière de son écriture et signée au bas de chaque page, Pauline de Montmorin...

Nous envoyons aussi une copie légalisée de la copie originale de ce testament, et nous avons conservé la copie originale pour la remettre en France, à l'exécuteur testamentaire, M. de La Luzerne.

Trois cent quarante-six écus romains, vingt-deux demi-écus romains, vingt pièces de deux Pauls, quatre demi-Pauls, trois Baïocches, un paquet, contenant en petite monnaie la somme de vingt écus romains, une grosse montre d'argent à répétition, une autre montre d'argent avec une chaîne en cornaline et en or, à laquelle sont attachés trois cachets et une bague.

Une bonbonnière d'écaille blonde avec un portrait d'homme ; deux petites bagues montées en or ; un couteau avec un tire-bouchon et une double lame, dont l'une en argent. Une paire de ciseaux d'acier, dans une gaîne noire ; une autre paire de ciseaux ; une petite chaîne en or ; une écritoire, contenant des papiers et deux médaillons avec portraits ; 4 couverts d'argent et deux petites cuillers ; (ici détail et compte du linge) chemises, camisoles, jupons, mouchoirs, bas, serviettes, fichus, corsets, etc. 2 robes blanches ; 1 mameluck blanc ; 1 robe de mousseline bleue ; 1 jupon blanc garni ; 1 mameluck amarante ; 1 schall de cachemire bleu ; 1 schall de laine amarante ; 2 redingotes de petit taffetas ; 2 malles arrivées pour Mme de Beaumont le jour même de sa mort. Nous les avons ouvertes en présence de Mme Saint-Germain, qui les avait faites à Paris et qui les a trouvées telles qu'elle les avait faites, et nous les avons refermées et confiées à Mme Saint-Germain, pour être remises à l'exécuteur testamentaire.

Nous avons confié à M. de Chateaubriand la bonbonnière avec le portrait de M. de Montmorin, et 2 médaillons à portraits, pour servir au monument qui sera élevé à Mme de Beaumont dans l'église Saint-Louis-des-Français ; il les remettra lui-même à l'exécuteur testamentaire.

Emploi des fonds :

Sur les 381 piastres ci-dessus mentionnées, 241 ont été employées à acquitter le médecin, les frais d'enterrement, de luminaire, de loyer et autres dépenses, dont les quittances restent à la légation.

Les 140 piastres restant sur la somme de 381, ont été données à Mme Saint-Germain ; et afin de lui compléter une somme de 50 louis qui nous a semblé nécessaire pour son voyage, celui de sa fille et le port des malles, nous avons pris la somme de 18 louis sur une lettre de crédit de 8.350, que Mme de Beaumont avait chez le banquier Torlonia, et sur laquelle lettre de crédit elle avait touché une somme de 1350, dont elle avait donné double quittance. Nous avons également touché la somme de 12 piastres chez le dit Torlonia pour frais de linge de table, de lit et de toilette, prêtés par l'hôtesse à Mme de Beaumont, et 13 piastres pour l'apothicaire.

Également la somme de 283 piastres pour la destruction, le rachat des meubles et les réparations entières d'appartement exigées par les lois et usages de ce pays lorsqu'une personne meurt d'étisie. On nous a d'abord demandé la somme de 4.000 piastres, mais, par l'autorité du ministre, nous avons eu recours au gouverneur de Rome, qui a réduit à (en blanc) les frais d'indemnité et d'opinion, les pièces de la procédure, la quittance de tous les mémoires... et dépôt à la légation :

Cette lettre, signée de nous, commissaires, nommés par le cardinal ministre, devant servir de titre aux héritiers.

[abbés La Cotte et Bonnevie]

(De la main de Chateaubriand, écriture tremblée :) Nous envoyons aux héritiers l'extrait mortuaire de Mme de Beaumont, qui nous a été délivré par le curé de St-*Lorenzo in Lucina*, paroisse dans laquelle la dite dame est décédée.

Quant à l'extrait *civil* qui doit [être] fait à la légation française, nous attendons que les héritiers nous fassent passer les noms, prénoms et qualités de la dite dame et de ses père et mère.

* *

A la mort de Mme de Beaumont, Chateaubriand traversa des jours d'affaissement physique et moral ; il fut malade assez sérieusement « d'une affreuse jaunisse, suite inévitable de ses chagrins ; » quand il l'écrivit à Fontanes, le 23 novembre 1803, il était au lit.

Sentant le besoin de se ressaisir et de « ramener à un centre de repos ses pensées errantes », il entreprit un commentaire de quelques livres de l'Écriture.... « Il y a des prières commencées, les unes *pour les inquiétudes de l'âme*, les autres *pour se fortifier contre la prospérité des méchants* (1). »

J'ai sous les yeux l'original de l'un de ces écrits. Mme Lenormant a supposé que l'illustre écrivain l'avait rédigé à la mort de M. le duc Mathieu de Montmorency, et à l'intention de Mme Récamier. Peut-être bien le manuscrit fut-il offert alors à la grande amie. Mais certainement il existait depuis longtemps ; et c'est la mort de Mme de Beaumont qui l'avait inspiré en 1803. Il faut y voir tout ensemble « un commentaire » et « une prière » ; un commentaire du verset de Job, *tædet animam meam vitæ meæ*, traduit et souligné dans l'autographe (2) ; une « prière » chrétienne, pleine d'élan et d'espérance.

(1) *Mémoires d'outre-tombe*
(2) C'est également à Job qu'est emprunté le verset gravé sur le marbre de Mme de Beaumont : *quare misero data est lux,et vita his qui in amaritudine animæ sunt*,pourquoi la lumière a-t-elle été donnée au malheureux, et la vie à ceux qui sont dans l'amertume du cœur, Job. III, 20.

Le titre général prouve que cette effusion pieuse faisait partie d'un ensemble, et qu'elle n'était point une formule isolée.

« *Prières chrétiennes pour quelques afflictions de la vie.* » Vient ensuite le titre particulier: *Pour la perte d'une personne qui nous était chère.* Ce serait donc ici la première de ces élévations auxquelles s'appliqua le génie de l'écrivain et où s'apaisa la révolte de son cœur.

S'il se fût agi du duc Mathieu que l'on appelait le saint, et qui était comme le directeur religieux, ou comme l'ange gardien de « la belle Juliette », jamais Chateaubriand n'aurait osé mettre sur les lèvres de Mme Récamier, pleurant cet ami exemplaire, les phrases qui suivent : « O mon Dieu, ne vous avais-je pas oublié pendant le cours de cette amitié trompeuse... Ne portais-je pas à la créature un amour qui n'est dû qu'au Créateur. Votre colère s'est animée... etc. »

Je suis heureux de rendre à cette page, sans pareille dans l'œuvre de Chateaubriand, sa vraie date et sa touchante signification. Elle contribuera, ce me semble, à mettre en belle lumière, tout ensemble la sincérité de son affection et la sincérité de sa foi. Le vrai Breton qu'était Chateaubriand n'a jamais cessé, à aucune époque de sa vie, de prier sur les tombes!

Voici cette prière, transcrite avec plus d'exactitude que dans les *Souvenirs et correspondance* tiré des papiers de Mme Récamier.

PRIÈRES CHRÉTIENNES POUR QUELQUES AFFLICTIONS DE LA VIE.
Pour la perte d'une personne qui nous était chère.

J'ai senti que *mon âme s'ennuyait de ma vie* (1), parce qu'il s'y est formé un grand vide, et que la créature qui remplissait mes jours a passé.

Mon Dieu! pourquoi m'avez-vous enlevé *celui* ou *celle* qui m'était si chère? *Heureux celui qui n'est jamais né*, car il n'a point connu les brisements du cœur et les défaillances de l'âme. Que vous ai-je fait, ô Seigneur! pour me traiter ainsi? Notre amitié, nos entretiens, l'échange mutuel de nos cœurs n'étaient-ils pas pleins d'innocence? Et pourquoi appesantir ainsi votre main puissante sur un vermisseau? (2) O mon Dieu, pardonnez à ma douleur insensée! Je sens que je me plains injustement de votre rigueur. Ne vous avais-je pas oublié pendant le cours de cette amitié trompeuse; ne

(1) Job, X, 1.
(2) Effacé ; « que vais-je devenir dans la vie. Je vais cherchant ».

portais-je pas à la créature un amour qui n'est dû qu'au Créateur? Votre colère s'est animée en me voyant épris d'une poussière périssable. Vous avez vu que j'avais embarqué mon cœur sur les flots, que les flots en s'écoulant le déposeraient au fond de l'abîme.

Etre éternel, objet qui ne finit point et devant qui tout s'écroule, seule réalité permanente et stable, vous seul méritez qu'on s'attache à vous; vous seul comblez les insatiables désirs du cœur de l'homme que vous portez dans vos mains. En vous aimant, plus d'inquiétude, plus de crainte de perdre ce qu'on a choisi. Cet amour réunit l'ardeur, la force, la douceur, et une espérance infinie. En vous contemplant, ô beauté divine, on sent avec transport que la mort n'étendra jamais ses horribles ombres sur vos traits divins. Mais, ô miracle de la grâce (1), je retrouverai dans votre sein l'ami vertueux que j'ai perdu! Je l'aimerai de nouveau par vous et en vous, et mon âme entière, en se donnant [à] vous, se trouvera confondue avec celle de mon ami (2). Notre attachement divin partagera alors votre éternité.

III

CHATEAUBRIAND ET JOUBERT

dans les « *Mémoires de Mme de Chastenay* ». t. II, chap. VIII.

« Ce fut dans l'hiver de 1809 que nous fîmes connaissance avec M. de Chateaubriand. Je l'avais vu une fois, deux ou trois ans auparavant [1806], mais la manière dont notre connaissance s'était faite ne pouvait pas alors amener beaucoup de suite. Mme de Coislin, selon le désir que je lui en avais témoigné, m'avait engagée à dîner chez elle avec l'auteur du *Génie du Christianisme*. Elle avait réuni, avec M. de Chateaubriand et ma famille, deux ou trois mauvais musiciens, qui ne devaient pas avoir plus d'esprit que de talent. J'arrivai seule; on ne m'annonça pas, mais Mme de Coislin, avec bien plus d'emphase que d'art, dit à M. de Chateau-

---

(1) « Ô miracle de bonté », dans les *Souvenirs de Mme Récamier*.
(2) Mme Lenormant n'a pas su déchiffrer cette phrase. On lit dans les *Souvenirs de Mme Récamier* : « Je l'aimerai de nouveau pour vous et en vous, et mon âme entière, en se donnant, se retrouvera unie à celle de mon ami. »

briand que j'étais un auteur et qu'il n'avait qu'à faire des frais d'esprit pour moi. Je crois que, sur ce mot, il me prit en grippe, et moi, je me promis de garder le silence. On nous mit à table l'un près de l'autre; nous mangeâmes, et ne dîmes rien. Pourtant, comme un dîner est bien long sans parler, je hasardai de dire combien René m'avait inspiré d'intérêt. — « René, reprit M. de Chateaubriand, c'est un véritable imbécile. » Tout fut fini, et, à peine hors de table, l'auteur de René avait fui la maison. J'appris, peu de jours après, qu'il avait eu regret de son maussade caprice, et des amis communs prirent soin d'augmenter le regret obligeant. J'en fus assez flattée, mais le voyage de Jérusalem suspendit toute nouvelle rencontre. Ma belle-sœur, plus curieuse que je ne l'étais devenue à cette époque, pria M. Frisell de lui ménager l'occasion de voir Mme de Chateaubriand, et de lui donner, en qualité d'ami commun, un déjeuner avec elle. Mme de Chateaubriand répondit, sur cette invitation, qu'elle n'était sûrement point la dupe des jolies dames qui voulaient si positivement faire connaissance avec elle, mais comme, ajoutait-elle, elle y trouvait son compte, elle s'y prêtait avec plaisir. Le déjeuner fut arrangé. M. de Chateaubriand promit d'y venir avec sa femme; mon frère, M. Turlot furent priés, ainsi que moi. Henriette était la reine de la fête et l'on y avait admis M. Clausel de Coussergues, ami des invités et que l'on disait un homme d'esprit et très dévot. Cette fois positivement je m'étais bien promis de ne plus m'occuper du tout de M. de Chateaubriand. Il mangeait cependant d'un si bon appétit qu'à un certain moment je ne pus m'empêcher de rire; il rit aussi. On parla de voyages, et, tout de suite, je contai les miens. Leur importance divertit l'homme qui avait parcouru le monde, du Meschacebé au Jourdain, et, prenant enfin la parole, il nous fit le récit presque entier de ce beau voyage qu'il venait de faire en Grèce et en Palestine, en revenant par l'Égypte et le royaume de Grenade, dont il a consacré le souvenir par l'histoire d'Aben-Ahmet ou le *Dernier des Abencérages*.

« Nous apprîmes ce jour-là, de la bouche du voyageur même, tout ce que son *Itinéraire* a présenté de plus saillant. Il parlait avec feu, avec simplicité. On reconnaissait en lui une bonhomie charmante, une franche gaieté, et, on peut bien le dire, le plus brillant esprit.

« Cette matinée nous lia tous presque étroitement, et, depuis ce jour, sans l'avoir beaucoup cultivée, j'ai trouvé en toute rencontre les témoignages d'une bienveillance aimable de la part de M. de Chateaubriand...

« Nos relations avec M. de Chateaubriand nous conduisirent à la Vallée ou Val-de-Loup, petite propriété qu'il avait achetée et ornée près de Sceaux. Je ne sais plus précisément si ce fut en 1809 que nous y allâmes ; mais il est sûr que ma belle-sœur et moi y avons été reçues plus d'une fois. Là j'ai vu la bouteille qui contenait de l'eau du Nil, une autre qui renfermait l'eau du Jourdain ; j'ai touché quelques pierres, ramassées à Athènes, quelques fragments de plâtre détachés des ornements de l'Alhambra. Dans un joli jardin, sauvage quoique arrangé, dans un petit pavillon où les chants de Cymodocée furent dictés avec tant de charme, où les mœurs agrestes des Gaules furent peintes avec tant d'énergie, je puis assurer que ces objets prêtaient à l'intérêt et non au ridicule.

« Mme de Chateaubriand était Bretonne, pleine d'esprit, et d'une vivacité d'autant plus remarquable que sa santé était plus débile.

« Une fois vinrent à la Vallée M. et Mme Joubert, amis de la maison et de M. de Fontanes. J'ai dit de M. Joubert, *qu'en lui tout était âme, et que cette âme, qui semblait n'avoir rencontré un corps que par hasard, en ressortait de tous côtés et ne s'en arrangeait qu'à peu près.* M. Joubert était tout cela et tout esprit, parce qu'il était tout âme. Essentiellement bon, original sans s'en douter, parce qu'il vivait étranger au monde et confiné dans le soin de la plus frêle santé, sa femme l'aimait trop pour qu'il fût égoïste ; il ne l'était pas, et j'ai toujours considéré comme une chose salutaire d'être aimé tendrement.

« Je me rappelle que le jour où M. et Mme Joubert vinrent à la Vallée et nous y trouvèrent, MM. Joubert et de Chateaubriand se jetèrent dans le plus charmant vague du monde. Ils peignaient le bonheur, l'indépendance précieuse qu'on goûterait sur une barque errant à la surface des ondes, sous la voûte immense du ciel ; tous deux croyaient s'y abandonner au rêve indéfini de la contemplation. Henriette et moi, nous allions essayer de les réveiller sur le rivage, quand Mme Joubert, avec simplicité, demanda comment ils comptaient vivre, et s'ils ne reviendraient pas au port pour y chercher du pain. Ce trait de bon sens nous parut matériel ; notre imagination froissée s'élança vite dans l'espace ; nous nous joignîmes avec enthousiasme au bonheur fantastique dont l'inanité nous frappait quelques minutes auparavant.

« J'ai revu quelquefois M. Joubert qui m'a toujours montré une affection douce et flatteuse...

« Cet aimable et excellent homme s'était fait une loi d'exposer toujours sa pensée au conseil de l'Université, mais sans la prétention d'être toujours suivi : « Ce ne serait plus de la franchise, disait-il, ce serait de la tyrannie que de vouloir être approuvé toujours, quand jamais on ne tait son avis »... M. de Fontanes a consacré à M. Joubert, son ami, les vers les plus charmants et les mieux mérités. Je juge du sentiment qui les lui a dictés par le plaisir que je trouve moi-même à tracer ces lignes qui me rappellent M. Joubert et son suffrage, et, plus que tout, son amitié. »

IV

JOUBERT ET AMIEL

Le contraire de Joubert dans les pensées, dans le style, dans la méthode, dans le but, ce serait le penseur Génevois Amiel.

Autant Joubert est expansif, gai, occupé d'autrui, fécond en conseils pratiques et en fruits de sagesse; autant Amiel est concentré, triste, attristant, stérilisant, identifiant à soi hommes et choses, en des rêves de malade : *velut œgri somnia*. Ardent adepte de la philosophie allemande, (que Joubert n'aimait pas), c'est de ces systèmes nébuleux qu'il juge les auteurs français et particulièrement Joubert. De Montesquieu, le premier étudié, du moins dans son journal, il dit : « Le penseur est bel esprit ; le jurisconsulte tient du petit maître. » Puis vient Joubert. Amiel le juge au même point de vue exclusif, avec la double assurance, la double sévérité, la double superbe de sa jeunesse et de sa philosophie. Il n'est rentré, de Berlin, à Genève, que depuis deux ans, et c'est tout juste s'il a atteint la trentaine. Il n'a eu ni le temps ni l'envie de se dégermaniser. Son cœur n'est pas à Genève, sa patrie ; il est tourné d'un autre côté, et non pas du côté de la France : « Les philosophes français, malgré leurs hautes qualités, me laissent froid parce qu'ils ne portent pas en eux *la somme de la vie universelle ;* qu'ils ne donnent pas *la réalité complète.* Ce qui leur manque, c'est l'intuition de *l'unité vivante*, l'initiation aux mystères de l'être. » Animé de telles préventions, je dirais de telles prétentions, et dominé par le besoin « de la totalité » qui le détache de tout, Amiel se met à lire les *Pensées* de Joubert. Et, au lieu de les prendre, comme le conseille Sainte-Beuve, et comme il convient, « à petites doses, car ce sont des essences spirituelles, on n'a qu'à les respirer, on en est remonté, ou mieux, calmé, apaisé, rasséréné, pour tout un jour », il les prend à l'allemande, tout d'une haleine, par volume. « D'abord il éprouve le plus vif attrait, le plus puissant intérêt. » D'abord, c'est-à-dire, tant que le cerveau reste libre. Mais voici venir la lourdeur d'esprit, et il continue. « Cette pensée hachée, fragmentaire, par gouttes de lumière, me fatigue. » Quoi d'étonnant ! Il était là « depuis six à sept heures », la tête sur le livre, à respirer ces capiteuses essences !

D'après Amiel, Joubert est un penseur plutôt qu'un philosophe. Sa philosophie est seulement littéraire et *populaire*. Son domaine est la psychologie et les choses de goût... « Il s'inquiète (1) des vérités plus que de la vérité, et l'essentiel de la pensée, sa conséquence, son unité lui échappe... C'est un horticulteur, et non un géologue ; il ne laboure la terre que ce qu'il faut pour lui faire produire des fleurs et des fruits ; il ne la creuse pas assez pour la connaître... Les penseurs servent à éveiller les philosophes ou à les populariser. Ils ont donc une double utilité, outre leur agrément. Ils sont les docteurs de la foule, les changeurs de la pensée qu'ils monétisent en pièces courantes. Le penseur est le littérateur grave, c'est pour cela qu'il est populaire. Le philosophe est un savant spécial (par la forme de la science, non par le fond). C'est pour cela qu'il ne peut l'être. En France, pour un [!] philosophe, Descartes, il y a eu trente [?] penseurs. En Allemagne, pour dix penseurs, il y a vingt philosophes. »

Au trait final, on voit le partage tranché des sympathies et des antipathies, le conflit d'instinct et presque de race. Les races latines n'ont pas l'heur de lui agréer, et ce qu'il leur pardonne le moins, c'est d'être catholiques. Laissons cela. Au milieu des réserves et des restrictions accumulées par le philosophe Amiel au détriment du penseur Joubert, la part de celui-ci me paraît encore assez large, et telle qu'il l'aurait souhaitée. Amiel étant pris pour juge, et précisément dans la page où lui-même reconnaît la *sévérité* de son jugement, qu'il se propose de « modifier plus tard », il ressort que le but de Joubert est atteint, le noble but de toute sa vie. Faire produire à la philosophie des fleurs et des fruits, — éveiller les philosophes, — les populariser en ce qu'ils ont de meilleur, — monétiser la pensée des sages en pièces courantes à l'usage de la foule, oui, c'était bien là son ambition,

(1) La langue d'Amiel, est forte, mais elle n'est ni pure ni belle ; il lui échappe de germaniser à tout bout de phrase ; le génie français, trop méconnu, trouve une sorte de revanche dans ces incorrections.

et telle est aussi sa double utilité « outre l'agrément ». « Dans la sphère des finesses et des délicatesses de l'imagination et des sentiments, dans le cercle des affections et des préoccupations privées, de l'éducation, des relations sociales, il abonde en sagacité ingénieuse, en remarques spirituelles, en traits exquis... »

Et maintenant, Amiel peut contester à Joubert le titre de philosophe, il constate du même coup le succès du moraliste. Peut-être moraliser est-il plus ou mieux que philosopher.

— Mais encore, pourquoi penseur plutôt que philosophe? Et que manque-t-il à Joubert pour être, dans le sens d'Amiel, vraiment philosophe? Ces questions me conduiraient de proche en proche à étudier les doctrines de Joubert, et si j'entreprenais cette étude qui me tente fort, je courrais le risque de la faire pour moi tout seul. Or, j'écris pour être lu.

TABLE DES MATIÈRES

TABLE DES MATIÈRES

Pages.

DÉDICACE.   V
PRÉFACE. VII

LIVRE PREMIER
LE CORRESPONDANT

I. Charme mais imperfection de la Correspondance dans les Œuvres. La mutilation se trahit au rapprochement des lettres échangées. Joubert, moins perdu dans l'idéal. Texte des plus anciennes lettres à Fontanes. Le côté pratique s'y retrouve. — II. Sainte-Beuve a vu les autographes et en a cité des passages. Phrases altérées, de celles que l'on cite, et Sainte-Beuve tout le premier. — III. L'humeur de Joubert faussée; vivacités de plume et de langue. Lettre à Mme de Sérilly, avec dessin à la plume. — IV. A qui revient la responsabilité des suppressions, altérations et faux raccords ? Deux lettres inédites de Sainte-Beuve. Indiscrétion du critique. — V. Criterium révélé par l'examen des originaux. Théorie et pratique. Le mètre dans les lettres de Joubert. Un passage de l'*Illustration de la langue française*. Sainte-Beuve n'a pas surpris le secret du mètre. « Platon à cœur de La Fontaine ». 1

LIVRE SECOND
LE PUBLICISTE

I. Les éditeurs ont nié le Publiciste. Affirmation de Chateaubriand. Livres prêtés à Molé : allusions dans les remercîments. — II. Publications de Joubert ; précautions pour garder l'anonyme. Patronage de M. de Langeac, mais non paternité. — III. Fragments du *Cromwel*. Extraits de l'*Eikôn Basilikè* et du *Boscobel*. — IV. Du *Cromwel* au *Colomb*. Un article de 1789. Pessimisme et verdeur de jeunesse. Fragment du *Colomb*. — V. A la découverte. Mylord Stairs. — VI. Goût de Joubert pour les anecdotes. *Anecdotes anglaises et américaines*. Prédiction au Prince de Galles. Le capitaine Cook. — VII. Encore M. de Langeac. Le style de Joubert ; première et deuxième manière. Supplément de preuve et curiosité bibliographique. Son œuvre s'étend et se varie. — VIII. Modération politique de Joubert. Il se marie en 1793. Fontanes, Joubert et le nouveau *Mercure*. — IX. Réponse aux objections. « Comme Montaigne ». Joubert préparant des articles de critique. Le Grand Prix 71

LIVRE TROISIÈME

L'INSPIRATEUR

I. Problème littéraire. Anecdotes. — II. Pensée identique dans Fontanes et dans Joubert; lequel est l'emprunteur ? Explication et hypothèses à propos d'autres pensées similaires. — III. Joubert, inspirateur de Fontanes. « Je brillerai beaucoup mais grâce à vous. » Le chef-d'œuvre d'une prose éloquente. Les vers de Fontanes sont « parfaits » quand Joubert est près de lui ; son « style se détend », quand son ami s'éloigne. — IV. Paresse et fécondité de Fontanes. Excuse de la paresse, explication de la fécondité. Parole bien significative de Chateaubriand. — V. Belle notice de Mme de Beaumont sur F. de Pange. Ne serait-elle pas de Joubert ? Notice anonyme sur La Bruyère. Pourquoi rien ou presque rien sur les moralistes dans les Œuvres de Joubert ? — VI. Le *Génie du Christianisme*. Citation de M. Émile Faguet. Pensée identique dans Chateaubriand et dans Joubert, et pensée similaire. Ce que Joubert doit à Chateaubriand. — VII. Molé et Joubert. Théories opposées. Molé lui doit beaucoup 199

LIVRE QUATRIÈME

LE CONSEILLER ET LE MORALISTE

II. Joubert, directeur laïque. Beauté souriante et utilité de sa morale. — II. L'œuvre rêvée. Lacunes apparentes; pensées envolées. But pratique et présent. — III. Lettres inédites de Joubert à Fontanes, Bonnevie et autres, et de Fontanes à un « hérétique » de Genève. — IV. Duel et mort du fils de Fontanes. Joubert consolateur. Mlle de Fontanes et sa passion pour Alexandre Ier. Lettres du directeur spirituel, l'abbé Nicolle. — V. Lettres du directeur laïque, l'ami Joubert, précédées d'un avant-propos. Cours de morale, belles maximes à l'usage d'une jeune fille. — IV. Mort de Fontanes. Lettres de Chateaubriand, Frayssinous, Villemain, Bonald. Négociation matrimoniale : Joubert y est mêlé. Langueur et visites. Joubert et J. de Maistre chez Mme de Duras. La dernière maladie et la mort. Articles et souvenirs 259

Mlle DE FONTANES

I. Publication des Œuvres de Fontanes : — lettres inédites de Chateaubriand, Villemain, Sainte-Beuve, Roger, Laborie, Ballanche à Mme la comtesse Christine de Fontanes. Indélicatesse de Sainte-Beuve. Protestation de la fille de Fontanes et lettres de Mme Lenormant. Colère et méchancetés du critique. — II. INCIDENCE. Autre indiscrétion de Sainte-Beuve : Il publie et attribue aux *Mémoires d'outre-tombe* un texte devenu fameux. Fausseté de l'attribution. Qui l'a découverte, et qui s'en donne les gants ? Solution du problème littéraire. « De la gloire pour me faire aimer. » Deux codicilles de Chateaubriand. Ses volontés testamentaires n'ont pas été remplies. Le dernier secrétaire intente un procès à la société, propriétaire des *Mémoires*. Fac-simile décisif. Du nouveau, à propos de Mme de Mouchy : je la découvre dans les poésies, dans les articles et dans les ouvrages de Chateaubriand. Pourquoi rappelle-t-il si souvent le souvenir de Mme de Mouchy ? Après l'indiscrétion, le cancan. — III. Protection délicate de Fontanes. Reconnaissance de Villemain. Lettres à Mlle de Fontanes. Il prend la défense de

Fontanes, contre Chateaubriand, croit-il, et c'est contre une parole de Mme de Chateaubriand. La preuve. — IV. Correspondance de Mme Lenormant et de la comtesse Christine. Guizot, protégé de Fontanes, protège sa fille. Pension tardive. Lettres du docteur Dufresne à Mme Lenormant. Les enchères. Un dernier mot sur Mlle de Fontanes et Mme Lenormant. 397

APPENDICE

I. — M. DE LANGEAC 517
II. — Mme DE BEAUMONT 522
III. — CHATEAUBRIAND ET JOUBERT. 526
IV. — JOUBERT ET AMIEL 529

TABLE DES MATIÈRES. 532

PARIS. — IMP. G. MAURIN, 71, RUE DE RENNES.

GARNIER FRÈRES, éditeurs, 6, rue des Saints-Pères, PARIS

CHATEAUBRIAND

LES MÉMOIRES
D'OUTRE-TOMBE

Avec une introduction, des notes et des appendices

Par Edmond BIRÉ

6 volumes in-18 jésus avec gravures sur acier. . . . . **3 fr. 50**

Même ouvrage, 6 vol. in-8° cavalier, 48 gravures, le vol. . **6 fr.**

ŒUVRES COMPLÈTES DU MÊME AUTEUR
EN 12 VOLUMES IN-8°

Nouvelle édition, précédée d'une Etude littéraire sur Chateaubriand, par SAINTE-BEUVE, de l'Académie française, 12 très forts volumes in-8°, sur papier cavalier vélin, ornés d'un beau portrait de Chateaubriand et de 42 gravures par STAAL, le volume. . **6 fr.**

On vend séparément :

GÉNIE DU CHRISTIANISME
suivi de la *Défense du Génie du Christianisme*. Avec notes. 1 vol.

LES MARTYRS. 1 vol.

ITINÉRAIRE DE PARIS A JÉRUSALEM. 1 volume

ATALA
RENÉ. LE DERNIER ABENCERRAGE. LES NATCHEZ, etc. 1 vol.

VOYAGES
EN AMÉRIQUE, EN ITALIE ET AU MONT-BLANC. 1 vol.

PARADIS PERDU. 1 vol.

ÉTUDES HISTORIQUES. 1 volume

HISTOIRE DE FRANCE. VIE DE RANCÉ. 1 vol.

CHATEAUBRIAND
SA FEMME ET SES AMIS
PAR G. PAILHÈS

1 beau vol. in-8° raisin, orné de 5 gravures. . . . . **12 fr. 50**

Paris. — Imp. P. Mouillot, 13, quai Voltaire. — 95927

www.ingramcontent.com/pod-product-compliance
Lightning Source LLC
Chambersburg PA
CBHW070829230426
43667CB00011B/1729